出土文献与汉唐法制史新论

郑显文 著

本书出版得到上海市教委科研创新计划重大项目"一带一路"沿线新发现的古代各民族的法律文书整理及研究（2017-01-07-00-02-E00048）和上海师范大学第九期校级重点学科"法律史学"项目的资助。

UNEARTHED DOCUMENTS AND
NEW ARGUMENTS ON THE LEGAL HISTORY
OF THE HAN AND TANG DYNASTIES

北京大学出版社
PEKING UNIVERSITY PRESS

图书在版编目（CIP）数据

出土文献与汉唐法制史新论／郑显文著.-- 北京：北京大学出版社，2025.2.-- ISBN 978-7-301-35901-3

Ⅰ.K877.04;D929.2

中国国家版本馆CIP数据核字第2025BB9522号

书　　　名	出土文献与汉唐法制史新论 CHUTU WENXIAN YU HAN-TANG FAZHISHI XINLUN
著作责任者	郑显文　著
组稿编辑	陆建华
责任编辑	李　蹊　陆建华
标准书号	ISBN 978-7-301-35901-3
出版发行	北京大学出版社
地　　　址	北京市海淀区成府路205号　100871
网　　　址	http://www.pup.cn　http://www.yandayuanzhao.com
电子邮箱	编辑部 yadayuanzhao@pup.cn　总编室 zpup@pup.cn
新浪微博	@北京大学出版社　@北大出版社燕大元照法律图书
电　　　话	邮购部 010-62752015　发行部 010-62750672 编辑部 010-62117788
印　刷　者	三河市北燕印装有限公司
经　销　者	新华书店
	650mm×980mm　16开本　20.75印张　327千字 2025年2月第1版　2025年2月第1次印刷
定　　　价	78.00元

未经许可，不得以任何方式复制或抄袭本书之部分或全部内容。
版权所有，侵权必究
举报电话：010-62752024　电子邮箱：fd@pup.cn
图书如有印装质量问题，请与出版部联系，电话：010-62756370

序言：
探寻中国传统法律的个性化特征，重新审视法律史学研究的价值

中国古代社会深受儒家思想的影响，从先秦至明清几千年来一直延绵不断，处于相对稳定状态，因此，历代制度具有很多共性特征。例如，中国古代有斩衰三年丧之礼，据傅斯年先生研究，该项制度最早源于商朝，"如谓此制为周之通制，则《左传》《国语》所记周人之制毫无此痕迹。孟子鼓动滕文公行三年之丧。而滕国卿大夫说：'吾先君莫之行，吾宗国鲁先君亦莫之行也。'这话清清楚楚证明三年之丧非周礼。……即三年之丧，在东国，在民间，有相当之通行性，盖殷之遗礼，而非周之制度"①。三年之丧的斩衰之制在西晋时期被纳入国家的律典之中，出现了"峻礼教之防，准五服以制罪"的规定②，一直延续到清末法律转型时才加以废除，几乎贯穿了整个中国古代社会。2006年，在湖北云梦睡虎地第M77汉墓出土了

---

① 傅斯年：《周东封与殷遗民》，载欧阳哲生编：《傅斯年文集》（第三卷），中华书局2017年版，第250—251页。

② 参见（唐）房玄龄等撰：《晋书》卷30《刑法志》，中华书局1974年版，第927页。

西汉早期的《葬律》,其中规定:"彻侯衣衾毋过盈棺,衣衾敛束。……其杀:小敛用一特牛,棺、开各一大牢,祖一特牛。"①高崇文教授认为,《葬律》所规定的西汉前期彻侯的祭奠仪式多源于先秦周制,其中"小敛用一特牛""棺、开各一大牢",分别是指小敛祭祀和大敛祭祀用的牲畜。这两次祭奠正与《士丧礼》所载小敛奠、大敛奠对应。②

受此影响,中国古代许多法律制度历代相沿,很少发生剧烈变动。1983年,在湖北江陵张家山第247号汉墓出土了西汉初年的《二年律令》,其中有"证不言情"和"译讯人诈伪"的规定,"证不言请(情),以出入罪人者,死罪,黥为城旦舂;它各以其所出入罪反罪之"。"译讯人为訛(诈)伪,以出入罪人,死罪,黥为城旦舂;它各以其所出入罪反罪之。"③该项规定不仅为后世的唐律所沿袭,据《唐律疏议》卷25"证不言情及译人诈伪"条规定:"诸证不言情,及译人诈伪,致罪有出入者,证人减二等,译人与同罪。谓夷人有罪,译传其对者。"④而且沿袭到明清之际,据《大清律例》卷36规定:"若官司鞫囚,而证佐之人有所偏徇。不言实情,故行诬证,及化外人有罪,通事传译番语,有所偏私,不以实对,致断罪有出入者,证佐人,减罪人罪二等。通事,与同罪。"⑤

但是,长期以来法律史学界大多关注中国传统法律的共性特征,很少关注古代法律的个性化差异。如瞿同祖等学者认为,中国古代法律是一种"礼法体制","中国法律之儒家化可以说是始于魏、晋,成于北魏、北齐,隋、唐采用后便成为中国法律的正统"⑥。也有学者认为,中国古代的审判方式是纠问式的模式,君主掌握最高的司法权,司法权通常依

---

① 彭浩:《读云梦睡虎地M77汉简〈葬律〉》,载《江汉考古》2009年第4期。
② 参见高崇文:《论西汉时期的祭奠之礼》,载《古礼足征:礼制文化的考古学研究》,上海古籍出版社2017年版,第242—254页。
③ 张家山二四七号汉墓竹简整理小组编著:《张家山汉墓竹简〔二四七号墓〕》(释文修订本),文物出版社2006年版,第24页。
④ 刘俊文点校:《唐律疏议》卷25,法律出版社1999年版,第511页。
⑤ 田涛、郑秦点校:《大清律例》卷36,法律出版社1999年版,第578页。
⑥ 参见瞿同祖:《中国法律之儒家化》,载《瞿同祖法学论著集》,中国政法大学出版社1998年版,第361—381页;俞荣根、秦涛:《律令体制抑或礼法体制?——重新认识中国古代法》,载《法律科学(西北政法大学学报)》2018年第2期。

附于行政权;因受到儒家"无讼是求"观念的影响,无论是司法官员还是民间百姓都存在着"厌讼"和"息讼"的思想,许多政权都对告诉作了种种限制。① 还有一些学者认为,中国古代的司法审判重视实质正义而非程序正义,德国学者马克斯·韦伯(Max Weber)指出:"中国的司法则是另一种典型,以家父长制的权威,解消掉存在于司法与行政之间的区隔。帝王的诏令兼具训诫与命令的性格,一般性的或是在具体的案例里介入司法。只要不是在巫术性的制约之下,则司法一般皆倾向以实质正义——而非程序正义——为其判决的基准。从程序正义或是经济的'期待'的角度而言,这显然是一种强烈的非理性的、具体的'权衡'裁判的类型。"② 上述学者的论述,基本上概括了中国传统法律的共性特征。

但是,历史总是千变万化的,古代的法律制度也因时代不同而呈现出复杂多变的特征,甚至同一政权前后期的法律制度也会发生很大变化,例如唐代前期实行的租庸调制到唐代后期就被两税法所取代。笔者认为,正是由于中国古代法律的个性化特征,才决定了某一时代的政治、经济、军事和文化走向。

两汉时期的法律具备许多个性化的特征。汉代是中国古代对私权保护较为充分的时代,发达的私权观念也使汉代成为中国古代十分强盛的王朝。与中国古代其他专制王朝相比,汉代法律的个性化特征十分明显。西汉承袭秦制,继承了先秦法家的法律思想,西汉前期的许多皇帝如汉文帝、汉武帝等人都"亲任法家"③,瞿同祖先生指出,"秦、汉之法律为法家所拟定,纯本于法家精神。"④

---

① 参见陈光中:《中国古代司法制度》,北京大学出版社2017年版,第4—6页;张晋藩:《中国法律的传统与近代转型》(第二版),法律出版社2005年版,第267—286页;梁治平:《寻求自然秩序中的和谐》,中国政法大学出版社2002年版,第199—229页;马作武:《古代息讼之术探讨》,载《武汉大学学报(哲学社会科学版)》1998年第2期等。
② 〔德〕马克斯·韦伯:《法律社会学·非正当性的支配》,康乐、简惠美译,广西师范大学出版社2011年版,第271—272页。
③ 傅乐成:《汉法与汉儒》,载《汉唐气度》,中华书局2021年版,第36—57页。
④ 瞿同祖:《中国法律之儒家化》,载《瞿同祖法学论著集》,中国政法大学出版社1998年版,第363页。

两汉时期的私权观念十分发达，探究其原因，主要是由于当时专制皇权的势力还很弱小，加之受先秦"天下乃天下之天下，非一人之天下"观念的影响，这些因素为汉代私权的发展提供了广阔的空间。汉代法律十分重视对普通民众住宅的保护，严禁他人随意侵入，据汉代《捕律》规定："禁吏毋夜入人庐舍捕人，犯者，其室殴伤之，以毋故入人室律从事。"①汉代对私有财产权的法律保护在中国古代政权中是较为充分的，西汉时期存在国家财政权与帝室财政权的公私之分，把帝室财政收入视为"私用"，把国家军费、官吏俸禄等支出视为"天下公用"，在1936年河南鲁山县出土的《鲁阳都乡正卫弹碑》中，还有"君不得取，臣不得获"的规定，这表明在两汉时期已经出现了私有财产不可侵犯的观念。

两汉时期私有财产权的发达，还表现在汉代继承了秦国商鞅变法时期制定的分户令，允许家庭中的卑幼子孙拥有私人财产，这与后世唐宋明清时期的家族财产制有明显的不同，两汉时期，卑幼子孙"别籍异财"具有合法性，一直到曹魏政权制定《新律》时才最终废除了"异子之科"，从此中国古代的家庭财产继承制度发生了重大的转变。

唐代与汉代都是中国古代的盛世时期，唐代法律也具有许多个性化的特征。关于唐代法律的个性化特征，此前学术界已有许多学者进行过讨论，如唐代法律从严治吏，积极维护私有财产权，定罪量刑理念接近于罪刑法定主义等。除了上述这些个性化的特征外，笔者认为唐代法律最显著的特征是唐初统治者提出了"天下之法"的概念，由此唐代成为中国古代政权中对君权限制最为严格的时代。以唐太宗为首的统治集团为了不使李唐政权重蹈隋朝速亡的覆辙，防止以皇帝为首的统治集团滥用权力，明确提出了"天下之法"的概念，从而确立了法权优于皇权的思想。贞观元年（公元627年），唐太宗与大理寺少卿戴胄在讨论司法案件时指出："法者非朕一人之法，乃天下之法。"②唐太宗所说的"天下之法"，意思是说国家法律是由皇帝及群臣共同制定的，作为最高统治者的皇帝应率先遵守法律，不能成为国家法律的破坏者，"天下之法"的思想

---

① 谢桂华、李均明、朱国炤：《居延汉简释文合校》，文物出版社1987年版，第551页。
② （唐）吴兢编著：《贞观政要》卷5，上海古籍出版社1978年版，第164页。

本身就是对皇帝滥用权力的有效制约。

唐代统治者提出的"天下之法"的观念,为解决古代皇权与法权的冲突提供了新思路。概而言之,唐代限制君权的措施主要包括:第一,设置谏官系统,对皇帝和官员滥用权力的行为加以规谏。唐代是中国古代谏官制度发展的鼎盛时期,唐代的谏官组织系统庞大,有隶属于门下省的给事中、左散骑常侍、左谏议大夫,有隶属于中书省的右散骑常侍、右谏议大夫等。唐代谏官的品秩虽低,但责任重大,凡中央军政大事有失,诏敕政令不合适者均可封奏匡正。唐代谏官经常对君主的违法行为进行监督和劝谏,以此来制约君权。第二,设置史官起居郎,把皇帝违法的行为记录于史书中,令其畏惧。唐代史官在记录皇帝的言行时,不隐善、不讳恶、善恶必书。史官记录的起居注,本朝皇帝不能阅览。由于史官秉笔直书,许多皇帝对史官的记述十分害怕,担心把自己违法的言行记载于史籍中,被后人谴责。第三,在唐律中专设法律条文,以法律形式明确了法权优于皇权的原则。据《唐律疏议》卷 30 记载:"诸制敕断罪,临时处分,不为永格者,不得引为后比。若辄引,致罪有出入者,以故失论。"①在唐律中明确区分了国家法律条文与皇帝临时制敕的不同法律效力,即临时制敕的法律效力要低于国家法律条文。法权优于皇权,本身就是对皇帝司法权的有效制约。第四,在中央实行政事堂宰相集体议事制度,减少因皇帝擅权而引起的决策失误。唐朝建立后,由于尚书、中书、门下三省的长官分工不同,为了统一协调各职能部门,唐初实行政事堂宰相集体议事制度。政事堂议事会议最初设在门下省,后移至中书省,唐玄宗开元十一年改称中书门下。唐代的政事堂议事由"同中书门下三品"或"同中书门下平章事"等官员参加,由秉笔或执笔宰相主持,凡政事堂议定之事,上奏取旨施行。如果宰相们认为提议有不妥或不可行,有权拒绝署名,并奏请修改或撤回。唐代实行政事堂宰相集体议事制度对于君主滥用权力确实能够起到有效的制约作用,李华在《中书政事堂记》中对政事堂议事的制度作了精彩论述:"政事堂者,君不可以枉道于天,反道于地,覆道于社稷,无道于黎元,此堂得以议之;臣不可以悖道于

---

① 刘俊文点校:《唐律疏议》卷 30,法律出版社 1999 年版,第 603 页。

君,逆道于仁,黩道于货,乱道于刑,剋一方之命变王者之制,此堂得以易之;兵不可以擅兴,权不可以擅与,贷不可以擅蓄,王泽不可以擅夺,君恩不可以擅间,私仇不可以擅报,公爵不可以擅私,此堂得以诛之。"①

总之,在长达几千年的中国古代,每一朝代的法律都具有各自的时代特征,正是由于这些个性化的法律特征才决定了某一时代的政治、经济和文化的走向。因此,只有深入探究中国古代法律的个性化差异,从动态的视角对古代法律进行全面审视,才能揭示出中国古代法制发展演变的轨迹,为当前中国的法治建设提供有益的历史借鉴。笔者认为,两汉时期是中国古代法律对私权保护较为充分的时代,唐代是中国古代对君权限制十分严格的时代,由于汉唐两代的法律具有上述个性化的特征,才使中国古代出现了历史上少有的汉唐盛世。

目前,在国内学术界流传着法律史学科"边缘化"的观点,对于这种说法,笔者不敢苟同。其实学术研究本身并不存在所谓的"中心"和"边缘",对法律史学研究也没有统一的价值衡量标准。如果说有价值衡量标准的话,笔者认为主要表现在如下两个方面:第一,利用现有的文献资料,对历史上发生的法律事件、形成的法律思想、诞生的法律制度进行悉心考证和客观描述,还原其真实面目,为当前法治建设提供历史借鉴;第二,从法律文明发展的视角对古今中外的法律思想和法律制度进行客观公正的评价,通过对比研究,发现目前法律存在的问题,明确未来中国法治的发展方向,为完善当代的法治建设提供法律智慧,使中国的法治建设保持健康持续的发展。

众所周知,自然科学研究的意义在于它能够促进科学技术的进步,为人类社会带来福祉。1911年,我国著名思想家梁启超指出:"近世泰西,学问大盛,学者始将学与术之分野,厘然画出,各勤厥职以前民用。试语其概要,则学也者,观察事物而发明其真理者也;术也者,取所发明之真理而致诸用者也。"②著名翻译家严复在翻译《原富》的按语中也说

---

① (清)董诰等编:《全唐文》卷316,上海古籍出版社1990年版,第1415—1416页。
② (清)梁启超:《学与术》,载刘梦溪主编:《中国现代学术经典:梁启超卷》,河北教育出版社1996年版,第723页。

道:"盖学与术异,学者考自然之理,立必然之例。术者据既知之理,求可成之功。学主知,术主行。"① 自然科学研究如此,法学的研究亦是如此。法学是一门知行合一、实践性很强的学科,人们从事法学研究,既要认清法律发展的客观规律,总结历史经验,提出完善的法律建议,制定相应的法律规范,又要去指导人们的实践活动。吴经熊先生曾对法律之学作了精准的概括,"法律的最高理想是正义,Justice,也就是公道,或公平",学习法律,"必须有科学的头脑,健全的道德观念,崇高的人格,以及审美的天才,这样去学法律才可以成功"。②

关于法律史学研究的价值,不同学者有不同的认识。首先,笔者认为法律史学的价值体现在对历史上发生的法律事件、形成的法律思想、出现的法律制度进行详细考证,还原其真实面目,为当前的法治建设提供历史借鉴。从这点来说,法律史学与历史学的研究功能是一致的。法律史学的研究需要不断创新,而学术创新又离不开新史料的不断发现,离不开对法律史料的准确解读,离不开对法律史实的细致考证,对法律史实的考证是法律史学研究不断创新的基础。例如,目前法学界和历史学界许多学者认为秦汉之际的"三环"程序与唐代的"三审"制度有密切的联系,认为秦律中的"三环"相当于唐律中的"三审",其为"三审"的历史先现;从秦"三环"到唐"三审"的延续,说明"三审"程序是中国封建刑事诉讼程序中的一项传统制度。③ 但是,通过我们对秦汉至隋唐之际告诉程序的考证,认为秦汉时期不孝罪的"三环"告诉程序与唐代的"三审"制没有必然的联系,唐代的三审立案制度应源于汉代的"满三日复问"程序,即司法机关首次对原告讯问之后,满三日后再次对原告讯问,核实原告前后两次的告诉内容是否一致,该项制度才是唐代三审制度的滥觞。又如,在东汉班固的《汉书》中,并没有明确记述萧何制作《九章律》的具体时间,我们通过对《汉书·刑法志》的认真解读,认为《九章律》制定的时间在高帝二年(公元前205年)刘邦从汉中进入关中之后到高帝五年(公元前

---

① 王栻主编:《严复集》(第四册),中华书局1986年版,第885页。
② 参见吴经熊:《法律哲学研究》,清华大学出版社2005年版,第21—22页。
③ 参见钱大群:《"三审"辨》,载《唐律与唐代法制考辨》,社会科学文献出版社2013年版,第84—88页。

202年)刘邦统一全国之前,由丞相萧何"作律九章"①,汉律的篇目内容是一个不断累加的过程,还原了法律史的真相。

法律史学与历史学研究一样,具有为后世提供历史借鉴的功能。徒法不足以自行,有治法尚需有治人,选拔优秀的司法行政官员与制定良法同样重要。唐朝统治者十分重视选拔高素质的官吏,唐代的司法行政官员在任职前都要经过系统的法律知识学习,通过吏部主持的"试判"考试才能履职,"试判"考试主要是考查考生对国家法律的熟悉程度以及审断疑难案件的能力。唐代参加"试判"的人员范围广泛,参加科举考试的考生在考试合格后还要通过吏部的"试判"才能任职;国家中下级的官员在转职、升迁时也要进行"试判"考试。在"安史之乱"以前,四品、五品以上的官员因"历任既久,经试固多,且官班已崇,人所知识",不用参加试判,其余较低级别的官员都要参加试判。"安史之乱"后,由于"仕进多门,侥幸超擢,不同往日",甚至连四品、五品官员履任新职也"并请试判"。②唐代的"试判"考试不仅使国家司法行政官员树立了法律至上的观念,也使国家官员在日常行政工作中养成了运用法律思维的习惯。

然而,法律史学研究与历史学又有明显的不同,法律史学研究除了具有历史学的认识、借鉴等功能外,还具有对古今中外的法律制度进行评价、预测、指引和教育等方面的功能,为当前的法治建设服务。从这一点来说,法律史学研究又与现代部门法学研究的目标相一致。众所周知,"法律制度是理性构建的产物,也是利益平衡的产物"③,法律的主要功能是调整及调和社会各种相互冲突的利益。当对各种利益的先后位序进行安排时,人们无疑要作出一些价值判断,即利益评价(valuation of interests)。例如,在中国古代,人身权利益和财产权利益没有先后位序之分,在秦汉至唐宋时期的法典中通常设有"役身折酬"的规定,据唐令《杂令》规定:"诸公私以财物出举者,任依私契,官不为理。每月取

---

① 参见郑显文:《战国秦汉之际法典体系的演变》,载《中国古代的法典、制度和礼法社会》,中国法制出版社2020年版,第39—52页。
② 参见(唐)杜佑撰,王文锦等点校:《通典》卷17《选举五》,中华书局1988年版,第425页。
③ 梁上上:《利益衡量论》(第三版),北京大学出版社2021年版,第163页。

利,不得过六分。积日虽多,不得过一倍。若官物及公廨,本利停讫,每计过五十日不送尽者,余本生利如初,不得更过一倍。家资尽者,役身折酬。"①但是,随着近代以来人权观念的兴起,各国法律对人身权利的保护日益加强,人身权利益高于财产权利益的观念逐渐为民法学界所认同,这正如美国学者博登海默(Bodenheimer)指出的那样:"生命的利益是保护其他利益(尤其是所有的个人利益)的正当前提条件,因此它就应当被宣称为高于财产方面的利益。"②中国学者杨立新教授也认为:"人身权没有直接财产利益的属性,决定其不能用金钱来估算、衡量。"③由此可见,中国古代长期实行的"役身折酬"制度已经不符合现代民法的精神。又如,中国古代长期实行不动产买卖先问亲邻的制度,据《宋刑统》卷13记载:"应典、卖、倚当物业,先问房亲;房亲不要,次问四邻;四邻不要,他人并得交易。房亲着价不尽,亦任就得价高处交易。"④对于该项制度,有学者指出:"它的存在,以满足某些社会需要和要求为前提,具有一定的社会意义。"⑤但是,如果从经济学和法学的视角进行考量,它的存在无疑会阻碍商品流通,影响经济的发展,妨碍财产所有权人自由处分财产,故而在民国初年的司法实践中,北洋政府大理院以判例的形式对该项制度予以废除。1915年,在湖南浏邑县发生了"凡卖业必先尽房亲,外姓不得夺买"的上诉案件,北洋政府大理院在"上字第282号"作出了如下判决:"卖业先尽房亲之说,则以该邑习惯为据,兹姑不论是否有此项习惯之存在,既属限制所有权之作用,则于经济上流通及地方之发达均有障碍,亦难认为有法之效力。"⑥对古今中外的法律制度进行客观评价,这也是法律史学研究的价值所在。

法律史学研究另一项重要的功能是它的指引功能,通过对古今中外

---

① 〔日〕仁井田陞:《唐令拾遗》,栗劲、霍存福等编译,长春出版社1989年版,第789页。
② 〔美〕E.博登海默:《法理学:法律哲学与法律方法》,邓正来译,中国政法大学出版社2017年版,第416页。
③ 杨立新:《人身权法论》(第三版),人民法院出版社2006年版,第58页。
④ 薛梅卿点校:《宋刑统》卷13,法律出版社1999年版,第232页。
⑤ 罗海山:《论亲邻先买权的社会意义——以土地为例》,载《海南师范大学学报(社会科学版)》2013年第1期。
⑥ 黄源盛纂辑:《大理院民事判例辑存·总则编》,犁斋社公司2012年版,第57页。

的法律制度与现行法律制度进行比较,认真吸收其优秀成分,汲取人类法律文明的经验和智慧,明确今后法治发展的方向,为当代中国的法治建设服务。例如,民国初年行政诉讼程序的设计没有采用德国的郡评事会、县评事会、最高行政法院的三审制,也没有采用法国的地方参事会、平政院的二审制,而是采用了日本、奥地利的一审制,"行政诉讼的提起,其先经之程序,为诉愿;诉愿经最高行政官署之判决而尚不服时,始得提起行政诉讼"①。对于行政诉讼案件的审理,采用的是法国的书面审理模式,而没有采用日本的口头审理模式,原被告之辩驳书,均由行政法院转交,主要考虑到人民处于行政诉讼的弱势地位,当事人之间并不直接接触,避免行政官署与人民发生冲突,这样的行政诉讼程序设计可以说是"用意至善"②。针对行政判决执行难的问题,民国初年的行政诉讼案件在作出判决后,由平政院院长呈报被告上级行政官署的长官大总统或国务总理签署训令,责令下级行政官署遵照执行,这样的行政诉讼程序设计,对于当前的行政诉讼建设也具有重要的借鉴作用。

最后,再简单介绍一下本书的写作情况。本书是笔者继《唐代律令制研究》《律令时代中国的法律与社会》《出土文献与唐代法律史研究》《中国古代的法典、制度和礼法社会》之后出版的又一部法律史学著作,它汇集了笔者近年来的研究成果。由于本人学术能力有限,有些观点或许还不够成熟和完善,错误之处在所难免,真诚希望学术界各位同仁提出宝贵意见,以便将来作进一步的修改和完善。

郑显文
2024 年 3 月 22 日于上海

---

① 章渊若:《行政裁判制度之研究与建议》,载《法学杂志(上海)》1933 年第 6 卷第 6 期。
② 谢振民编著:《中华民国立法史》,中国政法大学出版社 2000 年版,第 1054 页。

目 录

第一章 从汉代"满三日复问"到唐代"三审"制的演变 …………… 1
一、新出土的秦汉简牍有关"三环"的记述 ………………………… 3
二、秦汉法律简牍中的"三环"含义辨析 …………………………… 6
三、汉代"满三日复问"是唐代"三审"制渊源考 ………………… 16

第二章 汉代私有财产权的历史演变及法律保护 ………………… 26
一、对两汉时期私有财产权观念的历史考察 ……………………… 29
二、汉代私有财产制度的历史演变 ………………………………… 33
三、汉代子孙"别籍异财"的合法化 ……………………………… 38
四、从出土文献看汉代私有财产权变动的契约化 ………………… 43
五、两汉时期私有财产权的法律保护 ……………………………… 52

第三章 《唐律疏议》的释法性解释和造法性阐释 ……………… 66
一、唐初法制变革引发对唐律的全面解释 ………………………… 69
二、《唐律疏议》法律解释形式的创新 …………………………… 75
三、《唐律疏议》的释法性解释方法 ……………………………… 81
四、《唐律疏议》的造法性解释方法 ……………………………… 91

五、《唐律疏议》的解释规则及法理价值 …………………… 99

第四章　唐式对日本古代法典《延喜式》的影响 …………… 109
　　一、唐式东传及与日本《延喜式》的篇目比较 ……………… 111
　　二、唐式和日本式的性质比较 ………………………………… 114
　　三、唐式对日本古代法典《延喜式》的影响 ………………… 120
　　四、唐式对日本《养老律》和《养老令》的影响 …………… 130

第五章　唐代"天下之法"与限制君权的法律范式 ………… 139
　　一、唐代"民本"观念与限制君权的法理基础 ……………… 141
　　二、唐代"天下之法"的观念及限制君权的制度构造 ……… 147
　　三、从正当程序的视角看唐代制约君权的法律范式 ………… 156

第六章　唐代诉讼审判中的勾检程序新探 …………………… 174
　　一、唐代中央和地方司法审判系统中勾检官的设置 ………… 176
　　二、从敦煌吐鲁番出土判文看唐代诉讼审判中的勾检程序 … 190
　　三、勾检程序在唐代诉讼审判中的价值 ……………………… 198

第七章　唐代司法自由裁量权的法律规制及其价值 ………… 210
　　一、司法自由裁量权在中国古代诉讼审判中的价值 ………… 212
　　二、唐代司法自由裁量权的类型模式及适用原则 …………… 218
　　三、唐代司法自由裁量权的法律规制 ………………………… 225
　　四、从判例判文看唐代司法自由裁量权的实践价值 ………… 234

第八章　从敦煌吐鲁番出土判文看唐代司法审判的效率 …… 243
　　一、敦煌吐鲁番出土唐代判例判文及其类型分析 …………… 244
　　二、对唐代司法官员法律思维和职业技能的考查 …………… 251
　　三、从敦煌吐鲁番文书看唐代司法审判的效率 ……………… 258
　　四、从敦煌吐鲁番判文看唐代司法审判的质量 ……………… 263

第九章　从敦煌西域出土的法律文书看吐蕃时期的诉讼制度 …… 273
　一、从敦煌西域出土的法律文书看吐蕃时期的司法体制 ……… 277
　二、从敦煌西域出土的法律文书看吐蕃时期的民事诉讼 ……… 287
　三、从敦煌西域出土的法律文书看吐蕃时期的刑事诉讼 ……… 301

第一章
从汉代"满三日复问"到唐代"三审"制的演变

中国古代秦汉以后的司法审判模式是由审判官员主导的,无论是民事诉讼还是刑事诉讼,司法机关在审判过程中都居于主导地位。受此影响,中国古代诉讼程序一个重要的特征是立案与审判未有实质性的分离。从新出土的古代法律简牍和传世文献资料来看,中国古代的审判重心主要集中在立案阶段,即对诉讼当事人的主体资格、诉讼的地域管辖、诉讼内容的真实性和合法性进行审查,以防止冤假错案的发生。无论是秦汉之际案件受理前"诬告反坐"的告知程序,还是唐代的"三审"立案制,都是司法鉴定技术不发达的产物。这些告诉程序的设置,能够有效避免冤假错案的发生,节约司法成本,提高诉讼审判的效率,最大程度地维护了诉讼当事人的合法权益。

20世纪初以来,随着战国秦汉法律竹简和敦煌吐鲁番文书的发现,学术界对战国秦汉至隋唐之际的诉讼审判制度有了重新认识,很多学者发表了研究成果,主要有俞伟超《略释汉代狱辞文例——

一份治狱材料初探》、刘海年《秦的诉讼制度》、张建国《汉简〈奏谳书〉和秦汉刑事诉讼程序初探》、李均明《简牍所反映的汉代诉讼关系》、闫晓君《秦汉时期的诉讼审判制度》、张伯元《张宗、赵宣赔偿纠纷案解说》、徐世虹《汉代民事诉讼程序考述》、冯卓慧《汉代民事诉讼制度考略》、张朝阳《汉代民事诉讼新论》、程政举《汉代诉讼程序考》、刘陆民《唐代司法组织系统考》、刘俊文《唐代司法研究》、黄正建《唐代诉讼文书格式初探——以吐鲁番文书为中心》、陈玺《唐代刑事诉讼惯例研究》，以及日本学者大庭脩《居延新出〈候粟君所责寇恩事〉册书——爰书考補》、籾山明《中国古代诉讼制度研究》、宫宅潔《秦漢時代の裁判制度——張家山漢簡〈奏讞書〉より見た》、小早川欣吾《唐朝司法制度》等。① 上述这些研究成果大多限于对秦汉和隋唐各时期的诉讼审判体制研究，而对于秦汉至隋唐之际告诉程序的发展变化并未给予足够的关注，甚至对两汉时期告诉程序的设计也未展开讨论。近年来，也有学者对秦汉时期的"三环"制度和唐代

---

① 参见俞伟超：《略释汉代狱辞文例——一份治狱材料初探》，载《文物》1978年第1期；刘海年：《秦的诉讼制度》，载《战国秦代法制管窥》，法律出版社2006年版，第161—220页；张建国：《汉简〈奏谳书〉和秦汉刑事诉讼程序初探》，载《帝制时代的中国法》，法律出版社1999年版，第294—314页；李均明：《简牍所反映的汉代诉讼关系》，载《简牍法制论稿》，广西师范大学出版社2011年版，第51—79页；闫晓君：《秦汉时期的诉讼审判制度》，载《秦汉法律研究》，法律出版社2012年版，第77—92页；张伯元：《张宗、赵宣赔偿纠纷案解说》，载《出土法律文献研究》，商务印书馆2005年版，第215—222页；徐世虹：《汉代民事诉讼程序考述》，载《政法论坛》2001年第6期；冯卓慧：《汉代民事诉讼制度考略》，载《西部法学评论》2011年第1期；张朝阳：《汉代民事诉讼新论》，载《华东师范大学学报（哲学社会科学版）》2013年第4期；程政举：《汉代诉讼程序考》，载《法学评论》2013年第2期；刘陆民：《唐代司法组织系统考》，载《法学月刊》1947年第3、4期；刘俊文：《唐代司法研究》，载《唐代法制研究》，文津出版社1999年版，第164—247页；黄正建：《唐代诉讼文书格式初探——以吐鲁番文书为中心》，载饶宗颐主编：《敦煌吐鲁番研究》（第十四卷），上海古籍出版社2014年版，第289—317页；陈玺：《唐代刑事诉讼惯例研究》，科学出版社2017年版；〔日〕大庭脩：《居延新出〈候粟君所责寇恩事〉册书——爰书考補》，载《秦漢法制史の研究》，创文社1982年版，第647—669页；〔日〕籾山明：《中国古代诉讼制度研究》，李力译，上海古籍出版社2009年版，第57—59页；〔日〕宫宅潔：《秦漢時代の裁判制度——張家山漢簡〈奏讞書〉より見た》，载《史林》1998年第81卷第2号；〔日〕小早川欣吾：《唐朝司法制度》，载京都大学法学会编：《法学论丛》1940年第24卷第1号等。

"三审"制的关系进行了探讨①,但是,随着秦汉法律竹简的不断发现以及对敦煌吐鲁番法律文书研究的日渐深入,我们发现秦汉时期的"三环"告诉程序与唐代的"三审"制并没有太大的关联,唐代的"三审"立案制与两汉时期的"满三日复问"程序却有很深的渊源。基于此,笔者将以传世古代文献为基础,结合新出土的秦汉法律竹简和敦煌吐鲁番文书,对秦汉时期的"三环""满三日复问"程序与唐代"三审"制的关系进行全面的梳理和考证,以期还原古代告诉制度的原貌。

一、新出土的秦汉简牍有关"三环"的记述

秦汉之际是中国古代法律制度发生重大转型的时期。西汉政权建立后,对秦代的法律制度既有继承,也有变革。例如,汉朝初年就继承了秦代不孝罪的规定,据岳麓书院藏秦简第2014简正记载:"【自】今以来,殴泰父母,弃市,臭訽(诟)詈之,黥为城旦舂。"②新发现的张家山汉简《二年律令》与秦代的法律规定基本相同,规定:"子牧杀父母,殴詈泰父母、父母、叚(假)大母、主母、后母,及父母告子不孝,皆弃市。"③

但我们也应看到,秦汉之际的法律制度发生了巨大的变革。如秦代法律严禁父母、子女、夫妻等亲属隐匿犯罪的行为,"父母、子、同产、夫妻或有罪而舍匿之其室及敝(蔽)匿之于外,皆以舍匿罪人律论之"④。该项制度在西汉时期已被废除,汉宣帝地节四年(公元前66年)颁布法令,规定父子、夫妻之间可以相互隐匿犯罪的行为:"父子之亲,夫妇之

---

① 参见钱大群:《秦律"三环"论考》,载《唐律与唐代法制考辨》,社会科学文献出版社2013年版,第84—88页;刘华祝:《关于秦律、汉律中的"三环"问题》,载中国秦汉史研究会编:《秦汉史论丛》(第九辑),三秦出版社2004年版,第319—325页;徐世虹:《秦汉简牍中的不孝罪诉讼》,载《华东政法学院学报》2006年第3期;朱红林:《再论竹简秦汉律中的"三环"——简牍中所反映的秦汉司法程序研究之一》,载《当代法学》2007年第1期;陈光中:《中国古代司法制度》,北京大学出版社2017年版,第206—207页。
② 陈松长主编:《岳麓书院藏秦简》(陆),上海辞书出版社2020年版,第150页。
③ 张家山二四七号汉墓竹简整理小组编著:《张家山汉墓竹简〔二四七号墓〕》(释文修订本),文物出版社2006年版,第13页。
④ 陈松长主编:《岳麓书院藏秦简》(肆),上海辞书出版社2015年版,第40页。

道,天性也。虽有患祸,犹蒙死而存之。诚爱结于心,仁厚之至也,岂能违之哉! 自今子首匿父母、妻匿夫、孙匿大父母,皆勿坐。其父母匿子,夫匿妻,大父母匿孙,罪殊死,皆上请廷尉以闻。"①

1975年湖北云梦睡虎地出土的秦代法律竹简中,出现了父母控告子女不孝是否适用"三环"程序的记述。据《法律答问》记载:"免老告人以为不孝,谒杀,当三环之不? 不当环,亟执勿失。"②分析该条史料,可以看出秦律对不孝罪的处罚极重,只要司法机关接到父母控告子孙不孝罪的案件,将立即拘捕,不适用"三环"的程序。

在云梦秦简《封诊式》"告子"条中,也记录了父亲控告子女不孝,请求官府"谒杀"的司法程序:"爰书:某里士五(伍)甲告曰:'甲亲子同里士五(伍)丙不孝,谒杀,敢告。'即令令史己往执。令史己爰书:与牢隶臣某执丙,得某室。丞某讯丙,辞曰:'甲亲子,诚不孝甲所,毋(无)它坐罪'。"③在该条史料中,没有记述原告士伍甲的年龄,这说明原告的身份很普通,不属于"免老"的特殊主体;"即令令史己往执",表明对原告没有适用"三环"的程序,司法机关直接派令史拘捕。在岳麓书院所藏秦简第1980简,也出现了父母控告子女不孝罪的规定:"子杀伤、殴詈、投(殳)杀父母,父母告子不孝及奴婢杀伤、殴、投(殳)杀主、主子父母,及告杀,其奴婢及。"④由于岳麓秦简后面残损,父母控告子女不孝的法律程序未见于记载。

云梦秦简《法律答问》仅记述了秦代"三环"的法律程序,并没有说明"三环"程序所适用的对象。在1983年湖北江陵张家山第247号墓出土了西汉初年的《二年律令·贼律》,其中详细记述了"三环"适用的对象和法律程序:"子牧杀父母,殴詈泰父母、父母、叚(假)大母、主母、后母,及父母告子不孝,皆弃市。其子有罪当城旦舂、鬼薪白粲以上,及为人奴婢者,父母告不孝,勿听。年七十以上告子不孝,必三环

---

① (汉)班固撰,(唐)颜师古注:《汉书》卷8《宣帝纪》,中华书局1962年版,第251页。
② 睡虎地秦墓竹简整理小组编:《睡虎地秦墓竹简》,文物出版社1990年版,第117页。
③ 睡虎地秦墓竹简整理小组编:《睡虎地秦墓竹简》,文物出版社1990年版,第156页。
④ 陈松长主编:《岳麓书院藏秦简》(肆),上海辞书出版社2015年版,第43页。

之。三环之各不同日而尚告,乃听之。教人不孝,黥为城旦舂。"①《二年律令·贼律》的法律条文,弥补了云梦秦简《法律答问》缺失的内容,即年七十以上的父母控告子女不孝,须经过"三环"的司法程序。

综合云梦秦简《法律答问》、张家山汉简《二年律令·贼律》的记述,我们对秦汉之际不孝罪的诉讼有了初步认识。

其一,秦汉之际存在"免老"的制度。"免老",是秦汉时期官方的法律用语,在岳麓书院所藏的秦简中,有关于"免老"的记载:"免老、小未傅、女子未有夫而皆不居赀日者,不用此律。"②卫宏《汉旧仪》对"免老"的含义作了如下解释:"秦制二十爵。男子赐爵一级以上,有罪以减,年五十六免。无爵为士伍,年六十乃免者,有罪,各尽其刑。"③由此可知,秦代有爵位者,五十六岁"免老";无爵位者,六十岁"免老"。西汉初年,国家法律对"免老"的年龄又作了相应调整,据《二年律令·傅律》规定:"大夫以上年五十八,不更六十二,簪褭六十三,上造六十四,公士六十五,公卒以下六十六,皆为免老。"④荆州胡家草场出土汉简第3156号《傅律》与《二年律令》的记载基本相同,规定:"夫(大夫)以上年五十八,不更六十二,簪褭六十三,上造六十四,公士六十五,士五(伍)六十六,隐官六十七,皆为免老。"⑤增加了"隐官六十七",说明汉代对"免老"年龄的规定更加详细。

其二,关于秦代不孝罪"谒杀"的规定。"谒杀",是指父母、祖父母到官府控告子孙不孝的行为,请求官府处死不孝子孙。秦汉法律严禁父母私自杀死不孝之子,秦律规定:"擅杀子,黥为城旦舂。"⑥如果儿子犯有不孝罪,父母应到官府控告,经过官府审判,由官府对不孝之子处死。

---

① 张家山二四七号汉墓竹简整理小组编著:《张家山汉墓竹简〔二四七号墓〕》(释文修订本),文物出版社2006年版,第13页。
② 陈松长主编:《岳麓书院藏秦简》(肆),上海辞书出版社2015年版,第58页。
③ (清)孙星衍等辑,周天游点校:《汉官六种》,中华书局1990年版,第85页。
④ 张家山二四七号汉墓竹简整理小组编著:《张家山汉墓竹简〔二四七号墓〕》(释文修订本),文物出版社2006年版,第57页。
⑤ 荆州博物馆、武汉大学简帛研究中心编著,李志芳、李天虹主编:《荆州胡家草场西汉简牍选粹》,文物出版社2021年版,第79页。
⑥ 睡虎地秦墓竹简整理小组编:《睡虎地秦墓竹简》,文物出版社1990年版,第109页。

其三，关于拘捕不孝罪者的法律程序。在云梦秦简《法律答问》中，对于有人控告子孙不孝罪的情况，司法机关应"亟执勿失"。"执"，拘捕之意，《说文》卷10下记载："今吏将目捕辠人也。"① "亟执勿失"，意为立即拘捕犯罪人。在云梦秦简《封诊式》"告子"条中，有"即令令史己往执"，意思是指官府收到甲控告儿子丙不孝罪的诉讼，当即派令史前往拘捕"士伍丙"，与《法律答问》中的"亟执勿失"含义相同，不必经过"三环"的程序。

其四，西汉时期，司法机关对于年七十以上父母控告子女不孝的犯罪，除须经过"三环"的法律程序外，还要对被告进行"验问"，即核实和讯问。在云梦秦简《封诊式》"告子"条中，记有"丞某讯丙"②，司法官员丞对不孝子丙进行讯问。汉元帝初元年间，王尊曾任美阳县令，有美阳女子告假子不孝，曰："儿常以我为妻，妒笞我。"县衙接到报案后，"遣吏收捕验问，辞服"，尊命人"取不孝子悬磔著树，使骑吏五人张弓射杀之"。③ 根据上述史料，可以看到秦汉之际对于父母控告子孙不孝的犯罪，须经过"验问"的法律程序。

二、秦汉法律简牍中的"三环"含义辨析

学术界目前对云梦秦简《法律答问》和张家山汉简《二年律令》中"当三环之不"和"必三环之"中"环"字的解读存在很大的分歧。云梦秦简《法律答问》的注释者认为，"环，读为原，宽宥从轻。古时判处死刑有'三宥'的程序"④。刘华祝教授同意秦墓竹简整理小组的意见，认为在没有新的材料之前，只能同意把"三环"视为《周礼》中的"三宥"，其属审

---

① （汉）许慎撰，（清）段玉裁注：《说文解字注》，上海古籍出版社1988年版，第496页。
② 睡虎地秦墓竹简整理小组编：《睡虎地秦墓竹简》，文物出版社1990年版，第156页。
③ 参见（汉）班固撰，（唐）颜师古注：《汉书》卷76《王尊传》，中华书局1975年版，第3227页。
④ 睡虎地秦墓竹简整理小组编：《睡虎地秦墓竹简》，文物出版社1990年版，第117页。

讯判决程序中的规定。① 徐世虹教授认为,"三环"是"反复调查"的意思。② 钱大群教授指出,《法律答问》中的"三环",即三次反复告诉的意思,类似于唐代的"三审"。③ 朱红林教授则从控告对象的角度进行了分析,认为"三环"的对象是原告,"三环"是三次劝阻原告,是对老人自诉的限制。④ 张家山汉简《二年律令》的整理者也对"三环"作了如下解释:"环,读如'还',《说文》:'复也'。三环,年龄七十岁以上的人告其子不孝,必须经反复告三次,司法部门才予受理。"⑤

(一)对先秦秦汉之际"环"字含义的考察

关于古代"环"字的含义,许慎《说文》曰:"环,璧也。"清段玉裁注:"环,引伸为围绕无端之义。古只用还。"⑥"环"字在先秦秦汉之际有许多不同的含义,笔者认为主要有三种:

其一,从传世文献和新出土的简牍史料看,"环"字具有"返还""返回"的意思。据云梦秦简《法律杂抄》"公车司马猎律"记载:"射虎车二乘为曹。虎未越泛薛,从之,虎环(还),赀一甲。"⑦对于该条律文,陈国治、于孟洲等学者认为,"虎环",是指老虎逃回的意思。⑧ 在岳麓书院所藏的秦简中,多次出现了"环"字,据岳麓秦简第1023简记载:"市,其

---

① 参见刘华祝:《关于秦律、汉律中的"三环"问题》,载中国秦汉史研究会编:《秦汉史论丛》(第九辑),三秦出版社2004年版,第324页。
② 参见徐世虹:《"三环之""刑复城旦春""系城旦春某岁"解——读〈二年律令〉札记》,载中国文物研究所编:《出土文献研究》(第六辑),上海古籍出版社2004年版,第79—82页。
③ 参见钱大群:《唐律与唐代法制考辨》,社会科学文献出版社2013年版,第84—88页。
④ 参见朱红林:《张家山汉简〈二年律令〉集释》,社会科学文献出版社2005年版,第39—43页;朱红林:《再论竹简秦律中的"三环"——简牍中所反映的秦汉司法程序研究之一》,载《当代法学》2007年第1期。
⑤ 张家山二四七号汉墓竹简整理小组编著:《张家山汉墓竹简〔二四七号墓〕》(释文修订本),文物出版社2006年版,第13页。
⑥ (汉)许慎撰,(清)段玉裁注:《说文解字注》,上海古籍出版社1988年版,第12页。
⑦ 睡虎地秦墓竹简整理小组编:《睡虎地秦墓竹简》,文物出版社1990年版,第85页。
⑧ 参见陈治国、于孟洲:《睡虎地秦简中"泛薛"及公车司马猎律新解》,载《中国历史文物》2006年第5期;曹旅宁:《从秦简〈公车司马猎律〉看秦律的历史渊源》,载《秦汉魏晋法制探微》,人民出版社2013年版,第56页。

受者,与盗同法。前令予及以嫁入姨夫而今有见存者环(还)之,及相与同居共作务钱财者亟相。"①另据湖南里耶秦简 V8-60+8-656+8-665+8-748 号简记述:"谒令亭居署所。上真书谒环。"对于该条史料中的"环"字,注释者认为,环,读为"还",返还。② 在张家山汉简《二年律令·捕律》中,也有"环"字的记述:"群盗杀伤人、贼杀伤人、强盗,即发县道,县道亟为发吏徒足以追捕之……以穷追捕之,毋敢□界而环(还)。"③上述史料中的"环"字,具有返还、返回的含义。

其二,先秦秦汉之际的"环"字,也有"却"的含义。据《周礼·夏官》记载:"环,犹却也。"④另据云梦秦简《法律答问》记述:"甲徒居,徒数谒吏,吏环,弗为更籍。"秦简的整理者认为,环,此处意为"推却"。⑤ 在张家山汉简《二年律令·史律》中,也出现了"环"字,其中记述:"大史、大卜谨以吏员调官史、卜县道官,官受除事,勿环。"⑥对于该条史料,《二年律令》整理小组的专家认为,"环"字,意为"拒绝"⑦;曹旅宁认为,"环"字具有"推辞"之意。⑧

其三,在先秦时期的典籍中,"环"字也有环绕之意。据《周礼·秋官·环人》记载:"环人掌送逆邦国之通宾客,以路节达诸四方。"唐贾公彦疏曰:"此环人与《夏官》'环'字虽同,义则异,彼环人主致师,此环人

---

① 陈松长主编:《岳麓书院藏秦简》(伍),上海辞书出版社 2017 年版,第 40 页。
② 参见陈伟主编:《里耶秦简牍校释》(第一卷),武汉大学出版社 2012 年版,第 43—45 页。
③ 张家山二四七号汉墓竹简整理小组编著:《张家山汉墓竹简〔二四七号墓〕》(释文修订本),文物出版社 2006 年版,第 27—28 页。
④ (汉)郑玄注,(唐)贾公彦疏:《周礼注疏》卷 28,载(清)阮元校刻:《十三经注疏》,中华书局 1980 年版,第 833 页。
⑤ 参见睡虎地秦墓竹简整理小组编:《睡虎地秦墓竹简》,文物出版社 1990 年版,第 127 页。
⑥ 张家山二四七号汉墓竹简整理小组编著:《张家山汉墓竹简〔二四七号墓〕》(释文修订本),文物出版社 2006 年版,第 82 页。
⑦ 参见张家山二四七号汉墓竹简整理小组编著:《张家山汉墓竹简〔二四七号墓〕》(释文修订本),文物出版社 2006 年版,第 82 页。
⑧ 参见曹旅宁:《张家山汉简〈史律〉考》,载《张家山汉律研究》,中华书局 2005 年版,第 180 页。

环绕宾客,使不失脱,是其异也。"①另据《礼记·杂记上》记载:"小敛,环绖,公、大夫、士一也。"郑玄注:"环绖者一股,所谓缠绖也。"孔颖达疏:"知以一股所谓缠绖者,若是两股相交则谓之绞。今云环绖是周回缠绕之名,故知是一股缠绖也。"②《史记·荆轲传》也有如下记述:"荆轲逐秦王,秦王环柱而走。群臣皆愕,卒起不意,尽失其度。"③"环柱",即环绕之意。

那么云梦秦简《法律答问》和张家山汉简《二年律令·贼律》中的"三环"应作何解释呢?通过对云梦秦简《法律答问》和张家山汉简《二年律令·贼律》史料进行分析解读,首先"环"字为"环绕"的含义可以排除,如果把"三环"解释为三次环绕,法律条文的上下文意思不通。

目前有许多学者把"三环"的"环"字解释为返还,如钱大群、朱红林等学者认为,"三环"的"环"字作"还",司法机关"三次令告发人返还熟思然后再受理"。④ 笔者认为,根据《法律答问》的记载:"免老告人以为不孝,谒杀,当三环之不?不当环,亟执勿失。"张家山汉简《二年律令·贼律》:"年七十以上告子不孝,必三环之。三环之各不同日而尚告,乃听之。"可以看出"当三环之不"和"必三环之"中的"三环"是指司法机关对控告者所实施的法律行为,"环"字应为秦汉时期的法定司法程序。如果把"三环"理解为让告发人三次返还,"环"就不具有法定程序的性质。从上述两则法律史料的文意看,实施"三环"的主体是司法机关,控告人是"三环"所指向的法律对象,故把"三环"解释为让控告人三次返还,不甚符合法律条文的原意。

既然"环"字的上述两种解释无法自圆其说,笔者认为,云梦秦简《法律答问》、张家山汉简《二年律令》中"三环"的"环"字,其含义应为"却"之意,即劝阻、劝解的意思,凡七十岁以上的原告到司法机关控告

---

① (汉)郑玄注,(唐)贾公彦疏:《周礼注疏》卷28,载(清)阮元校刻:《十三经注疏》,中华书局1980年版,第899页。
② (汉)郑玄注:《礼记正义》卷41,载(清)阮元校刻:《十三经注疏》,中华书局1980年版,第1556页。
③ (汉)司马迁撰:《史记》卷86《荆轲传》,中华书局1982年版,第2539页。
④ 参见钱大群:《唐律与唐代法制考辨》,社会科学文献出版社2013年版,第88页。

子孙不孝,司法机关须经过三次劝阻的法律程序,让其谨慎告诉。关于"环"字有"却"的含义,在法律条文中的意思表现尤为明确,如"三环之各不同日而尚告",表明作为原告的父母被司法机关三次劝阻、劝解,仍坚持控告子孙不孝,即"尚告""乃听之",司法机关才最终决定受理。若《二年律令·贼律》中的"环"字被释读为"还",不可能出现原告在"三环之各不同日而尚告"的情况。实施"三环"程序的主体是司法机关,"三环"所指向的法律对象应为原告。① 可见,"三环"是司法机关对原告控告进行劝阻的必经程序。

在秦汉之际,父母控告子孙不孝类的诉讼案件频繁发生。分析其原因,无论在法律层面还是在伦理道德层面家长都居于绝对优势地位,就子孙不孝罪提出诉讼是父母拥有的绝对权利。至于诉讼结果,如果司法机关以不孝罪判处子孙死刑,年迈父母的生活必然会受到严重影响,从家庭情感的因素来说,真心希望处死不孝子孙的情况必然是少数。因此,在法律实践中,司法官员对原告加以劝阻,对被告进行惩戒,使其反省悔过,这是司法官员和原告都期待的结果,"三环"正是为此而设计的对原告的劝阻程序。

秦汉时期父母控告子孙不孝的案件很多,在新出土的秦汉法律简牍中出现了许多不孝罪的诉讼案例。② 1987 年,在湖南湘西土家苗族自治州古人堤发现的汉代竹简中,即有"父母告子"的记述。③ 汉代对不孝罪的诉讼,通常采取劝阻和调解的方式,据《后汉书·仇览传》注引谢承书记载:"览为县阳遂亭长,好行教化。人羊元凶恶不孝,其母诣览言元。览呼元,消责元以子道。与一卷《孝经》,使诵读之。元深改悔,……母子更相向泣,于是元遂修孝道。"④东汉末年,仇香为蒲亭长,"民有陈元者,以不孝为母所讼,香惊曰:'近过仇舍,庐落整顿,耕耘以时,此非恶

---

① 参见朱红林:《再论竹简秦汉律中的"三环"——简牍中所反映的秦汉司法程序研究之一》,载《当代法学》2007 年第 1 期。
② 参见徐世虹:《秦汉简牍中的不孝罪诉讼》,载《华东政法学院学报》2006 年第 3 期。
③ 参见张春龙、李均明、胡平生:《湖南张家界古人堤简牍释文与简注》,载《中国历史文物》2003 年第 2 期。
④ (宋)范晔撰,(唐)李贤等注:《后汉书》卷 76《仇览传》,中华书局 1973 年版,第 2480 页。

人,当是教化未至耳!'遂亲至其家,与其母子共饮,为陈说人伦,谕以祸福,元大感悟,卒为孝子"①。从上述这些案例中,可以看出汉代司法官员对于父母控告子孙不孝罪的诉讼案件,通常先进行劝解,采取审慎的态度,劝解不成才进入到诉讼程序,最终作出判决。

通过上述考察,我们对云梦秦简《法律答问》和《二年律令》中"三环"的含义有了较为清晰的认识:首先,在秦汉两代,确实存在父母控告子女不孝罪的"三环"程序,所适用的对象是七十岁以上的父母控告子女不孝的违法行为,而且是必经的司法程序,即"必三环之"。如果是"免老"或者"免老"以下的父母控告子孙不孝,司法机关则不适用"三环"的程序,应立即拘捕不孝子孙。可见,"三环"告诉程序所适用的范围十分狭窄。其次,"三环之各不同日",表明"三环"程序发生在不同的日期;"尚告",表明原告此前的告诉被劝阻后,仍坚持原来的诉讼请求;"乃听之",意思是经过官府对原告的三次劝阻后,原告仍坚持告诉,司法机关才最终立案受理。再次,根据云梦秦简《法律答问》和张家山汉简《二年律令》的记述,"三环"程序适用的主体为七十岁以上的老人,对于"免老"或普通民众控告子孙不孝罪并不适用。最后,适用"三环"程序的时间是在原告控告之后,官府拘捕犯罪者之前。"三环"是针对原告而不是针对被告所设计的法律程序,是主要针对原告适用的劝阻程序,类似于现代诉讼制度中的庭前调解程序。

(二)从古代不孝罪诉讼案件看秦汉"三环"的含义

关于秦汉法律竹简中"三环"的含义,也可从古代家长控告子孙不孝罪的诉讼审判中寻找答案。在中国古代的司法实践中,有关父母、祖父母控告子孙不孝罪的诉讼案件,司法官员通常先对原告加以劝阻,采用调解的形式,调解不成才作出裁判。

众所周知,先秦儒家提倡孝道,孝是儒家文化的核心内容,也是维系家庭和社会稳定的基础。从西汉武帝以后,历代统治者皆把儒家思想作为治国的根本思想,大力弘扬孝道,并把孝的内容融入法典中,以国家强

---

① 中国社会科学院历史研究所宋辽金元史研究室点校:《名公书判清明集》卷10《人伦门》,中华书局1987年版,第363页。

制力保障实施。古代许多朝代的法律都赋予家长对子女的惩戒权。据汉代《贼律》规定:"父母殴(殴)笞子及奴婢,子及奴婢以殴(殴)笞辜死,令赎死。"①如果是子孙不孝的行为,则处罚极重,一旦控告属实,将对不孝者处以重刑。在秦汉以后,司法机关对不孝罪者大多处以死刑,不仅剥夺了男性子孙的生命权,还影响到国家的徭役和赋税征收,对年迈父母的生活也造成了严重影响。为了防止控告人中途撤诉,古代司法机关对于父母控告子孙的不孝犯罪,通常采取劝阻的程序。

首先,古代不孝罪诉讼立案前的劝阻程序,目的是预防原告中途撤诉。中国古代无论是儒家还是法家,都宣扬孝道,家长对子孙不孝罪进行诉讼拥有绝对的权利。司法机关对于不孝罪的受理,"必亲告乃坐者,盖家庭主恩,亲属相隐,必尊长亲告,方依律明正其罪"②。对于尊长控告子孙不孝罪的诉讼,司法官员先对原告提出劝阻,主要基于伦理亲情的考虑,防止原告在诉讼过程中反悔,浪费司法资源。许多朝代的法律都规定,一旦不孝罪诉讼进入到审理和判决程序,原告不能随意撤诉,否则将承担相应的法律责任。

秦代法律把应判刑而不判的行为称为"纵囚",据云梦秦简《法律答问》记述:"论狱【何谓】'不直'? 可(何)谓'纵囚'? 罪当重而端轻之,当轻而端重之,是谓'不直'。当论而端弗论,及伤其狱,端令不致,论出之,是谓'纵囚'。"③在汉律中有"故纵弗刑"的规定,据张家山汉简《二年律令》记载:"告,告之不审,鞫之不直,故纵弗刑,若论而失之……皆如耐罪然。"④可见,秦汉时期原告提起的不孝罪诉讼一旦进入到审判程序,严禁司法官员中止裁判,否则将承担"故纵弗刑"和"告之不审"的法律责任。

在宋人郑克编纂的《折狱龟鉴》中,记述了一个祖父控告孙子不孝

---

① 荆州博物馆编,彭浩主编:《张家山汉墓竹简〔三三六号墓〕》(上),文物出版社2022年版,第169页。
② (清)凌铭麟撰:《新编文武金镜律例指南》卷9,载杨一凡主编:《历代珍稀司法文献》(第八册),社会科学文献出版社2012年版,第375页。
③ 睡虎地秦墓竹简整理小组编:《睡虎地秦墓竹简》,文物出版社1990年版,第115页。
④ 张家山二四七号汉墓竹简整理小组编著:《张家山汉墓竹简〔二四七号墓〕》(释文修订本),文物出版社2006年版,第23页。

罪而中途撤诉的案例,从中可以看到古代中止诉讼的司法程序:"任布副枢知越州,民有被酒骂其祖者,祖既诉之,已而大悔,哭于庭曰:'老无子,赖孙以为命。'布特贷出之,且上书自劾。朝廷亦不之问。"宋代郑克云:"按孙骂祖法当死,特贷出之,理宜自劾。此乃矜其失教而谨于用刑者也。"①据该条史料可知,若原告想中途撤诉,司法官员须通过特别程序"特贷出之",还应"理宜自劾",即审判官员按照法律规定向主管长官"自劾",检讨自己的审判过失。

在明清两代,"有子孙殴骂祖父母、父母,及妻妾殴骂夫之祖父母、父母,罪该斩绞罪者。拟斩之际,其祖父母、父母多有不忍子孙男妇受刑,辄告息词,只得开具息词缘由,奏奉钦依饶恕死,决打发回养亲,此盖天地好生之大德也"②。可见,对于尊长控告子孙不孝罪的诉讼,如果原告提出撤诉,不仅本人须向官府提交"息词"文书,审判官员亦应向上级长官说明"息词缘由",撤诉的法律程序十分繁琐。在明代人编纂的《新刊招拟假如行移体式》卷2中,收录了"告不孝息词式",内容如下:"奉告送司,行拿前来取问。有母周氏又告称,为因暗风举发,将某诬将抵触,意欲欺打等词,诉愿息词送司。尤恐不的,又拘邻佑人某等前来。审得某止是用言抵触,并无欺打情由,……委的某并无打骂不孝真情,二次具状诉愿息词送司。"③尽管撤诉的程序繁琐,在中国古代亲子间诉讼撤诉的案件还是很多的,据学者调查,在明清时期的不孝罪诉讼中,"到了儿子要被处刑的阶段,父母由于后悔而申请取消的例子也不少"④。

其次,古代不孝罪立案前的劝阻程序,也是对原告滥用诉权的有效制约。中国古代许多政权延续了秦汉时期不孝罪的立法传统,对于尊长控告子孙的不孝犯罪,审判机关经常对被告处以死刑。南北朝时期,凡

---

① (宋)郑克撰:《折狱龟鉴》卷8,载杨一凡、徐立志主编:《历代判例判牍》(第一册),中国社会科学出版社2005年版,第506页。
② (明)戴金编次:《皇明条法事类》卷3《刑部类》,载刘海年、杨一凡总主编:《中国珍稀法律典籍集成》(乙编第三册),科学出版社1994年版,第452页。
③ 佚名:《新刊招拟假如行移体式》卷2,载杨一凡主编:《历代珍稀司法文献》(第二册),社会科学文献出版社2012年版,第754—755页。
④ 〔日〕水越知:《中国近世的亲子间诉讼》,载〔日〕夫马进编:《中国诉讼社会史研究》,范愉、赵晶译,浙江大学出版社2019年版,第197页。

"母告子不孝,欲杀者许之。法云,谓违犯教令,敬恭有亏,父母欲杀,皆许之。其所告惟取信于所求而许之"①。北宋年间,陆琮在地方任职,"有翁在庭,诉其子殴者。问之,真是也。使腰以石,沈(沉)诸江。若是者杀三人焉,于是一邑大惊,俗骤变"②。在明清两代,卑幼子孙在家庭中的地位更加低下,法律规定尊长对卑幼有惩戒权。据明代《浦江郑氏义门规范》记述:"卑幼不得抵抗尊长。其有出言不逊,制行悖戾者,姑诲之。诲之不悛者,则重箠之。"③如果是子孙殴打、骂詈祖父母、父母,尊长甚至可以不经过司法审判将其杀死,且不用承担法律责任。清代乾隆十年(公元1745年),福建宁化刘陈氏未经官府审判,私自活埋了长子刘彩文,"据福抚审理,将刘陈氏依子孙殴骂祖父母而殴杀律勿论"④。

古代法律不仅赋予家长对卑幼子孙的惩戒权,而且在控告子孙不孝罪的诉讼方面也赋予家长法律特权。据唐律规定,尊长"诬告子孙、外孙、子孙之妇妾者,曾、玄妇妾亦同;及己之妾者:各勿论"⑤。明代《珥笔肯綮·刑》也记载:"父告子,律无招诬之法,故诉者祇可推与他人,使官中可从轻路断去。"⑥这说明中国古代即使是父母诬告子孙犯不孝罪,也不用承担任何法律责任。

为了防止家长滥用诉权,滥杀无辜,保障成年男丁为国家服徭役、兵役,历代司法官员对不孝罪的诉讼通常先对原告进行劝解,而不是立即作出判决。古代司法官员对原告的劝解方式很多,一般情况下先由审判官员向原告说明告诉的后果,避免原告反悔。据清代褚瑛《州县初仕小补》卷上"忤逆不孝"条记载:"凡送子孙忤逆者,当喊控时正在气怒之

---

① (梁)沈约撰:《宋书》卷64《何承天传》,中华书局1974年版,第1702页。
② (宋)陆佃撰:《陶山集》卷14《朝奉大夫陆公墓志铭》,中华书局1985年版,第153页。
③ 费成康主编:《中国的家法族规》,上海社会科学院出版社1998年版,第279页。
④ (清)丁人可编:《刑部驳案汇钞》卷4,载杨一凡、徐立志主编:《历代判例判牍》(第六册),中国社会科学出版社2005年版,第108页。
⑤ 刘俊文点校:《唐律疏议》卷24,法律出版社1999年版,第472页。
⑥ 小桃源觉非山人撰:《珥笔肯綮》,载杨一凡主编:《历代珍稀司法文献》(第十一册),社会科学文献出版社2012年版,第59页。

际,自必极言其子之凶恶,万难姑容,决意恳请当堂处死以绝后患。"凡遇到此类案件,如是亲生之子,便劝谕说:"骨肉之情不可造次,须知既死不能复生,追悔莫及。"倘若仍坚持告诉,则问曰:"既如此能无悔乎?"必曰无悔。又曰:"正在气忿,不可执迷,吾与尔严加教训,使之改过孝顺。"①许多地方官通过对不孝子孙的教训惩戒,化解了许多不孝罪的诉讼。

中国古代不孝罪诉讼的劝阻程序,也深受儒家"父慈子孝"的伦理观念和"无讼是求"诉讼观念的影响。儒家学者认为,"人生天地之间,所以异于禽兽者,谓其知有礼义也。所谓礼义者,无他,只是孝于父母,友于兄弟而已"。凡遇到不孝罪的诉讼,司法官员通常"以教化为先,刑罚为后"②。唐朝时,韦景骏任贵乡县令,有母子相讼者。景骏说:"令少不天,常自痛。尔幸有亲,而忘孝邪?教之不孚,令之罪也。"景骏乃"付授《孝经》,使习大义。于是母子感悟,请自新,遂为孝子"③。南宋时期,胡石壁任地方官,"每遇听讼,于父子之间,则劝以孝慈,于兄弟之间,则劝以爱友"。阿周以不孝讼其子,石壁"为之惊愕羞愧,引咎思过,谓我为邑长于斯,近而间里乃有此等忤逆之子,宁不负师帅之任哉"④。古代司法官员通过劝解的形式调解了许多不孝罪的诉讼案件。

当然,对于那些屡教不改的不孝之子,司法机关将根据法律予以严惩,以维护父权家长制的权威。据明代法律典籍《皇明条法事类》记载:"奈何不孝之徒,轻视宪章,情知殴骂之罪止是决杖,遇有小忿,又将祖父母、父母殴骂。不得已再行具告及拿问,斩绞之罪,多亲戚里邻求免,又告息词,只得仍前息词缘由开奏放免,遂致仿效成风……合无初犯殴骂祖父母、父母,愿告息者,准令奏请定夺。其二次三次殴骂,情犯深重

---

① (清)褚瑛:《州县初仕小补》卷上,载官箴书集成编纂委员会编:《官箴书集成》(第八册),黄山书社1997年版,第750页。
② 中国社会科学院历史研究所宋辽金元史研究室点校:《名公书判清明集》卷10《人伦门》,中华书局1987年版,第362页。
③ (宋)欧阳修、(宋)宋祁撰:《新唐书》卷197《韦景骏传》,中华书局1975年版,第5626页。
④ 中国社会科学院历史研究所宋辽金元史研究室点校:《名公书判清明集》卷10《人伦门》,中华书局1987年版,第363页。

者,虽有息词,不与准理,止将所犯罪名奏请,监候处决。"①

总之,在中国古代的司法实践中,司法官员对于父母控告子孙不孝罪的诉讼首先是对原告进行劝阻,采用调解的方式,调解不成才进入到审理和判决程序。秦汉之际的"三环"程序与后世司法机关对原告的劝阻程序基本相同,其目的是防止原告滥用诉权和中途随意撤诉,避免滥杀无辜,从而保障国家有充足的成年男丁服徭役和兵役。

三、汉代"满三日复问"是唐代"三审"制渊源考

目前有许多学者认为秦汉之际的"三环"程序与唐代的"三审"制度有密切的联系。钱大群教授认为,秦律中的"三环"相当于唐律中的"三审",其为"三审"的历史先现;从秦"三环"到唐"三审"的延续,说明"三审"程序是中国封建刑事诉讼程序中的一项传统制度。② 日本学者籾山明认同钱大群教授的观点,认为"该解释的方向是正确的"③。陈光中教授在《中国古代司法制度》一书中也认为:"凡是控告别人犯罪,如果所告的不是谋叛以上的罪,都要令他进行三次慎重考虑。"④那么,秦汉时期的"三环"告诉程序与唐代"三审"制度是否有直接联系呢?通过笔者对秦汉至隋唐之际告诉程序的考察,我们认为秦汉时期不孝罪的"三环"告诉程序与唐代的"三审"制度没有必然的联系,唐代的"三审"立案制度应源于两汉时期的"满三日复问"程序,唐代的告诉程序直接受到了两汉时期诉讼制度的影响。

(一) 从新出土的法律简牍看汉代的"满三日复问"程序

由于古代证据制度不发达,司法勘验技术落后,在法律实践中经常会出现告诉时虚假陈述、诬告和作伪证的现象。为了避免控告人虚假陈

---

① (明)戴金编次:《皇明条法事类》卷36《刑部史》,载刘海年、杨一凡总主编:《中国珍稀法律典籍集成》(乙编第五册),科学出版社1994年版,第452页。
② 参见钱大群:《"三审"辨》,载《唐律与唐代法制考辨》,社会科学文献出版社2013年版,第84—88页。
③ [日]籾山明:《中国古代诉讼制度研究》,李力译,上海古籍出版社2009年版,第58页。
④ 陈光中:《中国古代司法制度》,北京大学出版社2017年版,第207页。

述和诬告,避免发生冤假错案,中国古代从先秦开始就设计了许多法律程序加以防范。西周时期,对于告诉案件实行"三禁"制度,即对控告人禁之三日,审查原告的诉讼是否真实。据《国语·齐语》记载:"索讼者三禁而不可上下,坐成以束矢。"①韦昭注:"三禁,禁之三日,使审实其辞也;而不可上下者,辞定不可移也。"②另据《管子·小匡》记载:"无坐抑而狱讼者,正三禁之而不直,则入一束矢以罚之。"③这说明"三禁"程序在先秦时期适用的范围是十分广泛的。

先秦时期的告诉制度到两汉之际逐渐演变成为"满三日复问"程序。据《史记·张汤传》裴骃《集解》引张晏曰:"爰书,自证不如此言,反受其罪,讯考三日复问之,知与前辞同不也。"④据此可知,汉代的司法机关在受理原告告诉案件时,施行"满三日复问"程序,具体措施是:其一,司法机关在对原告初次讯问后,经过三日对原告复问,核实原告三日后的陈述是否与此前告诉的内容一致,以免控告人虚假陈述,避免出现诬告的现象,确保立案真实准确;其二,司法机关对原告和证人讯问的过程中,向原告和证人事先告知"自证不如此言,反受其罪"应承担的法律后果。

"满三日复问"程序是两汉时期一项重要的诉讼制度,在司法实践中广泛适用。近年来,各地发现的法律竹简中,多次出现了"满三日复问"的司法程序。1972年,在内蒙古额济纳旗破城子出土的居延新简 E.P.F22:1—889 号《候粟君所责寇恩事》册书中,两次提到了"满三日复问"的程序。第一次是在建武三年(公元 27 年)十二月癸丑朔乙卯,"都乡啬夫宫以廷所移甲渠候书诏恩诣乡。先以证财物故不以实,臧五百以上,辞已定,满三日而不更言请者,以辞所出入罪反罪之律辨告,乃爰书

---

① (春秋)左丘明撰(旧题),鲍思陶点校:《国语》卷6《齐语》,齐鲁书社2005年版,第117页。
② 徐元诰撰,王树民、沈长云点校:《国语集解》之《齐语第六》,中华书局2002年版,第230页。
③ 黎翔凤撰,梁运华整理:《管子校注》卷8《小匡第二十》,中华书局2004年版,第423页。
④ (汉)司马迁撰:《史记》卷122《张汤传》,中华书局1959年版,第3137页。

验问"①。第二次是在建武三年(公元27年)十二月癸丑朔戊辰,都乡啬夫宫以廷所移甲渠候书召恩诣乡,"先以证财物故不以实臧五百以上,辞已定,满三日而不更言请者,以辞所出入罪反罪之律辨告。乃爰书验问"②。该案卷分别记述了司法官员两次验问的时间:第一次乙卯日是初三,第二次戊辰日是十六,两次爰书相隔十三天,符合汉代的"满三日复问"程序。在上述两份爰书中,都提到了"辞已定,满三日而不更言请者"之语,关于"满三日"的含义,俞伟超教授认为是先秦时期"三禁"的遗制继续到汉代,"满三日"很像是准予"言请"的期限。③

在近年来新出土的汉代竹简中,多次出现了"满三日而不更言请书律辨告"之语,表明两汉时期对原告实施"满三日复问"的程序非常普遍。据居延新简E.P.T228号记载:"建始元年四月甲午朔乙未,临木候长宪敢言之。爰书:杂与候史辅验问燧长忠等七人,先以从所主及它部官卒买,□三日而不更言请书律辨告。乃验问燧长忠、卒赏等辞。"④另据居延汉简229号记述:"/书曰:大昌里男子张宗责居延甲渠收虏燧长赵宣马钱,凡四千九百二十将。召宣诣官。□以□财物故不实,臧二百五十以上,□已□□□□□辞。"⑤上述简牍残损严重,缺字之处很多,张伯元教授对缺字部分作了填补:"□书曰:大昌里男子张宗,责居延甲渠收虏燧长赵宣马钱,凡〔少〕四千九百二十将〔钱〕。召宣诣官。□〔先〕以□〔证〕财物故不实,臧二百五十以上,□〔辞〕已□□□□□〔定,满三日,而不更〕辞。"⑥可见,汉代司法机关在受理案件前,应先向原告明示"满三日而不更言请书律"的内容。

---

① 甘肃省文物考古研究所、甘肃省博物馆等编:《居延新简》,文物出版社1990年版,第475页。
② 甘肃省文物考古研究所、甘肃省博物馆等编:《居延新简》,文物出版社1990年版,第476页。
③ 参见俞伟超:《略释汉代狱辞文例——一份治狱材料初探》,载《文物》1978年第1期。
④ 甘肃省文物考古研究所、甘肃省博物馆等编:《居延新简》,文物出版社1990年版,第192页。
⑤ 谢桂华、李均明、朱国炤:《居延汉简释文合校》,文物出版社1987年版,第371页。
⑥ 张伯元:《张宗、赵宣赔偿纠纷案解说》,载《出土法律文献研究》,商务印书馆2005年版,第215页。

在中国古代刑事案件的诉讼中,由于控告人(或称"被害人""原告")与案件有直接利害关系,控告人虚假陈述的可能性很大。为了防止原告在控告时虚假陈述,"满三日复问"制度另一项法律程序是在立案前,司法官员事先向原告明示因诬告和虚假陈述应承担的法律后果。秦汉时期对诬告罪的处罚极重,在云梦秦简中把故意诬告他人的行为称为"端为",控告不实称为"不端"。据《法律答问》记载:"甲告乙盗牛若贼伤人,今乙不盗牛、不伤人,问甲可(何)论?端为,为诬人;不端,为告不审。"①对故意诬告他人,秦代实行诬告反坐的制度;而对于"为告不审",通常减轻或免于处罚。汉承秦制,在汉律中也设有诬告反坐的条款,据张家山汉简《二年律令·告律》记载:"诬告人以死罪,黥为城旦舂;它各反其罪。告不审及有罪先自告,各减其罪一等。"②

两汉时期,各级审判机关在受理刑事诉讼案件时,须先对控告人告知"不当得告诬人律"或"辞所出入罪反罪之律",提醒控告人应保证所陈述的内容真实准确,否则将承担相应的法律后果。在甘肃肩水金关出土的73EJT21:59号汉简中,记述了司法官员向控告人明示"不当得告诬人律"的情况,据其记载:"狱至太守府绝匿,房谊辞:起居、万年、不识皆故,劾房谊失寇,乏□敢言之。谨先以不当得告诬人律辩告。"③在居延新简 E.P.T329—330 号中,也记述了司法官员对原告先示"辞所出入罪反罪之律"的情况:"建武四年三月壬午朔己亥,万岁候长宪敢言之。……今谨召恭诣治所验,而不更言请辞所出入罪反罪之律辩告。乃爰书验问。"④

为了便于审判机关迅速查明案情,在汉代财产类的诉讼案件中,审判官员通常先对告诉人明示"证财物不实律"。居延新简 E.P.F22:1—889《候粟君所责寇恩事》是一件财产纠纷类的诉讼案件,据其记载:"都

---

① 睡虎地秦墓竹简整理小组编:《睡虎地秦墓竹简》,文物出版社1990年版,第103页。
② 张家山二四七号汉墓竹简整理小组编著:《张家山汉墓竹简〔二四七号墓〕》(释文修订本),文物出版社2006年版,第26页。
③ 姚磊:《肩水金关汉简释文合校》,中国社会科学出版社2021年版,第182页。
④ 甘肃省文物考古研究所、甘肃省博物馆等编:《居延新简》,文物出版社1990年版,第498页。

乡啬夫宫以廷所移甲渠候书召恩诣乡。先以证财物故不以实,臧五百以上,辞已定,满三日而不更言请者,以辞所出入罪反罪之律辨告。"①居延新简 E.P.T181 号中,也记述了司法官员向原告明示"以证财物不以实律辨□"②。在敦煌悬泉出土的汉简也提到了"证财物不实律",其中记述:"五凤二年四月癸未朔丁未,平望士吏安世敢言之。爰书:戍卒南阳郡山都西平里庄强友等四人守候,中部司马丞仁、史丞德,前得毋贳卖财物敦煌吏,证财物不以实律辨告,迺爰书。"③甘肃肩水金关出土的汉简 73EJT21:239 号中,也有相应的记述:"/□利里曹定国等二人先以证财物不实律辨□。"④可见,两汉时期向原告明示"证财物不实律辨告",是各级司法机关在受理财产类诉讼案件时的必经程序。

在古代的刑事案件中,证人证言是最重要的审判依据。证人证言作为言词证据的一种形式,与物证相比具有生动、形象、具体、丰富等特点,但由于受到主观因素的影响较大,很容易含有虚假的成分。为了防止证人作伪证,汉律规定在证人陈述前,司法官员须事先向证人明示"证不言情"应承担的法律后果。据张家山汉简《二年律令》记载:"证不言请(情),以出入罪人者,死罪,黥为城旦舂;它各以其所出入罪反罪之。狱未鞫而更言请(情)者,除。吏谨先以辨告证。"⑤这说明在汉代的司法实践中,司法官员通常在证人陈述前向证人告知"辞所出入罪反罪之律"。在 1930 年发现的居延汉简中,便有司法机关对证人"证不言情"的告知程序:"史商敢言之。爰书:鄣卒魏郡内安定里霍不职等五人□□□□□敝剑庭刺伤状,先以证不言请(情)出入罪人辞。"⑥在 1972 年出土的居延新简 E.P.T52:416B 号简牍中,也有相应的记述:"令史

---

① 甘肃省文物考古研究所、甘肃省博物馆等编:《居延新简》,文物出版社 1990 年版,第 475 页。
② 甘肃省文物考古研究所、甘肃省博物馆等编:《居延新简》,文物出版社 1990 年版,第 292 页。
③ 胡平生等撰:《敦煌悬泉汉简释粹》,上海古籍出版社 2001 年版,第 26 页。
④ 姚磊:《肩水金关汉简释文合校》,中国社会科学出版社 2021 年版,第 195 页。
⑤ 张家山二四七号汉墓竹简整理小组编著:《张家山汉墓竹简〔二四七号墓〕》(释文修订本),文物出版社 2006 年版,第 24 页。
⑥ 谢桂华、李均明、朱国炤:《居延汉简释文合校》,文物出版社 1987 年版,第 4 页。

孝……□先以证不请(情)律辨告,乃验问定。"①司法官员在讯问证人前,事先告知证人"证不言情"的律文,能够有效避免证人作伪证的现象,有利于司法机关迅速查明案件真相,提高诉讼审判的效率,节约司法成本。

(二)唐代"三审"制源于汉代的"满三日复问"程序考

两汉时期的"满三日复问"程序和对告诉人实行的诬告反坐制度,被后世许多政权所沿袭。曹魏黄初五年(公元224年),颁布法令:"敢妄相告,以其罪罪之。"②西晋张斐在为《晋律》作注时也指出:"诬告谋反者反坐。"③在唐代的法典《唐律疏议》中,有四条律文是关于诬告罪的规定,即"诬告谋反大逆"条、"诬告反坐"条、"告小事虚"条、"诬告人流罪以下引虚"条,其中"诬告反坐"条规定:"诸诬告人者,各反坐。即纠弹之官,挟私弹事不实者,亦如之。若告二罪以上重事实,及数事等但一事实,除其罪;重事虚,反其所剩。即罪至所止者,所诬虽多,不反坐。"④

为了防止因诬告而引发冤假错案,唐代实行"三审"立案制度。据《唐六典》卷6记载:"凡告言人罪,非谋叛以上,皆三审之。应受辞、牒官司并具晓示虚得反坐之状。每审皆别日受辞,若有事切害者,不在此例。"⑤另据《通典》卷165记载:"诸言告人罪,非叛以上者,皆令三审。应受辞牒,官司并具晓示,并得叛坐之情。每审皆别日受辞,若使人在路,不得留待别日受辞者,听当日三审。官人于审后判记审讫,然后付司。若事有切害者,不在此例。切害,谓杀人、贼盗、逃亡若强奸良人,并及更有急速之类。不解书者,典为书之。前人合禁,告人亦禁,辨定放之。"⑥刘俊文教授对唐代"三审"制度作了如下解释:"受诉官司首先向

---

① 甘肃省文物考古研究所、甘肃省博物馆等编:《居延新简》,文物出版社1990年版,第256页。
② (晋)陈寿撰:《三国志》卷2《文帝纪第二》,中华书局1959年版,第84页。
③ (唐)房玄龄等撰:《晋书》卷30《刑法志》,中华书局1974年版,第930页。
④ 刘俊文点校:《唐律疏议》卷23,法律出版社1999年版,第462—463页。
⑤ (唐)李林甫等撰,陈仲夫点校:《六典》卷6,中华书局1992年版,第190页。
⑥ (唐)杜佑撰,王文锦等点校:《通典》卷165《刑法三》,中华书局1988年版,第4260页。

投诉人说明诬告反坐的法律规定,然后审问所诉之事,每隔一日再审一次,每审一次皆令投诉人在审问记录之后签名画押,不会写字者由典吏代书,确认诉辞。经过三次审问,投诉人诉辞一致,并无矛盾虚妄,即付司立案,正式进行审理。"①

根据《唐六典》和《通典》等文献的记述,笔者认为唐代的"三审"制具有如下几方面特征:第一,凡告发他人的犯罪,只要不涉及反叛之类的严重犯罪,"皆令三审",对原告三次讯问,"三审"后才决定是否立案;第二,"每审皆别日受辞",即在初次讯问后,每隔一日再审,前后三次,核实三次讯问原告陈述的事实是否一致;第三,司法官员在接受控告人的诉状"辞牒"时,须事先向控告人告知"诬告反坐"应承担的法律后果,向控告人明示"诬告反坐"是"三审"制度的前置程序;第四,如果是控告杀人、贼盗、奴婢或士兵逃亡、强奸良人以及其他类型的急切案件,可不适用"三审"程序;第五,如果告诉人不识字,不能亲自书写,则由典吏代为书写;第六,司法机关接到有人控告后,应立即拘禁被告人,实行有罪推定的原则,同时对原告也先期看管,等待辨明真相后再放还原告。唐代实行"三审"立案制主要是为了保障诉讼的事实真实,立案及时准确,避免诬告和滥诉现象。经过司法长官的三次问案,符合立案条件,则"付司"立案。

唐代的"三审"制度是为了防止诬告而设计的法律程序,但从敦煌、吐鲁番等地发现的唐代司法文书看,各级司法机关在受理案件时并未完全按照"三审"的程序立案,笔者也未见到司法官员在问案时事先向控告人明示诬告反坐应承担法律责任的告知程序,这说明唐代的"三审"制度在法律实践中并未能很好地贯彻实施。与汉代的"满三日复问"程序相比,唐代的"三审"制已流于形式。

众所周知,汉代与唐代的诉讼审判制度存在很大的差异,但我们也看到唐代"三审"制与汉代的"满三日复问"程序有很深的渊源,主要体现在如下两个方面:其一,无论是汉代的"满三日复问"程序还是唐代的"三审"立案制度,都是针对原告告诉所设计的司法程序。设立该程序

---

① 刘俊文:《唐代法制研究》,文津出版社1999年版,第173页。

的目的是核实原告陈述的诉讼内容是否真实,防止控告人虚假陈述,避免诬告和滥诉,以防止冤假错案的发生。只不过汉代的"满三日复问"程序是在初次讯问的三日后进行,由司法官员对原告复问;而唐代"三审"制是司法机关隔一日对原告进行讯问,前后讯问三次,核实控告人前后三次的陈述是否一致。其二,无论是两汉还是唐代,皆以立法的形式赋予司法官员对原告讯问时事先告知"诬告反坐"法律后果的职责,使告诉人、证人在控告和作证之前,知道虚假陈述和作伪证应承担的法律后果,确保立案真实准确。由此我们推断,唐代的"三审"制度其实就是对两汉时期"满三日复问"程序的一种变革。

综上所述,由于文献资料的匮乏,学术界对秦汉至隋唐之际告诉程序的认识一直存在很大偏差。近年来新出土的秦汉法律竹简和敦煌吐鲁番文书的发现,使我们对汉唐时期的诉讼制度有了重新认识。笔者认为,中国古代的诉讼制度与现代诉讼制度有很大差别。现代诉讼制度的重心在审理和判决阶段,而古代诉讼制度的重心则集中于立案阶段。为了防止控告人虚假陈述,避免诬告和滥诉,发生冤假错案,中国古代实行严格的立案审查制度,即对原告控告内容的真实性进行审查,事先向原告告知"诬告反坐"应承担的法律后果,向证人告知"证不言情"须承担相应的法律责任,这样的程序设计有利于司法机关迅速查明案件事实,提高诉讼审判效率,节约司法成本。因此,笔者把这样的诉讼审判模式概括为立案中心主义的司法模式。

通过对秦汉"三环"、汉代"满三日复问"和唐代"三审"制的关系进行探讨,可以得出如下几点结论:第一,目前学术界有许多学者认为秦汉法律简牍中的"三环"程序是唐代"三审"制的前身。笔者通过考证,认为秦汉之际的"三环"告诉程序与唐代的"三审"制并没有直接关系。秦汉"三环"程序所适用的对象仅为年七十岁以上的父母控告子孙的不孝犯罪,是法律的必经程序。如果是"免老"以下者控告子孙不孝,则不适用"三环"的司法程序,这说明秦汉之际"三环"程序适用的范围很窄。"三环"程序的性质是司法机关对原告的劝阻程序或审前调解程序,因为一旦进入到审理和判决阶段,司法官员将会依法裁判,原告撤诉的程序十分复杂。

第二,由于中国古代司法勘验技术相对落后,为了防止控告人虚假陈述,发生诬告和滥诉的现象,秦汉至隋唐之际实行严格的立案审查制度,即对原告诉讼内容的真实性进行审查,以确保立案真实准确,如先秦时期设有"三禁"制度,汉代实行"满三日复问"程序,唐代实行"三审"立案制度。汉代的"满三日复问"程序是司法机关首次对原告讯问结束,满三日后再次对原告讯问,核实原告前后两次陈述的内容是否一致。汉代的"满三日复问"程序对唐代的"三审"立案制度产生了直接影响,唐代法律规定,凡告发他人犯罪,"皆令三审",在首次审问后,每隔一日再审,总计三次对原告讯问,核实原告前后三次的陈述是否一致。司法官员在讯问原告时,须向其告知"诬告反坐"的法律后果。可见,唐代的"三审"制度就是源于汉代的"满三日复问"程序。

第三,近代以来许多西方学者认为中国传统法律只有实质正义,缺乏程序的公正。如德国学者马克斯·韦伯等人认为,"中国的司法则是另一种典型……帝王的诏令兼具训诫与命令的性格,一般性的或是在具体的案例里介入司法。只要不是在巫术性的制约之下,则司法一般皆倾向于实质正义——而非程序正义——为其判决的基准。从程序正义或是经济的'期待'的角度而言,这显然是一种强烈的非理性的、具体的'权衡'裁判的类型"[①]。对于上述观点,笔者不敢苟同。其实中国古代每一个王朝的司法制度都具有各自的特色,马克斯·韦伯只是概括了明清时期中国司法审判的特征。而在中国中古之际的汉唐时期,当时的司法审判十分注重程序公正,如汉代的"满三日复问"程序、唐代诉讼审判的勾检程序,都充分体现了中国古代司法注重程序公正的特征。

最后需要指出的是,两汉时期不仅是中国古代私权颇为发达的时代,也是古代最重视程序公正的时代。汉代司法官员在讯问原告和证人时,须事先向原告、证人告知"不当得告诬人律""辞所出入罪反罪之律"和"证不言情律"等法律内容,使告诉人、证人知道虚假陈述和作伪证应

[①] 〔德〕马克斯·韦伯:《法律社会学·非正当性的支配》,康乐、简惠美译,广西师范大学出版社2011年版,第271—272页。

承担的法律后果,该项制度在汉代的司法实践中广泛实施。这样的诉讼程序有利于司法机关及时查明案件真相,提高司法审判的效率,有效避免冤假错案的发生,节约司法成本。

十分遗憾的是,汉代创制和实施的"满三日复问"程序在中国历史上存在的时间很短,并没有很好地延续下来,此后的李唐政权虽然设有"三审"立案制,但也因程序繁琐流于形式。元明清时期中国的法律大多注重实质正义,而缺乏程序的公正,对后世产生了消极的影响。

第二章
汉代私有财产权的历史演变及法律保护

美国学者迈克尔·D·贝勒斯(Michael D. Bayles)指出:"私有财产权显然存在于一切社会之中,但在不同的社会却迥然有异。"①中国古代社会以农耕文明为主,土地和房屋等不动产是最主要的私人财产。因时代不同,历代社会的私有财产观念以及国家的法律制度也不同。汉代是中国古代继秦王朝之后建立的第二个统一的多民族国家,由于当时皇权还十分弱小,加之受到先秦法家思想的影响,两汉社会成为中国古代私权十分发达的时代。汉代法律注重保障普通民众的住宅安宁权,严禁他人随意侵入,例如汉代《捕律》规定:"禁吏毋夜入人庐舍捕人,犯者,其室殴伤之,以毋故入人室律从事。"②除此之外,汉代法律对于私有财产权的保护也是历代法律中颇为充分的,汉代法律允许卑幼子孙拥有私人财

---

① 〔美〕迈克尔·D·贝勒斯:《法律的原则——一个规范的分析》,张文显、宋金娜、朱卫国、黄文艺译,中国大百科全书出版社1996年版,第77页。
② 谢桂华、李均明、朱国炤:《居延汉简释文合校》,文物出版社1987年版,第551页。

产,甚至连不动产、动产的物权变动都呈现出了契约化的特征。汉代法律对私有财产权的大力维护,使之形成了不同于夏、商、西周三代,也不同于后世唐、宋、明、清各代的独特私有财产权范式。

私有财产制的形成和确立离不开契约制度。英国著名法学家亨利·梅因(Henry Maine)指出:"所有进步社会的运动,到此处为止,是一个'从身份到契约'的运动。"①身份制社会严格按照等级身份划分,而契约型社会则是基于人们平等的法律地位构建的。近代西方法学界曾把契约分为社会公约和私人之间订立的社会私约两种模式,法国启蒙思想家卢梭把根据自由、平等、民主等原则构建的共和制度称为社会公约,他说:"唯有一种法律,就其本性而言,必须要有全体一致的同意;那就是社会公约。"②民间私约则是民事法律活动中双方当事人基于平等的法律地位而形成的合意,一般来说,私有财产的所有权主要通过契约进行变动。

在两汉时期,也有关于国家政治、法律制度等方面的契约,汉代文献通常称其为"约"或"约束"。例如,刘邦初入关中,与关中父老豪杰"约法三章",此为法律方面的约束。刘邦称帝之后,刑白马而盟誓:"非刘氏而王者,天下共击之。"③此为国家政治制度的约束。有学者研究认为,汉代的约束种类很多,国有天子之约,军有军约,家有家约,民间的社会集团和武装集团中也有约,等等。④纵观上述契约的性质,大多与政治、军事、法律和家庭内部规范有关,订约的双方并非基于平等、自由、合意而达成协议,因此在汉代不会产生近代的民主制度。

与上述政治、军事、法律等方面的"约束"不同,两汉时期有关民商事法律活动而制定的"私约"尤为发达。汉代的"私约"又称为"券书",是指基于双方合意而缔结的契约,如民间社会出现商品买卖、借贷、

---

① 〔英〕梅因:《古代法》,沈景一译,商务印书馆1959年版,第112页。
② 〔法〕卢梭:《社会契约论》,何兆武译,商务印书馆2003年版,第135页。
③ (汉)班固撰,(唐)颜师古注:《汉书》卷40《王陵传》,中华书局1962年版,第2047页。
④ 参见〔日〕增渊龙夫:《中国古代的社会与国家》,吕静译,上海古籍出版社2017年版,第141页。

租赁、雇佣、承揽、遗嘱等民事法律活动,双方当事人要制定券书,制定契约是为了维护双方当事人的合法权益,保障私人的财产权。汉代订立契约的现象非常普遍,不仅普通民众在私有财产权发生变动时要制作契券,而且皇帝、贵族官僚在购买田宅时也要依据民事习惯制定契约文书,不能随意侵占他人合法的私有田产,须通过购买的方式合法取得财产权。

私有财产制度是商品经济高度发达的产物,它与中国古代专制主义中央集权的强弱程度、家庭财产制模式、传统社会民众的契约意识都有密切的关系。契约精神是从事民事法律活动的基础,古往今来,一个时代的社会契约意识不仅代表了当时社会商品经济的发展程度,还反映了当时国家法律对私有财产权的保障力度。

两汉时期是中国古代私有财产权制度十分发达的时期,汉代法律对私有财产保护也很充分。但是,长期以来我国学术界对古代的私有财产权大多持否定态度,如傅筑夫先生指出:"从战国年间直到近代,土地制度没有再发生任何重大变化,土地自由买卖和由此而形成的土地私有制贯串了战国以后的全部历史。"土地私有制的形成,造成了历代土地兼并现象严重,社会贫富差距悬殊,从而使"中国的封建经济结构也就长期停滞在这样一个阶段上"。① 近年来,也有一些学者从微观的视角对各朝代的私有财产权制度进行了探索,认为私有财产是人类维护生存、发展的最基本的物质保障;私有财产权则体现着人的多种权利,作为一种经济权,私有财产是私人对财富的正当控制;让民众拥有稳定的财产和私有财产权,社会才能稳定。② 但是,迄今为止学术界尚未有学者对汉代私有财产权制度的历史演变、汉代私有财产权变动的契约化特征及法律保护等问题进行探讨。为此,笔者将根据传世文献以及新发现的汉代简牍材料,对两汉时期的私有财产权制度加以分析。

---

① 参见傅筑夫:《中国土地私有制的发展与地主经济》,载《中国经济史论丛》(上),生活·读书·新知三联书店1980年版,第90—192页。
② 参见程民生:《论宋代私有财产权》,载《中国史研究》2015年第3期。

一、对两汉时期私有财产权观念的历史考察

私有财产观念是伴随着商品经济的发展和契约观念的形成而逐渐产生的。西汉建国之初,经济凋敝,统治者采取了"休养生息"的宽松经济政策,使商品经济得到了迅速发展。据《史记·货殖列传》记载:"汉兴,海内为一,开关梁,弛山泽之禁,是以富商大贾周流天下,交易之物莫不通,得其所欲。"①在这样的经济环境下,契约的使用范围日益广泛,社会信用体系不断增强,私有财产的权利观念逐渐形成。

汉代是中国古代私权颇为发达的时代,汉代的强盛与当时社会私权体系的日臻完善有着密切的联系。众所周知,汉承秦制,先秦法家的治国理政主张对西汉初年民商事法律制度的制定产生了重要影响。秦国从商鞅变法以来,废井田,开阡陌,承认土地私有,民间可以自由买卖土地,从而形成了较为发达的私法观念和契约精神。德国学者马克斯·韦伯指出:"自从秦始皇创设了所谓'私有财产制'之后,土地分配便有了式样纷陈的变化。"②先秦法家财产私有观念的兴起和西汉商品经济的发展,使汉代的私有财产观念得到了巨大发展,普通民众的私有财产权利意识不断加强。

两汉时期是中国古代社会发生重大转型的时期,受此影响,汉代的私有财产权利观念也发生了重大变化。笔者认为,汉代私有财产权利观念产生变化主要受两个因素影响:其一,汉代是中国古代专制主义中央集权开始形成的时期,此时皇权的力量还十分弱小,"天下乃天下之下"的观念在社会上还具有很大影响,无论是最高统治者皇帝还是普通下层民众,都存在着对天下财产公有与帝室家族财产私有相区分的观念;其二,先秦法家提倡的法律具有"定分止争"的功能,先秦法家提出土地私有制的主张,是汉代民事法律制度构建的理论基础。

---

① (汉)司马迁撰:《史记》卷129《货殖列传》,中华书局1959年版,第3261页。
② 〔德〕马克斯·韦伯:《中国的宗教:儒教与道教》,康乐、简惠美译,广西师范大学出版社2010年版,第119页。

两汉时期是中国古代专制主义中央集权开始形成的阶段,当时社会上还存在着"天下之法"的观念,即作为君主也要遵守和服从国家的法律。汉文帝时,张释之指出:"法者天子所与天下公共也。"①西汉大儒董仲舒也认为:"天之生民,非为王也,而天立王以为民也。故其德足以安乐民者,天予之;其恶足以贼害民者,天夺之。"②西汉元延元年(公元前12年),谷永对汉成帝说:"臣闻天生蒸民,不能相治,……去无道,开有德,不私一姓,明天下乃天下之天下,非一人之天下也。"③汉代"天下乃天下之天下,非一人之天下"的观念,明确了国家与皇帝的公私之分。两汉时期,社会上普遍存在的公私财产意识成为汉代私有财产权利体系构建的社会基础。

两汉时期皇权势力还十分弱小,受到各种因素的制约。我国著名学者萧公权认为,中国古代限制君权的办法不外乎三种:一是宗教的限制,二是法律的限制,三是制度的限制。④ 汉代宗教神权的力量很强大,社会上广泛流行天象信仰和灾异谴告学说,人们"相信天上有上帝管着人间的事,表现他的最高权力"⑤,神权观念的盛行,本身就对君权起到一定的约束作用。两汉时期,丞相和三公制度也对君权有所制约,汉代的丞相具有很大权力,与后世的丞相制度不同,其权力主要体现在议政权和监督百官执行权两个方面⑥,有时连皇帝也要依从丞相对政务的决定权。如汉哀帝时,要加封嬖臣董贤的官爵,丞相王嘉便封还其诏书,不肯副署之。汉代皇权势力的弱小,为私有财产权利的扩张提供了广阔空间。

---

① (汉)班固撰,(唐)颜师古注:《汉书》卷50《张释之传》,中华书局1962年版,第2310页。
② 苏舆撰,钟哲点校:《春秋繁露义证》卷7,中华书局1992年版,第220页。
③ (汉)班固撰,(唐)颜师古注:《汉书》卷85《谷永传》,中华书局1962年版,第3466—3467页。
④ 参见萧公权:《中国君主政体的实质》,载《宪政与民主》,清华大学出版社2006年版,第65—79页。
⑤ 顾颉刚撰:《秦汉的方士与儒生》,上海古籍出版社2005年版,第18—20页。
⑥ 参见祝总斌:《两汉魏晋南北朝宰相制度研究》,北京大学出版社2017年版,第20—36页。

汉代私有财产权利观念的形成,深受战国至秦代法家思想的影响。西周时期,周天子拥有全国的土地所有权,"普天之下,莫非王土。率土之滨,莫非王臣"①,西周时期私有财产权利观念还不是很发达。西周中后期以后,开始出现私人之间交换土地的现象,私有财产制得到了进一步发展。到战国时期,法家的代表人物商鞅、韩非等人提倡农战,主张财产私有,从而推动了战国秦汉之际私有财产观念的兴盛。

汉承秦制,先秦法家财产私有的理念为汉代所继承。先秦法家从国家功利主义的立场出发,主张实行土地私有制。如商鞅在秦国变法期间,废井田,开阡陌,承认土地私有。秦始皇统一全国之后,于公元前216年颁布法令,"使黔首自实田",有学者认为,至此,秦朝"在法令上完成了土地的私有化"②。先秦法家的代表人物管仲、商鞅、慎到、韩非等人都主张私有财产化,认为法律的作用是定分止争,界定财产所有权的归属。慎到指出:"今一兔走,百人逐之,非一兔足为百人分也,由未定。由未定,尧且屈力,而况众人乎？积兔满市,行者不顾,非不欲兔也,分已定矣。分已定,人虽鄙不争。故治天下及国,在乎定分而已矣。"③先秦法家提倡的"定分止争"理论,从国家立法层面承认了私有财产权。

秦代实行严刑峻法,二世而亡。西汉初年,虽有许多学者对秦法持反对态度,但秦代的法制却为西汉初年所沿袭。汉高祖时,萧何"攈摭秦法,取其宜于时者,作律九章"④。汉文帝喜好刑名,产生了不少法学人才,如张释之、晁错等。汉武帝时期,表面上是尊儒,实际上是任法,出现了"法家的再兴"局面。汉武帝时法家的再兴主要表现有二:"一是严密防止叛乱,二是尽量的开发利源。"⑤汉武帝之后,仍有许多君主崇尚法治,如汉宣帝早年"不甚从儒术,任用法律"⑥。汉代"外儒内法"的现

---

① 程俊英、蒋见元:《诗经注析》(中册),中华书局2017年版,第687页。
② 陈守实著,姜义华编:《中国古代土地关系史稿 中国土地制度史》,复旦大学出版社2015年版,第35页。
③ 王利器注疏:《吕氏春秋注疏》,巴蜀书社2002年版,第2071—2074页。
④ (汉)班固撰,(唐)颜师古注:《汉书》卷23《刑法志》,中华书局1962年版,第1096页。
⑤ 傅乐成:《汉法与汉儒》,载《汉唐气度》,中华书局2021年版,第43页。
⑥ (汉)班固撰,(唐)颜师古注:《汉书》卷78《萧望之传》,中华书局1962年版,第3284页。

象,直接影响到了民众的私有财产权利观。

两汉时期,私有财产观念最显著的变化表现为土地私有制的全面实施。西汉建国之初,汉高祖刘邦就颁布法令,令士兵"各归其县,复故爵田宅"①,承认其原来土地房屋私有财产的合法性。除此之外,西汉初年政府还控制着大量无主的田地,政府把这些土地授予民众,从中征收赋税。在张家山汉简《二年律令·田律》中,记述了西汉初年的行田情况:"田不可田者,勿行,当受田者欲受,许之。"②凡"未受田宅者,乡部以其为户先后次次编之,久为右。久等,以爵先后。有籍县官田宅,上其廷,令辄以次行之"③。汉代的行田制,其目的是把农民束缚在土地上,土地一旦授予,除非户绝或户主逃亡,否则政府不再收回,子孙相袭,久而久之即为私有。因此,有学者指出,行田制度是一种土地国有制向土地私有制的过渡形态。④ 在湖北江陵张家山第 247 号汉墓出土的《二年律令·户律》中,可以看到西汉初年官田宅私有化的趋势,官府授予的田宅,法律规定占有人可以出售:"受田宅,予人若卖宅,不得更受。"⑤官府授予的私人田宅一旦被出售,官府便不再授予,说明受田人具有处分的权利。西汉初年官田宅的私有转化,加速了汉代财产所有权的私有化进程。

汉代土地所有权的私有化,使西周以来"普天之下,莫非王土"的土地王有制观念遭到了破坏,土地私有的观念已成为汉代社会的共识。两汉时期,即使是皇帝本人,也无权随意侵占掠夺他人的私有田宅,只能通过购买的方式取得所有权。据《汉书·五行志》记载:"《易》称得'臣无

---

① (汉)班固撰,(唐)颜师古注:《汉书》卷1下《高祖纪下》,中华书局1962年版,第54页。
② 张家山二四七号汉墓竹简整理小组编著:《张家山汉墓竹简〔二四七号墓〕》(释文修订本),文物出版社2006年版,第41页。
③ 张家山二四七号汉墓竹简整理小组编著:《张家山汉墓竹简〔二四七号墓〕》(释文修订本),文物出版社2006年版,第52页。
④ 参见田昌五、臧知非:《周秦社会结构研究》,西北大学出版社1996年版,第155—160页。
⑤ 张家山二四七号汉墓竹简整理小组编著:《张家山汉墓竹简〔二四七号墓〕》(释文修订本),文物出版社2006年版,第53页。

家',言王者臣天下,无私家也。今陛下弃万乘之至贵,乐家人之贱事,……置私田于民间,畜私奴车马于北宫。"①汉灵帝时期,灵帝在河间"买田宅,起第观"②。汉朝皇帝购买田宅,也要通过买卖双方的合意而不是依靠强权占有或征用,这表明当时社会的私有财产观念已十分发达。

两汉时期,中国社会已出现私有财产不可侵犯的观念。对于民众的合法财产,即使皇帝和贵族官僚也不能非法侵夺。1936 年,在河南鲁山县发现了东汉末年的《鲁阳都乡正卫弹碑》,俞伟超、胡海帆、南玉泉等学者对碑文作了释读③,其中的缺字部分俞伟超先生作了补阙,据该碑文记述:"□□□□储,不得妄给他官;君不得取,臣不得获。……历世受灾。民获所欲,不复出赋。"④在碑文中出现的"不得妄给他官;君不得取,臣不得获",着重强调民间组织私有财产的不可侵犯性,即使是最高统治者皇帝也无权侵夺他人合法的私有财产。

二、汉代私有财产制度的历史演变

汉代私有财产权利观念的历史转型,直接影响了当时社会的财产权制度。两汉时期,由于私有财产权利观念的形成,社会上对私有财产的界定也很明晰。笔者认为,汉代私有财产制度演变最主要的表现有两点:其一,汉代对国家财政收支和帝室财政收支有了初步的区分界定。国家财政主要用于社会公共事务的开支,帝室财政主要用于皇帝家族的

---

① (汉)班固撰,(唐)颜师古注:《汉书》卷 27《五行志》,中华书局 1962 年版,第 1368 页。
② (宋)范晔撰,(唐)李贤等注:《后汉书》卷 78《张让传》,中华书局 1965 年版,第 2536 页。
③ 参见俞伟超:《中国古代公社组织的考察——论先秦两汉的"单——僤——弹"》,文物出版社 1988 年版,第 135—139 页;胡海帆:《记〈鲁阳都乡正卫弹碑〉》,载北京大学考古文博学院编:《高明先生九秩华诞庆寿论文集》,科学出版社 2016 年版,第 304—315 页;南玉泉:《再论东汉正卫弹的性质》,载《扬州大学学报(人文社会科学版)》2018 年第 6 期。
④ 俞伟超:《中国古代公社组织的考察——论先秦两汉的"单——僤——弹"》,文物出版社 1988 年版,第 135 页。

支出,这种公私财产权的界定,为此后唐宋明清各代政权所未有;其二,汉代允许卑幼子孙拥有私有财产,"别籍异财"在汉代合法化。汉代继承了战国时期商鞅变法所推行的分立户籍传统,允许子孙成年后另立户籍,拥有私有财产,这与唐宋明清各代的家族共产制有明显不同。

关于汉代财产所有权的类型模式,学术界根据传世文献与新发现的汉代简牍,认为"汉代所有权形态主要有国家所有权、皇室所有权及家庭个人所有权等"模式。① 笔者认为,汉代的帝室所有权也是私有财产权的一种特殊模式。

在汉代,确实有过国家财政权与帝室财政权的公私之分。著名学者杨连陞教授指出:"帝国的钱包与皇帝的钱包泾渭分明的情形,在中国史上保持了好长的一段时期,而且最晚在汉代就已开始了。"②高敏教授也认为,"早在商鞅变法后不久,就产生了把国有经济与王室(皇室)经济分开管理的萌芽,到秦汉时期开始明朗化"③。秦代掌管国家财政的机构是治粟内史,管理皇室财产的机构是少府,只不过在秦代,对国家财政和帝室私有财政的划分还不太明显。

西汉建立后,对国家财政权和帝室财政权的区分逐渐明晰。据《史记·平准书》记载:"量吏禄,度官用,以赋于民,而山川园池市井租税之入,自天子以至封君汤沐邑,皆各为私奉养焉,不领于天下之经费。"④另据卫宏《汉官仪》记述:"民田芻藁,以给经用,备凶年。山泽鱼盐市税,以给私用。"⑤《后汉书·百官三》"少府"条注:"少者小也,小故称少府。王者以租税为公用,山泽陂池之税以供王之私用。"⑥上述史料表

---

① 参见李均明:《简牍所反映的汉代物权关系》,载《简牍法制论稿》,广西师范大学出版社2011年版,第261页。
② 杨连陞:《从经济角度看帝制中国的公共工程》,载《国史探微:宏观视野下的微观考察》,中信出版集团2015年版,第177页。
③ 高敏:《秦代的经济立法原则及其意义》,载《秦汉史探讨》,中州古籍出版社1998年版,第36—49页。
④ (汉)司马迁撰:《史记》卷30《平准书》,中华书局1959年版,第1418页。
⑤ (清)孙星衍等辑,周天游点校:《汉官六种》,中华书局1990年版,第50页。
⑥ (宋)范晔撰,(唐)李贤等注:《后汉书》志第二十六《百官三》,中华书局1965年版,第3592页。

明,汉代国家财政权的收入和支出一直被视作公用,帝室财政的收入和支出被视作私用,当时社会已经明确有了公私财产权的区分。

汉代的财政分为国家财政和帝室财政两个系统。汉代国家财政的收入由大司农掌管,据《汉书》卷77《毋将隆传》记载:"武库兵器,天下公用,国家武备,缮治造作,皆度大司农钱。大司农钱自乘舆不以给共养。共养劳赐,壹出少府。盖不以本臧给末用,不以民力共浮费,别公私,示正路也。"①这里的"别公私",就是把帝室财政的收支列为末用,属于私有财政的支出。

关于汉代的国家财政,田租、算赋是主要收入来源,其用途为国家官吏的薪俸、军费等方面的开支,剩余部分藏于国库。据《新论》记载:"汉宣以来,百姓赋钱,一岁为四十余万万,吏俸用其半,余二十万万,藏于都内,为禁钱。"②日本学者加藤繁对汉代国家财政的收入来源作了探讨,认为主要包括:田租、算赋、更赋、算赀、算缗、算车船、算马牛羊及盐铁专卖、榷酤、均输、卖爵等。③两汉时期,事简政宽,国家官僚队伍还不是很庞大,据《汉书》记载:"吏员自佐史至丞相,十二万二百八十五人。"④到东汉时期,国家官僚机构的人员略有增加,据《通典》卷36记载,东汉"右内外文武官七千五百六十七人,内外诸色执掌人一十四万五千四百一十九人。都计内外官及执掌人十五万二千九百八十六人"⑤。刘笃才、杨一凡教授曾对中国古代的官民比率作了统计,其中东汉时期每十万人口平均拥有的官吏数目是十三人⑥,这在古代历朝政权中的官民比率是极低的。

---

① (汉)班固撰,(唐)颜师古注:《汉书》卷77《毋将隆传》,中华书局1962年版,第3264页。
② (汉)桓谭:《新论》卷中《谴非第六》,上海人民出版社1977年版,第22页。
③ 参见〔日〕加藤繁:《汉代国家财政和帝室财政的区别以及帝室财政的一斑》,载《中国经济史考证》(第一卷),吴杰译,商务印书馆1959年版,第25—124页。
④ (汉)班固撰,(唐)颜师古注:《汉书》卷19上《百官公卿表上》,中华书局1962年版,第743页。
⑤ (唐)杜佑撰,王文锦等点校:《通典》卷36《职官十八》,中华书局1988年版,第990—991页。
⑥ 参见刘笃才、杨一凡:《论北宋的冗官问题》,载《学习与思考》1983年第5期。

两汉时期,帝室财政的管理机构是少府和水衡都尉。汉代帝室财政的收入,主要包括山泽税、市井税、园林苑囿税、口赋①、公田收入、郡国的献物和酎金等。汉代的少府负责全国江海陂湖之税的管理,许多种植瓜果蔬菜的园池,收入也归少府,"少府所领园地作务之八十三万万,以给宫室供养诸赏赐"②,其收入还是颇为可观的。全国地方各郡县也有专门的征税机构,凡"有水池及鱼利多者,置水官,主平水收渔税"③。西汉初年,政府允许私人经营煮盐、冶铁和铸钱等方面的手工业制作,中央和地方诸侯从一些富商大贾中征税。汉代的商品经济十分活跃,"齐临淄十万户,市租千金,人众殷富,巨于长安"④,商税也是帝室财政收入的重要来源。

汉代帝室财政的支出十分庞杂,主要包括修建皇陵、膳食、服饰、器物、舆马、医药、娱乐、各种赏赐等费用。汉代皇帝陵寝的建造开支巨大,几乎占帝室财政收入的三分之一,据《通典》记述:"(汉代)人君在位,三分天下贡赋,以一分入山陵。"⑤皇室的膳食费和服饰费在帝室财政中也占有很大比重,据《史记·平准书》记载,汉武帝时,公卿上言,"郡国颇被菑害,……陛下损膳省用,出禁钱以振元元,宽贷赋"⑥。汉朝皇帝及后妃的冠冕服饰开支也很大,据《后汉书·舆服下》记载:"冕冠,垂旒,前后邃延,玉藻。孝明皇帝永平二年,初诏有司采《周官》《礼记》《尚书·皋陶篇》,乘舆服从欧阳氏说。"⑦汉代帝室财政的收入还用于各种赏赐、赈灾等方面的支出,汉宣帝时,大司农朱邑卒,赐黄金百金;

---

① 根据江陵凤凰山出土的汉简,有学者认为汉代的口钱是地方财政的一部分,用来供给地方行政长官的公务费用,参见李伟:《从凤凰山汉简看西汉地方财政税收》,载《南京师大学报(社会科学版)》2010年第3期。

② (汉)桓谭:《新论》卷中《谴非第六》,上海人民出版社1977年版,第22页。

③ (宋)范晔撰,(唐)李贤等注:《后汉书》志第28《百官五》,中华书局1965年版,第3625页。

④ (汉)司马迁撰:《史记》卷52《齐悼惠王世家》,中华书局1959年版,第2008页。

⑤ (唐)杜佑撰,王文锦等点校:《通典》卷79《礼三十九》,中华书局1988年版,第2145页。

⑥ (汉)司马迁撰:《史记》卷30《平准书》,中华书局1959年版,第1430页。

⑦ (宋)范晔撰,(唐)李贤等注:《后汉书》志第30《舆服下》,中华书局1965年版,第3663页。

大将军霍光去世,"赐金钱、缯絮、绣被百领,衣五十箧,璧珠玑玉衣,梓宫、便房、黄肠题凑各一具,枞木外藏椁十五具"①。

西汉建国之后,对国家财政支配权和帝室财政支配权的区分,进一步强化了汉代私有财产权的观念。众所周知,财产权利包括占有、使用、收益和处分权,汉朝帝室财政的处分权掌握在皇帝手中,帝室财政主要用于皇室的私家事务,帝室财政的收入是皇室家族私有财产权的重要形式。汉代国家财政权和帝室财政权的区分,是中国古代私有财产权观念和政治制度发展到一定阶段的产物,此种区分本身也是对专制皇权的重要制约措施。

需要指出的是,两汉时期,国家财政权和帝室财政权并非始终存在区分乃至对立,二者也有混同的现象。这正如有些学者所论述的那样,汉代的财政体制"其发展趋势与其说是分立,不如说是合流"②。尤其是从东汉光武帝以后,财政制度发生了变革,"完全推翻了帝室财政和国家财政分别运筹的制度"③,使国家财政和帝室财政逐渐走向合一。国家财政和帝室财政的合流,不仅混淆了中国古代国家财产权与皇帝私人财产权的界限,为汉朝皇帝随意处分国家财产提供了便利条件,还推动了古代中央集权制度的发展。不过从现有的文献资料来看,直至东汉末年,国家财政属于公用、帝室财政属于私用,对公私财产观念的区分还是存在的,如在晋武帝时期,大臣刘毅对晋武帝说:"桓灵卖官,钱入官库。陛下卖官,钱入私门。"④这说明到东汉末年,汉桓帝、灵帝卖官鬻爵的收入,也主要用于国家公共事务的开支,在东汉末年仍存在国家财政和帝室私人财政的公私之分。

---

① (汉)班固撰,(唐)颜师古注:《汉书》卷68《霍光传》,中华书局1962年版,第2948页。
② 林甘泉主编:《中国经济通史·秦汉经济卷》,中国社会科学出版社2007年版,第495页。
③ 马大英:《汉代财政史》,中国财政经济出版社1983年版,第6页;〔日〕加藤繁:《汉代国家财政和帝室财政的区别以及帝室财政的一斑》,载《中国经济史考证》(第一卷),商务印书馆1959年版,第123页。
④ (唐)房玄龄等撰:《晋书》卷45《刘毅传》,中华书局1974年版,第1272页。

三、汉代子孙"别籍异财"的合法化

在古代东西方的历史上,许多民族都存在家族共产制的现象。如在中世纪日耳曼人建立的法兰克王国时代,就存在家族共产制的现象;古代印度也存在家族共产制,共产的范围及于父男、子男、孙男、曾孙男四代。家族共产制的特征是财产属于全体家族成员共有,家长拥有家庭财产的支配权和处分权,卑幼子孙无权处分家庭中的财产。

中国古代长期存在同居共财的现象。先秦儒家主张同居共财,家长拥有家庭的财产处分权,卑幼子女没有私有财产权。据《礼记·坊记》记载:"父母在,不敢有其身,不敢有其财。"① 同居共财又称同居共爨,日本学者中田薰教授认为,中国古代的家族共产制是指财、火、食、住家族共同生活的方式。② 关于家族财产制度的含义,日本学者滋贺秀三从家产处分权的视角进行了解析,认为对不动产的处分,"没有父亲的承诺,儿子不能随意卖掉家里土地的事实不言而喻的";"唐、明、清等历代之律以刑罚来禁止子孙在祖父母、父母健在或其死后服丧未满期间别籍、异财的行为"。③ 德国学者马克斯·韦伯把秦始皇统一全国所建立的家产制支配模式称为家产官僚制,他指出:"以伦理为取向的家产制,所寻求的总是实质的公道,而不是形式法律。"④ 美国学者金勇义也认为:"中国法制史上,有一种共同财产制度,它不光存在于旁系亲属如兄弟之间,也存在于父子、夫妻之间。"⑤ 笔者认为,上述学者

---

① (汉)郑玄注:《礼记正义》卷51,载(清)阮元校刻:《十三经注疏》,中华书局1980年版,第1621页。
② 参见〔日〕中田薰:《唐宋时代の家族共産制》,载《法制史论集》(第三卷下),岩波书店1943年版,第1295—1318页。
③ 参见〔日〕滋贺秀三:《中国家族法原理》,张建国、李力译,法律出版社2003年版,第123—153页。
④ 〔德〕马克斯·韦伯:《中国的宗教:儒教与道教》,康乐、简惠美译,广西师范大学出版社2010年版,第153页。
⑤ 〔美〕金勇义:《中国与西方的法律观念》,陈国平、韦向阳、李存捧译,辽宁人民出版社1989年版,第122页。

所论述的家族共产制模式大都是唐宋以后中国社会的家庭财产制形态,汉代的家庭财产制模式与唐宋以后的家族财产制模式还是有很大的区别。

中国古代单一的小农家庭财产制模式源于先秦法家的政治主张。先秦法家从国家功利主义的立场出发,提倡父子别籍异财,子孙成年后须另立户籍,拥有独自的私有财产权,这与儒家提倡的同居共财观念完全不同。战国时期,商鞅在秦国变法,规定"民有二男以上不分异者,倍其赋"①,即加征一倍的赋税。法家认为,分立户籍,可以调动每一位家庭成员的劳动积极性,《吕氏春秋·审分》说:"公作则迟,有所匿其力也。"②瞿同祖教授指出,该法律"是不鼓励维持大户人家的,因为如果人们想维持一个家庭不被分割,就不得不负担额外的赋税。很少有人会愿意交纳双倍赋税,多数人则是无力缴纳"③。此外,秦国法律还禁止父子、兄弟同居,"令民父子、兄弟同室内息者为禁"④。家中的男性子嗣成年后,除长子继承家产外,其余诸子自谋生计,据《商君书·垦令》记述:"均出余子之使令。"⑤顾颉刚先生认为:"古者父产传长子,次子以下为馀子,馀子无恒产,必外出觅。"⑥秦国的这些举措,其目的都是鼓励家庭子孙成年后自食其力。战国至秦代,别籍异财的现象十分普遍,有学者指出,战国秦代实行的分异法,推行最小的家庭制度,直接分解了西周以来的世卿世禄制大家庭模式,是对宗法制度的彻底否定⑦,直接促进了个体家庭私有制的形成。

西汉建立后,先秦法家主张的许多制度被沿袭下来。秦代的分户制度在汉代被称为"异子之科"⑧,一直到曹魏制定《新律》时才加以废除。

---

① (汉)司马迁撰:《史记》卷68《商君列传》,中华书局1959年版,第2230页。
② 王利器注疏:《吕氏春秋注疏》,巴蜀书社2002年版,第1925页。
③ 瞿同祖:《汉代社会结构》,邱立波译,上海人民出版社2007年版,第10—11页。
④ (汉)司马迁撰:《史记》卷68《商君列传》,中华书局1959年版,第2232页。
⑤ 蒋礼鸿撰:《商君书锥指》卷1《垦令》,中华书局1986年版,第14页。
⑥ 顾洪编:《顾颉刚学术文化随笔》,中国青年出版社1998年版,第153—154页。
⑦ 参见张金光:《秦制研究》,上海古籍出版社2004年版,第458—481页。
⑧ 周东平主编:《〈晋书·刑法志〉译注》,人民出版社2017年版,第203页。

瞿同祖先生最早对此给予了关注,可惜未进行深入探讨。① 曹魏政权在制定《新律》时,"改汉旧律不行于魏者皆除之",其中"除异子之科,使父子无异财也"。② 关于"异子"的含义,许多学者认为,从异财、异籍、异居、异爨等来看,应是"分离之子"的意思,"异子之科应该是与分家有着某种关联的法规"③。笔者认为,"异子之科"实际上就是秦代的分户之制,到曹魏时才彻底废除了"异子之科",表明在《魏律》制定以前,父子之间别籍异财是合法的,并没有受到法律的禁止。从曹魏以后,后世许多朝代的法典设立了对别籍异财的惩罚措施,如《唐律疏议》卷12规定:"诸祖父母、父母在,子孙别籍、异财者,徒三年。若祖父母、父母令别籍及子孙妄继人后者,徒二年;子孙不坐。"④

汉代法律允许父子之间别籍异财,在西汉初年的《二年律令》中,可以找到相关的法律条文:"民大父母、父母、子、孙、同产、同产子,欲相分予奴婢、马牛羊、它财物者,皆许之,辄为定籍。孙为户,与大父母居,养之不善,令孙且外居,令大父母居其室,食其田,使其奴婢,勿贸卖。"⑤该条法律条文表明,两汉时期,父母、祖父母在,子孙是可以另立户籍分家析产的。子孙别籍的现象到东汉末年也很普遍,据《抱朴子外篇》卷15《审举》记述:"故时人语曰:'举秀才,不知书;察孝廉,父别居'。"⑥如果家庭中有两个以上的成年之子孙结婚,父子兄弟之间别籍异财的现象就更加突出。

汉代父母、祖父母在时,子孙别籍异财的现象,可从传世文献和出土文献中得到证实。据《后汉书·许荆传》记载:"礼有分异之义,家有别居之道,于是共割财产以为三分,武自取肥田广宅奴婢强者,二弟所得并

---

① 参见瞿同祖:《礼与服制》,载《瞿同祖法学论著集》,中国政法大学出版社1998年版,第386页。
② 参见(唐)房玄龄等撰:《晋书》卷30《刑法志》,中华书局1974年版,第925页。
③ 〔日〕守屋美都雄:《中国古代的家族与国家》,钱杭、杨晓芬译,上海古籍出版社2010年版,第247页。
④ 刘俊文点校:《唐律疏议》卷12,中华书局1999年版,第257—258页。
⑤ 张家山二四七号汉墓竹简整理小组编著:《张家山汉墓竹简〔二四七号墓〕》(释文修订本),文物出版社2006年版,第55页。
⑥ 杨明照撰:《抱朴子外篇校笺》(上册),中华书局1991年版,第393页。

悉劣少,乡人皆称弟克让而鄙武贪婪。"①"礼有分异之义,家有别居之道",说明汉代父母兄弟之间别籍异财不属于不孝的行为,这也是社会认可的价值观念。1984年,在江苏仪征胥浦第101号墓葬中,出土了西汉末年的《先令书》遗嘱,其中记述了高都里朱凌之子公文"年十五去家,自出为姓,遂居外,未尝持一钱来归;姁予子真、子方自为产业"②,表明母亲朱凌与其子女就处于别籍异财的状态。

关于汉代子孙别籍异财的现象,在近年全国各地新出土的许多汉代户籍竹简中也得到了证实。1973年,在湖北江陵凤凰山汉墓出土了西汉文景时期的竹简,其中的贷谷账是了解汉代家庭结构的重要资料。台湾学者杜正胜教授对其中的25家进行统计,除一家人口数模糊外,其余24家计112口人,平均每家4.67口人,每家家庭成员大概也只能包括父母与子女,容不下两个以上结过婚的兄弟。③ 2004年,在天长市安乐镇发现了西汉中期的墓葬,出土了四十余枚汉简,其中编号为M19:4—1的木牍是临海郡东阳县的《户口簿》和《算簿》,其中记述,"杨池乡户千四百五十一,口六千三百廿八""城雍北乡户千三百七十五,口六千三百五十四"④,平均每户不足5人。1993年,在江苏连云港尹湾发现了西汉晚期的墓葬,存有西汉后期东海郡的人口统计总簿《集簿》,记录了东海郡的户数和人口数,其中户数有二十六万六千二百九十,男女总数为一百四十五万九千一百九十六⑤,平均每户不足六口人。另有学者对汉代居延地区的随军戍卒家庭人口进行了统计,认为戍卒的家庭户,以四人户和三人户为多,占总户数的67.24%。⑥ 上述这些统计数字表

---

① (宋)范晔撰,(唐)李贤等注:《后汉书》卷76《许荆传》,中华书局1965年版,第2471页。
② 王勤金、吴炜、徐良玉、印志华:《江苏仪征胥浦101号西汉墓》,载《文物》1987年第1期。
③ 参见杜正胜:《古代社会与国家》,允晨文化实业股份有限公司1992年版,第789页。
④ 纪春华、乔国荣、王震、杨以平:《安徽天长西汉墓发掘简报》,载《文物》2006年第11期。
⑤ 参见连云港市博物馆等编:《尹湾汉墓简牍》,中华书局1997年版,第77页。
⑥ 参见施伟青:《汉代居延随军戍卒家庭人口的若干问题》,载《中国社会经济史研究》1998年第3期。

明,两汉时期个体小农家庭经济模式普遍存在,很少出现子女成年后与父母、祖父母同居共财的现象。关于两汉时期实行分户的原因,有学者指出:"汉政府鼓励分户是为了增加个体小农家庭……尽可能保证和扩大纳税户的数量才是制定法律的真实目的。"①

不可否认,在两汉时期也存在一些家庭父子兄弟同居共财的现象,有学者认为,"东汉时多数士大夫也只是二世同居,三世共财者亦属罕见"②。如东汉时期,樊宏父重,世善农稼,好货殖,"三世共财"③。东汉末年,蔡邕"与叔父从弟同居,三世不分财,乡党高其义"④。但总体来看,同居共财在汉代属于个别现象,大多数家庭都是个体小农经济模式,汉代法律还没有强制实行同居共财,国家仍然承认别籍异财的合法性,允许卑幼子孙分立户籍,拥有自己的私有财产。

两汉时期对国家财政权和帝室私人财政权作了初步区分,允许子孙别籍异财,拥有私人合法财产,促进了中国古代私有财产权制度的发展。汉代私有财产权应用范围的不断扩大,本身就是对专制皇权和家族共有财产制的制约。汉代私有财产权利观念的形成,极大地促进了两汉时期社会经济的发展,这正如经济学家哈罗德·德姆塞茨(Harold Demsetz)指出的那样:"在共有财产体制下,共有产权的价值在最大化时没有考虑许多成本。一个共有权利的所有者不可能排斥其他人分享他努力的果实,而且所有成员联合达成一个最优行为的协议的谈判成本非常高。私有权利的发展能更经济地使用资源,因为他具有排斥其他人的权利。"⑤英国学者哈耶克(Hayek)也说:"私有制是自由的最重要的保

---

① 王彦辉:《张家山汉简〈二年律令〉与汉代社会研究》,中华书局 2010 年版,第 120—121 页。
② 武树臣:《法家法律文化通论》,商务印书馆 2017 年版,第 618 页。
③ (宋)范晔撰,(唐)李贤等注:《后汉书》卷 32《樊宏传》,中华书局 1965 年版,第 1119 页。
④ (宋)范晔撰,(唐)李贤等注:《后汉书》卷 60 下《蔡邕传》,中华书局 1965 年版,第 1980 页。
⑤ 〔美〕哈罗德·德姆塞茨:《关于产权的理论》,载〔美〕科斯、〔美〕阿尔钦、〔美〕诺斯:《财产权利与制度变迁:产权学派与新制度学派译文集》,刘守英等译,上海人民出版社 1994 年版,第 107—108 页。

障,这不单是对有产者,而且对无产者也是一样。"①

四、从出土文献看汉代私有财产权变动的契约化

近代以来法学家曾把契约分为政治公约和民事契约两种模式。两汉时期,最普遍的契约形式是从事民事法律活动而制定的契券,主要指民事双方基于合意而缔结的契约文书,其中包括商品买卖、借贷、租赁、雇佣、家庭财产继承等方面的文书,主要涉及私有财产权利变动的问题,本书所讨论的契约形式就是关于私有财产的权利属性。

契约产生于人类社会的初期,马克思在分析商品流通中指出,还在不发达的物物交换情况下,参加交换的个人就已经默认彼此是平等的个人,是他们用来交换财物的所有者;他们还在彼此提供自己的财物、相互进行交易的时候,就已经做到这一点了,这种通过交换和在交换中才产生的实际关系,后来获得了契约这样的法的形式。② 可见,在民事法律活动中而形成的契约,是基于双方当事人平等的法律地位,契约的作用是约束双方当事人履行法律义务,确保交易安全,维护正常的经济秩序,保护私人的合法财产权。一个时代契约制度的发展程度,是当时社会商品经济和社会诚信意识的直接反映。

两汉时期,私有财产物权的变动呈现出显著的契约化特征。汉代几乎所有的财产权利变动都要制定契约文书,以保障财产所有人的权利。汉代是中国古代从身份型社会向契约型社会的转型时期,虽然汉代没有完成从身份型社会向契约型社会的最终转型,但两汉时期无疑是中国古代私有制最发达的时代,也是对私有财产权保护较为完善的时期。

(一)汉代不动产私有物权变动的契约制和登记制

中国古代最重要的私有财产是土地和房屋等不动产,它是古代农耕

---

① 〔英〕弗里德里希·奥古斯特·冯·哈耶克:《通往奴役之路》,王明毅、冯兴元等译,中国社会科学出版社1997年版,第123页。
② 参见〔德〕马克思:《评阿瓦格纳"政治经济学教科书"》,载中共中央马克思恩格斯列宁斯大林著作编译局编译:《马克思恩格斯全集》(第46卷),人民出版社1979年版,第104页。

社会个体小农经济最重要的生产资料和生活资料。两汉时期是古代土地私有化程度较高的时代，凡发生土地房屋等不动产买卖和租赁，皆须制定契约文书，以维护买卖、租赁双方的合法权益。

汉代是中国古代土地私有制长足发展的时期，也是不动产物权变动契约化的重要阶段。汉朝建立后，不仅承认原来私人拥有土地和房屋这种现象的合法性，还把大量的无主田宅授予官僚地主和普通民众。汉高祖统一全国后，"兵皆罢归家"，实行行田制，"法以有功劳行田宅"。① 行田的含义，就是颁授给平民田地。② 关于西汉初年的授田之制，在《二年律令·户律》中有明确记载："关内侯九十五顷，大庶长九十顷，驷车庶长八十八顷，大上造八十六顷，……公乘廿五顷，公大夫九顷，官大夫七顷，大夫五顷，不更四顷，簪裹三顷，上造二顷，公士一顷半顷，公卒、士五(伍)、庶人各一顷，司寇、隐官各五十亩。"③汉代皇帝还经常把土地赏赐给官僚贵族，如张禹年老，汉成帝便把平陵肥牛亭地赐禹。④ 这些皇帝赏赐的土地和国家授予的土地，在一段时期后可以出卖，继而演化为私有土地，据《二年律令·户律》规定："受田宅，予人若卖田宅，不得更受。"⑤《汉书·贡禹传》也记载："贫民虽赐之田，犹贱卖以贾。"⑥这两条史料表明，汉代国家授予私人的土地经过一段时间后转化为私人财产，是可以买卖的。

两汉时期，还实行"假民公田"的制度。在汉宣帝地节元年(公元前69年)三月，"假郡国贫民田"。颜师古注："权以给之，不常与。"⑦汉安

---

① 参见(汉)班固撰，(唐)颜师古注：《汉书》卷1下《高帝纪》，中华书局1962年版，第54页。
② 参见吴荣曾：《秦代的行田和假田》，载《读史丛考》，中华书局2014年版，第103页。
③ 张家山二四七号汉墓竹简整理小组编著：《张家山汉墓竹简〔二四七号墓〕》(释文修订本)，文物出版社2006年版，第52页。
④ 参见(汉)班固撰，(唐)颜师古注：《汉书》卷81《张禹传》，中华书局1962年版，第3350页。
⑤ 张家山二四七号汉墓竹简整理小组编著：《张家山汉墓竹简〔二四七号墓〕》(释文修订本)，文物出版社2006年版，第53页。
⑥ (汉)班固撰，(唐)颜师古注：《汉书》卷72《贡禹传》，中华书局1962年版，第3075页。
⑦ 参见(汉)班固撰，(唐)颜师古注：《汉书》卷8《宣帝纪》，中华书局1962年版，第246页。

帝永初元年(公元107年)二月,"以广成游猎地及被灾郡国公田假与贫民"①。有学者指出,汉代实行的假民公田制度,在经历了由租佃型向授田型的转变后,很可能让自耕农拥有小块私有土地。②

从西汉开始,社会上出现了山林川泽私有化的现象,这是中国古代土地私有化进一步发展的重要表现。汉武帝时,大官僚灌夫"家累数千万,食客日数十百人,陂池田园,宗族宾客为权利,横颍川"③。有学者指出,灌夫当有一部分私有的山林川泽。④ 在陆耀遹《金石续编》卷1《会稽冢地石刻》中,收录了"山阴县大吉买山地记",其中记述:"昆弟六人,共买山地。建初元年造此冢地,直三万钱。"⑤

两汉时期,土地、房屋的私有化,促进了汉代不动产物权变动的契约化。汉代不动产物权的变动主要表现为私人之间的买卖、赠与和抵押等形式。汉代土地买卖现象十分普遍,如在长沙五一广场出土的东汉简牍中,记录了一件购买田宅的事例:"到其十五年中,壬与覆买竹遂里宅一区,直钱四万六千。"⑥土地买卖要制作契约文书,在《贞松堂集古遗文》卷15收录了"王未卿买地券",其中记述:"建宁二年(公元169年)八月庚午朔廿五日甲午,河内怀男子王未卿从河南街邮部男袁书威买皋门亭部什三陌西袁田三亩,亩贾钱三千一百,并直九千三百,钱即日毕。时约者袁书威。沽酒各半,即日丹书铁券为约。"⑦

两汉时期也存在土地赠与的现象,据袁宏《后汉纪·孝明皇帝纪上》记载:"初,范家之入蜀,以良田百余顷属故吏毛仲。范归,仲子叔奉

---

① (宋)范晔撰,(唐)李贤等注:《后汉书》卷5《孝安帝纪》,中华书局1965年版,第206页。
② 参见高敏:《论汉代"假民公田"制的两种类型》,载《秦汉史探讨》,中州古籍出版社1998年版,第328页。
③ (汉)班固撰,(唐)颜师古注:《汉书》卷52《灌夫传》,中华书局1962年版,第2384页。
④ 参见张传玺:《论中国古代土地私有制形成的三个阶段》,载《秦汉问题研究》,北京大学出版社1995年版,第73页。
⑤ 张传玺主编:《中国历代契约粹编》(上册),北京大学出版社2014年版,第33页。
⑥ 长沙市文物考古研究所等编:《长沙五一广场东汉简牍选释》,中西书局2015年版,第190页。
⑦ 张传玺主编:《中国历代契约粹编》(上册),北京大学出版社2014年版,第45页。

仲遗命以田归范,范以物无常主,在人即有,悉推田与之。"①像这样的土地赠与,当然要履行一定的法律程序,要制作契券,否则赠与便属于无效的法律行为。汉代土地抵押通常也须制作契约文书。1966年,在四川郫县犀浦乡二门桥附近发现的东汉墓葬中,出土了一块簿书残碑,其中记述了土地抵押的现象:"属田八亩,质四千。上君迁王岑鞠田(下阙)牛一,(上阙)舍六区,直卌四万三千。属叔长□□(上阙)田卅亩,质六万。"②

汉代土地、房屋等不动产物权的变动,遵循公示公信的原则。所谓不动产物权的公示原则,是指在土地房屋等商品交易时,须将物权变动的事实通过一定的公示方法向社会公开,从而使第三人知道物权变动的情况,避免第三人遭受损害并保护交易安全。汉代发生不动产物权变动时,双方当事人不仅要制作契券,还要请邻里、亲属、地方基层官吏作为见证人,从而达到公示的目的。现存的东汉《建宁四年(公元171年)洛阳县孙成买田铅券》中,记述了土地买卖的公示情况:"建宁四年九月戊午朔廿八日乙酉,左骏厩官大奴孙成从洛阳男子张伯始卖(当作"买")所名有广德亭部罗佰田一町,贾钱万五千。钱即日毕。田东比张长卿,南比许仲异,西尽大道,北比张伯始。根生土著毛物,皆属孙成。田中若有尸死,男即当为奴,女即当为婢,皆当为孙成趋走给使。田东、西、南、北,以大石为界。时旁人樊永、张义、孙龙、异姓、樊元祖,皆知张约。沽酒各半。"③从该契约文书中,我们看到此次土地交易共有五位知见人证明,从而达到了公示的目的。

1984年,江苏仪征胥浦出土了西汉元始五年(公元5年)高都里朱凌制定的先令券书,这是一份分析家庭土地的契约文书,在制定该契约文书时,朱凌"请县、乡三老、都乡有秩、左里师、田谭等,为先令券

---

① (东汉)荀悦、(东晋)袁宏撰,张烈点校:《两汉纪》(下),中华书局2020年版,第146页。
② 李明晓:《散见出土先秦两汉法律文献校注》,西南师范大学出版社2015年版,第213页。
③ 张传玺主编:《中国历代契约粹编》(上册),北京大学出版社2014年版,第46—47页。

书",同时还邀请了"时任知者:里陈、伍人谭等,及亲属孔聚(?)、田文、满真"①,将此事让社会知晓,保障交易安全,避免第三人遭受损失。

汉代土地、房屋等不动产物权的变动,除履行公示程序外,还须进行不动产物权登记,以确认财产所有权的最终归属,即公信原则。汉代不动产物权交易所制作的契券,本身也具有公信的作用。从近年来出土的汉代土地买卖文书中,可以看到当时在制定契券时,须写明契券制定的时间,买卖双方的姓名,土地的位置及面积,买卖的缘起、价格、土地四至,买主取得的法律权利,违约责任以及见证人的姓名等内容。②

汉代不动产物权变动最主要的公示方式是土地登记制度。实行土地、房屋等不动产登记的目的,是使第三人知悉法律关系,从而维护不动产交易安全与秩序。汉代实行私有土地登记制度,政府对所有的私人土地登记造册,据张家山汉简《二年律令·户律》规定:"民宅园户籍、年细籍、田比地籍、田命籍、田租籍,谨副上县廷,皆以箧若匣匮盛,缄毕,以令若丞、官啬夫印封,独别为府,封府户……其或为诈(诈)伪,有增减也,而弗能得,赎耐。"③汉代不动产物权变动的登记程序,是国家法律强制规定的,据张家山汉简《二年律令·户律》规定:"贸卖田宅,乡部、田啬夫、吏留弗为定籍,盈一日,罚金各二两。"④

私有土地的登记制度具有两方面的功能:其一,保证土地税的征收。如在内蒙古额济纳旗出土的居延新简 E·P·T51:119 记述:"北地泥阳长宁里任偵,二年,田一顷廿亩,租廿四石。"⑤其二,确认土地的私有财产权,以维护财产所有人的权利。在湖北江陵凤凰山十号汉墓出土的

---

① 王勤金、吴炜、徐良玉、印志华:《江苏仪征胥浦 101 号西汉墓》,载《文物》1987 年第 1 期。
② 参见〔日〕仁井田陞:《漢魏六朝の土地賣買文書》,载《中国法制史研究·土地法、交易法》,东京大学出版会 1981 年补订版,第 437 页。
③ 张家山二四七号汉墓竹简整理小组编著:《张家山汉墓竹简〔二四七号墓〕》(释文修订本),文物出版社 2006 年版,第 54 页。
④ 张家山二四七号汉墓竹简整理小组编著:《张家山汉墓竹简〔二四七号墓〕》(释文修订本),文物出版社 2006 年版,第 53 页。
⑤ 甘肃省文物考古研究所、甘肃省博物馆等编:《居延新简》,文物出版社 1990 年版,第 180 页。

《郑里禀(廪)簿》中,记载了当时各户的土地亩数,如"户人圣能田一人口一人,田八亩","户人野能田四人口八人,田十五亩","户人公士田能田三人口六人,田廿一亩"。① 又据敦煌悬泉汉简记述:"宜禾里公孙益,有田一顷四亩","破胡里王平文,田一顷卅五亩"。② 交易双方通过不动产的登记程序,变更了私有财产的所有权和使用权,减少了财产权利的法律纠纷。

两汉时期,已出现了合伙经营的商业模式。这些合伙经营的民间组织在发生不动产权利的变动时,也通过契约文书的形式,确认团体内每位成员的私有财产权。1973 年,在河南偃师县缑氏公社出土了《汉侍廷里父老僤买田约束石券》,其内容是:"建初二年正月十五日,侍廷里父老僤祭尊于季主疏,左巨等廿五人,共为约束石券里冶中洒以永平十五年六月中造起僤,敛钱共有六万一千五百,买田八十二亩。僤中其有訾次当给为里父老者,共以客田借与,得收田上毛物谷实自给。即訾下不中,还田转与当为父老者,传后子孙以为常。其有物故,得传后代户者一人。"③ 从该契约文书的内容看,僤中田地的份额可以继承,如果成员去世,由其子孙代位继承,"得传后代户者一人",只能由每位成员的后代子孙一人继承其所有的份额。④

(二)汉代商品买卖、借贷、财产继承等动产物权变动的契约化

汉代不仅土地房屋等不动产物权的变更要制定契约文书,对于买卖奴婢、牛马、农具等大宗商品,家庭内部分割财产,也要制作契券文书,以保障财产所有权人的利益。券书是私有财产所有权的重要凭据,汉代动产的物权变动,也大都以契约的形式确认财产所有权的归属。

物权变动是权利的一种动态现象,是指物权的设立、变更、转让和消灭。市场交易是动产物权变动的基本表现形式。两汉时期,普通的动产

---

① 参见裘锡圭:《湖北江陵凤凰山十号汉墓出土简牍考释》,载《文物》1974 年第 7 期;李均明、何双全编:《散见简牍合辑》,文物出版社 1990 年版,第 70—72 页。
② 参见胡平生等撰:《敦煌悬泉汉简释粹》,上海古籍出版社 2001 年版,第 49—50 页。
③ 宁可:《关于〈汉侍廷里父老僤买田约束石券〉》,载《文物》1982 年第 12 期。
④ 参见邢义田:《汉代的父老、僤与聚族里居——〈汉侍廷里父老僤买田约束石券〉读记》,载《天下一家:皇帝、官僚与社会》,中华书局 2011 年版,第 439 页。

物权变动形式是给付,由卖方把商品直接交付给买受人,不用制作契约文书。但对于买卖奴婢、牛马及其他大宗商品,则须制作契券,有时还要书写见证人的姓名,以保护财产所有权人的利益。在长沙五一广场出土的东汉简牍中,有这样的记述:"直钱二万,先入一千,别(莂)券。"①在唐人编纂的《艺文类聚》中,收录了西汉神爵三年(公元前 59 年)资中县人王褒购买奴婢时制作的《僮约》,这是一份购买奴婢的契约文书,券书中记录了王褒从寡妇杨惠处购买奴婢便了的缘起、价格、购买奴婢的用途及违约责任等事项,其中记述:"百役不得有二言,晨起早扫,饮食洗涤,居当穿臼缚帚,裁盂凿斗,出入不得骑马载车……奴不听教,当笞一百。"②

两汉时期,民间借贷、赊买的现象普遍,凡借贷、赊买物品,通常制作契券。东汉时期,南阳樊宏之父樊重,"营理产业,物无所弃,课役童隶,各得其宜,故能上下勠力,财利岁倍,至乃开广田土三百余顷","其素所假贷人间数百万,遵令焚削文契"。③ 樊宏所焚烧的文契,说明当初在借贷时制定了文契。在江苏连云港出土的尹湾汉简中,收录了一件西汉元延元年(公元前 12 年)东海郡师君兄贷钱的契券,内容如下:"元延元年三月十六日,师君兄贷师子夏钱八万,约五月尽所子夏若□卿奴□□□□□□丞□。时(?)见者,师大孟、季子叔。"④在额济纳旗出土的居延汉简中,赊买商品的债务契约非常普遍,如其中记载:"七月十日,鄣卒张中功赊买皂布章单衣一领,直三百五十三。燧史张君长所钱约至十二月尽毕已,旁人临桐史解子房知券。"⑤

汉代家庭财产继承,分割家庭内部的财产,也会引发动产物权的变动,一般也要制作契券。据张家山汉简《二年律令·户律》规定:"民欲

---

① 长沙市文物考古研究所等编:《长沙五一广场东汉简牍选释》,中西书局 2015 年版,第 161 页。
② (唐)欧阳询撰,汪绍楹校:《艺文类聚》卷 35,上海古籍出版社 1982 年版,第 633—634 页。
③ 参见(宋)范晔撰,(唐)李贤等注:《后汉书》卷 32《樊宏传》,中华书局 1965 年版,第 1119 页。
④ 连云港市博物馆等编:《尹湾汉墓简牍》,中华书局 1997 年版,第 127 页。
⑤ 谢桂华、李均明、朱国炤:《居延汉简释文合校》,文物出版社 1987 年版,第 436 页。

先令相分田宅、奴婢、财物,乡部啬夫身听其令,皆参辨券书之,辄上如户籍。有争者,以券书从事;毋券书,勿听。"①西汉初年,大臣陆贾有五男,病重期间,尽卖平生积蓄,得千金,分其子,子二百金,令为生产。贾对其子说:"与汝约:过汝,汝给吾人马酒食,极欲,十日而更。所死家,得宝剑车骑侍从者。一岁中往来过他客,率不过再三过,数见不鲜,无久慁公为也。"②可见,汉代经常以制作先令券书的形式分割家庭内部的财产,确定每位财产继承人应得的份额。

(三)汉代买地券中的"有私约当如律令"探析

20世纪初以来,在中国内地发现了许多两汉时期的买地契券。关于汉代买地契券的性质,已有学者进行了探讨,主要有吴天颖的《汉代买地券考》、鲁西奇《汉代买地券的实质、渊源与意义》等论著③,许多学者认为新出土的买地契券是"实在的冥世土地买卖契约"。

在新发现的汉代买地券中,经常出现"有私约者当律令""民有私约如律令"等字样。如在日本中村氏书道博物馆所藏东汉建宁元年(公元168年)五凤里番延寿买地砖记述:"建宁元年二月,五凤里番延寿墓莂(?)元年,九人从山公买山一丘于五凤山里,葬父马卫将直钱六十万,即日交毕。分置券台,合莂大吉,立右。建宁元年二月朔。有私约者当律令。"④又据东汉光和元年(公元178年)平阴县曹仲成买冢田铅券记述:"光和元年十二月丙午朔十五日,平阴都乡市南里曹仲成,从同县男子陈胡奴买长右亭部马领佰北冢田六亩,亩千五百,并直九千。钱即日毕……时旁人贾、刘,皆知券约。□如天地律令。"⑤关于如何理解中国古代的"民有私约如律令",一些学者从民法学的视角进行了解读,认为

---

① 张家山二四七号汉墓竹简整理小组编著:《张家山汉墓竹简〔二四七号墓〕》(释文修订本),文物出版社2006年版,第54页。
② (汉)司马迁撰:《史记》卷97《郦生陆贾列传》,中华书局1959年版,第2699—2700页。
③ 参见吴天颖:《汉代买地券考》,载《考古学报》1982年第1期;鲁西奇:《汉代买地券的实质、渊源与意义》,载《中国史研究》2006年第1期。
④ 〔日〕仁井田陞:《中国法制史研究·土地法、交易法》,东京大学出版会1981年补订版,第420—421页。
⑤ 张传玺主编:《中国历代契约粹编》(上册),北京大学出版社2014年版,第48页。

"民有私约如律令"是"官府对民间私约法律效力的肯认","在中国古代,民间长期存在着与官府律令相对应的,以意思自治为主要内容的民事习惯法"。①

众所周知,语言文字和风俗习惯是当时社会的真实反映。这些新出土的汉代买地契券虽然是为死者所购买的冥间冢地,但其书写格式、语言、契约内容,都与新发现的汉代世俗社会购买土地的契约文书格式基本相同,契券上都记述了文书制定的时间,买卖双方的姓名,土地的位置及面积,土地的价格及四至,见证人的姓名等内容。

关于汉代冥世买地契券中"私约"的性质,笔者认为是指未经过官府法律认定的契约形式。两汉时期,许多重要的民事活动中制定的契约,需要经由官府的法律认定,据《二年律令·户律》规定:"民欲先令相分田宅、奴婢、财物,乡部啬夫身听其令,皆参辨券书之,辄上如户籍。有争者,以券书从事;毋券书,勿听。"②由地方官吏主持制定的家庭财产分割文书,涉及田宅、奴婢等重要财产,必须经过官府法律认定的程序,类似于后世的红契。另据《周礼·秋官·朝士》记载:"凡民同货财者,令以国法行之,犯令者刑罚之。"郑玄注云:"同货财者,谓合钱共贾者也。以国法行之,司市为节以遣之。"③"司市为节",意思是许多大宗的商品买卖须由司市制作官方的契券,以别于民间的"私约"。这些经过官府认定的民事契约,其法律效力明显高于民间的"私约"。

汉代的冥地买地契约虽非现实生活中的不动产交易,但透过这些契券能够看出汉代契约制定时买卖双方意思自治的精神,这种"私约"具有与国家律令同等的法律效力,是官府对民间"私约"的法律认同。汉代民事法律活动中的"私约"传统,对后世民事交易习惯产生了重要影响。如在唐宋之际,虽然规定买卖奴婢、马、牛等大宗商品需要由官府统一制定市券,"诸买奴婢、马牛驼骡驴,已过价,不立市券,过三日

---

① 参见李显冬:《"民有私约如律令"考》,载《政法论坛》2007年第3期。
② 张家山二四七号汉墓竹简整理小组编著:《张家山汉墓竹简〔二四七号墓〕》(释文修订本),文物出版社2006年版,第54页。
③ (汉)郑玄注,(唐)贾公彦疏:《周礼注疏》卷35,载(清)阮元校刻:《十三经注疏》,中华书局1980年版,第878页。

答三十;卖者,减一等"①。但在民间社会,私人之间订立买卖、借贷、租佃、雇佣等各类"私约"的现象非常普遍,在私人之间订立的民事契约中,经常出现"恐人无信,两共对面平章,故立私契","官有政法,人从私契"等字样,这表明民事双方的当事人只要不违反国家法律,私约就会得到社会的普遍认可。在法国国家图书馆所藏敦煌文书伯3643号《唐咸通二年(861)齐像奴出租地契》中,文书末尾记有:"官有政法,人从私契。两共平章,用为后验。"②私契的广泛使用,推动了中国古代私有财产制的发展。

契约是民事双方基于合意而达成的法律协议,契约精神首先表现为一种平等精神、法治精神,契约的制定是民事法律活动中意思自治的集中体现,是构建诚信社会的基础。一个社会如果没有形成良好的契约意识,就不会出现财产平等的私有观念。英国学者威廉·葛德文(William Godwin)指出:"没有一个人会反驳,财产平等条件一旦建立起来将有助于大大减少人们的恶劣习俗。"③两汉时期私有财产权变动的契约化,不仅能有效规范民事法律活动中双方当事人的权利义务,减少财产权利的纠纷,还能最大限度地保障私有财产权,有利于调动社会各阶层民众的生产积极性,营造一个正常的社会经济秩序。汉代政治经济的繁荣,与私有财产权利的契约化有密切的联系。

五、两汉时期私有财产权的法律保护

目前在国内外学术界流行这样的观点,即通常认为以中国为代表的古代东方专制主义国家"没有个人私有财产,流行土地国有制"④。法国启蒙思想家孟德斯鸠认为,在古代东方的专制政体下,法律只是君主个人的意志,"君主宣告自己是一切土地的所有者和一切臣民遗产的继

---

① 刘俊文点校:《唐律疏议》卷26,法律出版社1999年版,第538—539页。
② 沙知编:《敦煌契约文书辑校》,江苏古籍出版社1998年版,第321—322页。
③ 〔英〕葛德文:《论财产》,何清新译,商务印书馆2013年版,第69页。
④ 马克垚:《古代专制制度考察》,北京大学出版社2017年版,第8页。

者"①,民众的私有财产权难以得到有效的法律保障。据此,有些学者认为,"没有公私领域的相对区分,王朝可以随时掠夺私有财产。没有以私为本位的个人及意思自治,私人权利得不到应有的重视,也难以形成与发展以保障私有财产权利制度为核心的法律传统。因此,传统中国不存在完整、稳定的私有财产法律制度的基本条件,也无法产生以私为本位的法律体系"②。对于上述观点,也有许多学者提出了不同意见,如台湾学者杜正胜认为:"汉代固然存在着国有土地,但因为人民对于所占有或使用的土地已具备了私有权,称其时土地制度为国有制是不恰当的。根据常识与历史实情,通常所谓人民的土地私有权至少必须具备两项条件,一是土地登记在私人名下,古书称作'名田'或'占田';二是登记人可以买卖、赠与、交换、继承,或以其他方式处置所登记的土地。……按诸近代出土文物和传世的当代文献史籍,汉代平民对其田地确实拥有私有权。"③

两汉时期,古代专制主义中央集权还处于初始阶段,汉朝统治者对民众的控制相对松弛,普通民众的私有财产权观念还很强烈,国家法律对私有财产权的保护也很充分,即使是皇帝和贵族官僚也不能随意侵夺民众的合法财产。在西汉建国之初,丞相萧何受到汉高祖刘邦的猜忌,手下人向萧何提议:"君胡不多买田地,贱贳贷以自汙?上心必安。"萧何听从其议。汉高祖外征回归,"民道遮行,上书言相国强贱买民田宅数千人"。汉高祖把民众的控告书交给萧何,说:"君自谢民。"④"谢民",是指向受侵害的民众道歉,归还贱买普通民众的田宅。1936年,在河南鲁山县出土了东汉末年的《鲁阳都乡正卫弹碑》,其中有这样的记述:"□□□□储,不得妄给他官;君不得取,臣不得获。"⑤碑文中的"不

---

① 〔法〕孟德斯鸠:《论法的精神》(上册),张雁深译,商务印书馆1959年版,第72页。
② 邓建鹏:《财产权利的贫困:中国传统民事法研究》,法律出版社2006年版,第30页。
③ 杜正胜:《编户齐民:传统政治社会结构之形成》,台湾联经出版公司2018年版,第142页。
④ (汉)班固撰,(唐)颜师古注:《汉书》卷39《萧何传》,中华书局1962年版,第2010—2011页。
⑤ 俞伟超:《中国古代公社组织的考察——论先秦两汉的"单——僤——弹"》,文物出版社1988年版,第135页。

得妄给他官,君不得取,臣不得 获 ",实际上就是强调汉代的私有财产不可侵犯。

两汉是中国古代的律令法体系初步形成的时期。从西汉建国之初制定的《九章律》和傍章律,到汉武帝时期,"律令凡三百五十九章,……文书盈于几阁,典者不能徧睹"①,汉代法律体系是一个不断构建的过程。② 汉代法律注重对私有财产权的保护,无论是在立法层面还是在司法实践领域,都极力维护普通民众的私有财产权。

(一)汉代刑事法律对私有财产权的保护

传世文献所保存的汉代法律史料很少,从20世纪初以来,在内蒙古额济纳旗出土的居延汉简,在湖北江陵张家山出土的西汉初年的《二年律令》等许多新的法律史料,为学术界深入探讨汉代的刑事法律制度提供了最新的材料。从现存的古代法律史料来看,两汉时期国家刑律对于盗窃、抢劫、欺诈、破坏私人财物等侵害他人私有财产的犯罪行为处罚很重,从而维护私人的财产所有权。

在张家山汉简《二年律令》中,存有《盗律》《贼律》等篇目。《二年律令·盗律》主要是关于侵犯公私财产行为的处罚措施。③ 关于"盗"的含义,据《左传》"僖公二十四年"记载:"窃人之财犹谓之盗。"④西晋律学家张斐对"盗"的罪名也作了解释:"取非其物谓之盗。"⑤可见,在秦汉之际,凡非法侵占不属于自己财产的行为,皆属盗窃犯罪。

汉代的《盗律》对盗窃私人财物的各种犯罪行为都作了明确的区分和界定,主要分为盗、谋遣人盗、谋谐盗而各有取、群盗、徼外人某入为盗等许多罪名。谋遣人盗,类似于现代的教唆他人盗窃犯罪,汉律规定:"谋遣人盗,若教人可(何)盗所,人即以其言□□□及智(知)人盗与

---

① (汉)班固撰,(唐)颜师古注:《汉书》卷23《刑法志》,中华书局1962年版,第1101页。
② 参见郑显文:《从秦〈法经〉到汉萧何〈九章律〉和傍章律》,载高明士主编:《中华法系与儒家思想》,台湾大学出版中心2014年版,第261—320页。
③ 参见闫晓君:《秦汉法律研究》,法律出版社2012年版,第229页。
④ (春秋)左丘明著,李维琦等注:《左传》,岳麓书社2001年版,第159页。
⑤ (唐)房玄龄等撰:《晋书》卷30《刑法志》,中华书局1974年版,第928页。

分,皆与盗同法"。若是"谋偕盗",而各有取,则计各得所赃论处。如果是徼外人来入为盗者,处罚更重,"要(腰)斩"。在汉律中还有群盗的罪名,即"盗五人以上相与功(攻)盗,为群盗",凡为群盗提供饮食的行为,"与同罪"。①

汉代《盗律》对于抢劫他人财物的行为处罚极重,凡"劫人、谋劫人求钱财,虽未得若未劫,皆磔之;罪其妻子,以为城旦舂"②。如果是盗窃他人财物的行为,处罚有所减轻,凡"盗臧(赃)直(值)过六百六十钱,黥为城旦舂。六百六十到二百廿钱,完为城旦舂。不盈二百廿到百一十钱,耐为隶臣妾"③。汉代对于盗窃他人财物的犯罪,一般不处死刑,即"皋陶不为盗制死刑"④。但如果在实施盗窃时有故意毁坏财物、伤人、杀人等犯罪行为,则处罚加重,据汉律《具律》规定:"城旦刑尽而盗臧(赃)百一十钱以上,若贼伤人及杀人,而先自告也,皆弃市。"⑤对于故意破坏私人财物的行为,汉律《贼律》规定:"贼杀伤人畜产,与盗同法。"⑥

为了维护社会的诚信,汉代法律严禁通过欺诈手段侵占他人私有财产,据《二年律令·贼律》规定:"诸詐(诈)增减券书,及为书故詐(诈)弗副,其以避负债,若受赏赐财物,皆坐臧(赃)为盗。"⑦如果在商品交易中有故意欺诈的行为,汉律规定:"诸詐(诈)给人以有取,及有贩卖贸买而

---

① 参见张家山二四七号汉墓竹简整理小组编著:《张家山汉墓竹简〔二四七号墓〕》(释文修订本),文物出版社2006年版,第16—17页。
② 张家山二四七号汉墓竹简整理小组编著:《张家山汉墓竹简〔二四七号墓〕》(释文修订本),文物出版社2006年版,第18页。
③ 张家山二四七号汉墓竹简整理小组编著:《张家山汉墓竹简〔二四七号墓〕》(释文修订本),文物出版社2006年版,第16页。
④ (宋)范晔撰,(唐)李贤等注:《后汉书》卷35《曹褒传》,中华书局1965年版,第1202页。
⑤ 参见张家山二四七号汉墓竹简整理小组编著:《张家山汉墓竹简〔二四七号墓〕》(释文修订本),文物出版社2006年版,第21页。
⑥ 张家山二四七号汉墓竹简整理小组编著:《张家山汉墓竹简〔二四七号墓〕》(释文修订本),文物出版社2006年版,第15页。
⑦ 张家山二四七号汉墓竹简整理小组编著:《张家山汉墓竹简〔二四七号墓〕》(释文修订本),文物出版社2006年版,第10页。

詐(诈)紿人,皆坐臧(赃)与盗同法。"①汉代还严禁以胁迫、乘人之危等手段侵占他人财产,在汉律中特设了"取息过律"罪,把放高利贷视为严重的犯罪,并予以严惩。汉武帝元鼎元年(公元前116年),旁光侯刘殷犯"取息过律"罪,虽遇会赦,也被免除了爵位。②

在汉代司法审判活动中,也十分重视对私有财产的保护。在五代时期和凝编纂的《疑狱集》中,收录了西汉薛宣断缣一案:"前汉时,有一人持缣入市,遇雨以缣自覆。后一人至,求庇荫,因授与缣一头。雨霁当别,因争云:'是我缣。'太守薛宣命吏各断一半,使人追听之,一曰:'君之恩。'缣主乃称冤不已。宣知其状,拷问乃伏。"③在本案中,薛宣采取追听的方式获得了真实案情,维护了财产所有人的权利。东汉时期,苑康任太山太守期间,因郡内豪姓多不法,康至,"施严令,莫有干犯者。先所请夺人田宅,皆遽还之"④。

中国古代对于以盗窃、抢劫、诈骗等非法侵夺方式获取的他人的私有财产,原则上规定在缴获后返还给财产所有人。根据云梦秦简《法律答问》记述,"盗盗人,买(卖)所盗,以买它物,皆畀其主"⑤。在岳麓书院所藏的秦简中,规定对于捕获的逃亡奴婢,先黥其面,"畀其主"⑥。汉代继承了秦代的法律传统,也有"还赃畀主"的规定。⑦ 张家山汉简《二年律令·盗律》规定:"盗盗人,臧(赃)见存者,皆以畀其主。"⑧即把盗窃、诈骗的赃物返还财产所有人。

---

① 张家山二四七号汉墓竹简整理小组编著:《张家山汉墓竹简〔二四七号墓〕》(释文修订本),文物出版社2006年版,第45页。
② 参见(汉)班固撰,(唐)颜师古注:《汉书》卷15上《王子侯表》,中华书局1962年版,第447页。
③ (五代)和凝:《疑狱集》卷1,载杨一凡、徐立志主编:《历代判例判牍》(第一册),中国社会科学出版社2005年版,第237页。
④ (宋)范晔撰,(唐)李贤等注:《后汉书》卷67《苑康传》,中华书局1965年版,第2214页。
⑤ 睡虎地秦墓竹简整理小组编:《睡虎地秦墓竹简》,文物出版社1990年版,第99页。
⑥ 陈松长主编:《岳麓书院藏秦简》(肆),上海辞书出版社2015年版,第71页。
⑦ 参见(唐)房玄龄等撰:《晋书》卷30《刑法志》,中华书局1974年版,第925页。
⑧ 张家山二四七号汉墓竹简整理小组编著:《张家山汉墓竹简〔二四七号墓〕》(释文修订本),文物出版社2006年版,第16页。

两汉时期,沿袭了先秦法家"王者之政,莫急于盗贼"①的传统,把盗窃他人财产的犯罪作为法律重点打击的对象,在汉律中设立了许多罪名,对非法侵夺私人财产的犯罪予以严惩,最大限度地维护了私有财产权。

(二) 汉代民事法律对私有财产权的保护

中国古代没有单独制定过民法典,目前所保存下来的民事法律规范十分有限。但没有民法典不等于没有民事法律制度,从传世的古代文献和新出土的汉代法律竹简来看,两汉时期关于商品买卖、借贷、租赁、雇佣、损害赔偿、婚姻、家庭财产继承等民事法律行为皆有相应的法律制度。分析这些民事法律规范的内容,可以清楚地看到汉代法律对私有财产权保护的情况。

汉代的商品经济十分发达,民间社会商品买卖也很活跃。据《后汉书》卷49《仲长统传》记载:"船车贾贩,周于四方;废居积贮,满于都城。"②商品经济的发展,直接促进了民事法律制度的完善。两汉时期,购买普通的生活日用商品,一般不制作契券,如湖南长沙五一广场出土的东汉简牍记述,"市牛肉廿斤,豕肉十斤,鲂五斤"③,像购买这样的生活消费品,通常不需要制作契券。如果在市场上买卖牛、马、奴婢等大宗的商品,则由司市制作官方契券,即"司市为节",作为购买的凭证。若市场上出卖的商品有瑕疵,将追究出卖者的法律责任,据汉律《□市律》规定:"贩卖缯布幅不盈二尺二寸者,没入之。"④

两汉时期已出现财产共有的情况。如果共有人出卖共有财产,须征得其他财产所有人的同意。在湖南长沙五一广场出土的东汉简牍中,记述了一件未征得财产共有人同意而私自处分共有土地的情况:"□□乡

---

① (唐)房玄龄等撰:《晋书》卷30《刑法志》,中华书局1974年版,第922页。
② (宋)范晔撰,(唐)李贤等注:《后汉书》卷49《仲长统传》,中华书局1965年版,第1648页。
③ 长沙市文物考古研究所等编:《长沙五一广场东汉简牍》(壹),中西书局2018年版,第221页。
④ 张家山二四七号汉墓竹简整理小组编著:《张家山汉墓竹简〔二四七号墓〕》(释文修订本),文物出版社2006年版,第44页。

吏敷(繫)共田者张助等七人。伯、温二人听卖田空草泽地,助等敷(繫)□□二人,诉私市不当行。"①在本案中,由于出卖人未征得共有人的同意,被诉至官府。

两汉时期,民间借贷、租赁、雇佣、承揽等民事活动十分频繁。汉代土地房屋租赁的现象普遍,据《后汉书·郑玄传》记载:"(玄)年过四十,乃归供养,假田播殖,以娱朝夕。"②"假田",即租赁土地耕种。租赁土地和房屋,经常会产生法律纠纷,在湖南长沙五一广场出土的东汉CWJ1③:325-1-58简,就记述了一件房屋租赁的诉讼案例:"永元七年十一月中,萧迎绥之洛。其月卅日通豢僦绥宅,约四岁直钱五万,交付,率岁直万二千五百。时充送绥,证见通以钱付绥,绥去后,通良自还归。"③虽然该简牍对案件的记述十分简略,但从中仍可看出汉代法律对正常的房屋租赁给予了充分的保护。

两汉时期,民间借贷现象十分普遍。为了规范借贷行为,汉朝政府制定了《贷钱它物律》④,对民间借贷行为加以规范。在内蒙古额济纳旗出土的居延汉简中,保存了许多汉代借贷的契券,据《居延新简》EPT4·92记述:"甲渠戍卒淮阳始□□宁□自言责箕山隧长周祖从与贷钱千,已得六百,少四百。"⑤如果债务人不按期偿还债权人的财物,将追究债务人的法律责任。汉文帝四年(公元前176年),河阳侯信因不偿人债务,逾期六个月,被处以"夺侯,国除"的重罚。⑥ 为了确保债务履行,汉代已出现了债务担保制度,据《后汉书·桓谭传》记载:"今富商大贾,多

---

① 长沙市文物考古研究所等编:《长沙五一广场东汉简牍选释》,中西书局2015年版,第169页。
② (宋)范晔撰,(唐)李贤等注:《后汉书》卷35《郑玄传》,中华书局1965年版,第1209页。
③ 长沙市文物考古研究所等编:《长沙五一广场东汉简牍选释》,中西书局2015年版,第198页。
④ 参见甘肃文物考古研究所编,薛英群等注:《居延新简释粹》,兰州大学出版社1988年版,第103页。
⑤ 甘肃省文物考古研究所、甘肃省博物馆等编:《居延新简》,文物出版社1990年版,第14页。
⑥ 参见(汉)司马迁撰:《史记》卷18《高祖功臣侯者年表》,中华书局1959年版,第913页。

放钱贷,中家子弟,为之保役。"①保役,即债务担保。

汉代社会雇佣的现象也很多,在长沙五一广场出土的汉简中,记述了"曹下诡盱,今以钱万九千三百五十塈雇罢,毕"②。在内蒙古额济纳旗发现的居延新简中,保存了一件"建武三年甲渠候所责寇恩事"的雇佣类诉讼案件,日本学者大庭脩对该案件进行了梳理,案情大致如下:去年十二月,甲渠候官令史华商与尉史周育要为候粟君去觻得卖鱼,但由于二人都不能去,所以华商出黄毛8岁牡牛1头(价值相当于谷60石),另谷物15石,合计75石,周育出5岁牡牛1头(价值相当于谷60石),另谷物40石,合计100石,交给粟君作为运鱼的佣金,于是粟君雇佣了寇恩,约定运输5000条鱼前往觻得贩卖,寇恩卖鱼须得40万钱。寇恩到觻得后,所卖鱼款不足40万钱,于是卖掉了黑牛,合计32万钱,交给了粟君的妻子业,还欠8万钱。寇恩将车上的其他物品以及儿子钦为粟君打工的工钱共计8万钱折抵给粟君,清偿了债务。粟君以寇恩的器物陈旧为由,想退还给寇恩,但寇恩不愿意接受,由此引发了诉讼。居延县衙审理后,以"政不直之法",判甲渠候败诉。③

在湖南长沙五一广场出土的东汉简牍中,有一件是关于委托保管请求返还钱物的诉讼案例,其中记述:"谒舍,以钱四万寄次元。柱暴病物故。少从次元求,柱钱不可得。书到,亟实核次元应当以柱钱付少不处言。兴叩头死罪死罪。得书,辄考问。少及次元辞书皆曰:次元,县民。"④在本案中,由于委托人暴病而亡,保管人次元拒绝将委托人柱所寄存的四万钱返还其子,委托人的儿子少告到官府,请求保管人返还钱物。

汉代关于拾得物、埋藏物权利归属的认定,也充分体现了汉律保护

---

① (宋)范晔撰,(唐)李贤等注:《后汉书》卷28上《桓谭传》,中华书局1965年版,第958页。
② 长沙市文物考古研究所等编:《长沙五一广场东汉简牍选释》,中西书局2015年版,第156页。
③ 参见〔日〕大庭脩:《秦汉法制史研究》,徐世虹等译,中西书局2017年版,第456—472页。
④ 李明晓:《散见出土先秦两汉法律文献校注》,西南师范大学出版社2015年版,第83页。

私有财产的立法精神。汉代继承了西周时期的民事法律传统,重视对财产所有人权利的保护。据《周礼·秋官·朝士》引郑玄注:"若今时得遗物及放失六畜,持诣乡亭、县廷。大者公之,大物没入公家也;小者私之,小物自畀也。"[1]该段文字的意思是:凡拾得遗失物及家畜,应送到乡、县等地方官府,由官府进行公示,公示期满后无人认领,大的物品归国家所有,小的拾得物归拾得人所有。东汉时期,羊子尝行路,得遗金一饼,还以与妻,妻子说:"妾闻志士不饮盗泉之水,廉者不受嗟来之食,况拾遗求利,以污其行乎!"羊子闻后十分惭愧,"乃捐金于野"。[2]

汉代典籍中未见有关于埋藏物的法律规定。但在汉代的民事法律活动中,却有关于埋藏物权利归属的记述。据东汉建宁四年(公元171年)"洛阳县孙成买田铅券"记述:"根生土著毛物,皆属孙成。"[3]这说明土地所有人的权利及于地上之物和地下的埋藏之物,汉代的物权是一种绝对的财产权利,在自己的土地上发现的埋藏物当然归土地所有人所有。据王充的《论衡》记述,永平十一年(公元68年),庐江郡有人在湖中捞出许多黄金,庐江太守闻讯后派人取走全部黄金,送到京师,未酬其值。后被人告到汉明帝处,汉明帝令"视时金价,畀贤等金直"[4]。有学者认为,秦汉时期在无主荒地中发现的埋藏物很可能是归发现人所有。[5] 汉代司法实践中有关埋藏物权利归属的法律传统也为唐宋以后的法典所继承,据北宋《天圣令·杂令》规定:"诸于官地内得宿藏物者,皆入得人;于他人私地得者,与地主中分。"[6]明代的法典《大明律》也规定:"若于官私地内掘得埋藏之物者,并听收。"[7]即归土地所有人和发

---

[1] (汉)郑玄注,(唐)贾公彦疏:《周礼注疏》卷35,载(清)阮元校刻:《十三经注疏》,中华书局1980年版,第878页。
[2] 参见(宋)范晔撰,(唐)李贤等注:《后汉书》卷84《列女传》,中华书局1965年版,第2792页。
[3] 张传玺主编:《中国历代契约粹编》(上册),北京大学出版社2014年版,第46页。
[4] (汉)王充著,张宗祥校注:《论衡校注》卷19《验符篇》,上海古籍出版社2013年版,第399—400页。
[5] 参见郭建:《中国财产法史》,复旦大学出版社2018年版,第59页。
[6] 中国社会科学院历史研究所天圣令整理课题组等校证:《天一阁藏明钞本大圣令校证》,中华书局2006年版,第235页。
[7] 怀效锋点校:《中华传世法典:大明律》卷9,法律出版社1999年版,第83页。

现人所有。

损害赔偿是民事法律制度的重要内容,汉代法律中有许多关于损害赔偿方面的条款,主要涉及财产类的损害赔偿。据张家山汉简《二年律令·田律》规定:"马、牛、羊、豬彘、彘食人稼穑,罚主金马、牛各一两,四豬彘若十羊、彘当一牛,而令撟(?)稼偿主。"①这里的"罚主金马、牛各一两",是具有惩罚性质的赔偿。至于动物之间的相互损害,汉代法律也有特别规定:"犬杀伤人畜产,犬主赏(偿)之。"②在疏勒河流域出土的汉代竹简中,保存了一个畜产相杀的案例:"言律曰:畜产相贼杀,参分偿和令少仲出钱三千及死马骨肉付循,请平。"③在额济纳旗出土的居延汉简中,记录了一个损害赔偿的司法案例,居延都尉府甲渠候收虏队长赵宣骑张宗的驿马出塞追逐野骆驼,马匹因劳累过度而死。赵宣以所获的野骆驼来赔偿张宗,张宗不肯接受,赵宣也不愿另行赔付,于是张宗便将赵宣告至都尉府。最后的判决是马的价值七千钱,赵宣先付了一千六百钱,后用五个月的俸禄和马的骨肉折抵了剩余的钱款。④

婚姻家庭财产继承也是取得私有财产的重要方式。两汉时期,富人嫁女通常要陪嫁一定数量的妆奁,陪嫁的财物属于出嫁女的专有财产。在秦末汉初之际,户牖富人张负之女张孙先后五嫁而夫死,陈平家境贫困,欲娶张负女张孙。张负认为,"人固有好美如陈平而长贫贱者乎?"便同意了女儿张孙的婚事,"为平贫,乃假贷币以聘,予酒肉之资以内妇"。⑤另据《史记·司马相如列传》记载,司马相如娶卓王孙之女卓文君后,卓王孙"分予文君僮百人,钱百万,及其嫁时衣被财物",卓文君与司马相如归成都,"买田宅,为富人"。⑥汉代的妆奁属于妻子的专有财

---

① 张家山二四七号汉墓竹简整理小组编著:《张家山汉墓竹简〔二四七号墓〕》(释文修订本),文物出版社2006年版,第43页。
② 张家山二四七号汉墓竹简整理小组编著:《张家山汉墓竹简〔二四七号墓〕》(释文修订本),文物出版社2006年版,第15页。
③ 林梅村、李均明编:《疏勒河流域出土汉简》,文物出版社1984年版,第63页。
④ 参见张伯元:《张宗、赵宣赔偿纠纷案解说》,载《出土法律文献研究》,商务印书馆2005年版,第215—222页。
⑤ 参见(汉)司马迁撰:《史记》卷56《陈平传》,中华书局1959年版,第2052页。
⑥ 参见(汉)司马迁撰:《史记》卷117《司马相如列传》,中华书局1959年版,第3001页。

产,分割家产时属于夫妻共同所有,不在家产分割之列。如果丈夫休弃妻子,妻子有权带走陪嫁的妆奁,据《二年律令·置后律》规定:"弃妻,畀之其财。"①《礼记·杂记》引郑玄注:"律:弃妻,畀所赍。"②

两汉时期,子孙通过法定继承的方式可获得一定数量的家产。汉代对于家庭财产的分割,一般按照诸子均分的原则,据《二年律令》记述:"□□□长(?)次子,畀之其财,与中分。"③汉惠帝时,太中大夫陆贾去世前,变卖家中的田产,价值千金,"分其子,子二百金,令为生产"④。除诸子均分的形式外,也有通过订立遗嘱的方式来分割家庭的财产,据张家山汉简《户律》规定:"民大父母、父母、子、孙、同产、同产子,欲相分予奴婢、马牛羊、它财物者,皆许之,辄为定籍。"⑤汉代通过遗嘱的方式分割家庭财产,须制定先令券书,即书面遗嘱。汉代家庭的财产处分权归家长所有,子女通过遗嘱继承获得相应的份额。《二年律令·户律》规定:"民欲先令相分田宅、奴婢、财物,乡部啬夫身听其令,皆参辨券书之,辄上如户籍。有争者,以券书从事;毋券书,勿听。"⑥可见,如果不制作书面遗嘱先令券书,口头遗嘱则不产生法律效力。1984 年,在江苏仪征胥浦出土了西汉元始五年(公元 5 年)九月高都里朱凌的先令券书,朱凌对家庭的财产处分如下:"五年四月十日,妪以稻田一处,桑田二处,分予弱君。波(陂)田一处,分予仙君,于至十二月。公文伤人为徒,贫无产业。于至十二月十一日,仙君、弱君各归田于妪,让与公文。妪即受田,以田分与公文。"⑦依据该先令券书,朱凌之子公文获得了母亲赠与

---

① 张家山二四七号汉墓竹简整理小组编著:《张家山汉墓竹简〔二四七号墓〕》(释文修订本),文物出版社 2006 年版,第 61 页。
② (汉)郑玄注:《礼记正义》卷 43《杂记下》,载(清)阮元校刻:《十三经注疏》,中华书局 1980 年版,第 1569 页。
③ 张家山二四七号汉墓竹简整理小组编著:《张家山汉墓竹简〔二四七号墓〕》(释文修订本),文物出版社 2006 年版,第 61 页。
④ (汉)司马迁撰:《史记》卷 97《陆贾传》,中华书局 1959 年版,第 2699 页。
⑤ 张家山二四七号汉墓竹简整理小组编著:《张家山汉墓竹简〔二四七号墓〕》(释文修订本),文物出版社 2006 年版,第 55 页。
⑥ 张家山二四七号汉墓竹简整理小组编著:《张家山汉墓竹简〔二四七号墓〕》(释文修订本),文物出版社 2006 年版,第 54 页。
⑦ 王勤金、吴炜、徐良玉、印志华:《江苏仪征胥浦 101 号西汉墓》,载《文物》1987 年第 1 期。

的私有土地。

两汉时期,司法机关的自由裁量权很大,司法官员可以根据天理人情和国法变更私有财产权。西汉末年,沛郡有富公家资二千余万,小妾生子不久后病故,家无近亲。长女不贤,公病危,担心长女争财,幼儿恐性命不保,乃呼族人立遗书:"悉以财属女,但遗一剑与儿,年十五,以还付之"。其子长大后向姊索剑,姊不肯与剑,"男乃诣郡自言求剑"。沛郡太守何武受理此案,认为"女性强梁,聟复贪鄙,其父畏贼害其儿,又计小儿正得此财,不能全获,故且俾与女,内实寄之耳,不当以剑与之乎?夫剑者,亦所以决断也"。在本案中,由于长女违背了父亲的遗嘱,何武运用司法自由裁量权,"悉夺取财以与子"①,变更了原来的先令券书遗嘱,维护了富公之子的财产继承权。

综上所述,私有制是人类脱离野蛮社会步入文明社会的推动力量,是构建和谐稳定社会的基础。恩格斯在《家庭、私有制和国家的起源》一书中,对财产私有制的作用作了如下论述:"鄙俗的贪欲是文明时代从它存在的第一日起直至今日的起推动作用的灵魂;财富,财富,第三还是财富——不是社会的财富,而是这个微不足道的单个的个人的财富,这就是文明时代唯一的、具有决定意义的目的。"②著名法学家王泽鉴教授也指出,"私有财产制的主要意义,在于维护个人的自由和尊严。财产是个人经济独立自主的必要基础","私有财产使人负责,有助于人格的形成"。③

在两汉时期,虽然也出现过汉武帝时颁布"告缗令",致使"中家以上大抵皆遇告"④,损害了商人私有财产权利的现象。但整体来看,两汉时期仍是中国古代社会对私有财产权最为重视的时代,汉代私有财产观念的形成以及私有财产权利制度的构建,极大地激发了社会各阶层民众的生产和生活热情,促进了汉朝农业、手工业和商业的兴盛繁荣,甚至还

---

① (汉)应劭撰,王利器校注:《风俗通义校注》,中华书局2010年版,第588页。
② 〔德〕恩格斯:《家庭、私有制和国家的起源》,载中共中央马克思恩格斯列宁斯大林著作编译局编译:《马克思恩格斯选集》,人民出版社2012年版,第194页。
③ 参见王泽鉴:《民法物权》(第二版),北京大学出版社2009年版,第12页。
④ (汉)司马迁撰:《史记》卷30《平准书》,中华书局1959年版,第1435页。

影响了人们的生活观念。关于私有财产权的社会功效,大致有两方面的作用:其一,建立完善的私有财产权法律保障体系,是构建社会和谐稳定的基础。美国学者迈克尔·D·贝勒斯指出:"如果人们在占有和使用有限的资源时没有安全保障,则导致社会的不稳定。"①其二,从实用主义的观点分析,私有财产权的有效保障,可以起到经济资源合理利用的效果。两汉时期私有观念的形成和制度构建,极大地促进了汉代商品经济的发展和国家的强盛。

通过上述对汉代私有财产权观念和所有权制度的历史考察,我们对汉代私有财产权制度的发展轨迹有了较为清楚的认识:首先,汉代是中国古代专制主义中央集权开始形成的时期,此时皇权的力量还很弱小,社会上还存在着"天下乃天下之天下,非一人之天下"的观念,加之受到先秦法家私有观念的影响,汉代出现了中国历史上少有的"君不得取,臣不得获"的私有财产不可侵犯的观念。其次,两汉时期是中国古代私有财产权制度发生重大变化的时期,汉代社会区分国家财政权和帝室私人财政权,允许子孙别籍异财,拥有私人的合法财产,使中国古代的私有财产权制度得到了巨大发展。私有财产权的不断扩张,本身就是对专制皇权和家族财产制的有效制约。再次,两汉时期私有财产的流转十分频繁,如何在财产流转的过程中保护财产所有人的权利,需要制作规范的契约来予以保障。汉代不仅不动产物权的变动需要制作契券,许多重要的动产物权变动也要制作契券,契约的普遍适用,表明汉代社会已经具有很强的契约意识和财产意识。汉代社会契约观念的初步形成,不仅有效规范了民事活动中双方当事人的权利义务,减少了财产权利的纠纷,同时也最大限度地保障了私人的财产权,有利于营造良好的社会经济秩序。复次,汉代是中国古代律令法体系发展的重要阶段,汉代律典继承了先秦法家重典惩治盗贼的传统,在汉律中设立了《盗律》《贼律》等篇目,对各类侵犯他人私有财产的行为予以打击,以此保护私人的合法财产权。两汉时期的民事法律制度十分发达,汉代法律中有关商品买

---

① 〔美〕迈克尔·D·贝勒斯:《法律的原则——一个规范的分析》,张文显、宋金娜、朱卫国、黄文艺译,中国大百科全书出版社1996年版,第89页。

卖、借贷、租赁、雇佣、损害赔偿、婚姻家庭财产继承等方面的法律内容非常丰富,透过这些民事法律规范的内容,可以清楚地看到汉代政权注重保护私有财产权的立法精神。汉朝创立的保护私有财产权的法律制度,对中国后世各代的法律产生了深远影响,有些内容直接为此后各代的法律所继承。最后,以个人本位为基础的私有财产制也存在很多弊端,如果不加以限制,势必会造成社会贫富悬殊过大。早在西汉中期,董仲舒就对土地私有制进行了批判,指出:"至秦则不然,用商鞅之法,改帝王之制,除井田,民得卖买,富者田连仟佰,贫者亡立锥之地。"①东汉初年,光武帝刘秀曾推行度田制度,试图限制大土地私有制的发展,但也收效甚微。直到19世纪下半叶以后,随着世界范围内社会本位观念的兴起,许多国家通过征收个人所得税、企业所得税和遗产税等方式,实现了社会财富的再分配,才最终缓解了社会财富严重不均的问题。

---

① (汉)班固撰,(唐)颜师古注:《汉书》卷24《食货志上》,中华书局1962年版,第1137页。

第三章
《唐律疏议》的释法性解释和造法性阐释

古今中外的任何法律,在法律适用的过程中都不可避免地会遇到如何理解、如何适用的问题,法律解释正是伴随着某项法律制度的诞生、演变甚至消亡。法谚曾云:"法无解释不得适用。"解释功能可以说是法律制度的核心功能。关于法律解释(legal interpretation)的含义,通常被认为是"针对成文法所作的解释,是解释主体对法律文本进行解释和说明的活动"[①]。德国解释学学者汉斯-格奥尔格·伽达默尔(Hans-Georg Gadamer)曾对法律解释的功能作了概述:"对于法律学家来说,诠释学的任务无非只是确立法律的原本意义,并把它作为正确的意义去加以应用。"[②] 美国法学家罗纳德·德沃金(Ronald Dworkin)认为:"如果法律是一个阐释性的概念,那么任何法理学的价值都必须建立在何为阐释的某种观

---

① 王利明:《法律解释学导论——以民法为视角》(第二版),法律出版社2017年版,第40页。

② 〔德〕汉斯-格奥尔格·伽达默尔:《诠释学 I :真理与方法》,洪汉鼎译,商务印书馆2010年版,第462页。

点之上。"①德国学者卡尔·拉伦茨(Karl Larenz)也说:"法律解释的任务就在于:清除可能的规范矛盾,回答规范竞合及不同之规定竞合的问题,更一般的,它要决定每项规定的效力范围,如有必要,并须划定其彼此间的界限。"②上述学者的论述,都说明法律解释在法律适用中的重要功用。

解释学又称"诠释学"或"释义学","诠释学"一词最早源于古希腊语,传说古希腊神话中上帝的信使赫尔墨斯(Hermes),他专司传递上帝指令之职,为使凡人能理解,他对上帝的指令进行解释,并翻译成人间语言。西方法学界认为,法律解释学肇始于古罗马时代,到 11 世纪前后,随着大量罗马法的资料被发现,因年代久远,不易理解,需要疏义,欧洲大陆兴起了对罗马法的解释之风,他们把罗马法大全奉为"成文的理性"(ratio scripta),主要采取文义解释和体系解释的方法,于是便产生了注释法学派。③

法律解释的实践与人类法律实践的历史同样久远。事实上,法律解释始终是人类法律生活的一部分。④ 中国古代在法律起源初期就出现了法律解释,中国古代法律解释的最初形式是对法律名词术语进行注释,即对法律条文作立法解释。在唐代的法律解释学著作《唐律疏议》成书之前,中国古代的法律解释仅限于对法律名词、法律概念的释义,并未出现在认同现有法律体系的前提下,对法律概念进行逻辑分析,对法律规则进行系统阐释,且将概念、体系、原则运用于司法裁判的活动,因此未能形成系统的中国古代法律解释学理论。

近些年来,在中国法学界流行这样一种观点,即认为中国古代只有律学,没有法学,法学是近代才传入中国的"舶来品"。如梁治平教授认

---

① 〔美〕德沃金:《法律帝国》,李常青译,中国大百科全书出版社 1996 年版,第 46 页。
② 〔德〕卡尔·拉伦茨:《法学方法论》,陈爱娥译,商务印书馆 2003 年版,第 194 页。
③ 参见何勤华:《中世纪西欧注释法学派述评》,载《法律科学(西北政法学院学报)》1995 年第 5 期;参见郑永流:《出释入造——法律诠释学及其与法律解释学的关系》,载《法学研究》2002 年第 3 期。
④ 参见梁治平:《解释学法学与法律解释的方法论》,载《法律解释问题》,法律出版社 1998 年版,第 88 页。

为:"中国古代虽有过律学的兴盛,却自始便不曾产生何种法学。"①张中秋教授也认为,中国古代只有律学,而无法学,因为"律学"与"法学"绝不是一个简单的名词之别,也不是一个无关紧要的措辞之争,而是反映了两种形态的法律学术不光在外延上(这是次要的),尤其在内涵(即质的规定性)上,存在着根本性的区别。② 对于上述观点,许多学者提出了不同意见。何勤华教授认为,"中国古代的确存在法学,不仅有'法学'这一术语,而且在汉、晋、隋、唐,其法学研究也曾达到古代世界少有的繁荣境界,7世纪时我国著名法典唐律的注释书《唐律疏议》,无论在结构体系的合理性、概念阐述的科学性、条文注释的完整性、原则内容的系统性等方面,都可以与古代罗马查士丁尼《国法大全》相媲美"③。谢晖教授指出:"中国至少自秦汉以来就存在发达的法律解释活动和丰富的法律解释成果。"④王利明教授也认为,"早在秦代的《法律答问》就已通过问答的形式对秦律中律文的立法意图进行说明"⑤。张伯元、李广成、厉广雷等学者把云梦睡虎地出土的秦代法律竹简之一《法律答问》以及唐代的《唐律疏议》等视为古代的法律解释学著作。⑥

笔者认为,中国古代不仅有较为成熟的法律解释学方法,在法律解释时还充分发挥了具有造法性的法律解释功能,使法律解释方法更加丰富实用,已具备了法教义学的色彩。法教义学是一门探究法的客观意义的科学⑦,中国学者对法教义学的研究起步很晚,关于教义学一词,是德文的"Rechtsdogmatik",有学者将其翻译成"法解释学""法释

---

① 梁治平:《寻求自然秩序中的和谐——中国传统法律文化研究》,上海人民出版社1991年版,第286页。
② 参见张中秋:《中西法律文化比较研究》,南京大学出版社1991年版,第233页。
③ 何勤华:《中国法学史》(第一卷·修订本),法律出版社2006年版,第27—28页。
④ 谢晖:《中国古典法律解释的哲学向度》,中国政法大学出版社2005年版,第27页。
⑤ 王利明:《法律解释学导论——以民法为视角》(第二版),法律出版社2017年版,第31页。
⑥ 参见张伯元:《〈秦简·法律答问〉与秦代法律解释》,载《华东政法学院学报》1999年第3期;李广成:《〈唐律疏议〉的法律解释方法论析》,载《求索》2006年第4期;厉广雷:《〈唐律疏议〉中的法律解释问题——一种本土的分析视角》,载《南大法学》2020年第2期。
⑦ 参见[德]古斯塔夫·拉德布鲁赫:《法教义学的逻辑》,白斌译,载《清华法学》2016年第4期。

义学"。① 关于法教义学的含义和功能,有学者指出,法解释学(法释义学)不能不限于法律解释,"除刑法领域外,法教义学的工作除了狭义上的解释外,通常还包括法的续造,即漏洞填补、法律修正、规范冲突的解决等"②。法教义学的核心是尊重法律文本的权威性,然后再进行解释、适用。③ 根据上述学者对法教义学的表述,笔者认为,唐代的法典《唐律疏议》不仅是中国古代著名的法典,也是一部在尊重法律文本权威性的基础上,通过法律解释,为法律实践提供规范冲突解决方案的法律解释学著作。以往法学界对于《唐律疏议》大多从法典编纂的角度进行探讨,很少从法律解释学的视角加以分析。为此,笔者试图对《唐律疏议》的法律解释形式、解释方法、解释规则以及对中国古代法理学产生的影响等问题进行探讨。

一、唐初法制变革引发对唐律的全面解释

自古以来,任何法律无论在制定时多么详备,但它们毕竟都只是一套形诸文字并由概念和规则交织复合而成的逻辑系统,面对纷繁复杂的社会事实,在立法过程中不可避免地会出现法律的漏洞、歧义、模棱两可、含糊不清的现象。为了在法律实践中解决这些新出现的问题,就需要对法律进行解释,法律解释就是把抽象的规则实证化或具体化的过程。德国法学家托马斯·M. J. 默勒斯(Thomas M. J. Möllers)对法律解释的作用作了如下论述:"解释不仅是每个涵摄的出发点,也是每次法官在诉讼中确定某一规范的具体含义时所立足的出发点。"④历史上每一次法制的巨大变革,都会引发对法律的重新解释。有学者指出,人类

---

① 参见卜元石:《法教义学:建立司法、学术与法学教育良性互动的途径》,载王洪亮等主编:《中德私法研究》(第六卷),北京大学出版社2010年版,第5页。
② 雷磊:《法教义学:关于十组问题的思考》,载《社会科学研究》2021年第2期。
③ 参见王方玉:《论法教义学在法律方法中的应用》,载《中国政法大学学报》2020年第2期。
④ [德]托马斯·M. J. 默勒斯:《法学方法论》(第四版),杜志浩译,北京大学出版社2022年版,第181页。

自从产生法律的那一天起,就出现了大量的对法律的解释①,法律解释一直伴随着法律的产生、发展直至消亡的全部过程。

唐朝建立后,以唐太宗为首的统治集团一改此前刑罚严苛的做法,对律、令、格、式的法律体系进行了重新厘定,创制了许多新的法律制度,使唐代法制发生了重大的变化。法制的发展也引发了对唐律的重新解释,唐高宗永徽年间由长孙无忌等人对《永徽律》所作的疏议,正是唐朝初年法制变化的结果。

(一)唐初法制变革引发对唐律的全方位法律解释

法制的发展变化与法律解释是相辅相成的,每一次法制的变化,在法律实践中必然会引发人们对立法者立法意图的认识偏差,于是便出现了不同群体对法律的解释。

唐朝建国之初,针对隋末统治者的严刑峻法,李唐政府改弦更张,主张立法要简约,执法要审慎,注重对百姓的道德教化,提出了"德礼为政教之本,刑罚为政教之用"的思想,以法律手段保障普通民众的正常生活。

唐朝初年的法律思想集中体现在法典的制定层面。唐太宗贞观年间,命长孙无忌、房玄龄等人修改刑律,对传统法制进行改革。贞观年间制定的《贞观律》在定罪量刑方面比此前旧律大幅减轻,例如把《武德律》中的绞刑五十条改为加役流,删除了不便于时的律令四十余处,"凡削繁去蠹,变重为轻者,不可胜纪"②。在死刑的执行程序上,因"人命至重,一死不可再生",规定"在京者,行决之日五复奏;在外者,刑部三复奏","纵临时有敕,不许复奏,亦准此复奏"。③ 唐太宗死后,高宗即位,命长孙无忌、李勣、于志宁等人共撰律、令、格、式,"旧制不便者,皆随删改"④。

---

① 参见张志铭:《法律解释原理》(上),载《国家检察官学院学报》2007 年第 6 期。
② (后晋)刘昫等撰:《旧唐书》卷 50《刑法志》,中华书局 1975 年版,第 2138 页。
③ 参见〔日〕仁井田陞:《唐令拾遗》,栗劲、霍存福等编译,长春出版社 1989 年版,第 692—693 页。
④ (后晋)刘昫等撰:《旧唐书》卷 50《刑法志》,中华书局 1975 年版,第 2141 页。

贞观、永徽时期对律、令、格、式大规模的修订,很容易引发司法机关在适用唐律时对其内容的理解产生歧义。于是在永徽三年,唐高宗命长孙无忌、李勣、于志宁等人对唐律的条文逐条疏议,编纂成疏议三十卷,永徽四年十月颁行天下,即著名的《唐律疏议》。关于《唐律疏议》的性质,笔者认为是唐朝初年由长孙无忌等人对唐律文本所作的官方法律解释,《唐律疏议》既是一本法律解释学著作,也是唐代官方颁行的法典。

(二)《唐律疏议》法律解释的动机和性质

自《贞观律》和《永徽律》颁布之后,由于法律条文过于精简,导致司法官员在适用法律时经常有不同的理解,从而产生歧义。日本学者穗积陈重认为:"法典编纂成为增加法律解释之必要。每颁布一篇法典,数百种注释书便会出现在社会上,此是通常现象。因此,自古以来立法者便担心以法律家注释之名,而对法律进行牵强附会解释,从而大大曲解了法律原本之真意。"①为了维护法律的权威性,为各级司法官员在法律实践中提供确定性的法律文本,唐高宗命长孙无忌等人对《永徽律》逐条作了疏议,即全方位的法律解释,《唐律疏议》由此产生。

关于《唐律疏议》法律解释的动机,在《名例律》开篇中写道:"大唐皇帝以上圣凝图,英声嗣武,……今之典宪,前圣规模,章程靡失,鸿织备举,而刑宪之司执行殊异:大理当其死坐,刑部处以流刑;一州断以徒年,一县将为杖罚。不有解释,触涂睽误。"为避免在司法实践中出现同罪异罚的现象,维护法律的权威性,故而"爰造疏议,大明典式"②,编纂《唐律疏议》。

将唐律的条文逐条疏议,也是培养法律人才、加强法学教育的迫切需要,从这一点来说,与古代罗马皇帝优士丁尼编纂《法学阶梯》的初衷相一致。著名罗马法学家桑德罗·斯奇巴尼(Sandro Schipani)指出:"正如人们所看到的,《法学阶梯》的编订是一个为法典编纂和法学家之培养共同制定的方案的一部分。事实上,优士丁尼意识到法典是法学家的

---

① 〔日〕穗积陈重:《法典论》,李求轶译,商务印书馆2014年版,第21页。
② 刘俊文点校:《唐律疏议》卷1,法律出版社1999年版,第3页。

产品,它们需要经过适当培养的知道如何解释和适用这些法典的法学家。在这一方案中,《法学阶梯》是最明确的教学材料。"①据《旧唐书·刑法志》记述,律学未有定疏,每年所举明法,遂无凭准。宜广召解律人条义疏奏闻。②这里的"律学未有定疏",意思是指《永徽律》颁布后,对于唐律的条文存在着不同理解,在司法行政事务的断决中容易引起争议,不仅严重影响了司法行政机关的办事效率,削弱法律的权威性,还会引起官员贪污受贿和徇私枉法。"每年所举明法,遂无凭准",系指唐代吏部每年的"试判"考试,没有准确的答案,严重影响了国家官吏的选拔。为唐代吏部选拔司法行政官员的"试判"考试提供准确的法律依据,也是对唐律法律文本进行全面法律解释的动机之一。

唐朝建立之初,就十分重视选拔高素质的司法、行政官员。唐代的司法、行政官员在任职之前,大多要经过系统的法律知识学习和法律技能的训练,通过吏部主持的"试判"法律考试才能任职,据《通典》卷15《选举三》记述,吏部选才,将亲其人,覆其吏事,始取州县案牍疑议,试其剖断,而观其能否,此所以为判也。

唐代"试判"考试的内容,主要考查考生对律、令、格、式法律条文的熟悉情况以及在司法实践中审断疑难案件的能力,既包括理论知识,又包括实践层面。吏部的"试判"最初题目简单,后来随着应考人数不断增加,试判题目的难度逐渐增大,所出题目"乃征僻书、曲学、隐伏之义问之,惟惧人之能知也"③。关于唐代"试判"的目的,据唐代的《选人条例》记述:"不习经史,无以立身;不习法理,无以效职。人出身以后,当宜习法。其判问,请皆问以时事、疑狱,令约律文断决。其有既依律文,又约经义,文理弘雅,超然出群,为第一等;其断以法理,参以经史,无所亏失,粲然可观,为第二等;判断依法,颇有文彩,为第三等;颇约法式,直书可否,言虽不文,其理无失,为第四等。此外不收。"④

---

① 〔意〕桑德罗·斯奇巴尼:《法学阶梯·第一版序言》,载〔古罗马〕优士丁尼:《法学阶梯》(第二版),徐国栋译,中国政法大学出版社2005年版,第2页。
② (后晋)刘昫等撰:《旧唐书》卷50《刑法志》,中华书局1975年版,第2141页。
③ (唐)杜佑撰,王文锦等点校:《通典》卷15《选举三》,中华书局1988年版,第361页。
④ (唐)杜佑撰,王文锦等点校:《通典》卷17《选举五》,中华书局1988年版,第425页。

第三章 《唐律疏议》的释法性解释和造法性阐释

唐代吏部的"试判"考试推动了中国古代法律方法理论的创新。陈金钊教授认为，所谓的法律方法，是指站在维护法治的立场上，法律职业共同体在法律适用过程中所使用的，根据法律分析事实、解决纠纷的具有独特性的方法和技巧，或者说，它是由成文法向判决转换的方法，即把法律的内容用到裁判案件中的方法。① 唐代的"试判"考试，就是考查考生把律、令、格、式的法律规范转换到裁判中的法律能力。为了应对吏部的"试判"考试，唐代法学家张鷟、白居易等人创作了许多虚拟判文，以训练司法行政官员在审断疑难案件中的法律技能和法律方法。在白居易的判文中记述了这样一个案例："得甲牛觚乙马死，乙请偿马价。甲云：在放牧处相觚，请陪半价。乙不伏。"判文答道："马牛于牧，蹄角难防；苟死伤之可征，在故误而宜别。……情非故纵，理合误论。在皂栈以来思，罚宜惟重；就桃林而招损，偿则从轻。将息讼端，请征律典。当陪半价，勿听过求。"②根据《唐律疏议》卷15"犬伤杀畜产"条："犬自杀伤他人畜产者，犬主偿其减价；余畜自相杀伤者，偿减价之半。"疏议对"余畜自相杀伤者"作了解释："谓牛相觚杀，马相踏死之类。假有甲家牛，觚杀乙家马，马本直绢十疋，为觚杀，估皮肉直绢两疋，即是减八疋绢，甲偿乙绢四疋，是名'偿减价之半'。"③可见，《唐律疏议》的法律解释，不仅为参加吏部"试判"的考生提供了"凭准"，也为各级司法机关的裁判提供了法律依据。

笔者认为，《唐律疏议》已经具有法释义学的某些特征。成书于公元7世纪的法律解释学著作《唐律疏议》，与欧洲中世纪兴起的法释义学理论十分相近，即尊重法律文本权威性的基础上，再进行解释、适用。法释义学又称"法教义学"，德国法学家拉伦茨认为，法教义学的基本立场是"假定现行法秩序大体看来是合理的"，法学是"以处理规范性角度下的法规范为主要任务的法学，质言之，其主要探讨规范的'意义'"④。陈

---

① 参见陈金钊：《司法过程中的法律方法论》，载《法制与社会发展》2002年第4期。
② 顾学颉点校：《白居易集》卷67，中华书局1979年版，第1411页。
③ 刘俊文点校：《唐律疏议》卷15，法律出版社1999年版，第309—310页。
④ 参见〔德〕卡尔·拉伦茨：《法学方法论》，陈爱娥译，商务印书馆2003年版，第77页。

兴良教授也认为,"法教义学的逻辑前提可以概括为一句话,法律永远是正确的"①。在西方法学史上,通常认为法教义学是中世纪的法学家以罗马法这种"神圣"的法律文本为注释或解释对象才发展起来的。德国学者弗朗茨·维亚克尔(Franz Wieacker)指出:"直到原典素材被不断比较、相互渗透、注释法学家才掌握罗马民法典的整个法律问题内涵。透过批注、协调、建立规则,产生出一个(形式上)不相矛盾之众多语句组成的学理建筑,它或许根本就是世界历史上第一个自主的法释义学。"②法教义学理论源于德国,它以尊重法律文本为根本立场,从而构建出以法律规范为核心的规则体系,最终实现对法律的解释、应用及发展,其根本目标是服务于法律实践。③

法教义学的主要功能是指导法律实践活动,罗伯特·阿列克西(Robert Alexy)认为,法教义学要解决三个方面的问题,即对现行有效法律的描述,对这种法律之概念——体系的研究,提出解决法律争议的建议。这三种活动分别对应于描述——经验的维度,逻辑——分析的维度以及规范——实践的维度。④ 在中国古代法学理论中,没有出现法教义学的概念。但是如果根据法学界对法教义学的界定,中国古代也曾出现过法教义学的方法。《唐律疏议》法律解释的核心是尊重文本的权威性,把抽象的法律条文转化为可操作的规范,并指导现实的法律实践活动。

法教义学的另一项重要功能是约束司法官员任意裁量的行为。德国法学家温弗里德·哈斯默尔(Winfried Hassemer)曾提出了法律教义学对法官约束的命题,他说:"在法律与案件判决间中等抽象程度上,法律教义学阐释了判决规则,当法律教义学被贯彻之时,它同时事实上约束着法官。法律教义学也不仅作为法律的具体化来理解,而且从它这方

---

① 陈兴良:《教义刑法学》(第三版),中国人民大学出版社2017年版,第7页。
② 〔德〕弗朗茨·维亚克尔:《近代私法史——以德意志的发展为观察重点》(上册),陈爱娥、黄建辉译,上海三联书店2006年版,第42页。
③ 参见王方玉:《论法教义学在法律方法中的应用》,载《中国政法大学学报》2020年第2期。
④ 参见〔德〕罗伯特·阿列克西:《法律论证理论——作为法律证立理论的理性论辩理论》,舒国滢译,中国法制出版社2002年版,第311页。

面根据法律的含义和法律的内容,构建自己(变化)的标准。"①分析《唐律疏议》法律解释的目的和动机可以发现,其不仅是为了维护立法的权威性,更主要的是约束司法官员随意改易刑名,随意裁量的行为。据《唐律疏议》卷30记载:"诸断罪应绞而斩,应斩而绞,徒一年;自尽亦如之。失者,减二等。"疏议对此作了解释:"犯罪应绞而斩,应斩而绞,'徒一年',以其刑名改易,故科其罪。"②通过对唐律的条文进行法律解释,法律规范在司法裁判中的适用范围得到了明确,从而严格限制了司法官员自由裁量的权力。

二、《唐律疏议》法律解释形式的创新

德国法学家卡尔·恩吉施(Karl Engisch)认为:"法律规范表示出法律共同体及国家及立法者的意志。"③唐朝初年制定的法律文本《贞观律》和《永徽律》是唐初统治者法律思想、法律意志的集中体现,也是当时社会法律群体集体智慧的结晶。《唐律疏议》是由当时社会最优秀的法律人才制定而成,在律文和法律解释中融入了许多先进的法律思想。

(一)《唐律疏议》法律解释主体的结构分析

法律解释离不开解释的主体。在法学界,流传着"有权制定法律,就有权解释法律","谁立法、谁修改、谁解释"的解释规则。有学者指出,"它已经成为立法解释合理存在的标语式语言,这种观点并被认为是立法统一的要求"④。唐初立法者之所以重视对法典的解释,主要是为了维护法律的权威性,约束司法官员的自由裁量行为,防止官员徇私枉法,随意解释法律,破坏国家的法律制度。

众所周知,自从法律出现,就存在法律解释。中国古代的法律解释

---

① 〔德〕阿图尔·考夫曼等主编:《当代法哲学和法律理论导论》,郑永流译,法律出版社2002年版,第285页。
② 刘俊文点校:《唐律疏议》卷30,法律出版社1999年版,第615页。
③ 〔德〕卡尔·恩吉施:《法律思维导论》,郑永流译,法律出版社2014年版,第20页。
④ 周振晓:《也论立法解释》,载《中国法学》1995年第1期。

通常分为民间律学家的解释和官方的权威解释两种形式。民间律学家的解释被称为学理解释或无权解释,法律史学界把古代民间律学家的法律解释称为"私家注律"。中国古代历朝历代都有精通律学的律学家,民间注律之风也很盛行。两汉时期,私家注律者颇多,叔孙宣、郭令卿、马融、郑玄诸儒章句十余家。曹魏时期,魏文帝下诏,"但用郑氏章句,不得杂用余家"①,郑玄的法律解释成为官方的权威解释。唐朝时期,也有许多私家律学的著作,据日本古代文献《日本国见在书目录》《令集解》《令义解》等文献的记述,唐代私家注律的著作主要有《唐具注律》12卷,《律附释》10卷等。② 明朝时期,私家注律者很多,主要有雷梦麟的《读律琐言》,王肯堂的《律例笺释》,张楷的《律条疏议》等法律解释学著作。清朝私家解释《清律》的有百余家,且形成了不同的注释流派。③ 这些古代律学家对律学的注释,或由于家学渊源,或由于个人爱好,不具有官方法律解释的性质,皆为私人对各代法律的理解和解释。中国古代的私家注律,推动了古代法律解释学的发展。

法学界认为,享有法律解释权的主体是特定的国家机关,也有学者认为应包括法院的法官④,即法律解释包括立法解释和司法解释两种模式。在中国古代,也存在立法解释和司法解释两种不同的形式:第一,历代政权对法律文本所作的官方解释,属于立法解释,如西晋时期张斐和杜预等人对《晋律》所作的注释及唐代的《唐律疏议》等,皆为立法解释。第二,古代硕学大儒对具体案件提出的判决意见被官方所采纳,形成官方的司法解释;历代司法官员根据天理、人情、国法所作的裁判理由,也属于司法解释。西汉武帝时期董仲舒的"春秋决狱",就属于司法解释,黄源盛教授认为,"春秋决狱"是汉代的法律解释学,"在律有明文时,引'春秋经义'以解释律文,它并无法扮演破律的角色;在律无明文

---

① (唐)房玄龄等撰:《晋书》卷30《刑法志》,中华书局1974年版,第923页。
② 参见〔日〕池田温:《关于〈日本国见在书目录〉刑法家》,载《法律史研究》编委会编:《中国法律史国际学术讨论会论文集》,陕西人民出版社1990年版,第216—230页。
③ 参见何敏:《从清代私家注律看传统注释律学的实用价值》,载梁治平编:《法律解释问题》,法律出版社1998年版,第323—350页。
④ 参见陈金钊、焦宝乾、桑本谦等:《法律解释学》,中国政法大学出版社2006年版,第167页。

时,却担起'创造性补充'的漏洞填补功能"①。

　　《唐律疏议》是唐代政府对唐律所作的官方法律解释。关于古代法律解释的主体,有学者认为,中国古代从来没有形成现代性的法律职业共同体,不但作为法律解释主体的司法官员们的身份充满了多面性,而且其自身的角色定位、知识储备和知识结构与现代法官也大相径庭,形式上始终缺乏现代法律解释所必备的相对统一和确定性的主体要求,因而中国古代"法律解释主体的非职业性"特征十分明显。② 对于《唐律疏议》而言,虽然最先提出对《唐律疏议》法律解释动议的是唐高宗本人,但主持编纂和参与解释的人员是由唐代中央行政长官、司法官员和法律专门人士组成的,《唐律疏议》的法律解释充分体现了唐朝初年法律职业群体的集体智慧。

　　为了对《唐律疏议》进行全面解释,唐朝政府组成了由中央最高行政长官太尉长孙无忌、司空李勣、尚书左仆射于志宁,熟悉司法业务的官员刑部尚书唐临、大理寺卿段宝玄、御史中丞贾敏行以及通晓国家法律的"律学之士"构成的法律解释队伍。法律解释的主要工作由专门的法律人士来完成。为了能够准确、合理地表明法律的原意,唐朝政府广泛召集了"律学之士"③,对唐律的条文逐条解释。据《旧唐书·刑法志》记载:"律学未有定疏,每年所举明法,遂无凭准。宜广召解律人条义疏奏闻。"这里的"解律人",是指精通唐代法律的专家群体。有唐一代,社会上出现了一大批从事律令研究的法学家,私家编纂的法律著作十分丰富。据徐道邻教授研究,在唐代,曾编纂刑书六十一部,共一千零四卷④,其中大部分为私人著述。五代时期,刘昫等人在编纂《旧唐书·刑法志》时,提到了唐代的"解律人",遗憾的是没有留下唐代法学家的姓

---

①　黄源盛:《春秋决狱的方法论与法理观》,载《汉唐法制与儒家传统》,元照出版有限公司2009年版,第115页。

②　参见管伟:《中国古代法律解释的学理诠释》,山东大学出版社2009年版,第46—47页。

③　(宋)欧阳修、(宋)宋祁撰:《新唐书》卷56《刑法志》,中华书局1975年版,第1413页。

④　参见徐道邻:《中国法制史论集》,台湾志文出版社1975年版,第304页。

名。正是由于这些"律学之士"对唐律作了逐条疏议,才最终形成了流传至今的《唐律疏议》。

唐代负责司法审判事务的官员,如刑部尚书、大理寺卿和监察机构的官员御史中丞也参与了《唐律疏议》的法律解释工作。刑部尚书唐临是中央最高司法行政官员,"掌天下刑法及徒隶勾覆、关津之政令"①,他曾任大理寺卿和御史大夫等司法官职,任职期间裁断公允,唐高宗曾亲录死囚,前大理寺卿所断之狱,"号叫称冤",而唐临"所入者独无言"。② 大理寺卿段宝玄任职期间执法严格,显庆元年,有洛州妇人淳于氏,"坐奸系于大理,李义府闻其姿色,嘱大理丞毕正义求为别宅妇,特为雪其罪",大理寺卿段宝玄疑其有故,"遽以状闻,诏令按其事,正义惶惧自缢而死"。③ 由此可知,参与《唐律疏议》法律解释的中央司法官员法律素质是比较高的。

《唐律疏议》主持和监定者长孙无忌等人对唐律的内容十分熟悉。唐太宗贞观年间,长孙无忌和房玄龄等人主持制定了《贞观律》。唐高宗永徽初年,长孙无忌、李勣等人又参与了《永徽律》的修订工作。因此,由长孙无忌、李勣等人主持对《永徽律》进行全面法律解释,更能符合立法者的原意。

《唐律疏议》是按照一定的法律程序进行解释和编纂的。对于文本的法律解释,先由精通律文的专家"律学之士"提出解释的方案,然后由具有司法经验的刑部尚书、大理寺卿等司法长官讨论并提出修改意见,最后由长孙无忌、李勣等中央最高行政长官"监定",呈报给皇帝核准颁行。《唐律疏议》法律解释群体的构成,可以说汇集了社会各方面优秀的法律人才,包括精通律文的专家、有着丰富司法经验的官员和主持法典制定的中央最高行政长官,这样的法律解释范式在中国古代是绝无仅有的,《唐律疏议》也因此成为中国古代法律解释学的巅峰之作。

---

① (唐)李林甫等撰,陈仲夫点校:《唐六典》卷6,中华书局1992年版,第179页。
② 参见(后晋)刘昫等撰:《旧唐书》卷85《唐临传》,中华书局1975年版,第2812页。
③ 参见(后晋)刘昫等撰:《旧唐书》卷82《李义府传》,中华书局1975年版,第2767页。

(二)《唐律疏议》法律解释形式的创新性

中国古代早在先秦时期就已出现了法律解释,只不过古代最初的法律解释方法是语义解释,即对一些法律名词和术语进行解释。《左传》"昭公十四年"引《夏书》说:"昏、墨、贼,杀。皋陶之刑也。"晋国士大夫叔向对昏、墨、贼三个法律名词作了如下解释:"己恶而掠美为昏,贪以败官为墨,杀人不忌为贼。"①西晋时期在制定《晋律》时,著名法学家张斐和杜预为《晋律》作注,也属于语义解释的方法。张斐在《注律表》中对《晋律》二十个法律名词作了解释:"其知而犯之谓之故,意以为然谓之失,违忠欺上谓之谩,背信藏巧谓之诈,亏礼废节谓之不敬,两讼相趣谓之斗,两和相害谓之戏,无变斩击谓之贼,不意误犯谓之过失,……三人谓之群,取非其物谓之盗,货财之利谓之赃:凡二十者,律义之较名也。"②上述这些法律解释都属于对法律名词、法律概念的解释。

战国至秦代是法家学说占主导的时代,法家思想的兴盛,直接推动了法律解释学的进步。在云梦睡虎地出土的秦简《法律答问》中,已经出现了问答形式的法律解释方法。分析《法律答问》的解释效力,可以发现《法律答问》为各级司法机关的法律适用提供了权威性的法律依据,笔者认为《法律答问》属于秦代官方的解释。《法律答问》所采用的解释方法,主要有语义解释、法意解释、扩充解释、伦理解释等形式。据《睡虎地秦墓竹简·法律答问》记载:"可(何)谓'宫更人',宫隶有刑,是谓'宫更人'。"③该条法律解释属于语义解释。另据《法律答问》记述:"甲取(娶)人亡妻以为妻,不智(知)亡,有子焉,今得,问安置其子?当畀。或入公,入公异是。"④该条法律解释属于法意解释。

唐代《永徽律》颁行后不久,为了维护法律的权威性,减少司法机关在司法适用中出现太多的歧义,唐高宗命长孙无忌等人对唐律的文本进

---

① (春秋)左丘明著,李维琦等注:《左传》,岳麓书社2001年版,第582页。
② (唐)房玄龄等撰:《晋书》卷30《刑法志》,中华书局1974年版,第928页。
③ 睡虎地秦墓竹简整理小组编:《睡虎地秦墓竹简》,文物出版社1990年版,第138页。
④ 睡虎地秦墓竹简整理小组编:《睡虎地秦墓竹简》,文物出版社1990年版,第133页。

行全面解释,编纂成《永徽律疏》三十卷,即流传至今的《唐律疏议》。唐玄宗开元年间,又命李林甫、牛仙客等人共同删辑格式律令,总成律十二卷,律疏三十卷,后世称为《开元律疏》。《开元律疏》完成后,唐玄宗命尚书都省抄写五十本,颁行天下各州。

由于唐代还没有普及雕版印刷技术,《唐律疏议》只能以抄写的方式颁行全国,且手抄本的数量有限,故而没有完整的《唐律疏议》写本流传于世。值得庆幸的是,从 20 世纪初以来,中国西北地区的敦煌、吐鲁番等地出土了许多唐人抄写的《唐律疏议》残卷,这些残卷使我们对《唐律疏议》最初的书写格式有了较为清晰的认识。从敦煌、吐鲁番新出土的唐代官方书写的《唐律疏议》残卷来看,现存的元代刻本滂喜斋本《故唐律疏议》与唐代官方抄本的书写格式存在较大的差别。①

在《唐律疏议》以前,中国古代的律典体例变化不大,如《晋律》《开皇律》和《贞观律》等律典的书写格式通常由律文和律注两部分构成,其中律文是法条的正文,律注是对律文的法律解释,法律文本和法律解释混同在一起。古代律注的特点是简明、必需、扼要、随时插入,对律文进行解释,处于无可替代的重要地位,有学者指出,注文与律文是与生俱来的。② 笔者对《唐律疏议》最初的法律解释形式——律注作了统计,唐律共有律注 453 处,最长的一条律注有 150 余字③,律注的功能是对律文中的法律名词术语进行解释,对律文的内容作限制性的注释,对律文中未规定的事项加以补充等。

唐朝初年编纂的《唐律疏议》,一改中国古代律典中律文夹注的法律解释形式,在解释形式上有了重大创新。

首先,长孙无忌等人在编纂《唐律疏议》时,不仅对唐律的条文逐条作了权威性的法律解释,还对唐律中的律注也作了法律解释,即对此前

---

① 参见郑显文:《敦煌吐鲁番文书与唐代的律典体例研究——兼谈日本〈养老律〉的蓝本问题》,载《法制史研究》2011 年第 19 期。
② 参见钱大群:《唐律与唐代法制考辨》,社会科学文献出版社 2013 年版,第 43—51 页。
③ 参见郑显文:《〈唐律疏议〉的律注研究》,载王沛主编:《出土文献与法律史研究》(第四辑),上海人民出版社 2015 年版,第 171 页。

的法律解释——律注也作了解释,扩大了《唐律疏议》的法律解释范围;其次,在法律解释形式上,《唐律疏议》也有重大的变化,如《唐律疏议》采用以"议曰"起句的解释方式,对律文中的重要法律内容作全面的解释,其严谨的解释态度,新颖的解释方式,为此前历代法典所未有;再次,在采用法律解释方法上,《唐律疏议》不仅延续了此前历代律典常用的语义解释方法,还采用了体系解释、历史解释、伦理解释、当然解释等新的法律解释方法,使《唐律疏议》成为中国古代法律解释学的集大成之作;最后,《唐律疏议》吸收了云梦秦简《法律答问》中的问答式法律解释形式,针对现实社会中出现的特殊法律现象,以一问一答的形式对律文中未规定的法律事项进行漏洞补充,起到了法律续造的功能。

意大利法学家桑德罗·斯奇巴尼曾对古罗马的《法学阶梯》作了如下概述:"首先,存在于从17世纪开始的现代的被强调的体系化精神在《法学阶梯》中找到了比《民法大全》的其他部分更得到发展的基础。其次是简短的需要,它导致把规则与规则的理由分离开来并编订纯粹的定义与规则的汇集。"[①]长孙无忌等人在编纂《唐律疏议》时,吸收和借鉴了此前历代法律解释形式的成果,并将其运用于具体的法律解释之中。《唐律疏议》在阐述法律规则的同时,对法律解释的理由作了充分的说明和论述,这与以往的法律解释有着明显的不同。

三、《唐律疏议》的释法性解释方法

在西方法学界,从欧洲中世纪时起,注释法学派已经形成了释法性的法律解释(comprehensio legis)和造法性的法律解释(extensio legis)两种不同的法律解释形式。现代法律解释学把狭义的法律解释和法律漏洞填补作为两项重要的法律解释技术,关于法律解释,大陆法系国家和英美法系国家的法学界有着不同的认识。英美法系的法律解释,主要表现为应用层次的司法解释,在英国法中,有三种法律解释方法,即文理解

[①] 〔意〕桑德罗·斯奇巴尼:《法学阶梯·第一版序言》,载〔古罗马〕优士丁尼:《法学阶梯》(第二版),徐国栋译,中国政法大学出版社2005年版,第3页。

释（Literal rule）、黄金法则（Golden rule）和论理规则（Mischief rule），其中论理解释又称为"弊端规则"。而大陆法系的法律解释较为复杂，根据作出法律解释的主体不同，可分为立法解释和司法解释两种不同形式；根据对法律文本的不同解释方法，又可分为语义解释、目的解释、体系解释、历史解释等不同形式。

中国古代法律体系以成文法为主，对法律的解释也以立法解释为主要形式。《唐律疏议》是中国古代著名的法律解释学著作，关于《唐律疏议》的解释方法，笔者根据《唐律疏议》的自身特点，借鉴欧洲中世纪注释法学派的分类方法，将其分为释法性的解释和造法性的阐释两种不同的形式。其中以法律文本为核心，对法律文本的语义、立法目的、历史上的立法意旨、法律体系的整体性等所作的客观性的、描述性的说明，是《唐律疏议》基本的法律解释方法，笔者将其称为释法性的法律解释。

唐朝初年，贞观、永徽时期新制定的唐律文本精练，在法律实践中经常会产生异议。为了准确把握立法者在制定法律时的立法意图，需要对唐律的文本进行解释。关于法律解释的方法，目前国内外法学界还存在很大的分歧，有学者把法律解释学分为应用层次的法律解释学和理论层次的法律解释学两种形式。[①] 也有学者认为法律解释主要是指司法解释或法官解释，立法解释实质上不是解释，它虽然以解释的名义发布，但本质仍属于立法。不过，法学界许多学者都承认立法解释的存在，认为司法解释的扩张不断侵蚀立法界域，从理论上看，立法解释具有补充、修改和促进法律完善的功能。王利明教授认为，"就广义而言，任何对法律文本的阐释都属于法律解释。从这个意义上说，立法解释也是法律解释"[②]。刘艳红教授也承认刑法的立法解释，把由全国人大常委会根据法定程序对刑法条文作出的专门性解释称为"刑法立法解释"[③]。

[①] 参见陈弘毅：《当代西方法律解释学初探》，载《中国法学》1997年第3期。
[②] 王利明：《法律解释学导论——以民法为视角》（第二版），法律出版社2017年版，第57页。
[③] 刘艳红：《刑法立法解释若干问题新析》，载《华东政法学院学报》2007年第1期。

法律解释是将法律与事实结合的过程,法律解释的主体是国家立法和司法机关,法律解释的作用是指导人们的法律实践。① 在中国古代,立法权和司法权经常混同,拥有解释权的主体有时既是立法者,又是司法者。不过从本质上来看,《唐律疏议》属于中国古代的立法解释是显而易见的。②

古今中外对法律文本的解释方法和标准各不相同。德国学者罗尔夫·旺克(Rolf Wank)认为,法律解释存在四种解释准据,即语义、体系、产生的历史、意旨与目的。③ 另一位德国法学家拉伦茨认为,解释的标准有:字义,法律的意义脉络,历史上的立法者之规定意向、目标及规范想法,客观的目的论标准,合宪性解释的要求,各种解释标准之间的关系,解释法律与解释法律行为之比较。④ 中国学者张志铭教授认为,法律解释的一般方法包括文义解释、逻辑解释、历史解释、目的解释四种形式。⑤ 通过对《唐律疏议》进行解读,笔者认为《唐律疏议》法律文本的解释方法很多,概而言之,《唐律疏议》的解释方法有文义解释、目的解释、体系解释、历史解释、伦理解释等,笔者将其概括为释法性的法律解释。

(一)《唐律疏议》的文义解释

文义解释是指对法律文本的字面所进行的解释,或者说,是根据制定法的字面含义进行的一种具体化的解释。苏力教授认为,文义解释还可细分为平义方法和特殊文义方法。⑥ 文字的解释始于字义,拉伦茨认

---

① 参见谢晖:《解释学法学与法律解释学》,载《法学论坛》2016年第1期。
② 参见厉广雷:《〈唐律疏议〉中的法律解释问题——一种本土的分析视角》,载《南大法学》2020年第2期。
③ 参见〔德〕罗尔夫·旺克:《法律解释》(第六版),蒋毅、季红明译,北京大学出版社2020年版,第41页。
④ 参见〔德〕卡尔·拉伦茨:《法学方法论》,陈爱娥译,商务印书馆2003年版,第193—223页。
⑤ 参见张志铭:《当代中国的法律解释问题研究》,载梁治平编:《法律解释问题》,法律出版社1998年版,第206页。
⑥ 参见苏力:《解释的难题:对几种法律文本解释方法的追问》,载梁治平编:《法律解释问题》,法律出版社1998年版,第33页。

为,"字义是指一种表达方式的意义,依普通语言用法构成之词语组合的意义,或者,依特殊语言用法组成之语句的意义,于此,尤指该当法律的特殊语法"①。王利明教授认为文义解释具有如下特点:文义解释旨在解释法律文本的字面含义,文义解释是对法律文本的字面含义所进行的具体化阐释,文义解释原则上不考虑法条字面含义以外的因素,文义解释应当在可能文义的范围内进行解释,它原则上要求按照通常的理解进行解释。②

语义解释是《唐律疏议》最常见、最基本的解释形式,明晰唐律中的语词是理解唐律内容的主线,美国学者波斯纳(Posner)认为:"如果将一个制定法概括为一个命令,很自然,就会把解释看成是确认法律起草者的要求,而他们的语词只是解释的线索。"③例如,《唐律疏议》卷10"上书奏事误"条规定:"诸上书若奏事而误,杖六十。"疏议对"上书""奏事"作了字面解释:"上书,谓书奏特达。奏事,谓面陈。"④《唐律疏议》卷15"应输课税回避诈匿"条规定:"诸应输课税及入官之物,而回避诈匿不输,或巧伪湿恶者,计所阙,准盗论。"疏议对"应输课税"作了字面解释:"应输课税,谓租、调、地税之类。"⑤

英国学者沙龙·汉森(Sharon Hanson)指出:"法律家总是用语言工作。"⑥唐律是一部语言精练的法典,律文中的许多法律名词术语沿袭了前代律文的习惯说法,若想让司法官员在裁判时准确理解律文中的法律术语,需要立法者对律文中的名词术语进行解释。据《唐律疏议》卷2"官当"条中,对私罪、公罪作了注释:"私罪,谓私自犯及对制诈不以实、

---

① 〔德〕卡尔·拉伦茨:《法学方法论》,陈爱娥译,商务印书馆2003年版,第200页。
② 参见王利明:《法律解释学导论——以民法为视角》(第二版),法律出版社2017年版,第233—238页。
③ 〔美〕理查德·A·波斯纳:《法理学问题》,苏力译,中国政法大学出版社2002年版,第339页。
④ 刘俊文点校:《唐律疏议》卷10,法律出版社1999年版,第219页。
⑤ 刘俊文点校:《唐律疏议》卷15,法律出版社1999年版,第318页。
⑥ 〔英〕沙龙·汉森:《法律方法与法律推理》(第二版),李桂林译,武汉大学出版社2010年版,第16页。

受请枉法之类";"公罪,谓缘公事致罪而无私、曲者"。①《唐律疏议》卷21"佐职统属殴官长"条规定:"诸佐职及所统属官,殴伤官长者,各减吏卒殴伤官长二等。"疏议对"佐职"作了具体解释:"佐职,谓当司九品以上。"②

有学者认为,语义解释属于狭义的法律解释方法,笔者认为,无论是狭义解释还是扩张解释,都属于语义解释的形式。德国学者旺克指出:"只有当解释的意义选项仍然处于可能的语义范围之内时,才能称其为狭义的或扩大的解释。"③依据解释学的原理,按照解释的尺度可分为限制性狭义解释和扩张性法律解释。纵观法律发展的历史,扩张性法律解释通常有加重刑罚的倾向,而限制性狭义解释有减轻处罚的倾向。唐代是古代刑法轻刑化的时代,唐初在制定《贞观律》时,比隋代《开皇律》"变重为轻者,不可胜纪"④,因此,唐朝初年制定《贞观律》时,最妥当的处理办法是对律文的内容进行限制性的狭义解释。

在《唐律疏议》中,律文限制性的狭义解释很多。在卷7"向宫殿射"条中,对向宫殿射箭作了限制性的狭义解释,仅限于"箭力所及者"。⑤ 如果所射之箭不能射到宫殿,则不构成此罪。另据《唐律疏议》卷15"杀缌麻亲马牛"条规定:"诸杀缌麻以上亲马牛者,与主自杀同;杀余畜者,坐赃论,罪止杖一百。各偿其减价。"如果是"误杀及故伤缌麻以上亲畜产,律无罪名,未知合偿减价以否?"疏议作了限制性解释:"主伤马牛及以误杀,律条无罪;诸亲与主同,明各不坐。不坐,即无备偿,准例可知,况律条无文,即非偿限。牛马犹故不偿,余畜不偿可知。"⑥在卷18"以毒药药人"条对毒药作了限制性的解释:"谓堪以杀人者。虽毒药,可以疗病,买者将以毒人,卖者不知情,不坐。"⑦

---

① 刘俊文点校:《唐律疏议》卷2,法律出版社1999年版,第49页。
② 刘俊文点校:《唐律疏议》卷21,法律出版社1999年版,第428页。
③ 〔德〕罗尔夫·旺克:《法律解释》(第六版),蒋毅、季红明译,北京大学出版社2020年版,第78页。
④ (后晋)刘昫等撰:《旧唐书》卷50《刑法志》,中华书局1975年版,第2138页。
⑤ 参见刘俊文点校:《唐律疏议》卷7,法律出版社1999年版,第177页。
⑥ 刘俊文点校:《唐律疏议》卷15,法律出版社1999年版,第309页。
⑦ 刘俊文点校:《唐律疏议》卷18,法律出版社1999年版,第367页。

(二)《唐律疏议》的目的解释

拉伦茨认为,"许多立法者借法律追求的目的,其同时也是法律的客观目的,例如:维持和平、正当的纷争裁判、规整的均衡性。……只有假定立法者有此意向,才能借解释的途径获得一个——对具体的个案而言——'恰当的'解答"①。目的解释与法意解释的含义基本类似,梁慧星教授认为,法意解释或原意解释,是"探求立法者或准立法者于制定法律时所作的价值判断及其所欲实现的目的,以推知立法者的意思"②。德国学者旺克也认为,"若对于主观主义者而言,解释的目标是立法者的意志,则法律的目的应当以立法者借此希望达成的东西来加以确定"③。

目的解释是通过对法律文本的作者原意和目的的考察,排斥某些解释,接受另一些解释,最大程度地符合立法者的立法精神,目的解释存在的必要性在于把一般的法律贯彻到个案中,"消除条文的不确定含义"④,从而实现法律的正义。德国学者恩吉施认为,目的解释(teleologische Auslegung)是一个多维的方法,法律规范所遵循的目的,"既可能存在于法律规范的内部,也可能存在于外部"⑤。

在《唐律疏议》的法律解释中,使用目的解释的现象非常普遍。关于《唐律疏议》中的目的解释,目前已有学者发表过相关研究成果。⑥ 笔者认为,作为《唐律疏议》法律解释的主持者长孙无忌等人亲自参与了《贞观律》和《永徽律》的制定,对唐律中的法律条文的立法目的和意图有清晰的了解。由于唐律的律文十分精练,有时对立法意图并未进行系统的阐释,而在疏议中,则对条文的立法的意图作了说明,使司法机关在审理案件时,准确地理解法律的原意。据《唐律疏议》卷18"夜无故如人

---

① 〔德〕卡尔·拉伦茨:《法学方法论》,陈爱娥译,商务印书馆2003年版,第211页。
② 梁慧星:《民法解释学》,中国政法大学出版社1995年版,第219页。
③ 〔德〕罗尔夫·旺克:《法律解释》(第六版),蒋毅、季红明译,北京大学出版社2020年版,第71页。
④ 陈金钊:《目的解释方法及其意义》,载《法律科学(西北政法学院学报)》2004年第5期。
⑤ 〔德〕卡尔·恩吉施:《法律思维导论》,郑永流译,法律出版社2014年版,第92页。
⑥ 参见刘军平、刘剑鸣:《论〈唐律疏议〉目的解释》,载《湘潭大学学报(哲学社会科学版)》2020年第2期。

家"条规定:"诸夜无故入人家者,笞四十。主人登时杀者,勿论;若知非侵犯而杀伤者,减斗杀伤二等。"对于该法条的立法目的,律文并没有说明,而在疏议中,对立法的目的作了解释:"律开听杀之文,本防侵犯之辈。设令旧知奸秽,终是法所不容,但夜入人家,理或难辨,纵令知犯,亦为罪人。若其杀即加罪,便恐长其侵暴,登时许杀,理用无疑。"①该条文的立法目的,主要是保护民众的住宅安全,只要是夜无故入人家,即属于犯罪的行为。

(三)《唐律疏议》的体系解释

法谚云:"最佳的解释,要前后对照。"②为了使一个法秩序的所有规范之间都内在地相互协调,在文本或评价之间不存在矛盾的现象,体系解释十分必要。德国学者阿列克西说:"体系解释有助于法秩序免于矛盾(Widerspruchsfreiheit)。"③旺克也指出:"具体的规范并非孤立的,而是法秩序的一部分。因此,和其他规范之间的联系可能对应予解释之规范的意义的确认具有重要助益。"④另一位德国法学家阿图尔·考夫曼(Arthur Kaufman)把法律解释中的体系要素理解为"它涉及重要的内在关联,这种关联将一切法律制度和法律规则连成一个大整体"⑤。

体系解释也称"体系与逻辑解释""系统解释"。由于法律制度本身是一个相对完整的体系,体系解释就是从法律制度本身出发,来阐释文本的含义,避免各法律条文之间发生矛盾。唐代法律体系由律、令、格、式四种法律形式构成,每一种法律形式都有相应的规范性文本,而律、令、格、式的法律体系又是一个有机整体,为使各种法律形式之间的条文规范保持高度统一,避免出现法律冲突,长孙无忌等人在疏议中经常援引令、格、式的规范加以解释。

---

① 刘俊文点校:《唐律疏议》卷18,法律出版社1999年版,第374页。
② 郑玉波:《法谚》(一),法律出版社2007年版,第310页。
③ 〔德〕罗伯特·阿列克西:《法律论证理论——作为法律证立理论的理性论辩理论》,舒国滢译,中国法制出版社2002年版,第305页。
④ 〔德〕罗尔夫·旺克:《法律解释》(第六版),蒋毅、季红明译,北京大学出版社2020年版,第95页。
⑤ 〔德〕阿图尔·考夫曼等主编:《当代法哲学和法律理论导论》,郑永流译,法律出版社2002年版,第160页。

关于唐代律、令、格、式的含义,据《唐六典》卷 6 记载:"凡律以正刑定罪,令以设范立制,格以禁违正邪,式以轨物程事。"①据此可知,唐律是定罪量刑的刑法典;唐令是关于国家各项制度的法典;唐格是禁止性的法律规定,具有补充法的性质;唐式是关于国家机关的办事细则,具有行政法规的性质,这四种法典形式所调整的对象各不相同,为了不使这四种法律形式的法律规范发生冲突,就需要对法的规范体系作出统一的解释。有学者指出,体系解释是特别适用于文本论的解释方法。②

体系解释是《唐律疏议》重要的解释方法。在《唐律疏议》中,经常看到解释者援引令、格、式的条文内容对律文进行解释。《唐律疏议》引用令文加以解释的现象最为普遍,据《唐律疏议》卷 12"同居卑幼私辄用财"条规定:"诸同居卑幼,私辄用财者,十疋笞十,十疋加一等,罪止杖一百。即同居应分,不均平者,计所侵,坐赃论减三等。"对于律文中的"同居应分",疏议援引唐令《户令》作了解释:"准《户令》:'应分田宅及财物者,兄弟均分。妻家所得之财,不在分限。兄弟亡者,子承父分。'违此令文者,是为'不均平'。"③在《唐律疏议》中,引用唐式进行解释的现象也很多,据《唐律疏议》卷 15"官马不调习"条:"诸官马乘用不调习者,一疋笞二十,五疋加一等,罪止杖一百。"疏议援引唐式的条文作了解释:"依《太仆式》:'在牧马,二岁即令调习。每一尉配调习马人十人,分为五番上下,每年三月一日上,四月三十日下'。"④

唐律作为一个规范性的法律文本,本身也需要内容融贯一致,结构完整。为了使唐律前后各篇的法律规范不相互冲突,《唐律疏议》的解释者经常援引前后的律文进行解释。如《唐律疏议》卷 27"主守官物亡失簿书"条:"诸主守官物,而亡失簿书,致数有乖错者,计所错数,以主守不觉盗论。"长孙无忌引《厩库律》对"主守不觉盗"作了解释:"疏议曰:凡是官物,皆立簿书。主守之人,亡失簿书,为失簿书之故,遂令物数

---

① (唐)李林甫等撰,陈仲夫点校:《唐六典》卷 6,中华书局 1992 年版,第 185 页。
② 参见陈金钊等:《法律解释学——立场、原则与方法》,湖南人民出版社 2009 年版,第 475 页。
③ 刘俊文点校:《唐律疏议》卷 12,法律出版社 1999 年版,第 263 页。
④ 刘俊文点校:《唐律疏议》卷 15,法律出版社 1999 年版,第 306 页。

乖错者,计所错之数,依不觉盗论。《厩库律》:'主司不觉盗者,五疋笞二十,十疋加一等,过杖一百,二十疋加一等,罪止徒二年'。"①

总之,唐代的立法者为了避免唐律内部各条文之间,唐律与令、格、式其他三种法律形式之间发生冲突,对唐律的法律文本作了全面的体系解释,从而使唐律成为中国古代结构完整、内容融贯一致的代表性法典。

(四)《唐律疏议》的历史解释

历史解释是通过探究制定法律时的历史情况,以寻找立法者的真实意图,从而对有待解释的文本含义作出恰当的解释。德国学者伽达默尔指出:"法律的规范内容却必须通过它要被应用的现存情况来规定。为了正确地认识这种规范内容,他们必须对原本的意义有历史性的认识,并且正是为了这一点法律解释者才关注法律通过法律实践而具有的历史价值。"②旺克也认为,"不论我们持主观理论还是客观理论,在解释时均应考虑规范的产生历史,只是从产生历史中获得之认识的约束力程度存在的差别"③。拉伦茨也认为:"法律解释的最终目标只能是:探求法律在今日法秩序的标准意义(其今日的规范性意义),而只有同时考虑历史上的立法者的规定意向及其具体的规范想法,而不是完全忽视它,如此才能确定法律在法秩序上的标准意义。"④

唐律作为中国古代法典之集大成者,许多法律条文都是经过了历朝历代的不断修改完善而延续下来的。在1983年湖北江陵张家山第247号汉墓出土的西汉初年《二年律令·具律》中,有关于译讯人诈伪的条款:"译讯人为诈(诈)伪,以出入罪人,死罪,黥为城旦舂;它各以其所出入罪反罪之。"⑤该法律条文后被唐律所继承,据《唐律疏议》卷25"证不言情及译人诈伪"条规定:"诸证不言情,及译人诈伪,致罪有出入者,证

---

① 刘俊文点校:《唐律疏议》卷27,法律出版社1999年版,第554页。
② 〔德〕汉斯-格奥尔格·伽达默尔:《诠释学Ⅰ:真理与方法》,洪汉鼎译,商务印书馆2010年版,第462页。
③ 〔德〕罗尔夫·旺克:《法律解释》(第六版),蒋毅、季红明译,北京大学出版社2020年版,第70页。
④ 〔德〕卡尔·拉伦茨:《法学方法论》,陈爱娥译,商务印书馆2003年版,第199页。
⑤ 张家山二四七号汉墓竹简整理小组编著:《张家山汉墓竹简〔二四七号墓〕》(释文修订本),文物出版社2006年版,第24页。

人减二等,译人与同罪。谓夷人有罪,译传其对者。"①这说明汉律与唐律有着很深的渊源关系。

唐律的许多篇名、刑名和罪名,都与此前各代法律有着密切关系。长孙无忌等人在为唐律作疏议时,经常从历史沿革的角度对篇名、刑名、罪名等进行解释,历史解释也是《唐律疏议》重要的解释方法之一。如在《唐律疏议》卷7篇首,就对《卫禁律》的篇名演变、性质、作用作了解释:"疏议曰:《卫禁律》者,秦汉及魏未有此篇。晋太宰贾充等,酌汉魏之律,随事增损,创制此篇,名为《卫宫律》。自宋洎于后周,此名并无所改。至于北齐,将关禁附之,更名《禁卫律》。隋开皇改为《卫禁律》。卫者,言警卫之法;禁者,以关禁为名。但敬上防非,于事尤重,故次《名例》之下,居诸篇之首。"②在《唐律疏议》卷1"八议"条中,对"八议"制度的渊源作了解释:"疏议曰:《周礼》云:'八辟丽邦法。'今之'八议',周之'八辟'也。《礼》云:'刑不上大夫。'犯法则在八议,轻重不在刑书也。其应议之人,或分液天潢,或宿侍旒扆,或多才多艺,或立事立功,简在帝心,勋书王府。若犯死罪,议定奏裁,皆须取决宸衷,曹司不敢与夺。"③可见,由于受到历史因素的影响,《唐律疏议》经常采用历史解释的方法。

(五)《唐律疏议》的伦理解释

根据历史法学派的观点,法律与道德有着同一个起源,世界上许多民族早期的法律、风俗和礼仪道德并没有明显的区分。法国启蒙思想家孟德斯鸠指出:"中国的立法者们所做的尚不止此。他们把宗教、法律、风俗、礼仪都混在一起。"④美国学者罗斯科·庞德(Roscoe Pound)也认为,最早的法律解释是伦理解释,"在普遍法律史的研究领域,伦理解释与当代有普遍历史的概念紧密相关,而这个概念曾一度在历史撰写中颇

---

① 刘俊文点校:《唐律疏议》卷25,法律出版社1999年版,第511页。
② 刘俊文点校:《唐律疏议》卷7,法律出版社1999年版,第162页。
③ 刘俊文点校:《唐律疏议》卷1,法律出版社1999年版,第17页。
④ 〔法〕孟德斯鸠:《论法的精神》(上册),张雁深译,商务印书馆1959年版,第374页。

为盛行"①。

中国古代是一个礼法难分的社会,《唐律疏议》本身就是古代礼法结合的典范。长孙无忌等人在对律文进行解释时,经常援引儒家的伦理规范对律文进行解释。据《唐律疏议》卷10"匿父母及夫丧"条规定:"诸闻父母若夫之丧,匿不举哀者,流二千里;丧制未终,释服从吉,若忘哀作乐,徒三年;杂戏,徒一年;即遇乐而听及参预吉席者,各杖一百。"疏议对此作了伦理解释:"父母之恩,昊天莫报,荼毒之极,岂若闻丧。妇人以夫为天,哀类父母。闻丧即须哭泣,岂得择日待时。若匿而不即举哀者,流二千里。"②另据《唐律疏议》卷14"同姓为婚"条:"诸同姓为婚者,各徒二年。缌麻以上,以奸论。"疏议对该条律文也作了解释:"同宗共姓,皆不得为婚,违者,各徒二年。然古者受姓命氏,因彰德功,邑居官爵,事非一绪。其有祖宗迁易,年代寖远,流源析本,罕能推详。至如鲁、卫,文王之昭;凡、蒋,周公之胤。初虽同族,后各分封……又如近代以来,特蒙赐姓,谱牒仍在,昭穆可知,今姓之与本枝,并不合共为婚媾。"③《唐律疏议》中的伦理解释,决定了中华法系具有伦理法的特征。

法律解释的类型很多,有学者总结了396条制定法法律解释的原则。④ 但严格说来,其他的解释方法或者大致落入上述几种方法的范畴之内,或者只能作为辅助性的方法而不具有独立的实用价值。⑤ 在《唐律疏议》中,还采用了社会学解释、宗教解释等方法,这些都可归属于释法性的法律解释。

四、《唐律疏议》的造法性解释方法

《唐律疏议》作为中国古代法律解释学的代表性著作,其在解释形

---

① 〔美〕罗斯科·庞德:《法律史解释》,邓正来译,中国法制出版社2002年版,第40页。
② 刘俊文点校:《唐律疏议》卷10,法律出版社1999年版,第222—223页。
③ 刘俊文点校:《唐律疏议》卷14,法律出版社1999年版,第285页。
④ 参见〔美〕理查德·A·波斯纳:《法理学问题》,苏力译,中国政法大学出版社2002年版,第352页。
⑤ 参见苏力:《解释的难题:对几种法律文本解释方法的追问》,载梁治平编:《法律解释问题》,法律出版社1998年版,第54—55页。

式上不仅借鉴了此前历代法典的解释经验,在解释方法上也有很大创新。《唐律疏议》的解释方法不仅局限于对文本中的法律名词术语、立法目的所作的客观性、描述性的说明,而且还有对法律解释的理由及逻辑推理、填补漏洞的造法性阐释。众所周知,解释也包含阐释,法律阐释是法律解释的高级形式,其中创造性的法律阐释不是对法律规范的客观描述和简单说明,而是建设性的发明和创造。美国学者德沃金把阐释分为对话性阐释和创造性阐释等不同的形式,他指出,"阐释的理论就是对在更高层次使用的阐释性概念的习惯一种阐释。……如果法律是一个阐释性的概念,那么任何法理学的价值都必须建立在何为阐释的某种观点之上",所有的阐释都力求完美地理解对象,其中"创造性的阐释不是谈话式的而是建设性的"。[①]

唐朝初年,长孙无忌等人在对唐律进行解释时,除了采用语义解释、意图解释、体系解释等方法对唐律的内容进行说明外,还运用许多建设性的解释方法对唐律中未规定的事项加以阐释,其目的是填补原来立法上的漏洞,为解决法律争议提出指导意见,服务于司法审判。《唐律疏议》中的这种解释方法,笔者将其称为"造法性的法律解释"。

目前法学界对法律解释和法律续造两者之间的关系存在很大争议。德国学者旺克认为,法律解释者应当根据法律的意旨与目的来确定解释的边界,"如果解释者偏离了法律的意旨与目的而借助法律追求新的目的,则不能通过解释,而只有通过法律续造才有可能"[②]。而另一位德国学者默勒斯则认为,"在法解释和法续造之间几无可能确定一条严格的质的界限。事实上,在二者的临界区域,通常仅仅只有程度上的区别"[③]。中国学者陈坤对法律解释与法律续造的区分标准作了论述,认为法律续造须承担额外的论证责任,法律续造有特殊的制度性限制,法

---

① 参见〔美〕德沃金:《法律帝国》,李常青译,中国大百科全书出版社1996年版,第46—49页。
② 〔德〕罗尔夫·旺克:《法律解释》(第六版),蒋毅、季红明译,北京大学出版社2020年版,第74—75页。
③ 〔德〕托马斯·M.J.默勒斯:《法学方法论》(第四版),杜志浩译,北京大学出版社2022年版,第193页。

律续造需要专门的方法论规范①,这说明法律解释和法律续造两者之间有所区别。笔者认为,所有的法律解释必然要突破法律文本的界限,对法律未规定的事项加以说明和补充,填补原来立法上的漏洞,从这点来说,法律解释和法律续造是很难作出明确界定的。

目前法学界许多学者把填补法律漏洞视为法律续造,具有司法解释的性质。王利明教授认为,"法律漏洞的填补是具有技术性的操作,法官应当掌握填补漏洞的科学解释方法。具体到法律适用中,由于法律的不完善和缺失,法官经常面临适用法律的困难。……而法官又不能以法无明文规定为由拒绝裁判。在这种情况下,立法机关很难在短时间内作出及时反应,法官只能通过积极地填补法律漏洞,以顺利完成案件的审判"。填补漏洞则要超越法律之外,"更多地采用类推、目的性扩张等方式进行创造性的解释"。②

笔者认为,在判例法体系的国家里,立法解释和司法解释很容易区分。而在成文法体系国家里,司法解释有时也会转化成立法解释,如《唐律疏议》中的许多立法解释就来源于此前的司法经验,即司法解释,因此,立法解释和司法解释很难有明显的区分。德国学者拉伦茨指出,任何完善的法律必然有漏洞,"长久以来,大家也承认法院有填补法律漏洞的权限……法官的法的续造,有时不仅在填补法的漏洞,毋宁在采纳乃至发展一些——在法律中至多只是隐约提及的——新的法律思想。……法律解释与法官的法的续造并非截然不同之事,毋宁应视其为同一思考过程的不同阶段。……超越此等界限,而仍在立法者原本的计划、目的范围之内法的续造,性质上乃是漏洞填补=法律内的法的续造,假使法的续造更逾越此等界限,惟仍在整体法秩序的基本原则范围内者,则属超越法律的法的续造"③。按照拉伦茨的观点,应把在立法者原本的计划、目的范围之内法的续造活动,即法律内的填补漏洞称为造

---

① 参见陈坤:《法律解释与法律续造的区分标准》,载《法学研究》2021年第4期。
② 参见王利明:《法律解释学导论——以民法为视角》(第二版),法律出版社2017年版,第547页。
③ 〔德〕卡尔·拉伦茨:《法学方法论》,陈爱娥译,商务印书馆2003年版,第246页。

法性的法律阐释。

　　长孙无忌等人对唐律所作的疏议,不仅把静止的法律文本转化为动态的法律,为司法机关依法裁判提供了法律依据,还把现实生活中出现的法律问题而律文未加规定的事项,通过法律解释的方式予以阐释,发挥了法律解释的造法性功能,填补了唐律法律文本留下的法律漏洞,为司法机关解决特殊类型的案件提供了依据。

　　在此需要指出的是,中国古代许多政权为了维护法律的权威,避免出现同类案件不同判决结果的现象,禁止地方司法机关随意解释法律,严格限制司法官员的自由裁量权,对于在法律实践中出现的疑难案件,采取逐级奏谳的形式,上报给上级司法长官,由中央或上级官府提出具体的判决意见,作出司法解释,即奏谳制度。在《唐律疏议》的法律解释中,解释者把在此前司法实践中出现的疑难案件的判决意见通过疏议的形式作出解释,从而弥补了律文中出现的法律漏洞,笔者将这样的法律解释方法概括为造法性法律阐释,即法律续造的活动。

　　关于《唐律疏议》的造法性解释方法,笔者认为主要有三种形式,即价值补充方法、当然解释方法和填补漏洞的法律续造方法。

(一) 价值补充的方法

　　价值是法律所追求的目标,立法和法律适用的一切活动,均系评价性的过程,是一种价值选择的结果,"法律适用总是一种价值实现的行为"①。一个时代的法律体系无论如何完备,也有不周延的情况,古代的法学家裴頠指出:"刑书之文有限,而舛违之故无方。"②为了弥补法律文本的缺陷,在法律解释时经常会采用价值衡量和补充的方法,指导具体的法律实践。所谓的价值补充,有学者将其称为不确定概念和一般条款具体化。③ 在法律解释的活动中,针对具有高度抽象性的不确定概念或者一般条款,通过对不同价值的衡量或取舍,得出一个能适用于具体法

---

① 〔德〕伯恩·魏德士:《法理学》,丁小春、吴越译,法律出版社2003年版,第331页。
② (唐)杜佑撰,王文锦等点校:《通典》卷166《刑法四》,中华书局1988年版,第4296页。
③ 参见王利明:《法律解释学导论——以民法为视角》(第二版),法律出版社2017年版,第489页。

律关系的价值判断结论,其在法律实践中主要表现为诚实信用、公序良俗等原则。王利明教授认为,价值补充与狭义的法律解释和漏洞补充都存在着区别,因为不确定概念和一般条款具有高度的模糊性和不确定性,解释的方法、解释的对象都有所区别。由于一般条款具备高度模糊性和不确定性,司法机关在适用法律时被赋予了"量情为罪"的自由裁量权,以此来弥补立法的不足。所以,价值补充的方法通常表现为造法性的解释活动。

《唐律疏议》中"不应得为"条的设立就是典型的价值补充方法,该条文规定:"诸不应为而为之者,笞四十;事理重者,杖八十。"长孙无忌等人在疏议中对该条文的立法精神作了解释:"杂犯轻罪,触类弘多,金科玉条,包罗难尽。其有在律在令无有正条,若不轻重相明,无文可以比附。临时处断,量情为罪,庶补遗阙,故立此条。"[1]该项法律规范为司法机关进行自由裁量提供了法律依据,笔者将其概括为唐律中有明确授权的司法自由裁量权模式,司法者根据公序良俗、诚实信用的原则,对律文未有规定而违情悖理的行为进行裁判,以维护社会基本的价值观念。黄源盛教授指出:"'不应得为罪'的性质,本质上,它是一种构成要件之全部内容均属于概括条款的极端类型,是需要司法者对于个案予以价值补充的不确定法律概念。"[2]

(二) 当然解释的方法

关于当然解释的含义,王利明教授认为,当然解释是指根据逻辑的当然推论而产生的,在当然推论中存在一个"程度可增加的要素"(ein steigerungsfaehiger Begriff),据此产生了"举重以明轻"和"举轻以明重"两种方法。当然解释运用逻辑推演的方法,主要考虑法律规范的目的,以法律推理中的正义为基础。[3]

《唐律疏议》卷6"断罪无正条"即属于当然解释的方法,其中规定:

---

[1] 刘俊文点校:《唐律疏议》卷27,法律出版社1999年版,第561页。
[2] 黄源盛:《唐律中的不应得为罪》,载《汉唐法制与儒家传统》,元照出版有限公司2009年版,第254页。
[3] 参见王利明:《法律解释学导论——以民法为视角》(第二版),法律出版社2017年版,第320—324页。

"诸断罪而无正条,其应出罪者,则举重以明轻;其应入罪者,则举轻以明重。"长孙无忌在疏议中对"举重以明轻"作了详细阐释:"断罪无正条者,一部律内,犯无罪名。'其应出罪者',依《贼盗律》:'夜无故入人家,主人登时杀者,勿论。'假有折伤,灼然不坐。"①对于"举轻以明重",疏议也作了说明:"案《贼盗律》:'谋杀期亲尊长,皆斩。'无已杀、已伤之文,如有杀、伤者,举始谋是轻,尚得死罪,杀及谋而已伤是重,明从皆斩之坐。"②唐律中设立该条文是为了使唐律的内容更加简洁,节省律文,这正如唐中宗时大臣赵冬曦上奏所论述的那样:"律曰:'犯罪而律无正条者,应出罪则举重以明轻;应入罪则举轻以明重。'立夫一条,而废其数百条。"③

关于《唐律疏议》中"轻重相举"条的法律解释方法,有学者认为是论理解释,如黄源盛教授指出:"《唐律》有'轻重相举条'而无'比附'的律目,其立法之初,并非'擅断'的性质,而是属于论理解释的一种'释滞'方法,目的在省约条文,并没有破坏法律的安定性。"④笔者认为,《唐律疏议》的律文和法律解释属于造法性的当然解释,针对唐律中"犯无罪名"的事项,司法者可以运用逻辑推演的方法做出判断,从而弥补立法的漏洞。

(三) 法律漏洞填补的方法

每一位理性的法学者都知道,"立法者的思考也是不完美的,也仅仅是一种尝试——也就是说,法典'只有通过处于其侧位的法学的反思才能获得真正的生命'"⑤。在遇到法律没有规定的事项时,需要利用法律解释来填补漏洞,发挥法律解释的造法功能。所谓的法律漏洞(gap in law),是指由于立法者在立法时未能充分预见有待调整的法律关系,或

---

① 刘俊文点校:《唐律疏议》卷6,法律出版社1999年版,第145页。
② 刘俊文点校:《唐律疏议》卷6,法律出版社1999年版,第145—146页。
③ (宋)王溥撰:《唐会要》卷39,中华书局1955年版,第709页。
④ 黄源盛:《唐律轻重相举条的法理及其运用》,载《汉唐法制与儒家传统》,元照出版有限公司2009年版,第337页。
⑤ 〔德〕霍尔斯特·海因里希·雅科布斯:《十九世纪德国民法科学与立法》,王娜译,法律出版社2003年版,第108页。

者由于社会关系的发展变化超越了立法时的预见范围等原因而导致了立法缺陷,致使司法者无法从现行法中寻找到裁判依据,于是就构成了法律漏洞。梁慧星教授认为,法律漏洞是"现行法体系上存在影响法律功能,且违反立法意图之不完全性"①。

任何完善的法律都不可避免地存在法律漏洞,在出现漏洞时,应尽可能通过修改、废除或重新制定法律等方法进行弥补。如果把所有法律漏洞都交给司法人员来填补,也只能满足个案的需要,不能实现制度的完善。王利明教授指出,"法律漏洞首先要通过立法来解决,而不是通过司法来解决"②。笔者认为,通过立法解释来填补法律漏洞,不仅可以有效弥补法律条文立法上的缺陷,维护法律的权威性,还能使法律体系变得更加完备,避免出现"同案不同判"的现象,限制司法官员任意自由裁量的行为。

在编纂《唐律疏议》时,长孙无忌等人在疏议中充分发挥了造法性的法律解释功能,填补了律文的法律漏洞。疏议中的造法性法律解释形式与其他法律解释形式有明显的不同,采用一问一答的形式,对法律实践中出现的特殊事例加以阐释,提出具体的判决意见。根据笔者的统计,在《唐律疏议》中,采取问答方式的法律解释总计有178处,这178处问答式的法律解释大多数是在填补律文中的法律漏洞,从中也可看出《唐律疏议》造法性法律解释的特征非常明显。

《唐律疏议·名例律》具有类似于法典总则的性质,共有68处问答式的法律解释。其中"盗诈取人财物首露"条仅规定了通常情况下盗、诈取人财物的行为,如果出现"贸易官物,复以本物却还,或本物已费,别将新物相替,如此悔过,得免罪否"的情况,律文并未有明确规定。对此,疏议作出了解释:"答曰:若以本物却还,得免计赃为罪,仍依'盗不得财'科之。若其非官本物,更以新物替之,虽复私自陪备,贸易之罪仍在。"③

---

① 梁慧星:《民法解释学》,中国政法大学出版社1995年版,第251页。
② 王利明:《法律解释学导论——以民法为视角》(第二版),法律出版社2017年版,第563页。
③ 刘俊文点校:《唐律疏议》卷5,法律出版社1999年版,第118—119页。

在《唐律疏议》的其他各篇中,填补法律漏洞的造法性解释功能更加明显。据《唐律疏议》卷11"长吏辄立碑"条规定:"诸在官长吏,实无政迹,辄立碑者,徒一年。若遣人妄称己善,申请于上者,杖一百。"但在具体的法律实践中,如果有部属为长吏立碑,对部属如何处罚,律文并未规定。对此,疏议作了法律补充:"'在官长吏',谓内外百司长官以下,临统所部者。未能导德齐礼,移风易俗,实无政迹,妄述己功,崇饰虚辞,讽谕所部,辄立碑颂者,徒一年。所部为其立碑颂者,为从坐。"①又据《唐律疏议》卷28记载:"诸被囚禁,拒捍官司而走者,流二千里;伤人者,加役流;杀人者斩,从者绞。若私窃逃亡,以徒亡论。"在现实社会中,如果出现有人没有犯罪,不应被囚禁,即"有人据状不合禁身,被官人枉禁,拒捍官司逃走,合得何罪?"的情况,对于这种特例,律文并未规定。对此,疏议作了补充性解释:"本罪不合囚禁,枉被官人禁留,即虽逃亡,不合与囚亡之罪;若有拒捍杀伤,止同故杀伤法。私窃逃亡,同在家逃亡之罪。"②

《唐律疏议》在进行法律解释时,不仅填补了原来立法上的漏洞,还对法律解释的理由进行了阐释,论证解释的合理性。据《唐律疏议》卷27"得宿藏物隐而不送"条规定:"诸于他人地内得宿藏物,隐而不送者,计合还主之分,坐赃论减三等。若得古器形制异,而不送官者,罪亦如之。"对于该条律文中出现的法律漏洞,疏议在解释时不仅作了漏洞填补,还对法律阐释的理由进行了论证:凡在自己土地里发现宿藏物(即埋藏物),归土地所有人所有;在官地内"得宿藏物者听收",归发现人所有;若在"他人地内得者,与地主中分之"。③ 但如果出现"官田宅、私家租得,令人佃食;或私田宅,有人借得,亦令人佃作,人于中得宿藏,各合若为分财"的情况,律文未有明确规定。对此,疏议中不仅明确提出了处分埋藏物的方法,还对处分的理由作了阐释:"答曰:藏在地中,非可预见,其借得官田宅者,以见住、见佃人为主,若作人及耕犁人得者,合与佃主之主中

---

① 刘俊文点校:《唐律疏议》卷11,法律出版社1999年版,第237页。
② 刘俊文点校:《唐律疏议》卷28,法律出版社1999年版,第577—578页。
③ 参见〔日〕仁井田陞:《唐令拾遗》,栗劲、霍存福等编译,长春出版社1989年版,第791页。

分。其私田宅,各有本主,借者不施功力,而作人得者,合与本主中分。借得之人,既非本主,又不施功,不合得分。"①从该项法律解释中,可以清晰地看到唐代法律极力保护财产所有人和劳动者的利益,由于土地承租人既不是土地所有者,又不是付出劳动的发现人,故"不合得分"。

《唐律疏议》采用问答式的法律解释方法,发挥了造法性法律解释的功能,弥补了原来立法上的漏洞,扩大了唐律所调整的范围,为司法机关的裁判提供了法律依据,有利于实现司法的个别正义。但十分遗憾的是,《唐律疏议》的造法性法律解释方法并未被后代法律所沿袭,中国古代的法律解释方法也从此停滞不前,严重影响了中国古代法学理论的发展。

五、《唐律疏议》的解释规则及法理价值

唐朝初年编纂的《唐律疏议》,充分吸收和借鉴了此前历代法律注释学的成就,采用多种方法对唐律的文本进行全面的法律解释,开创了中国古代法律解释学的新范式。《唐律疏议》的解释并不是杂乱无章的,它始终遵循一定的解释规则。《唐律疏议》所遵循的解释规则,不仅直接关系到法律解释的质量,还影响了唐代的司法实践活动。长孙无忌等人在对唐律的文本进行解释的过程中,运用独特的法律思维方式,创制了诸多新的法律制度,形成了许多先进的法律思想,如法律至上的观念、程序公正的思想、罪刑法定的精神、权力制约的思想等,极大地促进了中国古代法学理论的发展。

(一)《唐律疏议》的法律解释规则

法律规则是法律条文的意义,而法律条文是表达法律规则的语句,两者是内容与形式的关系。② 任何法律解释都要遵循一定的解释规则,法律解释规则是基于法治的原则,要求法律人在思考过程中遵守的

---

① 刘俊文点校:《唐律疏议》卷27,法律出版社1999年版,第560页。
② 参见雷磊:《规范、逻辑与法律论证》,中国政法大学出版社2016年版,第132—133页。

准则。有学者指出,法律解释规则包括必须遵守的规则、可以选择的规则以及有限选择的规则。① 法律解释规则是法律解释方法适用的一般性要求,它是理解、解释及适用法律规范的基础。

关于法律解释规则与法律解释方法的关系,有学者把法律解释方法等同于解释规则,认为"法律解释方法也称法律解释规则,即按照什么样的方法解释法律,或者运用哪一种解释能得出恰当的法理含义"②。虽然法律解释的规则和法律解释的方法有着密切的联系,但任何法律解释都应存在自身的规则,从这点来说,解释方法和解释规则又有所区别。如果仅从字义来看,方法和规则的含义就明显不同,方法是寻找解决问题的门路和程序,而规则是运行、运作规律所应遵循的法则。法律解释方法是寻找法律规范的方法或路径,是法律技术手段的操作和运用,具有多样性、灵活性等特点;而法律规则是法律理念、法律精神渗透到法律文本之中一以贯之的法律思想的体现,具有恒定性的特点。有些学者对法律解释规则的含义作了如下概述:"法律解释规则多是针对法律规范的具体解释,是在司法实践中针对法律文本的概念、语义、条文之间的关系等发展出来的具体适用规则",是具体的操作准则,"法律解释规则是静态和稳定的"③,而解释方法是动态的、灵活的,法律解释规则与解释方法之间存在着明显的区别。

法律解释规则对于理解、解释和适用法律规范具有引导作用,它在法律解释时有效规制了解释的能动性,减轻了解释结果的论证负担。由此可以看出,法律解释规则是法律解释方法的核心。

法律解释的规则很多,其中合法性解释规则是最重要的规则。合法性规则要求司法机关在履行职责时不受行政解释的约束,强调法律规范的权威性。德国学者拉伦茨认为,"新的解释如果想维持其解释的性质,就不能逾越法律(当时或者——为作出比较'符合时代'要求的解释——今日的)字义及脉络所划定的范围,通常也不可将法律目的恝置

---

① 参见陈金钊:《法律解释规则及其运用研究(中)——法律解释规则及其分类》,载《政法论丛》2013年第4期。
② 孔祥俊:《法律解释方法与判解研究》,人民法院出版社2004年版,第253页。
③ 杨铜铜:《论法律解释规则》,载《法律科学(西北政法大学学报)》2019年第3期。

不问"①。法律虽然赋予解释者以主体资格,但解释者的权限也应当受到限制,明确其解释的范围,受到合法性的约束。

在中国古代的法律实践中,作为最高统治者的皇帝经常以颁布诏敕的方式随意解释法律、修改法律,严重制约了古代法律解释学的发展。德国学者伽达默尔指出:"在一个专制统治者的意志高于法律的专制主义国家,就不可能存在任何诠释学,'因为专制统治者可以违反一般解释规则去解释他的话'。"②关于如何约束皇帝随意解释法律,唐律中特设立专门的法律条款,对皇帝的法律解释权加以限制。据《唐律疏议》卷30"辄引制敕断罪"条规定:"事有时宜,故人主权断制敕,量情处分。不为永格者,不得引为后比。若有辄引,致罪有出入者,'以故失论',谓故引有出入,各得下条故出入之罪;其失引者,亦准下条失出入罪论。"③在该条法律解释中,严格区分了法律条文和皇帝诏敕不同的法律效力,确立了法权优于皇权的法律原则,当皇权与法权发生冲突时,司法官员可以依照法律条文、立法解释进行裁判,拒绝皇帝对司法权的干涉。

合理性规则也是法律解释应遵循的重要规则。陈金钊教授认为,作为法律解释规则的合理性不在于对"合理性"概念的明确,而在于从合理性的角度提出问题,避免不合理的解释结果。④ 合理性的法律解释是指作出解释时要公正客观,维护法律的公平正义,避免作出不合理的法律解释。唐朝初年在制定《贞观律》时,即强调立法的合理性,大臣魏征指出:"凡立法者,非以司民短,而诛过误也,乃以防奸恶,而救祸患,检淫邪,而内正道。民蒙善化,则人有士君子之心,被恶政,则人有怀奸乱之虑。……故《管子》曰:'圣君任法不任智,任公不任私'。"⑤合理性规则要求解释者站在公平公正的立场对法律进行解读,使法律的价值判断与社会的价值判断趋于一致。

---

① 〔德〕卡尔·拉伦茨:《法学方法论》,陈爱娥译,商务印书馆 2003 年版,第 226 页。
② 〔德〕汉斯-格奥尔格·伽达默尔:《诠释学Ⅰ:真理与方法》,洪汉鼎译,商务印书馆 2010 年版,第 466 页。
③ 刘俊文点校:《唐律疏议》卷 30,法律出版社 1999 年版,第 603—604 页。
④ 参见陈金钊:《法律解释规则及其运用研究(中)——法律解释规则及其分类》,载《政法论丛》2013 年第 4 期。
⑤ (唐)吴兢编著:《贞观政要》卷 5,上海古籍出版社 1978 年版,第 171—172 页。

长孙无忌等人在编撰《唐律疏议》时,十分重视解释的合理性。据《唐律疏议》卷11"有所请求"条规定:"诸有所请求者,笞五十;主司许者,与同罪。"在疏议中,对于主司不许的情况也作了法律解释:"凡是公事,各依正理。辄有请求,规为曲法者,笞五十。即为人请求,虽非己事,与自请同,亦笞五十。'主司许者',谓然其所请,亦笞五十,故云'与同罪'。若主司不许及请求之人,皆不坐。"①根据疏议的解释,如果主司官员"不许",拒绝请求人的非法请求,没有造成曲法的后果,则主司官员和请求之人都不承担相应的法律责任。通过上述法律解释,该项法律规范就变得合乎情理了。

《唐律疏议》在遵循合理性法律解释的同时,也对法律解释的理由进行了论证,强调解释的说理性。据《唐律疏议》卷24"子孙违犯教令"条规定:"诸子孙违犯教令及供养有阙者,徒二年。"对于子孙"供养有阙",疏议解释说:"《礼》云:'七十,二膳;八十,常珍'之类,家道堪供,而故有阙者,各徒二年。"但如果是"家实贫窭,无由取给"之类,不具备"七十,二膳;八十,常珍"的经济条件,则"不合有罪"。② 通过疏议的解释,使该项法律规范的说理性增强了。

独断性的法律解释规则不仅是法律解释的形式化特征,也是法律解释应坚持的原则。伽达默尔对法律的独断性作了如下概述:"法学独断论的任务也与那种历史学家毫无关系。作为历史学家,他必须探究历史的客观性,以便认清它的历史价值,而法律学家还要超出这一点,他要把这样掌握的东西正当地应用于法律的现在。"③独断性解释规则就是坚持法律解释的确定性,为司法机关适用法律提供依据。法律解释的独断性来源于解释效果的权威性,有学者认为,由于法律解释权的独断,形成了法律解释效力的独断性。④ 在法律解释理论层面,一直存在有效解释

---

① 刘俊文点校:《唐律疏议》卷11,法律出版社1999年版,第238页。
② 参见刘俊文点校:《唐律疏议》卷24,法律出版社1999年版,第472页。
③ 〔德〕汉斯-格奥尔格·伽达默尔:《诠释学Ⅰ:真理与方法》,洪汉鼎译,商务印书馆2010年版,第461页。
④ 参见谢晖:《中国古典法律解释的方法智慧——关注解释的合法性》,载《政法论坛》2005年第4期。

和无效解释的说法,有效的法律解释应具有独断性,对司法裁判具有拘束力,成为法官裁判的重要依据。

法律解释的规则种类庞杂,数量众多,美国法学家卢埃林(Llewellyn)总结出二十八项延伸与回避的规则,以及十九项延伸与反延伸的解释规则。①《唐律疏议》采用的法律解释规则还有很多,如客观性解释规则、价值衡量规则等,因篇幅所限,在此就不展开讨论了。

(二)《唐律疏议》法律解释的法理价值

《唐律疏议》的法律解释成就,与唐朝初年立法者、法律解释者的法律思维有着密切的关系。唐律的解释者在进行疏议解释的过程中,形成了有别于以往的不同思维方式,并将其运用于法律解释之中,推动了中国古代法学理论的发展。法律思维是法律解释的思想基础,不同的法律思维方式,会产生不同的解释结果。因此,探究法律解释的方法和规则,也就不能不涉及解释者的法律思维方式。

关于法律思维,法学界有不同的理解。湛洪果认为,"法律思维,系指生活于法律制度架构之下的人们对于法律的认识态度,以及从法律的立场出发,人们思考和认识社会的方式,还包括在这一过程中,人们运用法律解决问题的具体方法"②。陈金钊教授认为,法律思维即法律思维方式,主要包括思维定式(法律观念、价值等)和思维方法(法律推理、解释、论证以及思维程序)等要素,法律思维是法治社会法律最基本的要素。③ 笔者认为,法律思维的含义很广泛,包括对法律价值的认知,对法律的观念和态度,对法律的推理和论证,对法律后果的判断,以及运用法律手段解决问题的方法等。

解释者的法律思维方式直接影响法律的价值判断。由长孙无忌等人负责"监定"的《唐律疏议》充分体现了唐初统治集团的法律思维方式。长孙无忌是唐朝初年的法学家,曾亲自参与主持制定《贞观律》《永

---

① 参见〔美〕卢埃林:《普通法传统》,陈绪刚等译,中国政法大学出版社2002年版,第618—632页。
② 湛洪果:《法律思维:一种思维方式上的检讨》,载《法律科学(西北政法学院学报)》2003年第2期。
③ 参见陈金钊:《法律思维及其对法治的意义》,载《法商研究》2003年第6期。

徽律》等法典,是唐朝初年各项立法活动的重要成员,熟悉唐律中各法律条文的立法思想和立法意图,由长孙无忌负责对唐律的条文逐条加以疏议,这说明唐律的制定者和解释者的法律思维方式是一脉相承的。

　　唐朝初年,法律思维方式的巨大转变,促进了唐代法学理论的发展和法律至上观念的形成。在唐朝初年,社会上普遍存在"天下为公"的观念。所谓的"天下为公",是与"天下为私"观念相对立的,即强调法律要维护社会的公正,如主持制定《贞观律》的大臣房玄龄指出:"故知君人者,以天下为公,无私于物。"①唐太宗本人也有"天下之法"的思想,贞观元年(公元627年),唐太宗与大理寺少卿戴胄在讨论司法案件时说:"法者非朕一人之法,乃天下之法。"②唐太宗等人所认同的"天下之法",即承认法律至上,认同法律的权威性,君主也要严格遵守法律,不能随意破坏国家的法制。

　　唐朝初年法律至上的观念直接影响了唐律的制定和唐律的法律解释疏议。在中国古代,司法机关经常遇到律令条文与君主颁布的诏敕发生冲突的现象。为此,《唐律疏议》卷30"辄引制敕断罪"条对皇帝诏敕的法律效力作了限制性的解释:"事有时宜,故人主权断制敕,量情处分。不为永格者,不得引为后比。若有辄引,致罪有出入者,以故失论。"③在疏议中,严格区分了法律规范与皇帝诏敕的不同效力,即皇帝发布的临时诏敕仅限于个案事件,不具有普遍的法律效力,从而确立了法权优于皇权的法律原则。

　　在《唐律疏议》中,罪刑法定主义思想已具有雏形。罪刑法定主义是近代刑法中出现的思想,其在历史演变之中,"乃为抑制擅断,以保障人权而确立"④。陈兴良教授认为,"罪刑法定主义所倡导的形式合理性"⑤。在《唐律疏议》中,规定司法官员须严格按照律、令、格、式的法律条文断罪,唐律规定:"诸断罪皆须具引律、令、格、式正文,违者笞三

---

① (唐)吴兢编著:《贞观政要》卷5,上海古籍出版社1978年版,第163页。
② (唐)吴兢编著:《贞观政要》卷5,上海古籍出版社1978年版,第164页。
③ 刘俊文点校:《唐律疏议》卷30,法律出版社1999年版,第603页。
④ 戴炎辉:《唐律通论》,元照出版有限公司2010年版,第10页。
⑤ 陈兴良:《教义刑法学》(第三版),中国人民大学出版社2017年版,第31页。

十。"长孙无忌在疏议中解释说:"犯罪之人,皆有条制。断狱之法,须凭正文。若不具引,或致乖谬。违而不具引者,笞三十。"①从该条律文的解释中,可以看到《唐律疏议》已经具备近代刑法中的罪刑法定主义雏形了。

法律思维讲究程序公正,保障权利,排斥主观擅断等因素。《唐律疏议》解释者的法律思维也影响了法律程序的公正。唐代法律规定,凡民事案件"诸辞诉皆从下始,先由本司本贯,或路远而蹭碍者,随近官司断决之"②。至于刑事案件,"诸有犯罪者,皆从所发州县推而断之"③,严禁告诉人越诉,违者笞四十。唐代程序公正的思维方式也充分体现在《唐律疏议》之中,对于地方司法机关不受理诉讼案件,应给当事人"不理状",类似于现代的不立案裁定书,当事人持"不理状"向上级官府控告,不属于越诉的行为。凡"请状上诉,不给状",对于司法官员"科违令罪,笞五十"。④ 通过疏议的法律解释,告诉人的诉权得到了有效保障。

在《唐律疏议》的法律解释中,也充分体现了权力制约的法律思维方式。德国学者哈斯默尔指出:"法学方法论阐发了所谓解释方法(Interpretationsmethoden)或解释准则(Auslegungscanones):约束在法律规范的词语含义上(语法解释),约束在相关法律条文的意义关联上(体系解释),约束在调整的目的上,即具体的立法者在对有疑问的规范上所追循的目的(历史解释),今天它在有疑问的规范中表现为客观的(目的解释),和约束在宪法的原则性价值判断上(合宪解释)。这类规则指引的法律范围,可能确保减少法官选择的可能性,因而增强法律对他的约束力。"⑤法律解释的重要功能是约束司法官员裁判选择的可能性,严格限制司法官员任意裁量的行为。

在《唐律疏议》的法律解释中,充分体现了权力制约的法律思想,对

---

① 刘俊文点校:《唐律疏议》卷30,法律出版社1999年版,第602页。
② 〔日〕仁井田陞:《唐令拾遗补》,东京大学出版会1997年版,第1301页。
③ 〔日〕仁井田陞:《唐令拾遗补》,东京大学出版会1997年版,第1423页。
④ 参见刘俊文点校:《唐律疏议》卷24,法律出版社1999年版,第482页。
⑤ 〔德〕阿图尔·考夫曼等主编:《当代法哲学和法律理论导论》,郑永流译,法律出版社2013年版,第283页。

司法官员的裁判权加以约束。在唐律中,明确规定了司法审判的主体资格,没有审讯权的官员不得审理案件。在《唐律疏议》卷30"监临之官因公事"条的疏议解释中,明确规定基层官吏里正、坊正,州县衙门中的勾检官、书记官等人没有司法权,不得滥施刑讯,"里正、坊正、村正等,唯掌追呼催督,不合辄加笞杖,其有因公事相殴击者,理同凡斗而科。主典检请是司,理非刑罚之职,因公事捶人者,亦与里正等同"①。

《唐律疏议》对司法官员滥用权力的行为也作了严格约束,据《唐律疏议》卷29"讯囚察辞理"条规定:"诸应讯囚者,必先以情,审察辞理,反覆参验;犹未能决,事须讯问者,立案同判,然后拷讯。"在疏议中,对刑讯的适用情况和法律程序作了说明:即通过反复参验,还不能决断的刑事案件,才允许拷讯;"立案,取见在长官同判,然后拷讯",即由同一审判衙门中有审讯权的司法长官共同讯问,禁止司法官员秘密刑讯或单独刑讯,并对讯问的结果记录在案。如果司法长官违法刑讯,将追究其法律责任,《唐律疏议》卷29"决罚不如法"条规定:"诸决罚不如法者,笞三十;以故致死者,徒一年。即杖粗细长短不依法者,罪亦如之。"②

法律至上的观念,罪刑法定的精神,正当程序、权力制约的思想等是近代西方法律所具有的重要特征。《唐律疏议》的法律解释已经融入了这些法律思维方式。唐律制定者和解释者的这种超前的法律理念及严谨缜密的法律解释态度,极大地提升了《唐律疏议》的法律解释质量,为司法官员适用法律提供了依据,《唐律疏议》也因此成为中国古代法律解释学的经典著作。

综上所述,在长达几千年的中国法律发展进程中,中国古代不仅存在法学,而且有较为系统的法律解释学,《唐律疏议》就是中国古代法律解释学的典范。唐朝建立后,对隋朝实施的严刑峻法进行了重大改革,刑罚力度大为减轻,并在此基础上制定了《贞观律》和《永徽律》。由于《永徽律》的法律条文十分精简,在法律适用时容易产生歧义,为了消除事实与规范之间的隔阂,防止司法官员在裁判时随意裁量,对唐律的

---

① 刘俊文点校:《唐律疏议》卷30,法律出版社1999年版,第602页。
② 刘俊文点校:《唐律疏议》卷29,法律出版社1999年版,第598页。

法律文本需要进行解释。唐高宗永徽三年(公元652年),命长孙无忌等人对唐律的条文逐条加以疏议,进行法律解释,这就是著名的《唐律疏议》。以往法学界大多从法典编纂的视角对《唐律疏议》进行探讨,笔者认为,《唐律疏议》也是一部对唐律文本进行全面解释的法律解释学著作。

唐朝初年长孙无忌等人在撰写《唐律疏议》时,认真总结和借鉴了此前各代法律解释的经验,在解释形式上大胆创新,形成了独特的解释形式。《唐律疏议》不仅沿袭了《晋律》中律文夹注的体例,还借鉴了云梦秦简《法律答问》中的问答式法律解释方式,以"议曰"起句,对律文和律注加以解释,这样的法律解释形式不仅对宋代的法典《宋刑统》产生了直接影响,也对中国古代周边国家日本和朝鲜的法典解释形式产生了重要影响,像古代日本的法典《养老律》就充分吸收和借鉴了《唐律疏议》的法律解释方式。

在解释方法上,《唐律疏议》也有显著的创新。《唐律疏议》不仅沿袭了此前各代律典的语义解释、法意解释、体系解释、历史解释等释法性的解释方法,还通过价值补充、当然解释、漏洞填补等造法性的解释方法弥补唐律律文的立法不足,使唐律的法律体系更加完备。尤其是《唐律疏议》采取一问一答的解释方法,对唐律中未规定的事项提出裁判意见,并阐述其中的法律理由,使《唐律疏议》也承担了造法性的法律解释功能。

众所周知,解释者的法律思维方式不仅关系到法律解释规则的制定,也直接影响法律解释的质量。唐朝初年长孙无忌等人在对唐律的文本进行解释时,逐渐形成了新式的法律思维方式,如法律至上观念,程序公正思想,罪刑法定精神,权力制约观念等,并将之融入法律解释之中。长孙无忌等人在对唐律的文本进行解释时,不知不觉地遵循了法律解释的合法性、合理性、客观性、确定性等规则,极大地提高了法律解释的质量,为司法机关适用法律提供了客观具体的标准。

总之,《唐律疏议》不仅是中国古代著名的法典,也是古代法律解释学的经典著作。唐初在编纂《唐律疏议》时,吸收和借鉴了历代法律解释的经验,把最新的法律思想和法律思维方式运用于解释之中,不仅首创了新式的法律解释形式,还创造出了许多新的法律解释方法,充分弥补了唐律文本中的法律漏洞,打通了事实和规范之间的联系,为司法机关依法裁判提供了准确的依据。所以,《唐律疏议》无愧为中国古代法律解释学的经典之作,甚至可以与古代罗马法的《法学阶梯》相媲美。

第四章
唐式对日本古代法典《延喜式》的影响

中国和日本是一衣带水的邻邦。据最新考古发现,中日两国自远古时代就有文化往来。不过,中国的法律制度以泄洪之势传入日本,并对日本法律制度产生重要影响还是在"大化改新"之后。① 公元645年,孝德天皇仿照隋唐两代的政治、经济、法律制度进行变革,史称"大化改新",此为中国法律制度传入日本之始。日本天智天皇在位时,制定了《近江令》二十二卷。文武天皇五年(公元701年),制定《大宝律》六卷、《大宝令》二十一卷。元正天皇养老二年(公元718年),重新修订《养老律》十卷、《养老令》十卷。在唐代律、令传入日本的同时,唐代的格、式两种法律形式也传到了日本,其中在醍醐天皇年间(公元897年—公元929年)制定了《延喜式》五十卷。律、令、格、式体系的建立,使日本从此走上了法典化的道路。

众所周知,唐代的法典有律、令、格、式四种形式。

---

① 参见〔日〕泷川政次郎:《日本法制史》,角川书店昭和44年(1969年)版,第93页。

关于唐代律、令、格、式的含义,据《唐六典》卷6记载:"凡律以正刑定罪,令以设范立制,格以禁违正邪,式以轨物程式。"①关于日本法典律、令、格、式的含义,日本法学家作了解释,认为"律是禁止法,令是命令法,格是临时法,式是施行细则"②。由此可见,无论是唐式还是日本式,都属于国家机关的法规细则。

关于唐律令与日本律令的关系,目前国内外学术界发表了许多研究成果,主要有日本学者佐藤诚实《律令考》,泷川政次郎《律令の研究》,小林宏《日本律复原の研究》等论著。③ 中国学者的研究成果主要有杨鸿烈的《中国法律对东亚诸国之影响》,李卓的《日本律令制时代的家庭与婚姻——法律与现实的悖反》,郑显文的《从唐律到日本律——关于日本律成立的几个问题》等论著。④

相比于对中日律令的比较研究,学术界对唐式与日本式的关系及其影响的研究成果却很少,主要有霍存福的《唐式辑佚》,郑显文的《律令体制下的日本神祇祭祀》,泷川政次郎的《唐格式と日本格式》等论著。⑤ 笔者认为,无论是唐式还是日本式,都是本国政府制定的国家机关的办事细则,通过对唐式与日本式的比较,可以清楚地看到唐代法律对古代日本法律的影响程度。

---

① (唐)李林甫等撰,陈仲夫点校:《唐六典》卷6,中华书局1992年版,第185页。
② 〔日〕泷川政次郎:《弘仁主税式注解》,载《律令格式の研究》,角川书店昭和42年(1967年)版,第332页。
③ 参见〔日〕佐藤诚实:《律令考》,载《佐藤诚实博士律令格式论集》,汲古书院平成3年(1991年)版;泷川政次郎:《律令の研究》,刀江书院昭和41年(1966年)版;小林宏:《日本律复原の研究》,国书刊行会昭和59年(1984年)版等。
④ 参见杨鸿烈:《中国法律对东亚诸国之影响》,中国政法大学出版社1999年版;李卓:《日本律令制时代的家庭与婚姻——法律与现实的悖反》,载《日本学刊》1995年第2期;郑显文:《从唐律到日本律——关于日本律成立的几个问题》,载《比较法研究》2004年第2期。
⑤ 参见霍存福:《唐式辑佚》,载杨一凡主编:《中国法制史考证续编》(第八册),社会科学文献出版社2009年版;郑显文:《律令体制下的日本神祇祭祀》,载《世界历史》2004年第2期(原文献标题将"祇"误作"祇",在此勘误);〔日〕泷川政次郎:《唐格式と日本格式》,载《律令格式の研究》,角川书店昭和42年(1967年)版。

一、唐式东传及与日本《延喜式》的篇目比较

古代日本在推古天皇以前，以神明裁判为主。推古天皇即位后，圣德太子制定了《十七条宪法》和"冠位十二阶制"，开启了古代日本全面继受唐代法律的先河。①《弘仁格式序》称"国家制定法自兹始焉"。飞鸟、奈良时期的日本在继受唐代律、令两种法律形式的同时，也吸收借鉴了唐代的格、式两种法典形式。从现存的文献资料来看，日本的《大宝律》和《养老律》几乎全部照搬了唐律的条文，元正天皇养老年间制定的《养老令》与唐令相比内容有所改动。唐代的格、式两种法典形式皆已失传，日本的格、式以《类聚三代格》和《延喜式》的形式保存至今。从20世纪初以来，在中国西北地区的敦煌、吐鲁番等地出土了一些唐代的格、式残卷，为学术界对唐式和日本式的比较提供了可能性。

唐代的法典形式——唐式已经失传，其篇目名称只能依据现存的古代文献进行复原。据《唐会要》卷39记载："至垂拱元年三月二十六日，删改格式，加记帐及勾帐式。"日本学者仁井田陞根据传世文献的记述，认为已知的篇目有：吏部式、考功式、户部式、度支式、礼部式、祠部式、主客式、兵部式、职方式、驾部式、库部式、刑部式、司门式、水部式、秘书式、太仆式、少府式、监门式。②

根据传世文献的记述，笔者认为唐式的篇名应为：吏部式、司封式、司勋式、考功式、户部式、度支式、金部式、仓部式、礼部式、祠部式、膳部式、主客式、兵部式、职方式、驾部式、库部式、刑部式、都官式、比部式、司门式、工部式、屯田式、虞部式、水部式、秘书式、太常式、司农式、光禄式、太仆式、太府式、少府式、宿卫式、监门式。在李唐统治的近三百年时间里，唐式的篇目也发生了许多变化，如在武则天垂拱元年（公元685年），删改格式，"加计帐及勾帐式，通旧式成二十卷"③，篇目有所增加。

---

① 参见郑显文：《中日古代神明裁判制度比较研究》，载《比较法研究》2017年第3期。
② 参见〔日〕仁井田陞：《法と慣習、法と道德》，载《中国法制史研究》，东京大学出版会1981年补订版，第332—333页。
③ （宋）王溥撰：《唐会要》卷39，中华书局1955年版，第702页。

在现存的古代文献中,还出现了一些特殊的唐式名称。如在法国国立图书馆所藏敦煌文书伯 2504 号唐《天宝令式表》残卷中,记录了唐代的《装束式》:"勅:今年新授官,过谢后计程不到任所者,宜解所职。仍永为恒式。"笔者认为,《天宝令式表》中的《装束式》,应属于《吏部式》的条文。伯 2504 号《天宝令式表残卷》还引录了唐代《文部式》的条文:"诸妇人不因夫而别加邑号者,子孙听准正三品用荫。"①文部,是指唐代的吏部,唐玄宗天宝十一年(公元 752 年),下令"改吏部为文部,兵部为武部,刑部为宪部,其部内诸司有部字者并改,将作大匠、少匠为大、少二监"②。《文部式》就是原来《吏部式》的条文。

在唐朝律令传入日本的同时,当时的日本政府也参考唐式制定了日本式。关于唐式传入日本的时间,文献没有明确记载。在天武天皇十年(公元 682 年),曾下诏"更欲定律令,改法式"③。这里的"改法式"是否就是改定格、式的内容,已不得而知。关于日本格和式出现的时间,日本学者泷川政次郎认为,在日本《大宝律令》实施后,根据实际政治的需要,改废律令的规定或增补其中的规定,也需要制定格、式,格、式的规定是纯日本特色的,受到唐代格、式的影响甚微。④

从现有的文献资料来看,在文武天皇制定《大宝律令》前后,日本式已经出现。据《养老令·户令》记述:"凡造计帐,每年六月卅日以前,京国官司,责所部手实,具注家口年纪。若全户不在乡者,即依旧籍转写,并显不在所由。收讫,依式造帐连署,八月卅日以前,申太政官。""凡户籍六年一造,起十一月上旬,依式勘造。"⑤《养老令·杂令》"应上及曹司座者"条记载:"凡应上及曹司座者,五位以上,并给床席,其制从

---

① 刘俊文:《敦煌吐鲁番唐代法制文书考释》,中华书局 1989 年版,第 359 页。
② (后晋)刘昫等撰:《旧唐书》卷 9《玄宗下》,中华书局 1975 年版,第 225—226 页。
③ 〔日〕黑板胜美主编:《日本书纪·后篇》卷 29,吉川弘文馆昭和 57 年(1982 年)版,第 365 页。
④ 参见〔日〕泷川政次郎:《唐格式と日本格式》,载《律令格式の研究》,角川书店昭和 42 年(1967 年)版,第 186—195 页。
⑤ 〔日〕黑板胜美主编:《令集解》卷 9,吉川弘文馆平成 6 年(1994 年)版,第 282—283 页。

别式。"①在《养老令》中多次出现"依式造帐""从别式"等字样,这表明在元正天皇时期已经出现了日本式这样的法典形式了。

另据《续日本纪》卷22记载,在孝谦天皇天平宝字三年(公元751年),颁布敕令说:"律令格式者,录当今之要务,具庶官之纲纪,并是穷安上治民之道。""方今科条之禁,虽著篇简,别式之文,未有制作。伏乞作别式,与律令并行。"②这表明此前的日本式皆为零散的篇目条文,从孝谦天皇之后才大规模编纂式典。桓武天皇在位期间,曾有过大规模编纂格、式的立法活动,但未能完成。③ 延历二十二年(公元803年),《延历交替式》制定完成,其中主要规定了内外官员交替时期的法律制度。④ 在嵯峨天皇弘仁十一年(公元820年),由藤原冬嗣等制定了《弘仁式》四十卷。在醍醐天皇延喜时期,由大臣藤原忠平等以《弘仁旧式》为蓝本,制定了《延喜式》五十卷。由此可见,古代日本式是一个不断修订和逐渐完善的过程。

关于日本式的篇目,据《延喜式》记载,共有五十卷。其中第一至第十卷是神祇(神祇篇主要有四时祭、临时祭、伊势大神宫、斋宫寮、斋院司、践祚大尝祭、祝词、神名帐),第十一卷太政官,第十二卷中务省、内记、监物、主铃、典钥,第十三卷中宫职、大舍人寮、图书寮,第十四卷缝殿寮,第十五卷内藏寮,第十六卷阴阳寮,第十七卷内匠寮,第十八、十九卷式部(上、下),第二十卷大学寮,第廿一卷治部省、雅乐寮、玄蕃寮、诸陵寮,第廿二、廿三卷民部(上、下),第廿四、廿五卷主计(上、下),第廿六、廿七卷主税(上、下),第二十八卷兵部省、隼人司,第二十九卷刑部省、判事、囚狱司,第三十卷大藏省、织部司,第卅一卷宫内省,第卅二、卅三卷大膳(上、下),第卅四卷木工寮,第卅五卷大炊寮,第卅六卷主殿

---

① 〔日〕黑板胜美主编:《令义解》卷10,吉川弘文馆平成8年(1996年)版,第335页。
② 〔日〕黑板胜美主编:《续日本纪·前篇》卷22,吉川弘文馆昭和56年(1981年)版,第263—264页。
③ 参见〔日〕泷川政次郎:《弘仁主税式注解》,载《律令格式の研究》,角川书店昭和42年(1967年)版,第332—333页。
④ 参见〔日〕黑板胜美主编:《交替式·延历交替式》,吉川弘文馆昭和58年(1983年)版,第1—17页。

寮,第卅七卷典药寮,第卅八卷扫部寮,第卅九卷正亲司、内膳司,第四十卷造酒司、采女司、主水司,第四十一卷弹正台,第四十二卷左右京职、东西市司,第四十三卷春宫坊、主膳监、主殿署,第四十四卷勘解由使,第四十五卷左右近卫府,第四十六卷左右卫门府,第四十七卷左右兵卫府,第四十八卷左右马寮,第四十九卷兵库寮,第五十卷杂式。

从日本《延喜式》的篇名看,唐式与日本式的篇目存在很大的差异。首先,纵观日本的《延喜式》,除了第二十八《兵部省》和第二十九《刑部省》两篇在唐式中有对应的篇名外,其余各篇的篇名皆为唐式所无,这说明唐式与日本式的篇目存在着很大差异。其次,在日本《延喜式》中,把关于神祇祭祀的内容列入篇首,以示对神祇信仰和祭祀的重视。第一至十卷是《神祇篇》,主要内容包括四时祭、临时祭、伊势大神宫、践祚大尝祭等内容,约占全部法典的五分之一,这些法律条文皆为唐式所无。再次,在《延喜式》中,许多篇名虽与唐式的篇名不同,但所调整的法律内容却很相近,如《延喜式》中的《式部省》与唐代的《吏部式》相近,《治部省》与唐代的《礼部式》相近,《民部省》与唐代的《户部式》相近,《主计》与唐代的《度支式》相近,《大藏省》与唐代的《库部式》相近等。最后,日本醍醐天皇在位时制定的《延喜式》中,有《杂式》的篇名;在南宋《庆元条法事类》中,也有《杂式》"初验尸格目"和"叙归明乞恩泽保官状"等内容。① 笔者在现存的古代文献中未见到唐式有《杂式》的篇目,至于唐式中是否也存在《杂式》的篇目,还需要作进一步的考证。

二、唐式和日本式的性质比较

关于唐式的性质,据《唐六典》卷6记载:"凡律以正刑定罪,令以设范立制,格以禁违正邪,式以轨物程事。"②另据《新唐书·刑法志》记述:"唐之刑书有四,曰:律、令、格、式。令者,尊卑贵贱之等数,国家之制度

---

① 参见戴建国点校:《庆元条法事类》卷75、卷78,载杨一凡、田涛主编:《中国珍稀法律典籍续编》(第一册),黑龙江人民出版社2002年版,第801页、第855页。
② (唐)李林甫等撰,陈仲夫点校:《唐六典》卷6,中华书局1992年版,第185页。

也;格者,百官有司之所常行之事也;式者,其所常守之法也。凡邦国之政,必从事于此三者。其有所违及人之为恶而入于罪戾者,一断以律。"《唐六典》和《新唐书·刑法志》对律、令、格、式所作的定义,国内外学者有不同的理解。霍存福教授认为,唐式属于非刑律性的规范,唐式是以行政法为主,间有军事法、民事法及诉讼法规范掺杂其间的综合法律形式。① 还有学者认为,唐式是令的细则性规定,是国家机关进行行政和司法活动的办事细则,不包括公文程式。② 笔者认为,唐式是唐代国家机关的工作细则和法律规范,所调整的范围涵盖了社会生活中的各个领域,所涉及的法律内容包括民事、刑事、行政、经济、军事、礼制、司法审判、监狱管理等诸多方面的内容。

日本式的性质与唐式大致相同,是古代日本各级国家职能部门的工作细则和法律规范。据《续日本纪》卷22记载:"治官之本,要据律令;为政之宗,则须格式。"③日本的《延喜式》是在充分借鉴唐代《永徽式》和《开元式》的基础上制定而成的,据《延喜式序》记载:"今上陛下,体元履正,御斗提衡,以为贞观十二年以来,炎凉已久,文案差积,加以前后之式,章条既同,卷轴斯异,诸司触事,捡阅多歧,因兹延喜五年秋八月,诏左大臣从二位兼行左近卫大将藤原朝臣时平……,准据开元、永徽式例,并省两式,削成一部。"④可见,无论是《弘仁式》还是《延喜式》,都与唐式有很深的渊源。

唐式的性质是对唐令条文的细化和补充。在唐代的文献中,经常出现令、式并称的现象,说明两者调整的范围有相互交叉的情况,但并不意味着唐令与唐式两种法律条文的内容完全相同,而是各有侧重。唐令是从宏观的角度对某一方面的法律行为加以规范,但至于如何保障实施,令文并没有详细规定,而唐式的条文恰好可以弥补唐令所没有的这些内容。

---

① 参见霍存福:《唐式性质考论》,载《吉林大学社会科学学报》1992年第6期。
② 参见吕志兴:《宋"式"考论——兼论唐式之性质》,载《西南大学学报(人文社会科学版)》2006年第3期。
③ 〔日〕黑板胜美主编:《续日本纪·前篇》卷22,吉川弘文馆昭和56年(1981年)版,第264页。
④ 〔日〕黑板胜美主编:《延喜式·前篇》,吉川弘文馆昭和58年(1983年)版,第3—4页。

关于唐式是唐令的实施细则和法律内容的补充,在现存的文献中可以找到许多例证。日本《养老令》的注释书《令集解》卷13《赋役令》中引录了唐《开元式》的内容:"依令:'孝义得表其门闾,同籍并免课役'。即孝义人身死,子孙不住与得孝义人同籍,及义门分异者,并不在免限。"①"孝义得表其门闾,同籍并免课役",是唐代《赋役令》的条款,而"孝义人身死,子孙不住与得孝义人同籍,及义门分异者,并不在免限",则是唐式对令文内容的补充规定。另据唐《狱官令》规定:"诸狱皆厚铺席荐,夏月置浆水。其囚每月一沐。"若狱囚有疾病,"长官亲验知实,给医药救疗"。②唐《狱官令》对于狱囚用的铺席、医药等物品的经费来源,没有明确的规定,而在唐代的《刑部式》中,则作了补充说明:"诸狱囚应给荐席、医药及汤沐,并须枷、锁、钳、杻、钉、鍱者,皆以赃赎物充,不足者,用官物。"③因此,唐代文献中的"令、式"并称,恰恰表明唐令的内容不明确,需要用唐式的条文进行配套和补充。

古代日本的法典《延喜式》也是日本令的实施细则。据《令集解·田令》规定:"凡在外诸司职分田,交代以前种者,入前人。若前人自耕未种,后人酬其功直。阙官田,用公力营种,所有当年苗子,新人至日,依数给付。"④而在《延历交替式》中,对《田令》的条文进行了细化,规定:"民部省例:新任外官,五月一日以后至任者,职分田入前人,其新人给粮,限来年八月卅日。若四月卅日已前者,田入后人,功酬前人。"⑤

日本式的条文是对令的内容进行扩展和补充,也可找到许多证据。据《令义解》卷2《神祇令》"季冬条"记载:"诸祭供神调度及礼仪、斋日,皆依别式。其祈年月次祭者,百官集神祇官,中臣宣祝词。"⑥至于冬

---

① 〔日〕黑板胜美主编:《令集解》卷13,吉川弘文馆平成6年(1994年)版,第406—407页。
② 参见中国社会科学院历史研究所等:《天一阁藏明抄本天圣令校正》,中华书局2006年版,第649页。
③ 薛梅卿点校:《宋刑统》卷29,法律出版社1999年版,第535页。
④ 〔日〕黑板胜美主编:《令集解》卷12,吉川弘文馆平成6年(1994年)版,第375页。
⑤ 〔日〕黑板胜美主编:《交替式·延历交替式》,吉川弘文馆昭和58年(1983年)版,第15页。
⑥ 〔日〕黑板胜美主编:《令义解》卷2,吉川弘文馆平成8年(1996年)版,第78页。

季祭祀的节日、所需的祭祀供品,《养老令》并没有明确的规定,而在《延喜式》卷 2 则作了补充说明:"相尝祭神七十一座。太诏户社二座。绢四疋,丝二绚二两,棉六屯,调布七端三丈八尺,庸布二段二丈六尺,木棉三斤四两,鳆一斤四两,坚鱼五斤四两,腊八斤,凝海藻六斤,盐二升,海藻四斤,筥二合……陶臼各四口,酒稻百束。"①另据《令义解·军防令》"置关条"记载:"凡置关应守固者,并置配兵士,分番上下。其三关者,设皷吹军器,国司分当守固。所配兵士之数,依别式。"②上述两个条文中的"依别式",就是对令文的内容进行补充。

从唐式的立法程序来看,无论是《永徽式》还是《开元式》,都具有立法灵活的特点,法律内容经常发生变动。有唐一代,唐律和唐令的条文相对稳定,内容变化不是很大,而唐式的内容却经常发生变动。在唐代的文献中,经常看到"常式""恒式""定式""永为定式"等词语,说明唐式的条文经常增补。据《唐会要》卷 22 记载:"(开元)十九年敕:春秋二时社及释奠,天下诸州府县等并停牲牢,惟用酒脯。……自今以为常式。"③

关于"常式""永式""恒式""定式"的含义,有学者认为,上述四个词语虽有"式"字,但其与"作为法令的'式'不同",而是与"常例""定例""恒例"具有性质相同的"例"。④ 众所周知,唐代官文书的用词用语十分准确,如果把"常式""恒式"等理解为令、格、式三种法律形式的统称,很容易造成法律语言使用混乱。唐代的"永为常式""永为恒式""永为定式"等词语,正反映了唐式的立法程序。据唐代吏部的《装束式》规定:"敕:今年新授官,过谢后计程不到任所者,宜解所职。仍永为恒式。"⑤上述"永为恒式"的条文,即反映了《装束式》该条的立法过程。

---

① 〔日〕黑板胜美主编:《延喜式·前篇》卷 2,吉川弘文馆昭和 58 年(1983 年)版,第 32 页。
② 〔日〕黑板胜美主编:《令义解》卷 5,吉川弘文馆平成 8 年(1996 年)版,第 198 页。
③ (宋)王溥撰:《唐会要》卷 22,中华书局 1955 年版,第 424 页。
④ 参见〔日〕中村裕一:《唐代公文書研究》,汲古书院 1996 年版,第 490—498 页。
⑤ 刘俊文:《敦煌吐鲁番唐代法制文书考释》,中华书局 1989 年版,第 359 页;唐耕耦、陆宏基编:《敦煌社会经济文献真迹释录》(第二辑),全国图书馆文献缩微复制中心 1990 年版,第 587 页。

唐代文献中的"永为定式""永为常式"和"永为恒式",是指唐式条文的立法程序,它表明唐式的立法灵活,在条文内容的设计上具有针对性。

与唐式相比,日本式也具有立法灵活的特点。首先,日本式的内容、体例不断发生变化。以《延历交替式》《贞观交替式》和《延喜交替式》为例,《延历交替式》和《贞观交替式》,都记述了每条式文的制定时间,据《贞观交替式》记载:"官奏:国司出举之日,收纳之时者,长官以下,以次出纳,不须长头一人专当。如有不弁菽麦官者,不得任使。其有缘他事故,不知当年出纳者,不须署名。如有犯失者,署官准法征断。自余依令。奉敕依奏。天平三年四月廿七日。"①而在《延喜式》中,已删去了每条式文的制定时间,只保存了式文的正文内容,说明日本式的法典编纂体例逐渐规范化。其次,桓武天皇在位时制定的《延历交替式》中的一些条文,到清和天皇贞观年间制定《贞观交替式》时,废除了一些旧的条文,增加了一些新的式文。如在《贞观交替式》中,就增加了弘仁十一年闰正月廿日的式文:"诸司官舍破损不少,覆勘其由,息在官人,不勤修理,遂至大破,……即每年出举,割利且用修造,三年之后积利为本,本即返库。"②最后,与唐式的内容相比,日本式的内容相对公开,据藤原忠平的《上延喜格式表》记述:"窃以天覆地载,圣帝则之育民,阴惨阳舒,明王象之驭俗……嵯峨太上天皇,化周天壤,泽覃渊泉,制格式之明文,贻简册于昆季,六典详其纲纪,百寮无所依违。斯固纳轨之楷模,经国之准的者也。"③这说明日本的《延喜式》具有公开透明的特征。

律和令是通行全国的法典,法律内容具有普遍性和公开性。而唐式和日本式则是各级国家机关须遵守的办事细则,因而具有地域性和行业性的特点。在法国国家图书馆所藏敦煌文书伯2507号唐开元《水部式》残卷中,记述了都城长安附近的高陵县清、白二渠水流分配和河渠管理的规定:"京兆府高陵县界清白二渠交口,著斗门堰。清水,恒准水为

---

① 〔日〕黑板胜美主编:《交替式·贞观交替式》,吉川弘文馆昭和58年(1983年)版,第27页。
② 〔日〕黑板胜美主编:《交替式·贞观交替式》,吉川弘文馆昭和58年(1983年)版,第40页。
③ 〔日〕黑板胜美主编:《延喜式·前篇》,吉川弘文馆昭和58年(1983年)版,第1页。

五分,三分入中白渠,二分入清渠。若水两(量)过多,即与上下用水处,相知开放,还入清水。二月一日以前,八月卅日以后,亦任开放。泾渭二水大白渠,每年京兆少尹一人检校。其二水口大斗门,至浇田之时,须有开下。放水多少,委当界县官共专当官司相知,量事开闭。"①在日本《延喜式·民部上》中,记述了志摩国的口分田分配原则:"凡志摩国百姓口分田,便班授伊势、尾张两国,唯伊势神郡者,不在授限。"②

但是,唐式与日本式又有所不同,唐式的许多条文涉及了国家的军事秘密,具有隐秘性的特点。例如,唐代《宫卫令》规定了宫殿门、坊门开闭的时间,且禁止人们夜行,"宫殿门夜漏尽,击漏鼓讫开,夜漏上水一刻,击漏鼓讫闭。五更三筹,顺天门击鼓,诸街即连击小鼓,便声彻皇城京城诸门。……诸城门皆击鼓至四百槌讫闭。锁匙皆连铁鱼,刻其门名,藏之于柜。其出纳时节、开门之法,从别式"③。这里的"出纳时节、开门之法",显然属于国家的秘密,因此在唐令中规定"从别式"三字。而在《监门式》中,则作了详细规定。《唐律疏议》卷8"烽候不警"条规定了对寇贼入侵,应举烽而不举,应放多烽而放少烽的惩罚措施,长孙无忌在疏议中解释说,"放烽多少,具在式文,其事隐秘,不可具引"④,表明唐式的某些法律条文因涉及国家的军事机密,具有不公开性的特点。而在唐代的《兵部式》中,规定了放烽的具体数:"凡寇贼入境,马步兵五十人以上,不满五百人,放烽一炬;得蕃界事宜,及有烟尘,知欲南入,放烽两炬;若余寇贼五百人以上,不满三千人,亦放两炬;蕃贼五百骑以上,不满千骑,审知南入,放烽三炬;……若依式放烽至京讫,贼回者,放烽一炬报平安。凡放烽告贼者,三应三灭;报平安者,两应两灭。"⑤在日本古代元正天皇时期,虽然当时的式文也有放烽的细则,据《令义解》卷5"有贼入境条"规定:"凡有贼入境,应须放烽者,其贼众多少,烽数节

---

① 唐耕耦、陆宏基编:《敦煌社会经济文献真迹释录》(第二辑),全国图书馆文献缩微复制中心1990年版,第577—578页。
② 〔日〕黑板胜美主编:《延喜式》卷22,吉川弘文馆昭和56年(1981年)版,第577页。
③ 〔日〕仁井田陞:《唐令拾遗》,栗劲、霍存福等编译,长春出版社1989年版,第273页。
④ 刘俊文点校:《唐律疏议》卷8,法律出版社1999年版,第196页。
⑤ 孙雅芬等注:《武经总要注·上卷》卷5,西安出版社2017年版,第72页。

级,并依别式。"①但到醍醐天皇制定《延喜式·兵部省》时,已经删除了该项规定,笔者在《延喜式》中未能找到相应的法律条文。

总之,无论是唐式还是日本式,都是唐、日两国国家机关应遵守的法规细则,是中国唐代和日本古代两国法律体系中动态意义上的"活法"。关于其性质,两者既有相同之处,又有所区别。

三、唐式对日本古代法典《延喜式》的影响

唐式早已经失传,在现存的古代文献中,仅记载了一些零星的唐式条文。从20世纪初以来,在中国西北地区的敦煌和吐鲁番等地发现了许多唐代法律文书,其中有唐仪凤《度支式》残卷和开元《水部式》残卷等唐式资料。反观古代的日本,除了醍醐天皇时期制定的《延喜式》完整地保存至今外,还存有《延历交替式》《贞观交替式》和《弘仁式》等日本式的内容。敦煌吐鲁番文书唐式残卷的发现和日本《延喜式》的存在,为比较唐式与日本式的异同提供了可能。

依据现存的古代文献资料,我们认为日本古代《延喜式》的法典规模应超过唐代的《永徽式》和《开元式》。《延喜式》是在醍醐天皇延长五年(公元927年)编纂完成的,据藤原忠平《上延喜格式表》记述:"臣等谨奉纶命,忽履薄冰,于是搜古典于周室,择旧仪于汉家,取舍弘仁、贞观之驰张,因脩永徽、开元之沿革,勒成二部,名曰《延喜格式》。"②根据上述史料可知,《延喜式》不仅充分参考了唐代的《永徽式》和《开元式》,甚至还参考了唐以前的礼仪制度。《延喜式》共有五十卷,三千三百余条法律条文,其条文数量是唐代《开元令》和日本《养老令》条文数的两倍还多。

关于唐式的条文数,唐代文献没有明确记载。据《旧唐书·刑法志》记载,开元二十二年,中书令李林甫,侍中牛仙客、御史中丞王敬从,与明法之官前左武卫胄曹参军崔见、卫州司户参军直中书陈承信、酸

---

① 〔日〕黑板胜美主编:《令义解》卷5,吉川弘文馆平成8年(1996年)版,第201页。
② 〔日〕黑板胜美主编:《延喜式·前篇》,吉川弘文馆昭和56年(1981年)版,第1页。

枣尉直刑部俞元杞等,"共加删缉旧格、式、律、令及敕,总七千二十六条。其一千三百二十四条于事非要,并删之。二千一百八十条随文损益,三千五百九十四条仍旧不改。总成《律》十二卷,《律疏》三十卷,《令》三十卷,《式》二十卷,《开元新格》十卷"。这表明在唐开元二十二年以前,律、令、格、式的法律条文总数有七千零二十六条,若除去五百条律文、一千五百四十六条令文,剩余的格、式、敕的条文约有四千九百八十条。根据《旧唐书·刑法志》的记述,在唐开元二十二年以前,开元七年制定的《开元式》有二十卷,开元三年制定的《开元前格》十卷,开元七年制定的《开元后格》十卷,共计二十卷,这说明开元七年以前《开元格》与《开元式》的卷数相同,皆为二十卷。由此我们推断,在开元二十二年以前的格、式、敕约四千九百八十条法律条文之中,唐式的条文数量应占五分之二左右,约两千条法律条文,而不是像有些学者推测的那样,唐式有一千余条法律条文。①

法国国家图书馆所藏的敦煌文书伯 2507 号唐开元二十五年《水部式》残卷,仅为唐式三十三篇之一的《水部式》部分内容,该残卷目前存有唐式的条文数为三十一条。开元《水部式》残卷仅涉及唐代关中、河西地区的水渠管理,若扩展到全国,《水部式》的条文或许会更多一些。唐式共计有三十三篇,按此推断,开元二十五年制定的《开元式》的条文数至少也应有两千条。可见,无论是唐代《开元式》还是日本的《延喜式》,其篇幅规模都超过了令典。

日本古代的法典《大宝律令》和《养老律令》与唐代的律、令存在很深的渊源关系。而日本式则是当时的立法者依据本国的实际情况制定的法规细则,通过对唐式和日本《延喜式》的条文内容进行比较,我们发现两者虽然存在巨大的差异,但也有很大的关联性。据《延喜式》卷 20 "大学寮"记载:"古人云此式,多用汉音。"说明其条文内容与唐式有着密切的关系。

---

① 参见霍存福:《唐式辑佚》,载杨一凡主编:《中国法制史考证续编》(第八册),社会科学文献出版社 2009 年版,第 108 页。

(一) 唐仪凤《度支式》和开元《水部式》对日本《延喜式》影响甚微

法国国家图书馆所藏敦煌文书伯 2527 号唐开元《水部式》残卷是目前所见的保存唐式内容最多的法律文书,该文书记录唐朝的《水部式》条文有三十一条。纵观唐代开元《水部式》残卷,主要包括水利设施的建造、管理和维护,水渠管理机构的设置及官员考核,水资源的分配和使用,各地河流桥梁的管理和维护,河运、海运水手的选拔和货物运输等方面的内容。

法国国家图书馆所藏敦煌文书伯 2527 号唐开元《水部式》残卷有关于唐代水渠管理、水资源分配、水利官员考核等方面的规定:"诸渠长及斗门长至浇田之时,专知节水多少。其州县每年各差一官检校。长官及都水官司时加巡察。若用水得所,田畴丰殖,及用水不平并虚弃水利者,年终录为功过附考。"①该条文主要规定了各地河渠的管理系统,由中央的都水监和地方州县官员每年负责对各地水渠进行巡查,各渠设渠长和斗门长,负责分配水资源;每年年终对水利官员进行考核,管理得当者予以褒奖,管理不当则给予惩罚。

古代日本是一个水资源丰富的国家,国家对水渠的管理和水资源的使用立法宽松,在《延喜式》中没有单独设立与唐代《水部式》相对应的篇目。

20 世纪初,日本大谷探险队在新疆的吐鲁番发现了唐代张礼臣的墓葬,其中有莎草席纹文书共 85 件。1972 年,中国考古工作者又在阿斯塔那第 230 号墓出土了编号为 72TAM230:46(1)、(2)《唐仪凤三年(公元 678 年)尚书省户部支配诸州庸调及折造杂练色数处分事条启》残卷,共存 2 纸 19 行。这两次发掘经过中日学者的考证,被证实属于同一批文书残卷。关于 72TAM230:46(1)、(2) 号文书的性质,吐鲁番文书整理小组认为该残卷是《唐仪凤三年(678 年)尚书省户部支配诸州庸调及折造杂练色数处分事条启》。② 刘俊文教授认为该文书与前述的伯

---

① 刘俊文:《敦煌吐鲁番唐代法制文书考释》,中华书局 1989 年版,第 327 页。
② 参见中国文物研究所等编:《吐鲁番出土文书》(肆),文物出版社 1996 年版,第 65 页。

4745《贞观吏部式》断片和伯 2507 号开元《水部式》残卷相同,其内容系庸调物之征输、折纳、分配等有关规定,"估计此件所载可能是《度支式》,也可能是《度支旨条》"①。笔者认为,从 72TAM230:46(1)、(2)号吐鲁番文书的内容、书写形式来看,主要涉及唐代国家的赋税征收、折纳、分配的实施细则,应属"轨物程式"的性质,是唐代法典的形式,为唐代仪凤年间《度支式》的内容。

由于中国唐朝与古代日本的财税制度不同,唐代《度支式》与日本《延喜式》中的《主计式》存在很大的差异。日本学者大津透曾对 72TAM230:46(1)、(2)号文书和日本大谷文书进行了连缀,从连缀后的内容来看,两次出现"准式"和"依常式支配"的字样,应为唐式的条文,如其中记述:"秦夏原盐岚等州诸监官庸物,每年并于当州给,仰准式例给付其物。"②由于该条文具有明显的地域性特征,显然为日本式所无。而日本《延喜式·主计》中的许多条文,也为唐式所无。据《延喜式》规定:"凡大和国交易,所进斋院四月贺茂料冠绢十五疋,河内国白缣卌疋,每年二月送之。其直用正税,并以彼院返抄,勘会抄帐。"③

唐代《度支式》和日本《延喜式·主计》也有一些相近的法律条款。据《度支式》规定:"量留诸州折租布充讫,申所司。"④在《延喜式·主计下》中也有类似的条文:"凡调庸杂物纳官讫,即于使国司共勘会……具录事状送主税寮。"⑤由于唐代《度支式》残卷残损严重,笔者未找到唐代《度支式》与日本《延喜式·主计式》相同的法律条文。

(二) 日本《延喜式》受唐代《兵部式》和《刑部式》的影响显著

在日本《延喜式》中,有《兵部省》和《刑部省》两篇式文与唐代的《兵部式》和《刑部式》相对应。比较唐式与日本式相对应的篇目内

---

① 刘俊文:《敦煌吐鲁番唐代法制文书考释》,中华书局 1989 年版,第 314 页。
② 〔日〕大津透著,苏哲译:《唐律令国家的预算——仪凤三年度支奏抄·四年金部旨符试释》,载《敦煌研究》1997 年第 2 期。
③ 〔日〕黑板胜美主编:《延喜式》卷 25,吉川弘文馆昭和 56 年(1981 年)版,第 624 页。
④ 〔日〕大津透著,苏哲译:《唐律令国家的预算——仪凤三年度支奏抄·四年金部旨符试释》,载《敦煌研究》1997 年第 2 期。
⑤ 〔日〕黑板胜美主编:《延喜式》卷 25,吉川弘文馆昭和 56 年(1981 年)版,第 624 页。

容,可以清楚地看到唐式对日本《延喜式》的影响程度。

兵部是唐代尚书省六部之一,主要"掌天下军卫武官选授之政令"①。唐代兵部下辖四个司,即兵部司、职方司、驾部司、库部司。古代日本奈良时期在中央设立二官八省,其中的八省就有兵部省。

日本《延喜式·兵部省》的许多条文与唐代兵部管辖的《库部式》有密切关系。唐代的库部司是兵部管辖的四司之一,"掌邦国军州之戎器、仪仗,及冬至、元正之陈设,并祠祭、丧葬之羽仪,诸军州之甲仗,皆辨其出入之数,量其缮造之功,以分给焉"②。日本《延喜式·兵库寮》也具有相近似的功能:"凡破损甲,每年五十领,待官符到请料修理,即返纳本库。"③另据《唐六典》卷5"兵部尚书"条记载:"凡诸州军府应行兵马之名簿,器物之多少,皆申兵部,军散之日,亦录其存亡多少以申而勘会之。凡诸道回兵粮糒之物,衣资之费,皆所在州县分而给之。"④在日本《延喜式·兵库寮》也有类似的规定:"凡诸国样器仗,皆先进兵部,即与寮官共加检校阅。御览讫乃勘收。"⑤在《延喜式》中,有对器仗镌题专当官人姓名的规定:"诸司就库收之,其器仗镌题专当官人姓名。若检阅有不如法,随事科贬。"⑥该项规定在唐代文献中也能找到类似的内容,据《通典》卷149引唐《卫公李靖兵法》:"诸兵士随军被袋上,具注衣服物数,并衣资、弓箭、鞍辔、器仗,并另具题本军营、州县府卫及己姓名,仍令营官视检押署,营司钞取一本立为文案。"⑦

《唐律疏议》卷15"监主贷官物"条引疏议曰:"监临主守以官物贷人,'所贷之人不能备偿',谓无物可征者,征判署之官。"⑧长孙无忌等人在疏议中没有明确记载上述的法律规定源自何处。笔者认为,从唐律《厩库律》的篇目来看,应为唐代《库部式》的条文。在日本《延喜式·杂

---

① (唐)李林甫等撰,陈仲夫点校:《唐六典》卷5,中华书局1992年版,第150页。
② (唐)李林甫等撰,陈仲夫点校:《唐六典》卷5,中华书局1992年版,第164页。
③ 〔日〕黑板胜美主编:《延喜式》卷49,吉川弘文馆昭和56年(1981年)版,第987页。
④ (唐)李林甫等撰,陈仲夫点校:《唐六典》卷5,中华书局1992年版,第157页。
⑤ 〔日〕黑板胜美主编:《延喜式》卷49,吉川弘文馆昭和56年(1981年)版,第987页。
⑥ 〔日〕黑板胜美主编:《延喜式》卷28,吉川弘文馆昭和56年(1981年)版,第711页。
⑦ (唐)杜佑撰,王文锦等点校:《通典》卷149,中华书局1988年版,第3820页。
⑧ 刘俊文点校:《唐律疏议》卷15,法律出版社1999年版,第316页。

式》中,有相对应的法律条文:"凡监临主守以官物私自贷,若贷人、所贷之人不能备偿及身死者,并征判署之人;即判署亦死后免。"①

当然,唐代《兵部式》的许多条文在日本《延喜式·兵部省》中没有相对应的条款。据《唐律疏议》卷26"诸从征及从行身死"条:"准《兵部式》:从行身死,折冲赗物三十段,果毅二十段,别将十段,并造灵轝,递送还府。队副以上,各给绢两疋,卫士给绢一疋,充殓衣,仍并给棺,令递送还家。"另据唐《兵部式》规定:"给赐者,用所在官库丝布相兼。其军每年得赐者,不在别给时服,限其赐。"②这些唐代《兵部式》的条文在日本《延喜式》中不存在。同样,日本《延喜式·兵部省》的许多法律条文在唐代文献中也未见有类似的条款,如其中规定:"凡诸卫舍人禄锹者,有位八口,无位四口;其门部者,有位无位并二口。","凡军毅其身尫弱不堪武艺者,国司解任,具状申官,官下知省除簿"。③

唐代刑部是中央尚书省的司法行政部门,其职责是"掌天下刑法及徒隶勾覆、关津之政令"④。刑部所辖四个具体的职能部门,即刑部司、都官司、比部司、司门司。古代日本奈良时期中央的二官八省,也有刑部省的机构。唐代和古代日本的法典中不仅皆有《刑部式》的篇目,其中许多条文也具有相似性和可比性。

唐代《刑部式》的许多条文,为日本《延喜式·刑部省》所借鉴吸收。据《宋刑统》卷29引唐《刑部式》:"诸狱囚应给荐席、医药及汤沐,并须枷、锁、钳、杻、钉、鏁者,皆以赃赎物充,不足者,用官物。"⑤该项规定在日本《延喜式》中也有相对应的条文:"凡狱囚应给衣粮、荐席、医药及修理狱舍之类,用赃赎物者,申官听裁,然后给之。在外者先用后申。"⑥很明显,两者有很深的渊源关系。

---

① 〔日〕黑板胜美主编:《延喜式》卷50,吉川弘文馆昭和56年(1981年)版,第996页。
② (唐)白居易编,(宋)孔传续编:《白孔六帖》卷57,载(清)永瑢等编纂:《文渊阁四库全书》(第891册),上海古籍出版社2012年版,第898页。
③ 〔日〕黑板胜美主编:《延喜式》卷28,吉川弘文馆昭和56年(1981年)版,第703、704页。
④ (唐)李林甫等撰,陈仲夫点校:《唐六典》卷6,中华书局1992年版,第179页。
⑤ 薛梅卿点校:《宋刑统》卷29,法律出版社1999年版,第535页。
⑥ 〔日〕黑板胜美主编:《延喜式》卷29,吉川弘文馆昭和56年(1981年)版,第723页。

在日本《延喜式》中,有关于良贱之间诉讼的规定:"凡判良贱诉者,具录事状申官奏闻。"①唐代的良贱相诉之事由都官司负责,据《唐六典》卷6记载,都官曹"掌簿录配没官私奴婢,并良贱诉竞、俘囚之事"②。唐代良贱之间诉讼的法律规范应收录于《都官式》之中。

在日本的《延喜式》中,有关于审讯文书的规定,"凡讯狱讼书者,具录诉状,其申官解文者,少除繁辞。宣判之日,必须委曲"③。该项制度虽不见于唐代的文献中,但在新出土的敦煌吐鲁番文书中,却保存了这方面的内容。在1973年新疆阿斯塔那出土的编号为73TAM509:8(1)、(2)号《康失芬行车伤人事案卷》中,地方官府就"具录"了受害人金儿的法定代理人史拂郁,想子的法定代理人曹没冒的诉状:

(前缺)
1　　男金儿八岁——
2　　牒:拂郁上件男在张鹤店门前坐,乃被行客
3　　靳嗔奴家生活人将车辗损,腰已下骨并碎破。
4　　今见困重,恐性命不存,请处分。谨牒。
5　　　　元年建未月　　日,百姓史拂郁牒④

从上述吐鲁番文书所记录的内容看,与日本《延喜式》关于该条文的记载相近,表明在唐式中也应有相对的法律条文。

(三)唐式其他各篇内容对日本《延喜式》的影响

唐式共有三十三篇,除了上述四篇唐式可与日本的《延喜式》进行比较外,其他篇目的条文与日本《延喜式》的法律内容也有相似之处,从中也可以看到唐式对日本《延喜式》的影响情况。

吏部是唐代国家官吏选授、勋封、考课等方面的管理机构,在现存的古代文献和敦煌吐鲁番文书中,保存了许多唐代吏部的式文。笔者认

---

① 〔日〕黑板胜美主编:《延喜式》卷29,吉川弘文馆昭和56年(1981年)版,第725页。
② (唐)李林甫等撰,陈仲夫点校:《唐六典》卷6,中华书局1992年版,第192页。
③ 〔日〕黑板胜美主编:《延喜式》卷29,吉川弘文馆昭和56年(1981年)版,第724页。
④ 中国文物研究所等编:《吐鲁番出土文书》(肆),文物出版社1996年版,第329—330页。

为，日本《延喜式·式部省》的许多条文与唐代《吏部式》也有密切的关系。

据日本《延喜式·式部上》记载："凡郡司遭父母丧者，服阕之后，申官复任。若三年以上不申复任，便补其替。权任之辈，亦得复任。"①该项制度在中国的文献中也有相应的规定，据《唐会要》卷38"夺情"记载："伏以通丧三年……诸司诸使人吏职掌官，并诸道进奏官，并不在更请起复授官限。其间或要藉驱使官任，准旧例举追署职，令句当公事，待服阕日，即依前奏官。"②在日本《延历交替式》中，有关于官吏职田的规定："民部省例：新任外官，五月一日以后至任者，职分田入前人，其新人给粮，限来年八月卅日。若四月卅日已前者，田入后人，功酬前人，即粮料限当年八月卅日。"③现存唐代的文献中，也有相近的唐式条文："应内外官请职田，陆田限三月三十日，水田限四月三十日，麦田限九月三十日。已前上者，入后人；已后上者，入前人。伏以令式之中，并不该闰月，每遇闰月，交替者即公牒纷纭。……永为常式。"④笔者认为，《延历交替式》中的该条文应是借鉴了唐式《吏部式》的条文。

户部是唐代尚书省六部的职能部门，掌管全国的户口、土田、赋役、蠲免、优复、姻婚、继嗣等方面的事务。日本管理户籍、土地、赋役等方面事务的机构是民部。从现存的古代文献来看，唐代《户部式》的许多条文与日本的《延喜式·民部》有着密切的关系。

日本《延喜式》卷22《民部上》记载："凡诸国调庸米盐者，令条期后，七个月内纳讫。"⑤该项制度在唐代也有相应的规定，据《通典》卷6记载："诸庸调物，每年八月上旬起输，三十日内毕。"⑥在唐令、北宋《建隆令》和日本《养老令》中，皆有对出行在外患病者的治疗救济之法，据《宋刑统》卷12引《户令》规定："诸鳏寡孤独，贫穷老疾，不能自存者，令

---

① 〔日〕黑板胜美主编：《延喜式》卷18，吉川弘文馆昭和56年（1981年）版，第479页。
② （宋）王溥撰：《唐会要》卷38，中华书局1955年版，第691页。
③ 〔日〕黑板胜美主编：《交替式·延历交替式》，吉川弘文馆昭和58年（1983年）版，第15页。
④ （宋）王溥撰：《唐会要》卷92，中华书局1955年版，第1672—1673页。
⑤ 〔日〕黑板胜美主编：《延喜式》卷22，吉川弘文馆昭和56年（1981年）版，第568页。
⑥ （唐）杜佑撰，王文锦等点校：《通典》卷6《食货六》，中华书局1988年版，第109页。

近亲收养;若无近亲,付乡里安恤。如在路有疾患,不能自胜致者,当界官司收付村坊安养,仍加医疗,并堪问所由,具注贯属,患损日,移送前所。"①日本《令集解》卷10"鳏寡"条与《宋刑统》的记述基本相同。但是,对于患者治疗的费用以及病死后尸体的掩埋处置,令文中并没有明确规定,而在《延喜式·民部下》"在路疾病"条作了补充说明:"凡诸国往还百姓在路困饥病患无由达乡者,专当国司一人巡看,附随近村里,以正税收,得疗之日,依法送达。若有死去者,敛埋便处,具显贯属姓名牓示其上。有漏怠者,国郡司等随事科处。"②笔者推断,在唐代的《户部式》中,也应有相对应的条款。

唐代礼部掌天下的礼仪、祠祀、燕飨、贡举等方面的事务,礼部管辖的祠部司掌祠祀享祭,天文漏刻,国忌庙讳,卜筮医药,道佛等事务。唐代贞观时期的《祠部式》规定:"诸陵起居之礼,惟《贞观式》文,但以春秋仲月命使巡陵。"③该项制度在日本《延喜式·诸陵寮》也有相似的条文:"凡诸陵墓者,每年二月十日差遣官人巡检,仍当月一日,录名申省。其兆域垣沟若有损坏者,令守户修理,专当官人巡加检校。"④

唐代《祠部式》的许多法律条文是关于佛教、道教管理的法律规范,日本佛教事务的管理机构是玄蕃寮,在《延喜式·玄蕃寮》中,收录了许多佛教管理的式文。比较唐代的《祠部式》和日本《延喜式·玄蕃寮》,我们发现两者有许多法律条款十分相近。

据《唐六典》卷4引《祠部式》记载"道士、女道士、僧、尼行道散斋,皆给香油、炭料。若官设斋,道、佛各施物三十五段……若私家设斋,道士、女道士、僧、尼兼请不得过四十九人。凡远忌日虽不废务,然非军务急切,亦不举事。余如常式"⑤。日本古代的《延喜式》也有相近的内容:"凡每年起正月八日,迄于十四日,于太极殿设斋,讲说金光明最胜

---

① 薛梅卿点校:《宋刑统》卷12,法律出版社1999年版,第215页。
② 〔日〕黑板胜美主编:《延喜式》卷23,吉川弘文馆昭和56年(1981年)版,第583页。
③ (宋)王溥撰:《唐会要》卷31,中华书局1955年版,第402页。
④ 〔日〕黑板胜美主编:《延喜式》卷21,吉川弘文馆昭和56年(1981年)版,第556页。
⑤ (唐)李林甫等撰,陈仲夫点校:《唐六典》卷4,中华书局1992年版,第127页。

王经,讲经卅二口,沙弥卅四口。"①另据《延喜式·玄蕃署》"收度缘"条记载:"凡僧尼并沙弥等,身死及犯罪,因才还俗者,收其度缘,年终申官毁之。寮案具注事状。"②该项制度虽不见于唐代文献的记述,但在南宋《庆元令·道释令》中有相似的记载:"诸僧、道身死,若还俗或避罪逃亡者,主首限当日先于度牒或牒六念若紫衣、师号牒大字批凿事因,印押。内度牒于中间横划数道,存头尾,三日内具事状缴纳所属州县毁抹。州委知、通拘收。限一日于帐内开落,逐旋缴申尚书省。"③由此推断,《庆元令·道释令》中的该条法律条文,很有可能是源于唐代《祠部式》的条文。

唐代的《永徽式》和《开元式》中设有《太府式》的篇目,据《唐六典》卷20记载:"若请受、输纳,人名、物数皆著于簿书。"④笔者认为该项规定应为《太府式》的法律条文。在日本《延喜式·大藏省》中,也有关于库物受纳的规定:"凡受纳出给者,先申辨官,辨官仰诸司共集然后给纳。""凡出纳库物者,诸司各作出纳帐,共署即明记受人姓名。"⑤

在日本《延喜式·东西市司》中,有关于市场管理的法规细则:"凡市皆每鄽立牓题号,各依其鄽随色交阓,不得彼此就便违越。""凡卖买不和较固者,市司追捉勘当。"⑥唐代的文献中也有相关的记述,据《唐六典》卷20"两京诸市署"条:"凡建标立候,陈肆辨物";"凡卖买不和而榷固,……并禁之"。⑦ 上述法律条款有可能属于唐式《太府式》的篇目。

在日本《延喜式·大膳下》中,有关于供奉酱料的管理细则:"供御酱料,大豆三石,米一斗五升,糯米四升三合三勺二撮,小麦、酒各一斗

---

① 〔日〕黑板胜美主编:《延喜式》卷21,吉川弘文馆昭和56年(1981年)版,第532—533页。
② 〔日〕黑板胜美主编:《延喜式》卷21,吉川弘文馆昭和56年(1981年)版,第545页。
③ (宋)谢深甫编撰,戴建国点校:《庆元条法事类》卷51,载杨一凡、田涛主编:《中国珍稀法律典籍续编》(第一册),黑龙江人民出版社2002年版,第723页。
④ (唐)李林甫等撰,陈仲夫点校:《唐六典》卷20,中华书局1992年版,第542页。
⑤ 〔日〕黑板胜美主编:《延喜式》卷30,吉川弘文馆昭和56年(1981年)版,第733页。
⑥ 〔日〕黑板胜美主编:《延喜式》卷42,吉川弘文馆昭和56年(1981年)版,第927页。
⑦ (唐)李林甫等撰,陈仲夫点校:《唐六典》卷20,中华书局1992年版,第543页。

五升,盐一石五斗,……用薪三百斤。"①该项规定虽不见于中国文献的记述,但在日本的《令集解》引唐《开元式》有类似的记述:"供奉酱一石料,上豆黄五斗,麹米三斗,盐二斗五升,黄蒸二斗五升,麹子米八合,木橦四分。上酱一石料,豆黄四斗,麹米盐各二斗,黄蒸二斗,麹子米八合,木橦三分九釐。酱次酱一石料,豆黄二斗八升,麹子盐各一斗八升,黄蒸一斗九升,木橦三分九釐,造官者。"②很明显,《延喜式》的该项规定是参考唐代《开元式》制定而成的。

上面所罗列的法律内容仅为唐式和日本《延喜式》中的部分内容,其相同或相近的法律条款不是很多。通过对唐式和日本《延喜式》的内容进行比对,我们发现唐式和日本《延喜式》的大部分内容存在着很大差异。唐式中的多数法律条文并没有被日本《延喜式》所吸纳,如英国国家图书馆所藏敦煌文书斯1604号《天复二年(公元902年)四月廿八日都僧统贤照帖诸僧尼寺纲管徒众等》引唐代《祠部式》的条文:"准式:僧尼每夜不得欠少一人。仰判官等每夜巡检,判官若有怠慢公事,亦招科罚。"③笔者在日本的法典《延喜式》中就没有找到相对应的条款。同样,日本《延喜式》中的大多数法律条文,如《延喜式·隼人司》"唤集"条:"凡大仪者,预前申官,唤集诸国隼人,令供其事,仍给间食。"④在唐式中也未见有对应项。唐式与日本《延喜式》之所以出现如此巨大的差异,正是由于中国、日本两国有着不同的法律习惯。

四、唐式对日本《养老律》和《养老令》的影响

唐代是中日两国法律文化交流频繁的时期,当时的日本政府经常派遣唐使来华学习唐朝先进的法律文化,并带回去了许多中国的法律典籍。据宽平年间(公元889年—公元898年)编纂的《日本国见在书目

---

① 〔日〕黑板胜美主编:《延喜式》卷33,吉川弘文馆昭和56年(1981年)版,第774页。
② 〔日〕黑板胜美主编:《令集解》卷5,吉川弘文馆平成7年(1995年)版,第124页。
③ 唐耕耦、陆宏基编:《敦煌社会经济文献真迹释录》(第四辑),全国图书馆文献缩微复制中心1990年版,第126—127页。
④ 〔日〕黑板胜美主编:《延喜式》卷28,吉川弘文馆昭和56年(1981年)版,第718页。

录》之十九"刑法家"记载,舶载至日本的中国法律典籍有:"《大律》六卷;《新律》十卷;隋《大业令》卅卷;唐《贞观敕格》十卷;唐《永徽律》十二卷;《永徽律疏》卅卷,长孙无忌等撰……《开元后格》九卷;《散颁格》七卷;《僧格》一卷;唐《永徽式》廿卷;唐《开元式》廿卷;《大中刑律统类》十二卷。"其中便有《永徽式》和《开元式》两部法典。日本学者池田温把《日本国见在书目录·刑法家》与《旧唐书·经籍志》《新唐书·艺文志》收录的法律书籍进行比较,发现《日本国见在书目录》所收录的唐代法律典籍的比重约为《新唐书》和《旧唐书》的一倍,"显示出飞鸟朝遣隋使以降日本常时希望吸收当时中国之法制,而其于唐朝前期之法制诸文献,更企图全面摄取"①。

唐式传到日本后,不仅对日本古代的法典形式《弘仁式》《贞观式》和《延喜式》等日本式的制定产生了直接影响,甚至还对日本古代的法典《养老律》和《养老令》的内容产生了重要的影响。关于唐式传入日本后对日本律令的影响,笔者认为主要体现在两个方面:其一,唐式的条文经过日本立法者的改动,直接演变成日本令的条文;其二,日本的立法者经常援引唐式的内容进行法律解释,用来解释《养老律》和《养老令》的条文内容。

(一)日本古代法典《养老令》对唐式条文的吸纳情况

唐代的文献经常出现令、式并称的现象,表明唐令与唐式的关系非常密切。唐式传入日本后,有许多法律条文经过日本立法者的改动,直接演变为《养老令》的条文。

唐式条文变成日本《养老令》条文的现象很多。据唐代《监门式》规定:"京城每夕分街立铺,持更行夜。鼓声绝,则禁人行;晓鼓声动,即听行。若公使齎文牒者,听。其有婚嫁,亦听。"②唐式中的该条文经过日本立法者的改动,被吸纳到了《养老令·宫卫令》中,规定:"凡京路分街立铺,卫府持时行夜。夜鼓声绝禁行,晓鼓声动听行。若公使及有婚嫁、

---

① 〔日〕池田温:《关于〈日本国见在书目〉刑法家》,载《法律史研究》编委会编:《中国法律史国际学术讨论会论文集》,陕西人民出版社1990年版,第216—230页。
② 刘俊文点校:《唐律疏议》卷8,法律出版社1999年版,第187页。

丧病须相告赴,求访医药者,勘问明知,有实放过。"①比较上述两条法律条文,可以清楚地看到日本立法者对唐式条文改动的迹象。另据《唐律疏议》卷8"诸烽候不警"条引《职方式》:"放烽讫而前烽不举者,即差脚力往告之。"②在日本《养老令·军防令》中也有相对应的条款:"凡烽,昼夜分时候望。若须放烽者,……其烟尽一刻,火尽一炬,前烽不应者,即差脚力,往告前烽。"③很明显,日本《养老令·军防令》的该条吸纳了唐代《职方式》的法律条文。

日本著名法制史学者泷川政次郎认为,唐代《兵部式》中的一些条文内容被《养老令·军防令》所借鉴,两者存在很深的渊源关系。④ 对于泷川教授的观点,笔者不敢苟同。众所周知,唐代兵部管理烽燧事务的机构是职方司,"职方郎中、员外郎掌天下之地图及城隍、镇戍、烽堠之数,辨其邦国、都鄙之远迩及四夷之归化者。……凡烽堠所置,大率相去三十里;其逼边境者,筑城以置之。每烽置帅一人、副一人"⑤。由此我们推断,唐代关于烽燧制度的法规细则应在《职方式》中,宋人曾公亮编纂的《武经总要》所收录的唐式条文也应为《职方式》的条文,并非唐《兵部式》篇目的内容。

唐代《职方式》的许多法律条文与日本《养老令·军防令》的令文内容相同或相近。据宋代《武经总要》引唐代的《职方式》记载:"凡掌烽火,置帅一人,副一人,每烽置烽子六人,并取谨信有家口者充。副帅往来检校。烽子五人分更刻望视;一人掌送符牒,并二年一代,代且须教新人通解,始得代去。如边境用兵时,更加卫兵五人,兼收烽城。"⑥日本《养老令·军防令》的"烽长"条与其相近,规定:"凡烽,置长二人,检校三烽以下,唯不得越境。国司简所部人家口重大堪检校者。死,若无

---

① 〔日〕黑板胜美主编:《令义解》卷5,吉川弘文馆平成8年(1996年)版,第180页。
② 刘俊文点校:《唐律疏议》卷8,法律出版社1999年版,第159页。
③ 〔日〕黑板胜美主编:《令义解》卷5,吉川弘文馆平成8年(1996年)版,第201页。
④ 参见〔日〕泷川政次郎:《唐兵部式と軍防令》,载《律令格式の研究》,角川书店昭和42年(1967年)版,第173—185页。
⑤ (唐)李林甫等撰,陈仲夫点校:《唐六典》卷5,中华书局1992年版,第161—162页。
⑥ 孙雅芳等注:《武经总要注·上卷》卷5,西安出版社2017年版,第70—71页。

者,通用散位勋位,分番上下,三年一替。交替之日,令教新人通解然后相代。其烽须修理,皆役烽子。"①

《武经总要注·上卷》卷5引唐朝《职方式》规定了"烽台"的设置之法:"置烽之法:每烽别有土筒四口,筒间火台四具,台上插橛,拟安火炬,各相去二十五步。若山险地狭,下及二十五步。但取应火分明,不须限远近。其烟筒各高一丈五尺,自半已下,四面各阔一丈二尺;向上,则渐锐狭,……在烽贮备之物,要柴藁木材。每岁秋前,别采艾蒿茎叶苇条草节,皆要相杂,为枚烟之薪。及置麻蕴火钻狼粪之属,所委积处,亦掘堑环之,防野烧延燎近边者,亦量给弓弩。"②日本《养老令·军防令》"置烽处条""火炬条""放烟贮备条"数条令文与唐式的该条文相近,据《养老令》"置烽"条规定:"凡置烽之处,火炬各相去廿五步。如有山险地狭,不可得充廿五步之处,但得应照分明,不须要限相去远近。"③

《武经总要注·上卷》卷5所引唐代的《职方式》还规定了应火土筒的设置方向以及昼夜传递军事信息的方法:"凡应火土筒,若向东应,筒口西开;若向西应,筒口东开;南北准此。""凡白日放烟,夜放火,先须看筒里至实不错,然后相应时。"④日本《养老令·军防令》与唐代《职方式》的上述两条法律条文相同。据此可知,飞鸟时代的日本政府在制定令典时,不仅广泛参考了唐令的内容,还充分参考了唐式的条文。

(二)唐式被用以解释日本法典《养老律》和《养老令》

自从日本大化改新之后,唐代的法典就通过遣唐使传到了日本。在飞鸟时代的天智天皇时期,日本立法者以唐朝《贞观令》和《永徽令》为蓝本,制定了《近江令》二十二卷,并对唐令作了修改。为了与日本令相配套,当时的日本政府没有制定律,而是对唐律作了细微的调整,可以说几乎全部照搬了唐律。文武天皇制定《大宝律令》时,对此前的律典作了较大程度的修改,如把《唐律疏议》的"十恶"改为"八虐",把"八议"

---

① 〔日〕黑板胜美主编:《令义解》卷5,吉川弘文馆平成8年(1996年)版,第201页。
② 孙雅芬等注:《武经总要注·上卷》卷5,西安出版社2017年版,第71页。
③ 〔日〕黑板胜美主编:《令义解》卷5,吉川弘文馆平成8年(1996年)版,第202页。
④ 孙雅芬等注:《武经总要注·上卷》卷5,西安出版社2017年版,第71页。

改为"六议"等,删除了许多不适合本国的条款,增加了一些新的规定。尤其是在量刑方面,日本律由于受到儒教仁政主义和佛教慈悲观念的影响,量刑较唐律有所减轻。① 元正天皇养老二年(公元 718 年),又制定了《养老律令》。据《弘仁格式·序》记载:"养老二年,复同大臣不比等,奉勅更撰律令,各为十卷,今行于世律令是也。"②《续日本纪》"天平宝字元年十二月壬子"条也记载:"正五位上大和宿祢长冈,从五位下阳胡史真身,并养老二年修律令,功田各四町。"③

1. 唐式被用以解释日本《养老律》律文

唐代的法典唐律以疏议的形式保存至今,即著名的《唐律疏议》。而日本的律典《养老律》早已佚失,现仅存《名例律》的前半,《卫禁律》的后半,《职制律》和《贼盗律》的全部以及《斗讼律》的个别条款。此外,在《政事要略》和《法曹至要抄》等文献中,也记述了日本律的个别条文。

众所周知,唐律和唐式两者所调整的法律范围存在明显差异。但是,在现存的《唐律疏议》中,长孙无忌等人还是经常援引一些唐式的条文对唐律的内容进行解释,即疏议。据《唐律疏议》卷 10"诸增乘驿马"条引唐代《驾部式》:"准《驾部式》:六品以下前官、散官、卫官、省司差使急速者,给马。使回及余使,并给驴。"④

日本古代的律典《养老律》早已失传,现仅存个别的篇目。在日本学者复原的《养老律》中,也可看到当时的立法者援引唐式对律文进行解释的现象。据日本律《卫禁律》"越垣及城条"规定:"凡越兵库垣及筑紫城,徒一年。曹司垣杖一百……若应开毁管键而开者,各杖六十;错下键及不由钥而开者,笞四十。余门各减二等。若擅开闭者,各加越罪一等;即城主无故开闭者,与越罪同。"日本法学家引用了唐式的条款对

---

① 参见〔日〕利光三津夫:《律の研究》,名著普及会昭和 63 年(1988 年)版,第 124—125 页。
② 〔日〕黑板胜美主编:《类聚三代格·前篇》,吉川弘文馆昭和 58 年(1983 年)版,第 2 页。
③ 〔日〕黑板胜美主编:《续日本纪·前篇》卷 20,吉川弘文馆昭和 56 年(1981 年)版,第 244—245 页。
④ 刘俊文点校:《唐律疏议》卷 10,法律出版社 1999 年版,第 229 页。

该条律文作了解释:"谓:国郡之城主执钥者,不依法式开闭,与越罪同。"①《养老律》上述律文的法律解释就直接借鉴了《唐律疏议》卷7"奉敕夜开宫殿门"条所引的《监门式》条款。

2. 唐式被用于解释日本《养老令》令文

中国古代的文献中经常出现"令""式"并称的现象,表明唐令与唐式有着密切的关系。古代日本令和式关系也很密切,《延喜式》是日本令的实施细则,对于令文的内容起细化和补充的作用。据《令集解》卷12《田令》"外官新至条"规定:"凡外官新至任者,比及秋收,依式给粮。"②这里的"依式给粮",就是令文的实施细则。

在日本贞观年间(公元859年—公元877年)由惟宗直本编纂的《养老令》的注释书《令集解》中,引用了许多唐式条文对日本《养老令》进行法律解释。根据笔者统计,在《令集解》一书中,总计有8处记录了唐式的名称,其中记录唐《开元式》有4处,《刑部式》1处,《监门式》2处(有1处仅提到了篇名),《太仆式》1处。③ 这说明当时的立法者经常引用唐式的条文来解释《养老令》。

据《令集解》卷5《职员令》"大膳职"条记载:"大夫一人,掌诸国调、杂物及造庶膳羞、醯䩄、酱豉、未酱、肴菓、杂饼、食料,率膳部以供其事。"惟宗直本援引了唐朝《开元式》对供奉造酱的用料情况作了说明:"供奉酱一石料,上豆黄五斗,麹米三斗,盐二斗五升,黄蒸二斗五升,麹子米八合,木橦四分。上酱一石料,豆黄四斗,麹米盐各二斗,黄蒸二斗,麹子米八合,木橦三分九釐。酱次酱一石料,豆黄二斗八升,麹子盐各一斗八升,黄蒸一斗九升,木橦三分九釐,造官者。"④可见,日本古代造酱的方法是借鉴了唐式的规定。

唐令和日本《养老令》从宏观的角度对孝子、新授官免除课役的情

---

① 〔日〕黑板胜美主编:《律》,吉川弘文馆昭和53年(1978年)版,第29页。
② 〔日〕黑板胜美主编:《令集解》卷12,吉川弘文馆平成6年(1994年)版,第376页。
③ 参见郑显文:《日本〈令集解〉中所见的唐代法律史料》,载马志冰等编:《沈家本与中国法律文化国际学术研讨会论文集》,中国法制出版社2005年版,第792页。
④ 〔日〕黑板胜美主编:《令集解》卷5,吉川弘文馆平成7年(1995年)版,第123—124页。

况加以规制,但对于免除课役的时间及具体情节没有详细说明。为此,日本《养老令》的注释书《令集解》引唐《开元式》作了解释:"——依令,孝义得表其门闾,同籍并免课役。即孝义人身死,子孙不住与得孝义人同籍,及义门分异者,并不在免限。——依令,授官应免课役,皆待蠲符至然后注免。杂任解下应附者,皆依解时月日据征。即杂补任人合依补时月日蠲免。——依令,春季附者,课役并征;夏季附者,免课从役;秋季附者,课役俱免。即春季破除者全免,夏季破除者征课,秋季破除者全征。——防閤、疾仆、邑士、白直等,诸色杂任等,合免课役。"①

日本《养老令·厩牧令》"牧马牛死耗条"规定了放牧官马牛的死耗限度:"凡牧马牛死耗者,每年率百头论除十。其疫死者,与牧侧私畜相准;死数同者,听以疫除。"②但是,如果管理畜牧业的官员每年死耗超过法定数额又如何处罚,令文并没有具体的规定。惟宗直本在注释《养老令》时,援引了唐代的《太仆式》作了说明:"诸牧长所管马牛,死失过耗结罪,合徒者,虽去官亦不在免限。"③

日本《令集解》引唐式对日本令文进行解释的现象十分普遍,据《养老令·田令》"荒废"条记载:"凡公私田荒废三年以上,有能借佃者,经官司判借之,虽隔越亦听。……其官人于所部界内,有空闲地愿佃者,任听营种,替解之日还公。"惟宗直本援引了唐《开元式》对该条文中的"替解之日还公"一语进行了解释:"《开元式》第二卷云:其开荒地经二年收熟,然后准例。"④日本法学家在对《养老令》的令文进行解释时,经常使用"依式""依别式"等字样,没有提及唐式的篇名。从《令集解》中所引唐式的频繁程度来看,唐式对日本的《养老令》还是产生了重要影响。

综上所述,由于受到史料的限制,以往学术界大多注重对唐代律令和日本律令的比较研究,而对于唐式与日本式的关系以及唐式对日本古

---

① 〔日〕黑板胜美主编:《令集解》卷13,吉川弘文馆平成6年(1994年)版,第406—407页。
② 〔日〕黑板胜美主编:《令义解》卷8,吉川弘文馆平成8年(1996年)版,第273页。
③ 〔日〕黑板胜美主编:《令集解》卷38,吉川弘文馆平成6年(1994年)版,第923页。
④ 〔日〕黑板胜美主编:《令集解》卷12,吉川弘文馆平成6年(1994年)版,第370—372页。

代法典的影响等问题并未给予足够的重视。从20世纪初以来,随着唐仪凤《度支式》和开元《水部式》等敦煌吐鲁番文书的发现,学术界对唐式有了新的认识,将唐式与日本《延喜式》进行比较也成为可能。

通过对唐代法律文献和日本古代法律文献的梳理,可以初步得出如下几点认识:其一,从飞鸟、奈良时起,在唐代律令传入日本的同时,唐代的法典形式格和式也传到了日本。在元正天皇养老二年(公元718年)制定的《养老律》和《养老令》中,多次提到了日本式。据《养老律·职制律》"律令式不便于事"条记述:"凡称律、令、式不便于事者,皆须申太政官议定奏闻。若不申议,辄奏改行者,徒二年。"①这说明唐式传入日本的时间很早,几乎是与唐律和唐令同时传入日本的,古代日本式的最早蓝本应为唐高宗时期的《永徽式》,日本式也是以唐式为蓝本制定而成的。

其二,由于唐朝与古代日本的官僚体制不同,唐式与日本式的篇目存在很大的差异。除了唐代的《兵部式》和《刑部式》与日本《延喜式》中的《兵部省》《刑部省》有对应的篇目,唐代的《吏部式》和《户部式》与日本《延喜式》中的《式部省》和《民部省》篇目内容相近,其余绝大多数的篇目内容都不同,说明古代日本并没有照搬唐朝的格和式,而是根据本国的实际情况制定了《延喜式》。

其三,古代的东亚地区通常被学术界称为律令制的东亚文化圈。律令制的特征是以律、令为核心,以格和式等其他法律形式作为补充。众所周知,古代律、令、格、式四种法律形式所调整的范围不同,律是定罪量刑的刑法典;令是关于国家各项制度的法典;格对律文的内容进行扩展和补充;式对令的内容加以细化,属于国家机关的办事细则。飞鸟、奈良时期的日本政府对唐律和唐令的内容几乎是全面吸纳,而对于唐代另外两种法律形式格和式则是有选择地少量吸收,如把唐代的《道僧格》编入《养老令·僧尼令》中②,把唐《职方式》的部分条文编入《养老令·军防令》中。

---

① 〔日〕黑板胜美主编:《律》,吉川弘文馆昭和53年(1978年)版,第53—54页。
② 参见郑显文:《唐代〈道僧格〉研究》,载《历史研究》2004年第4期。

总之，唐式和日本《延喜式》皆为古代东亚社会动态意义上的法，其不仅广泛适用于社会生活的各个领域，还集中反映了本民族的法律传统。唐式对日本古代的法典产生了深远影响，飞鸟、奈良时期的日本法学家不仅经常引用唐式的条文对《养老律》和《养老令》的内容进行法律解释，还把唐式的一些规定吸纳到日本式中。古代日本对待唐朝先进法律文化的态度是在宏观方面全面吸纳，而在微观方面则延续了本民族的法律习惯。日本古代移植唐朝法律文化的历史经验，很值得后世总结和借鉴。

第五章
唐代"天下之法"与限制君权的法律范式

英国学者布伦达·拉尔夫·刘易斯(Brenda Ralph Lewis)说:"人类并非生而平等,否则,就不会有国王、皇帝、贵族、领袖等佼佼者。"①但是,平等又是人类文明发展的必然结果,是人们追求的永恒价值目标,法国学者皮埃尔·勒鲁(Pierre Leroux)说:"平等是一种原则,一种信条。"②在古今中外的各种社会形态中,之所以出现不平等的现象,主要是由于权力分配不合理。合理地配置权力,对掌握权力的统治者进行制约,是构建和谐稳定社会的基础。

众所周知,权力是一种控制和调配社会资源、维护和巩固社会秩序的力量。美国学者丹尼斯·H·朗(Dennis H. Wrong)曾对权力作了如下概述:"权力是某些人对他人产生预期效果的能力。"③纵观中国

---

① 〔英〕布伦达·拉尔夫·刘易斯:《君主制的历史》,荣矛、方立维译,生活·读书·新知三联书店2007年版,第1页。
② 〔法〕皮埃尔·勒鲁:《论平等》,王允道译,商务印书馆1988年版,第20页。
③ 〔美〕丹尼斯·朗:《权力论》,陆震纶、郑明哲译,中国社会科学出版社2001年版,第3页。

古代几千年的历史,就是一部权力斗争的历史。当一些统治者掌握权力后能够顺应历史的发展趋势,合理地分配和运用权力,就能促进社会的发展和进步;反之,当一些残暴的统治者滥用手中的权力,穷兵黩武,就会给社会带来不稳定的因素,给民众带来巨大的灾难,甚至会导致社会的巨大倒退。法国启蒙思想家孟德斯鸠指出:"一切有权力的人都容易滥用权力,这是万古不易的一条经验。"①英国学者约翰·埃默里克·爱德华·达尔伯格-阿克顿(John Emerich Edward Dalberg-Acton)在《自由与权力》一书中也说:"权力导致腐败,绝对权力导致绝对腐败。"②可见,在古代君主制的国家里,如何制约君主的权力,是关乎一个国家的制度设计和民众生活的头等大事。

在长达几千年的中国古代社会,权力一直操纵在少数统治者手中。自从先秦法家提出了"法自君出""法令由一统"的主张以来,历代君主不仅拥有国家最高的立法权、行政权,也掌握最终的司法裁决权,据《汉书》卷23《刑法志》记载,秦始皇本人"专任刑罚,躬操文墨,昼断狱,夜理书,自程决事,日县石之一",全面操纵国家的各项大权,皇帝的意志经常凌驾于法律之上。正如有些学者指出的那样:"既然皇帝、君主可以制定法律,那么从逻辑上说,君主就不受法律约束,因为他完全可以废除约束他的法律,而另立新法。"③

当然,由于受到各种因素的影响,也有少数统治者制定了一些限制君权的措施,并得到了良好的社会效果。例如唐朝建立之初,以唐太宗为首的统治集团认真吸取隋朝灭亡的经验教训,指出隋朝的灭亡主要是由于隋末统治者穷奢极欲、穷兵黩武、滥用权力,致使民怨沸腾,所以在唐朝初年制定律、令、格、式的法律内容时,融入了许多限制皇帝和官僚贵族权力的措施,使唐王朝很快走上了正轨,唐代也因此进入鼎盛时期。

以往学者大多从政治、经济等方面对唐代社会结构的形成进行探讨,很少有人从权力配置的角度对唐代社会的治理模式进行分析。笔者

---

① 〔法〕孟德斯鸠:《论法的精神》(上册),张雁深译,商务印书馆1959年版,第184页。
② 〔英〕阿克顿:《自由与权力》,侯健、范亚峰译,译林出版社2011年版,第294页。
③ 马克垚:《古代专制制度考察》,北京大学出版社2017年版,第218页。

认为,唐朝初年所构建的权力制约的模式,最大限度地制约了李唐最高统治者皇帝以及各级司法行政官员滥用权力,充分调动了各级司法行政官员的积极性,为营造良好的法治氛围奠定了基础。因此,笔者将从法理学的视角出发,对有唐一代限制君权观念形成的渊源和法理基础,唐代"天下之法"的观念及限制君权的制度设计,唐代限制君权的法律范式等问题进行探讨。

一、唐代"民本"观念与限制君权的法理基础

唐代政权是在隋王朝覆亡的基础上建立起来的新兴政权,唐朝初年的统治者目睹了强大的隋朝政权瞬间土崩瓦解,认真总结了历史教训,认为"周既克殷,务弘仁义;秦既得志,专行诈力。非但取之有异,抑亦守之不同。祚之脩短,意在兹乎!"①从历史的经验教训出发,唐初统治者创造性地提出了"天下之法"的思想,并制定了许多限制滥用权力的措施,以法律的形式加以保障和实施。

古今中外权力制约的范式,大致包括三种类型:其一,权力制约的政治学范式,即以权力制约权力;其二,权力制约的伦理学范式,即以道德制约权力;其三,权力制约的法学范式,即以法律制约权力。② 在古代社会,制约权力首先要限制君权。唐代制约君权观念的出现并非偶然,其既受到了中国古代思想家"天下为公""民本"等原始民主观念的影响,也离不开唐朝初年统治集团的伦理因素。各种因素相互交织,相互影响,共同形成了唐朝前期限制君权的观念和范式。

笔者认为,唐朝初年限制君权观念的出现,有着悠久的历史渊源。众所周知,限制统治者滥用权力,保障普通民众的利益,与中国古代的民本思想有密切的关系。中国古代很早就出现了"民为邦本"思想,先秦儒家的代表人物孟子系统地提出了"民贵君轻"的理论,就是以民为本的思想。据《孟子·尽心下》指出:"民为贵,社稷次之,君为轻。"张君劢

---

① (唐)吴兢编著:《贞观政要》卷8,上海古籍出版社1978年版,第256页。
② 参见喻中:《权力制约的中国语境》(第二版),法律出版社2013年版,第1—10页。

先生把"民贵君轻"的思想视为古代的民主思想,他说:"孟子民贵君轻之义,谓世界民主论之先驱可也。"①其实中国古代的"民本"和"民主"是两个不同的概念,民主意味着人民主权,主张人人平等;而民本则认同社会等级划分,主张尊卑有别,贵贱有等。有人认为,"民主与民本是两个不能兼容,甚至是对立的概念"②。笔者认为,民本的概念不同于民主,中国古代的原始民主思想仅限于理论,在现实社会中并未得到实践。但民本的思想在中国古代社会长期盛行,并对限制君权起到了一定的制约作用。

唐朝初年,以唐太宗为首的统治集团亲身经历了隋末大乱,认识到了民众力量的强大,认为"君,舟也;人,水也。水能载舟,亦能覆舟","天子者,有道则人推而为主,无道则人弃而不用,诚可畏也"。③ 在这种观念的影响下,唐太宗、魏征等人系统地提出了"民为邦本"的思想。

唐朝初年"民为邦本"的思想直接影响到了李唐统治者的治国理政理念,唐初统治者正是按照民众、国家、君主的逻辑关系设计了唐代国家的政治结构,即把民众的利益放到首位,把君主的利益放到末位。唐太宗说:"为君之道,必须先存百姓,若损百姓以奉其身,犹割股以啖腹,腹饱而身毙。"④李唐统治者把民众的利益放到首位,把李唐政权的江山社稷放到了其次,把李唐统治者个人的利益放到了末位,这样的国家政治结构也是李唐王朝与中国古代其他政权最明显的不同之处。

那么如何才能做到"民为邦本"呢？李唐统治者清醒地意识到必须限制统治者滥用权力。在《贞观政要》一书中,唐太宗指出:"夫安人宁国,惟在于君。君无为则人乐,君多欲则人苦。朕所以抑情损欲,剋己自励耳。"⑤可见,唐代前期的民本思想,对于限制君权起到了一定的作用。

---

① 张君劢:《孟子与柏拉图》,载《中西印哲学文集》(下册),台湾学生书局有限公司1981年版,第783页。
② 柯卫、马作武:《孟子"民贵君轻"说的非民主性》,载《山东大学学报(哲学社会科学版)》2009年第6期。
③ 参见(唐)吴兢编著:《贞观政要》卷1,上海古籍出版社1978年版,第16—17页。
④ (唐)吴兢编著:《贞观政要》卷1,上海古籍出版社1978年版,第1页。
⑤ (唐)吴兢编著:《贞观政要》卷8,上海古籍出版社1978年版,第237页。

其次，古代先秦思想家们提出的"天下为公"思想，是产生权力制约观念的法理基础。民主制度是对公权力制约最有效的手段，从近代文明发展的路径看，民主化和法制化是实现权力制约的有效机制。① 一说到民主，许多人会先提到古代希腊，"民主"（Democracy）是一个希腊词，这个词的后一半意思是"权力"或者"统治"，"所以独裁制是一个人的统治；贵族制是贵族群体（aristoi）的统治，贵族是最优秀的人，是精英；民主制则是人（demos）即民众的统治"②。其实民主这一概念最原始的含义是"多数裁定"或"多数决定"（Mojority decision），意思是关于集体的利益，按照多数人的意愿去执行。古代希腊的民主不是近代意义上的民主模式，古代世界各民族原始民主的表现形式是千差万别的。近代西方学者认为，民主是西方特有的发明，中国古代的儒教社会是独裁，等级森严，不可能允许有真正的民主。对此，美国学者郝大维（David L. Hall）等人提出了不同看法，他从个人（individual）、共同体（community）和人权（human rights）三个方面提出了儒家民主模式的三个主要概念，认为"如果儒学将作为对民主思索的一个资源的话，……儒家社会的个人利益必须为共同体的利益而做出牺牲"，无私，"是中国最古老的价值观之一"③。

还有学者指出："在古代中国，民主从来不是一个现实和可能的宪制选项。"④中国古代没有民主制度并不意味着没有民主思想和观念，"民主"一词在中国先秦时代已经出现，《尚书·多方》说："天惟时求民主，乃大降显休命于成汤。"⑤《左传·文公十七年》也记载："民主偷，必死。"⑥从字面上看，先秦"民主"一词，指的是民众的统治者。⑦ 笔者认为，中国古代先秦时期曾出现过朴素的民主思想。据《礼记·礼运》记

---

① 参见应克复：《权力制约论探要》，载《学海》1995 年第 3 期。
② 〔英〕M. I. 芬利：《古代民主与现代民主》，郭小凌、郭子林译，商务印书馆 2018 年版，第 13 页。
③ 〔美〕郝大维、〔美〕安乐哲：《先贤的民主：杜威、孔子与中国民主之希望》，何刚强译，江苏人民出版社 2004 年版，第 107 页。
④ 苏力：《大国宪制——历史中国的制度构成》，北京大学出版社 2018 年版，第 448 页。
⑤ 钱宗武、杜纯梓：《尚书新笺与上古文明》，北京大学出版社 2004 年版，第 257 页。
⑥ （春秋）左丘明著，李维琦等注：《左传》，岳麓书院 2001 年版，第 232 页。
⑦ 参见王人博：《法的中国性》，广西师范大学出版社 2014 年版，第 57 页。

载:"大道之行也,天下为公,选贤与能,讲信修睦,故人不独亲其亲,不独子其子,使老有所终,壮有所用,幼有所长,矜寡孤独废疾者,皆有所养。"①《礼记》中的"天下为公"思想就是古代民主观念的最初形态,"其政治哲学之大要在阐明立君所谓为民与君臣乃人民公仆之二义"②。战国初期的思想家墨子也指出:"古者民始生未有刑政之时,……是故选择天下之贤可者,立以为天子。天子立,以其力为未足,又选择天下之贤可者,置立之以为三公。"③有学者认为,墨家提出的政治方案就是一个极其可贵的民主设想。④ 战国时期儒家的代表人物孟子也提出过"天下国家"的概念。⑤ 这些都属于古代朴素的民主思想。

在两汉时期,社会上也存在天下之公与皇帝之私的观念区别,其在财产所有权方面的表现是汉代存在国家财政和帝室财政的公私之分。⑥ 汉代帝室财政的收入,主要包括山泽税、市井税、园林苑囿税、口赋等。国家财政的收入由大司农掌管,帝室财政的管理机构是少府和水衡都尉。据《汉书》卷77《毋将隆传》记载:"武库兵器,天下公用,国家武备,缮治造作,皆度大司农。大司农钱自乘舆不以给共养。共养劳赐,壹出少府。盖不以本臧给末用,不以民力共浮费,别公私,示正路也。"⑦这里的"别公私",意思是把帝室财政的收支列为末用,属于私有财政的支出。

汉代天下为公的观念与帝室之私的观念对后世政权产生了重要影响。唐朝前期,在朝野上下也存在"天下为公"的观念,这种观念直接源于古代朴素的民主思想。贞观二年,张蕴古上奏《大宝箴》,指出:"我皇

---

① (汉)郑玄注:《礼记正义》卷21,载(清)阮元校刻:《十三经注疏》,中华书局1980年版,第1414页。
② 萧公权:《中国政治思想史》(下册),商务印书馆2011年版,第582页。
③ 吴毓江撰,孙启治点校:《墨子校注》,中华书局1993年版,第107页。
④ 参见杨永泉:《中国古代民本思想、民主思想之考察》,载《南京社会科学》2012年第7期。
⑤ 参见杨伯峻译注:《孟子译注》,中华书局2005年版,第67页。
⑥ 参见郑显文、王蕾:《汉代私有财产权制度的历史演变及法律保护》,载《东岳论丛》2021年第1期。
⑦ (汉)班固撰,(唐)颜师古注:《汉书》卷77《毋将隆传》,中华书局1962年版,第3264页。

抚运,扇以淳风;民怀其始,未保其终……天下为公,一人有庆。"①房玄龄也指出:"故知君人者,以天下为公,无私于物。"②唐朝前期存在的"天下为公"的朴素民主思想,有助于在社会上形成权力制约的观念。

再次,唐前期社会形成的限制君权观念,也离不开伦理道德等方面的因素。有学者指出:"超越权力间关系的思维模式,到权力与权力执掌者的关系中去思考权力制约问题,提出通过权力执掌者的伦理精神去实现对权力的制约。"③还有学者认为,"权力具有人格化特征,权力运行离不开权力主体的操作,权力主体的主观意志,其地位、态度、价值追求、个人魅力等往往实际地影响着权力过程"④。笔者认为,中国古代对以皇帝为代表的君权制约观念也与统治者的出身、成长经历、个人品格等因素有密切的关联。

李唐统治集团的出身比较特殊,李渊家族出身于关陇贵族集团,长期与北方少数民族鲜卑贵族共同生活并保持着姻亲的关系,李唐皇室可以说是鲜卑化的汉人。唐高祖母亲独孤氏和唐太宗皇后长孙氏,皆为鲜卑贵族出身;唐太宗之母窦氏,即纥豆陵氏,其先祖源于鲜卑族,李唐皇室家族的生活观念、思维方式也深受鲜卑族的影响。公元4世纪拓跋鲜卑进入中原建立北魏政权以后,实行"计口授田"的土地政策,有学者认为,拓跋部进入中原的初期,离散部落,分土定居,"从血缘关系过渡到地缘关系,从氏族公社转变为农村公社"⑤,因此不可避免会保留许多氏族时代公有制的习俗,这些少数民族的风俗习惯对于李唐政权的权力制约观念也产生了一定影响。

唐朝初年社会上出现的制约君权观念,与唐朝前期统治者唐太宗、唐玄宗等人的个人品格也有很大关系。唐太宗本人从小受到良好的教育,加之长期的政治、经济和军事经历,使其养成了思路清晰、做事果敢、

---

① (唐)吴兢编著:《贞观政要》卷8,上海古籍出版社1978年版,第243页。
② (唐)吴兢编著:《贞观政要》卷5,上海古籍出版社1978年版,第163页。
③ 张康之:《评政治学的权力制约思路》,载《中国人民大学学报》2000年第2期。
④ 孙季萍、冯勇:《中国传统官僚政治中的权力制约机制》,北京大学出版社2010年版,第12页。
⑤ 韩国磐:《北朝隋唐的均田制度》,上海人民出版社1984年版,第51页。

性格豁达的作风,他能够认真听取大臣的不同意见,熟知下层百姓的艰辛生活。唐朝建立后,面临的是一个破烂不堪的局面,由于长期战乱,土地荒芜,经济凋敝,百姓流离失所,如何尽快从大乱走向大治,唐太宗与贞观群臣展开了充分的讨论。在《贞观政要》一书中,唐太宗君臣高度概括了隋朝灭亡的历史教训,指出隋朝的灭亡是由于皇帝过于专权所致,像隋文帝"不肯信任百司,每事皆自决断,虽则劳神苦行,未能尽合于理。朝臣既知其意,亦不敢直言。宰相以下,惟即承顺而已"①。因此,作为最高统治者皇帝"诚能见可欲则思知足以自戒,将有作则思知止以安人,念高危则思谦冲而自牧,惧满溢则思江海下百川……恩所加则思无因喜以谬赏,罚所及则思无因怒而滥刑"②。

为了避免君主独断擅行和决策失误,以唐太宗为首的唐朝初年统治者恐人不言,导之使谏,社会上谏诤之风盛行,上自宰相御史,下至县官小吏,都有人敢于直言切谏。贞观四年(公元 630 年),唐太宗下诏征发民工重修洛阳的乾元殿,给事中张玄素劝谏说:"臣见隋家造殿,伐木于豫章,二千人挽一材,以铁为毂,行不数里,毂辄坏,别数百人赍毂自随,终日行不三十里。一材之费,已数十万工……今民力未及隋日,而役残创之人,袭亡国弊,臣恐陛下之过,甚于炀帝。"③唐太宗听从张玄素的意见,停止兴建,避免了滥用权力现象的发生。

古希腊哲学家亚里士多德认为:"法律也允许人们根据积累的经验,修订或补充现行各种规章,以求日臻美备。谁说应该由法律遂行其统治,这就有如说,唯独神祇和理智可以行使统治;至于谁说应该让一个个人来统治,这就在政治中混入了兽性的因素。常人既不能完全消除兽欲,虽最好的人们(贤良)也未免有热忱,这就往往在执政的时候引起偏见。法律恰恰正是免除一切情欲影响的神祇和理智的体现。"④亚里士

---

① (唐)吴兢编著:《贞观政要》卷1,上海古籍出版社1978年版,第15页。
② (唐)吴兢编著:《贞观政要》卷1,上海古籍出版社1978年版,第9页。
③ (宋)欧阳修、(宋)宋祁撰:《新唐书》卷103《张玄素传》,中华书局1975年版,第3999页。
④ 〔古希腊〕亚里士多德:《政治学》,吴寿彭译,商务印书馆1965年版,第168—169页。

多德在此明确提出了法治要优于人治的政治主张。但唐代社会毕竟是人治社会，人治社会是非理性的，有欲望的，由于每位君主的道德品格、兴趣爱好不同，伦理因素对于君权的制约也具有偶然性和有限性。在李唐统治的近三百年时间里，有作为的君主毕竟是少数，唐代限制君权所收到的法律效果也十分有限。

二、唐代"天下之法"的观念及限制君权的制度构造

自战国时期法家学派提出了"法自君出"和"法令由一统"的主张以来，几千年来中国古代的皇权一直凌驾于法权之上，皇帝的命令就是法律，臣民不得违背和更改。成书于战国时期的法家著作《管子》指出："有生法，有守法，有法于法。夫生法者，君也；守法者，臣也；法于法者，民也。"①"生法者，君也"，意思是说君主是国家法律的创制者，拥有随时制定法律的权力。皇帝拥有最高的立法权，"皇帝发布的诏令敕谕是权威的法律形式，皇帝的特权凌驾于一切法律之上"②。明末清初启蒙思想家黄宗羲把中国古代专制主义的法律称为"一家之法"③。

与"一家之法"相对应的概念是"天下之法"。所谓"天下之法"，是指法律至上的观念，包括皇帝和官僚贵族都应遵守国家的法律，受法律的约束。为防止以皇帝为代表的行政权力对法制的破坏，中国古代曾创制了许多对皇权进行限制的措施。古代社会长期存在的"天下之法"的观念，是产生权力制约思想的理论基础。

两汉时期，天下之法的观念十分盛行。汉文帝时，廷尉张释之指出："法者天子所与天下公共也。"④西汉大儒董仲舒也认为："天之生民，非为王也，而天立王以为民也。故其德足以安乐民者，天予之；其恶足以贼

---

① 黎翔凤撰，梁运华整理：《管子校注》卷15《任法第四十五》，中华书局2004年版，第906页。
② 韦庆远主编：《中国政治制度史》，中国人民大学出版社1989年版，第266—267页。
③ （明）黄宗羲著，孙卫华校释：《明夷待访录校释》，岳麓书社2011年版，第17页。
④ （汉）班固撰，（唐）颜师古注：《汉书》卷50《张释之传》，中华书局1962年版，第2310页。

害民者,天夺之。"①另据《汉书·谷永传》记载,元延元年(公元前12年),谷永对汉成帝说:"臣闻天生蒸民,不能相治,……去无道,开有德,不私一姓,明天下乃天下之天下,非一人之天下也。"②汉代"天下乃天下之天下,非一人之天下"的观念,明确了国家与皇帝的公私之分,当皇帝的个人意志与国家法律相冲突时,作为最高统治者的皇帝也应遵守国家法律。西晋时期,大臣刘颂则提出了"夫人君所与天下共者,法也"的主张③,主张皇帝本人要遵守国家法律,严禁君主滥用权力。

唐朝建立后,以唐太宗为首的统治集团为了不使李唐王朝重蹈隋朝政权灭亡的覆辙,把"天下之法"的观念融入社会实践之中,创建了许多具体制度,防止以皇帝为首的统治者滥用权力,随意破坏国家的法制。早在唐高祖武德初年,李素立担任监察御史,时有犯法不至死者,高祖特命杀之。李素立谏曰:"三尺之法,与天下共之,法一动摇,则人无所措手足。"④皇帝与"与天下共之"的守法观念,是唐代"天下之法"的最初表现形式。

贞观元年(公元627年),唐太宗与大理寺少卿戴胄在讨论司法案件时指出:"法者非朕一人之法,乃天下之法。"⑤唐太宗等人所说的"天下之法",具有公平公正的含义,魏征等人也多次指出:"圣人之于法也公矣。"⑥在贞观时期,郧令裴仁轨私役门夫,被人告发,太宗大怒欲斩之,李乾祐劝谏说:"法令与天下共之,非陛下独有也。仁轨以轻罪致极刑,非画一之制。"⑦唐太宗最后采纳了李乾祐的意见。唐朝初年确立的"天下之法"的精神,意思是说国家法律由皇帝及群臣共同制定,作为最

---

① 苏舆撰,钟哲点校:《春秋繁露义证》卷7,中华书局1992年版,第220页。
② (汉)班固撰,(唐)颜师古注:《汉书》卷85《谷永传》,中华书局1962年版,第3466—3467页。
③ (唐)房玄龄等撰:《晋书》卷30《刑法志》,中华书局1974年版,第936页。
④ (后晋)刘昫等撰:《旧唐书》卷185上《李素立传》,中华书局1975年版,第4786页。
⑤ (唐)吴兢编著:《贞观政要》卷5,上海古籍出版社1978年版,第164页。
⑥ (唐)吴兢编著:《贞观政要》卷5,上海古籍出版社1978年版,第173页。
⑦ (宋)欧阳修、(宋)宋祁撰:《新唐书》卷117《李昭德传》,中华书局1975年版,第4255页。

高统治者的皇帝应率先遵守法律,不能破坏法律,"天下之法"的思想本身就是对皇帝滥用权力的制约。

唐初统治者提出的"天下之法"的观念,为解决古代皇权与法权的关系提供了新思路。所谓"天下之法",即君主和臣民都必须遵守的法律,君主也不能凌驾于法律之上。概而言之,唐代限制君权的措施主要体现在如下几个方面:

其一,以神权来制约君权。中国古代夏、商、西周三代,天命神权思想盛行。利用宗教神权来限制君权的理论,形成于董仲舒的"君权神授"学说。董仲舒认为,"盖天之生民,非为王也,而天立王,以为民也。故其德足以安乐民者天予之,其恶足以贼害民者天夺之"①。在董仲舒看来,上天不仅对君主之位有予夺之权,对君主施行暴政也有制裁之权,即对君主实施灾异谴告。董仲舒指出:"天地之物有不常之变者,谓之异,小者谓之灾,灾常先至而异乃随之。灾者,天之谴也;异者,天之威也。谴之而不知,乃畏之以威。……凡灾异之本,尽生于国家之失。国家之失乃始萌芽,而天出灾害以谴告之;谴告之而不知变,乃见怪异以惊骇之,惊骇之尚不知畏恐,其殃咎乃至。"②董仲舒的"君权神授"和"灾异谴告"学说,直接衍生了神权对皇权的制约观念。

有唐一代,君权受到神权制约的现象多次出现。唐太宗贞观年间,广州都督党仁弘犯赃罪论法应被处死,唐太宗因其早年率两千乡兵助唐高祖起兵,哀其年老且有功于国,将其免为庶人。事后,唐太宗召集五品以上官员公开承认自己违法的事实,说:"赏罚所以代天行法,今朕宽仁弘死,是自弄法以负天也。人臣有过,请罪于君;君有过,宜请罪于天。其令有司设藁席于南郊三日,朕将请罪。"③唐太宗公开承认自己滥用权力的违法行为,并向上天请罪,表明神权对君权还是起到了一定的约束作用。唐代宗大历年间,颁布了《赦京城囚徒制》,其中记载:"朕以寡薄,获守丕图,龚默思道,克谨天戒。常恐至诚不达,景化未敷……自

---

① 苏舆撰,钟哲点校:《春秋繁露义证》卷7,中华书局1992年版,第220页。
② 苏舆撰,钟哲点校:《春秋繁露义证》卷8,中华书局1992年版,第259页。
③ (宋)欧阳修、(宋)宋祁撰:《新唐书》卷56《刑法志》,中华书局1975年版,第1412页。

纯阳用事,霖雨愆期,麦虽有秋,禾未长亩。有阻三农之候,将贻万姓之忧。是用斋心涤思,祈于上下神祇……久积幽冤,有伤和气。所以引成汤之六事,过实在予。宽大禹之九刑,诚存育物。"①由此可见,唐代皇帝虽然尊贵无比,但也畏惧上天的威严,"并不是独制而无所制"②。

其二,设置谏官和监察机构御史台,对皇帝和大臣滥用权力的行为进行规谏。唐朝建立后,为了营造君臣宽松的政治环境,唐太宗、唐玄宗等人努力打造一种"君臣道合"的氛围。唐敬宗时期的考生舒元褒在对策中说:"我太宗、玄宗,明圣之资,海内从化。而房、杜、姚、宋,当至理之代,皆尽启沃之力……主圣臣贤,君臣道合,是以贞观、开元与汉之功臣有异。"③有学者指出,"唐初在君臣道合政治理念支配下营造的政治氛围,与先秦时期孟子、荀子强调道高于君的舆论环境相比,有了明显不同。先秦政治舆论的特点,主要表现为监督君主行为方面,试图用道德伦理规范君主行为,这个时期的君主政治具有明显的未成熟性。而唐代君臣道合观念的语境,让人更多地感觉到的是一种君臣平等、尊重人格的气息"④。唐代"君臣道合"观念的形成,为谏官系统发挥限制君权的作用提供了广阔的空间。

谏官的设立始于周代,盛行于秦汉至唐宋。⑤ 唐代是古代谏官制度发展的鼎盛时期,唐代谏官系统庞大,有隶属于门下省的给事中、左散骑常侍、左谏议大夫、左补阙、左拾遗;有隶属于中书省的右散骑常等。⑥ 唐代对谏官的选拔条件十分苛刻,刚正不阿、学识兼备,有基层任职经验是最基本的条件,宰相子弟或以前僚属不能担任谏官,谏官通常在那些品性高洁、制举出身者中选任。⑦

---

① (宋)宋敏求编:《唐大诏令集》卷85,中华书局2008年版,第485—486页。
② 萧公权:《中国君主政体的实质》,载《宪政与民主》,清华大学出版社2006年版,第72页。
③ (宋)李昉等编:《文苑英华》卷490,中华书局1966年版,第2506页。
④ 胡宝华:《浅析唐代君主政治生态环境与制度文明》,载《史学集刊》2015年第2期。
⑤ 参见赵映诚:《中国古代谏官制度研究》,载《北京大学学报(哲学社会科学版)》2000年第3期。
⑥ 参见傅绍良:《唐代谏议制度与文人》,中国社会科学出版社2003年版,第54页。
⑦ 参见程遂营:《唐代台谏官的选任制度》,载《社会科学战线》2001年第3期。

唐代的谏官品秩虽低,但责任重大。凡中央军政大事有失,诏敕政令不合适者均可封奏匡正。如门下省的给事中其职责是审读奏章、封驳制敕、听讼断狱、考核官员、上书言事等,"具有集谏官、宪官、法官的某些特征于一身的特点"①。明末清初的思想家王夫之在《读通鉴论》中说:"夫谏官职在谏矣。谏者,谏君也。征声逐色,奖谀斥忠,好利喜功,狎小人,耽逸豫,一有其幾而犯颜以诤;大臣不道,误国妨贤,导主贼民,而君偏任之,则直纠而无隐。"②中国近代著名政治家梁启超也对唐代谏官的作用给予肯定,指出:"唐代之给事中,常有封还诏书之权,其所以对抗于行政官,使不得专其威柄者,善矣美矣。"③

唐代谏官经常对君主的违法行为进行监督和劝谏,以此来制约君权。贞观八年(公元634年),陕县县丞皇甫德参上书忤旨,唐太宗准备治以讪谤之罪,谏议大夫魏征劝谏说:"自古上书,率多激切。若不激切,则不能起人主之心。激切即似讪谤。"④唐太宗听后没有惩处皇甫德参,反而赐其布帛二十段。门下省给事中对皇帝的诏敕有"封还"的权力,唐中宗神龙三年(公元707年),武崇训将葬,监护使司农少卿赵履温,讽安乐公主奏,依永泰公主例为崇训造陵,得到皇帝允许,给事中卢粲驳奏说:"伏寻陵之称谓,本属皇王及诸君。自有国以来,诸王及公主墓,无称陵者,唯永泰公主承恩特葬,事越常涂,不合引以为名。"唐中宗手敕回答:"安乐公主与永泰公主无异,缘此特为陵制,不烦固执。"粲复奏:"臣闻陵之称谓,不属王公以下……非所谓垂范将来,作则群辟者也。"中宗无言以对,"竟从粲奏"。⑤ 从上述事例可以看出,唐代的谏官对于限制君主滥用权力确实起到了一定的作用。

御史台是唐代中央的监察机构,御史台官员有权对皇帝的诏令提出不同意见,甚至可以拒受。在唐太宗、武则天和唐中宗时期,多次发生御

---

① 张国刚:《唐代官制》,三秦出版社1987年版,第37页。
② 王夫之:《读通鉴论》卷20《太宗三》,中华书局1975年版,第607页。
③ 梁启超著,范中信选编:《梁启超法学文集》,中国政法大学出版社2000年版,第14页。
④ (唐)吴兢编著:《贞观政要》卷2,上海古籍出版社1978年版,第60页。
⑤ 参见(宋)王溥撰:《唐会要》卷21,中华书局1955年版,第408—409页。

史对皇帝的命令"不敢奉制",坚守国家法度的情况。武则天时期,御史中丞宋璟连续三次"请不奉制",拒绝武则天的诏命,据《大唐新语》卷2记载:"宋璟,则天朝以频论得失,内不能容,而惮其公正,乃敕璟往扬州推按。奏曰:'臣以不才,叨居宪府,按州县乃监察御史事耳,今非意差臣,不识其所由,请不奉制。'无何,复令按幽州都督屈突仲翔。"①可见,唐代的监察制度对皇权也起到一定的制约作用。

其三,设置史官起居郎,把皇帝违法的行为记录于史书之中,令其畏惧。中国古代在西周时期已经有了史官记事的传统。②《左传》"襄公二十五年"记述了齐国史官不顾接连被杀,坚持记录"崔杼弑其君"的事迹,成为古代史官秉笔直书的典范。唐朝贞观年间,门下省设起居郎二人;高宗显庆年间,中书省置起居舍人,与起居郎分掌左右,记录史事。关于唐代的起居注制度,著名史学家刘知几在《史通》卷11"史官建置"中描述:"每天子临轩,侍立于玉阶之下,(起居)郎居其左,舍人居其右。"③起居郎的职责是以起居注的形式记录皇帝每天的"言动法度",把皇帝违法的行为记录于史书之中,让后人知其所为,令其畏惧,不敢滥用权力。据《旧唐书》卷43记载:"起居郎掌起居注,录天子之言动法度,以修记事之史。凡记事之制,以事系日,以日系月,以月系时,以时系年,必书其朔日甲乙,以纪历数,典礼文物,以考制度,迁拜旌赏以劝善,诛罚黜免以惩恶。"④

古代史官在记录皇帝的言行时,不隐善、不讳恶,善恶必书。史官在记录起居注时,还被赋予了特殊的性质,即本朝皇帝不能阅览。贞观十三年(公元639年),唐太宗问谏议大夫兼知起居注的褚遂良:"卿比知起居,书何等事?大抵于人君得观见否?朕欲见此注记者,将却观所为得失以自警戒耳!"褚遂良答:"今之起居,古之左、右史,以记人君言

---

① (唐)刘肃撰,许德楠、李鼎霞点校:《大唐新语》卷2,中华书局1984年版,第32—33页。
② 参见乔治忠、刘文英:《中国古代"起居注"记史体制的形成》,载《史学史研究》2010年第2期。
③ (唐)刘知几著,(清)浦起龙通释,王煦华整理:《史通通释》卷11,上海古籍出版社2009年版,第297页。
④ (后晋)刘昫等撰:《旧唐书》卷43《职官二》,中华书局1975年版,第1845页。

行,善恶毕书,庶幾人主不为非法,不闻帝王躬自观史。"唐太宗又问:"朕有不善,卿必记耶?"褚遂良答:"臣闻守道不如守官,臣职当载笔,何不书之。"黄门侍郎刘洎也说:"人君有过失,如日月之蚀,人皆见之。设令遂良不记,天下之人皆记之矣。"①唐文宗时,魏謩担任起居舍人,文宗想看起居注,魏謩奏曰:"自古置此以为圣王鉴戒,陛下但为善,勿畏臣不书;如陛下所行错误,臣不书之,天下之人皆得书之。臣愿以陛下为太宗文皇,陛下许臣比褚遂良。"魏謩也拒绝文宗皇帝观看起居注,"上遂止"。②

关于"天子不观起居注"的功能,本身寄寓着"王者无私""慎言行,昭法式"治道理念。③ 正是由于史官秉笔直书,许多皇帝对史官的记述十分害怕,担心把自己违法的言行记载于史籍中,被后人谴责。因此,"天子不观起居注"的传统,本身也是制约君主滥用权力的一项重要措施。唐人韦安石说:"世人不知史官权重宰相,宰相但能制生人,史官兼制生死,古之圣君贤臣所以畏惧者也。"④

由于起居郎、起居舍人秉笔直书的传统令许多皇帝和奸臣畏惧,有唐一代史官记事制度也经常遭到破坏。唐高宗时,许敬宗、李义府弄权,多妄论奏,恐史官直书其过,"遂奏令随仗便出,不得备闻机务,因为故事"⑤。到唐文宗太和九年(公元835年),才又恢复了贞观时期的传统。⑥ 这说明唐代史官对君权的制约还是很有限的。

其四,中央设立三省制度,用政事堂和中书门下议事制度来制约君权。在中国古代,相权是制约君权的一种重要形式。宰相的称谓始于战

---

① (唐)吴兢编著:《贞观政要》卷7,上海古籍出版社1978年版,第223页。
② 参见(宋)李昉等撰:《太平御览》卷604《文部·史传(下)》,中华书局1960年版,第2718页。
③ 参见王青山:《"不观"到"进御":"天子不观起居注"嬗变探赜》,载《太原理工大学学报(社会科学版)》2020年第5期。
④ (宋)欧阳修、(宋)宋祁撰:《新唐书》卷115《朱敬则传》,中华书局1975年版,第4220页。
⑤ (宋)王溥撰:《唐会要》卷56,中华书局1955年版,第961页。
⑥ 参见张国静:《论唐代起居舍人与起居郎》,载杜文玉主编:《唐史论丛》(第十辑),三秦出版社2008年版,第123页。

国,到两汉时期宰相的作用日渐突出,汉代宰相的权力很大,祝总斌先生认为,汉代宰相拥有两方面的权力,即"必须拥有议政权,以及必须拥有监督百官执行的权力",两者缺一不可。① 汉朝宰相有封驳皇帝诏书之权,如"汉哀帝封董贤,而丞相王嘉封还诏书"②。

唐朝建立后,延续了隋代的三省六部制,三省即尚书、中书和门下三省。三省的长官职责不同,中书省掌军国政令,凡制、册、诏、牒、大政方针,皆由中书省议定;门下省掌封驳,出纳诏令,审查中书省的议案,如有不妥,可驳回复奏;尚书省是执行机关,下设有吏、户、礼、兵、刑、工六部,分别管理不同的政务。唐代三省长官各司其职,互相制约,三省的长官实际上相当于宰相。唐代实行集体宰相制,宋人马端临在《文献通考》卷49《职官三》中说:"以三省之长中书令、侍中、尚书令共议国政,此宰相之职也。"③

由于三省的长官分工不同,为了统一协调各职能部门,唐初实行政事堂宰相集体议事制度,议事的地点最初设在门下省,据《大唐新语》记载:"旧制,宰相臣尝于门下省议事,谓之政事堂。故长孙无忌、魏征、房玄龄等,以他官兼政事者,皆云知门下省事。"④唐太宗贞观时期,尚书省的长官尚书左、右仆射当然参加政事堂的会议。到唐高宗时,扩大了议事人员的范围,"外司四品已下知政事者,始以平章事为名"⑤。另外,尚书省的长官逐渐退出了政事堂议事,唐高宗时期,凡仆射须带"同三品"称号才是宰相,如豆卢钦望担任仆射,不敢干预政事,"是后专拜仆射者,不复为宰相矣"⑥。作为国家最高执行机构的尚书省长官退出政事堂会议,意味着行政执行权与议政决策权的分离。

政事堂议事会议最初设在门下省,主要因为门下省的长官侍中职权

---

① 参见祝总斌:《两汉魏晋南北朝宰相制度研究》,北京大学出版社2017年版,第4页。
② (清)顾炎武著,(清)黄汝成集释:《日知录集释》卷9,岳麓社1994年版,第318页。
③ (元)马端临撰:《文献通考》卷49,中华书局1986年版,第450页。
④ (唐)刘肃撰,许德楠、李鼎霞点校:《大唐新语》卷10,中华书局1984年版,第152页。
⑤ (宋)司马光编著,(元)胡三省音注:《资治通鉴》卷203,中华书局1956年版,第6409页。
⑥ (宋)司马光编著,(元)胡三省音注:《资治通鉴》卷208,中华书局1956年版,第6594页。

颇重,掌封驳之权,可对皇帝发布的诏敕提出异议,进行封驳,请皇帝重新考虑。有学者认为,门下省是唐初制约皇权和中央权力的最高机构。① 明清之际著名思想家顾炎武在《日知录》卷9《封驳篇》中指出:"汉哀帝封董贤,而王嘉封还诏书。后汉钟离意为尚书仆射,数封还诏书。自是封驳之事多见于史,而未以为专职也。唐制:凡诏敕皆经门下省,事有不便,得以封还。"②唐高宗永淳二年(公元683年),中书令裴炎以中书执政事笔,政事堂移至中书省。唐玄宗开元十一年(公元723年),中书令张说奏改政事堂为中书门下,中书门下体制的基本特征是宰相有了裁决政务的常设机构,同中书门下平章事成为宰相的唯一衔署,"宰相与三省发生分离,宰相府超然于三省之上"③。

唐代政事堂集议制度,是实行中央分权制、制约君主权力最有效的方式。唐代的政事堂议事由"同中书门下三品"和"同中书门下平章事"等官员参加,由秉笔或执笔宰相主持,凡政事堂议定之事,上奏取旨施行。施行制敕时,也须经过政事堂宰相的副署,才是名正言顺的正式诏令,否则便不合法,不会被人们承认为正式的诏令。④ 唐中宗时,提拔亲信术士为官,出于禁中,不由中书门下发出敕旨,被称为"墨敕"。

唐代政事堂集议经过详细讨论,如认为提议有不妥或不可行,有权拒绝署名,并奏请修改或撤回。开元二年(公元714年),玄宗诏赠崔湜亡父挹为吏部尚书。诏出,卢怀慎、姚崇、魏知古等奏曰:"臣等谨重商量,不敢奉诏。崔湜位忝大臣,身犯恶逆,污官灭族,国有常刑。……望不赠官,但厚给葬事。"⑤可见,政事堂议事制度对于君主滥用权力的行为能够起到有效的约束作用。唐人李华在《中书政事堂记》中说:"政事堂者,自武德以来常于门下省议事,即以议事之所谓政事堂……政事堂者,君不可以枉道于天,反道于地,覆道于社稷,无道于黎元,此堂得以议

---

① 参见傅兆龙:《初唐"三省"制度中权力制约机制》,载《江苏社会科学》1990年第6期。
② (清)顾炎武著,(清)黄汝成集释:《日知录集释》卷9,岳麓书社1994年版,第526页。
③ 刘后滨:《唐代中书门下体制研究:公文形态、政务运行与制度变迁》,中国人民大学出版社2022年版,第238页。
④ 参见魏向东:《试论唐代政事堂宰相集议制度》,载《苏州大学学报》1989年第2、3期合刊。
⑤ (北宋)王钦若等编:《册府元龟》卷469《封驳》,中华书局1960年版,第5585页。

之;臣不可悖道于君,逆道于仁,黩道于货,乱道于刑,剋一方之命,变王者之制,此堂得以易之;兵不可以擅兴,权不可以擅与,货不可以擅蓄,王泽不可以擅夺,君恩不可以擅间,私仇不可以擅报,公爵不可以擅私,此堂得以诛之。"①

总之,从唐代近三百年的历史进程看,从制度设计的层面来限制君权所起到的效果并不显著,尤其缺乏可操作性和可持续性。譬如唐朝前期的贞观、开元年间,国家制度对君权的制约效果明显,君主滥用权力的现象很少,社会上出现了法治清明的局面;到唐朝后期,朝政腐败、宦官专权、藩镇割据,君主滥用权力的现象逐渐增多,国家的法治遭到了严重的破坏。这正如法国启蒙思想家卢梭所论述的那样,"有一种最根本的无可避免的缺点,使得国君制政府永远不如共和制政府","个人专制的政府,其最显著的不便就是缺乏那种连续不断的继承性"。②

三、从正当程序的视角看唐代制约君权的法律范式

法律的正当程序(Due process of Law)又称程序的正当性,是现代法治的一项重要原则。程序的正当性包含的价值是程序中立、理性、可操作性和公开性,通过立法、行政和司法的正当程序,来实现法律的权威。正当程序的原则是防止权力滥用、预防司法腐败的重要措施。

中国古代没有出现正当程序的法律概念,但许多政权在立法、行政和司法的过程中都或多或少地融入了这方面因素。唐代是中国古代法制较为完备的时期,由于受到"天下之法"观念的影响,在立法、行政和司法过程中都制定了相应的法律程序,对皇帝和各级官员的法律行为加以规范。李唐统治集团所构建的权力制约范式,不仅严格规范了国家各级官员的日常行为,还有助于提高司法、行政机关的办事效率。关于规范一词,美国学者托马斯·S·库恩(Thomas S. Kuhn)认为,范式(paradigm)就是一种公认的模型或模式,归纳起来的特点是:在一定程度内具

---

① (清)董诰等编:《全唐文》卷316,上海古籍出版社1990年版,第1415—1416页。
② 〔法〕卢梭:《社会契约论》,何兆武译,商务印书馆2003年版,第92—94页。

有公认性;是由基本定律、理论、应用等构成的一个整体,它的存在给科学家提供了一个研究纲领;范式还为科学研究提供了可模仿的成功先例。① 唐初所构建的对李唐统治集团立法权、行政权、司法权的制约范式,为后世留下了许多值得研究借鉴的宝贵经验。

(一) 从正当程序的视角看唐代立法权制约的范式

程序的正当性离不开先进的立法理念,立法科学、规范、合理,是提升立法质量的关键因素。在唐朝初年的立法过程中,已从单纯制裁犯罪的观念向预防犯罪的理念转变。如贞观时期大臣魏征指出:"凡立法者,非以司民短,而诛过误也,乃以防奸恶,而救祸患,检淫邪,而内正道。……故管子曰:'圣君任法不任智,任公不任私'。"②先进的立法理念,是提高立法质量,实现程序公正的前提。

立法程序是立法主体制定、修改和废除法律所遵循的步骤和方法,包括立法程序的启动、讨论、公布等环节,其中启动程序和讨论程序是立法程序的主要内容。③ 唐代的立法包括法典编修和临时性立法两种形式,无论是临时立法还是法典编修,唐代都有严格的法律程序,防止以皇帝为首的统治者胡乱立法,随意干涉立法,对以皇帝为首的李唐统治集团的立法权加以限制。

我们先分析一下唐代的临时性立法程序。唐代的临时性立法通常以制敕的形式颁布,包括制书、发日敕及敕旨等,目的在于解决当前急迫的法律问题,因而具有很强的针对性。④ 唐代的临时立法也须履行相应的法律程序,除宣谕是皇帝自行发布外,其余皆由中书省和门下省组成的立法机构进行。中书省是立法草拟机构,据《唐六典》卷9"中书省"条记载,中书令"掌军国之政令……凡王言之制有七:一曰册书,二曰制书,三曰慰劳制书,四曰发日敕,五曰敕旨,六曰论事敕书,七曰敕牒,皆

---

① 参见〔美〕托马斯·库恩:《科学革命的结构》,金吾伦、胡新和译,北京大学出版社2003年版,第9页。
② (唐)吴兢编著:《贞观政要》卷5,上海古籍出版社1978年版,第171—172页。
③ 参见马贵翔、黄国涛:《立法程序正当化探析》,载《人大研究》2017年第8期。
④ 参见刘俊文:《唐代法制研究》,文津出版社1999年版,第7页。

宣署申覆而施行焉"①。中书省草拟的临时法令由门下省负责审正,据《唐六典》卷8"门下省"记载:"侍中之职,掌出纳帝命……凡军国之务,与中书令参而总焉,坐而论之,举而行之。"②

唐代的临时性立法先由中书省草拟立法动议,再提交宰相办公会议讨论,并具署名意见。如果有宰相认为不妥,可以拒绝署名。被拒绝的立法草案"制敕"退回到中书省,经过修改后再送门下省审阅,这便是唐代的封驳程序。贞观三年(公元629年),为了扩充兵员,宰相封德彝等奏请简点中男入军,门下省给事中魏征再三拒署驳正,使该制敕最终未能通过;开元二年,宰相卢怀慎、姚崇等人提出动议,拒绝唐玄宗追赠崔湜亡父崔挹为吏部尚书。上述事例都体现了唐代临时立法程序的严肃性。唐代的临时立法能够集思广益,注重发挥群体的智慧,有效避免了在立法过程中胡乱立法的现象。

在唐代的法典《唐律疏议》中,明确阐述了临时性立法与国家正式法典形式律、令、格、式的不同法律效力,规定:"诸制敕断罪,临时处分,不为永格者,不得引为后比。若辄引,致罪有出入者,以故失论。"③该条文的意思是:皇帝颁布的临时敕令,如果没有经过立法程序上升为正式的法律条文,司法官员不得在此后的审判中援引;如果援引临时颁布的敕令,致使定罪量刑不当,将追究司法人员出入人罪的责任,这表明皇帝颁布制敕的法律效力低于国家法典中的法律条文,属于临时性的立法。唐律中上述条文的设置,本身就是对皇帝立法权的有效制约。

接下来再分析一下唐代法典的编纂程序。唐代的法典有律、令、格、式四种形式,法典编纂也是唐代最重要的立法形式。唐代编修法典程序繁杂,通常由皇帝指派官员组成临时立法机构,负责者为三公或宰相等重臣,参加者多为中央或地方熟悉法律事务的官员。在中国国家图书馆所藏的敦煌文书"河字17号"开元二十五年《名例律疏》残卷第143至

---

① (唐)李林甫等撰,陈仲夫点校:《唐六典》卷9,中华书局1992年版,第273—274年。
② (唐)李林甫等撰,陈仲夫点校:《唐六典》卷8,中华书局1992年版,第241页。
③ 刘俊文点校:《唐律疏议》卷30,法律出版社1999年版,第603—604页。

148 行中,记述了开元二十五年修订律令格式敕的人员构成情况:

143 开元廿五年六月廿日知刊定中散大夫御史中丞上柱国王敬从上

144 刊定法官宣义郎行滑州酸枣县尉明法直刑部武骑尉臣俞元祀

145 刊定法官通直郎行卫州司户参军事明法直中书省护军臣陈承信

146 刊定法官承议郎前行左武卫胄曹参军事飞骑尉臣霍晃

147 银青光禄大夫守工部尚书同中书门下三品上柱国陇西郡开国公知门下省事臣牛仙客

148 兵部尚书兼中书令集贤院学士修国史上柱国成纪县开国男臣李林甫①

从上述立法人员的构成看,由中书令李林甫负责,参加人员有工部尚书、御史台、刑部、户部、兵部等部门的官员,说明唐朝的法典编修汇集了中央各司法行政部门的官员,可谓集思广益。

唐代严禁中央和地方官员随意提出修改法律条文的动议,提出修改法律条文须按照相关的法律程序进行,据《唐律疏议》卷 11"律令式不便辄奏改行"条规定:"诸称律、令、式,不便于事者,皆须申尚书省议定奏闻。若不申议,辄奏改行者,徒二年。即诣阙上表者,不坐。"长孙无忌在疏议中说:"称律、令及式条内,有事不便于时者,皆须辨明不便之状,具申尚书省,集京官七品以上,于都座议定,以应改张之议奏闻。若不申尚书省议,辄即奏请改行者,徒二年。"②该法律条文表明,凡唐代官员提出修改律、令、式条文的动议,都必须陈述修改的法律理由,申报尚书省,然后集京官七品以上的官员讨论,尤其禁止"先违令、式,而后奏改"的违犯法律程序的行为。

唐代为了保障立法质量,在立法的过程中融入了正当程序的因素和

---

① 刘俊文:《敦煌吐鲁番唐代法制文书考释》,中华书局 1989 年版,第 132—133 页。
② 刘俊文点校:《唐律疏议》卷 11,法律出版社 1999 年版,第 250 页。

监督机制。① 譬如唐朝制定临时制敕的立法程序是先由中书省拟定,凡未经中书省拟定的制敕不符合法定的程序。唐肃宗时,李辅国专权,"诏旨或不由中书而出",宰相李岘认为,"论制敕应由中书出",肃宗于是下诏:"如非正宣,并不得行。"② 这说明唐朝在立法草拟阶段就必须符合法律程序,立法权受到制约和监督。在门下省讨论立法草案时,门下省的长官对立法草案有封驳之权,门下省的最高长官侍中对发出的诏令有副署权,这也是对立法权的制约。

(二) 从正当程序的视角看唐代行政权力制约的范式

行政权是国家行政机关贯彻执行国家意志,依靠特定的强制手段管理国家和社会事务的一种能力。以皇帝为代表的统治阶层是中国古代社会的特殊群体,他们掌握公权力,代表国家对普通民众行使统治权,加之古代社会行政长官兼理司法事务,行政权与司法权混淆不分,行政权力一支独大。对于这一特殊阶层,如果不能依法进行约束,很容易引发滥用行政权力,滋生腐败的现象。唐代是中国古代的治世,唐代前期之所以出现历史上少有的"贞观之治"和"开元之治",与唐朝前期对行政权力的制约有密切的关系。

前已述及,有唐一代制定了许多具体措施对皇帝的行政权加以制约,如唐朝前期实行政事堂集议制度,对皇帝的行政决策权进行制约;设立谏官制度,纠正皇帝决策的失误;设立御史台,对皇帝的行政决策失误提出批评意见等。有学者指出,"唐代谏官进谏,主要在于劝诫,匡救政府的过失,且多规讽于错误未犯之前;御史进谏,则措辞较为尖锐,态度直率,往往谏诤于错误已成之后"③。

中国古代滥用公权力的现象通常发生在基层社会,因此先秦法家的代表人物韩非提出了"明主治吏不治民"的主张。为了防止国家官员滥用权力,李唐政权在程序方面作了许多制度的设计,来加强对国家各级

---

① 参见艾永明、钱长源:《唐朝立法监督制度初探》,载《苏州大学学报》1994年第4期。
② 参见(宋)司马光编著,(元)胡三省音注:《资治通鉴》卷221,中华书局1956年版,第7074页。
③ 胡沧泽:《唐代御史制度研究》,福建教育出版社2000年版,第57页。

官吏行政权力的制约。概而言之,主要体现在如下几方面:

第一,明确规定了国家各级行政官员的法律职责,对违犯行政程序的行为加以制约。众所周知,若想对行政权力进行有效制约,必须明确国家各级官员的法律职责。有学者指出,"职官权责明确,互相制约,为权力的制约与监督提供组织保障"①。在唐玄宗开元年间编纂的《唐六典》中,对中央和地方各级官员的法律职责作了明确的说明。如户部的长官户部尚书和侍郎,"掌天下户口井田之政令。凡徭赋职贡之方,经费赒给之算,藏货赢储之准,悉以咨之。其属有四:一曰户部,二曰度支,三曰金部,四曰仓部;尚书、侍郎总其职务而奉行其制命"②。大理寺的长官大理寺卿,"掌邦国折狱详刑之事。……凡诸司百官所送犯徒刑已上,九品已上犯除、免、官当,庶人犯流、死已上者,详而质之,以上刑部,仍于中书门下详覆"③。地方各县的县令,负责本县全面事务,"掌导扬风化,抚字黎氓,敦四人之业,崇五土之利,养鳏寡,恤孤穷,审察冤屈,躬亲狱讼"④。法律规定了官员的职责,实际上也就规定了各级官员的权力范围。

第二,建立长效的行政监督机制,对违反法律程序的行为监督和制约。为了防止各级官员滥用行政权力,唐代构建了严密的权力监督网络。唐代对国家官吏权力的监督可分为两种模式,即独立于行政系统的制约监督系统和行政组织内部的权力制约监督系统。

唐代行政官吏的外部监督主要有来自于监察机构御史台的监督,中央人事管理机构吏部的监督等。御史台是唐代中央最高的监察机构,据《新唐书》卷48《百官三》记载,御史大夫"掌以刑法典章纠正百官之罪恶"⑤。御史台经常对中央和地方各级官员违法乱纪、滥用权力的行为进行弹劾,据学者统计,有唐一代御史台弹劾的案件有153起,其中针对

---

① 韩俊远、刘太祥:《中国古代行政权力的制约与监督机制》,载《南都学坛》2004年第3期。
② (唐)李林甫等撰,陈仲夫点校:《唐六典》卷3,中华书局1992年版,第63—64页。
③ (唐)李林甫等撰,陈仲夫点校:《唐六典》卷18,中华书局1992年版,第502页。
④ (唐)李林甫等撰,陈仲夫点校:《唐六典》卷30,中华书局1992年版,第753页。
⑤ (宋)欧阳修、(宋)宋祁撰:《新唐书》卷48《百官三》,中华书局1975年版,第1235页。

擅自征赋、擅用公钱等滥用行政权的有 14 起。①

为了规范国家官员秉公执法,防止官员滥用权力,唐代构建了完备的考课制度。在唐令《考课令》中,详细规定了对国家各类官员的考核标准,对官吏的行政行为加以规范和约束。唐令对每一职能部门的官员都设有相应考核标准,如对司法官员的考核标准是"决断不滞,与夺合理,为判事之最","推鞫得情,处断平允,为法官之最"。② 唐代的考课在公开公正的原则下进行,据《考课令》规定,"诸内外文武官九品已上,每年当司长官,考其属官应考者,皆具录一年功过行能,对众读,议其优劣,定九等考第"③。针对在考核时可能出现的弄虚作假现象,将无限期追究造假者的法律责任,"官人因加户口及劝田农,并缘余功进考者,于俊事若不实,纵经恩宥,其考皆从追改"④。

唐代行政组织内部的权力制约方式主要包括行政文书的勾检程序和行政机构内部同属之间的相互监督。勾检程序是唐代国家机关内部权力制约重要的形式,凡财政、行政、司法等领域皆适用勾检程序,有学者指出,在唐代的行政管理系统和监察系统的各级官府中都设有勾检官,勾检制度在唐代"几乎所有的内外上下官府中普遍存在"⑤。唐朝各州的录事参军为勾检官,负责"纠弹部内非违"之事。⑥ 各县设主簿之职,职责与州录事参军基本相同,"纠正县内非违"之事。⑦ 勾检程序在行政体制中的作用是监督行政官员在法律程序内依法行政,防止行政拖延的现象,提高官员的责任心,保障国家行政事务正常运转。

在中村裕一书中,记述唐代地方行政权力的运行程序:

　　柳谷镇状上州

---

① 参见胡宝华:《唐代监察制度研究》,商务印书馆 2005 年版,第 45—58 页。
② 〔日〕仁井田陞:《唐令拾遗》,栗劲、霍存福等编译,长春出版社 1989 年版,第 246 页。
③ 〔日〕仁井田陞:《唐令拾遗》,栗劲、霍存福等编译,长春出版社 1989 年版,第 240 页。
④ (宋)王溥撰:《唐会要》卷 82,中华书局 1955 年版,第 1510 页。
⑤ 王永兴:《唐勾检制研究》,上海古籍出版社 1991 年版,第 3 页。
⑥ 参见(唐)杜佑撰,王文锦等点校:《通典》卷 33《职官十五》,中华书局 1988 年版,第 912 页。
⑦ 参见(唐)杜佑撰,王文锦等点校:《通典》卷 33《职官十五》,中华书局 1988 年版,第 921 页。

第五章　唐代"天下之法"与限制君权的法律范式　163

西州长行廻马壹足赤骠敦拾岁
右检案内,得马子高怀辞称:先从西州领得前件马,送
使往至北庭。今月廿八日,却回柳谷镇,停经三日,饲
饺渐发,白酸来,其马行至镇南五里,忽即急黄致死
即是长行请乞检验者。右奉判马即致死,宜差典孙
俊、高广等就检其马,不有他故,以不状言者,其上件马
行至镇南五里,急黄致死,有实亦无他故者。其马致死检
即无他故,仍勒马子自剥皮肉收掌。仍具录申州,今以状上
听裁。
牒件状如前。谨牒。
□检皮壹张到典　神龙元年三月一日　典孙怀俊　牒
　□□　摄兵曹参军　张才义
皮虽检　付司　涡示
到,宾价不来,牒所由　□日
征收。誊白。三月九日录事 义　受
参军摄录事参军 思 付。①

在该行政法律文书中,可以清楚地看到唐代西州地区行政权力的运转情况,即先由典吏孙俊、高广二人对病死的长行马进行勘验,兵曹参军张才义复核,西州地区最高长官"涡"签署意见,最后由录事"义"勾检,参军摄录事参军思"付",整个行政文书的制定程序严谨,没有丝毫的程序漏洞。唐代行政法律文书的形成过程就是行政权力的运行过程,当然也是对行政权力制约的过程。

唐代行政权力的内部制约机制还表现为同一行政机关内部官员之间的相互纠举。在《唐律疏议》卷5"公事失错自觉举"条中,详细记述了同一机构内部纠举违法之事的处理结果,凡"应连坐者,长官以下,主典以上及检、勾官在案同判署者,一人觉举,余并得原。其检、勾之官举稽及事涉私者,曹司依法得罪。唯是公坐,情无私曲,检、勾之官虽举,彼此

---

① 〔日〕中村裕一:《唐代公文书研究》,汲古书院1996年版,第183—185页。

并无罪责"①。该法律条文明确规定,只要同署官员"一人觉举,余并得原",即只要有一名官员纠举违法之处,其余官员都将免除罪责。唐代这种责任明晰的制度,使各级官员在处理行政事务时都不能马虎,否则将承担相应的法律责任。在唐代诗人白居易的判文中,就记述了同属之间相互纠举之事:"得景为录事参军,刺史有违法事,景封状奏闻。或责其失事长之道。景云:不敢不忠于国。"②同署之间的相互监督,使唐代的行政权力得到了有效制约,保障了国家各项行政事务的高效运转。

第三,依法对国家官员的行政行为进行规范,对违反行政程序的行为加以处罚。唐代法律对国家官员行政权力的制约十分严谨,对国家官员的选拔任免、地方的赋税征收、禁止官员及其亲属从事商业经营和借贷等,都作了详细的规定。

在唐代的行政法律体系中,对中央和地方各级官府的吏员设置作了严格规定,"凡诸司置官,皆有定制"③,严禁行政长官滥用权力违法设立属职。据唐律规定:"诸官有员数,而署置过限及不应置而置,一人杖一百,三人加一等,十人徒二年。"④在官吏选任方面,对官员选拔的标准也作了法律规定,据《唐六典》卷2记载:"凡选授之制,……以四事择其良,一曰身,二曰言,三曰书,四曰判。以三类观其异,一曰德行,二曰才用,三曰劳效。德钧以才,才钧以劳。"⑤在选拔官吏时,为了防止官员在任职期间结党营私,实行严格的回避制度,禁止监临长官在任职期间与下属结成姻亲关系,"诸州县官人在任之日,不得共部下百姓交婚,违法者虽会赦,仍离之。其州上佐以上及县令于所统属官亦同"⑥。

徭役和赋税征发是维系国家正常运转的保障。唐代法律规定,各级官府向百姓征收赋税须按照程序进行,严禁地方官员擅自向百姓增加徭役和赋税,《唐律疏议》对地方官员违法赋敛的行为规定了相应的惩罚

---

① 刘俊文点校:《唐律疏议》卷5,法律出版社1999年版,第124页。
② 顾学颉点校:《白居易集》卷67,中华书局1979年版,第1413页。
③ (唐)李林甫等撰,陈仲夫点校:《唐六典》卷2,中华书局1992年版,第35页。
④ 刘俊文点校:《唐律疏议》卷9,法律出版社1999年版,第198页。
⑤ (唐)李林甫等撰,陈仲夫点校:《唐六典》卷2,中华书局1992年版,第27页。
⑥ 〔日〕仁井田陞:《唐令拾遗》,栗劲、霍存福等编译,长春出版社1989年版,第162页。

措施:"诸差科赋役违法及不均平,杖六十。若非法而擅赋敛,及以法赋敛而擅加益,赃重入官者,计所擅坐赃论;入私者,以枉法论。"①

为了防止中央和地方官员滥用权力,非法使用官府的人力和财物,唐律规定:"诸监临主守,以官奴婢及畜产私自借,若借人及借之者,笞五十;计庸重者,以受所监临财物论。"②唐律还严禁官员在所管辖之处向他人借贷、私用人力、购买田地、经营等滥用行政权力的行为,凡监临之官,"私役使所监临,及借奴婢、牛马驼骡驴、车船、碾硙、邸店之类,各计庸、赁,以受所监临财物论"③,"诸丁夫、杂匠在役而监当官司私使,及主司于执掌之所私使兵防者,各计庸准盗论"④。唐令《杂令》规定,严禁官员在所辖境内购买土地和从事商业经营等事务,"诸官人,不得于部内请射田地及造碾硙,与人争利"⑤。即使官员家属在所辖的范围内有借贷和买卖等情况,也将追究官员本人的责任:"诸监临之官家人,于所部有受乞、借贷、役使、卖买有剩利之属,各减官人罪二等;官人知情与同罪,不知情者各减家人罪五等。"⑥

唐朝建立之后,构建了一套较为完备的行政法制,包括规定了中央和地方各级官吏的法律职责,对各级官员实行考课,在上下级之间和同一衙署内部建立权力监督机制,对各类行政法律文书实行勾检等,形成了一套较为完善的权力制约机制,有效规范了各级官员的行政行为,并收到了一定的效果。但是,唐代社会毕竟是君主统治下的人治社会,行政权力一支独大、行政权与司法权不分的特点决定了行政权很难受到有效的制约,尤其从唐玄宗天宝年间以后,中央和地方官员滥用行政权力的现象日趋严重。据《旧唐书》卷105《杨慎矜传》记载,杨慎矜任含嘉仓出纳使时,"于诸州纳物者有水渍伤破及色下者,皆令本州征折估钱,转市轻货。州县征调,不绝于岁月矣"⑦。上述史料表明,李唐政府试图通

---

① 刘俊文点校:《唐律疏议》卷13,法律出版社1999年版,第274页。
② 刘俊文点校:《唐律疏议》卷15,法律出版社1999年版,第311页。
③ 刘俊文点校:《唐律疏议》卷11,法律出版社1999年版,第245页。
④ 刘俊文点校:《唐律疏议》卷16,法律出版社1999年版,第345页。
⑤ 〔日〕仁井田陞:《唐令拾遗》,栗劲、霍存福等编译,长春出版社1989年版,第795页。
⑥ 刘俊文点校:《唐律疏议》卷11,法律出版社1999年版,第247—248页。
⑦ (后晋)刘昫等撰:《旧唐书》卷105《杨慎矜传》,中华书局1975年版,第3226页。

过构建法律程序对行政权进行制约,本身具有很大的局限性。

(三)从正当程序的视角看唐代司法权制约的范式

完备的法律体系,是实现司法公正的基础。有学者指出:"讨论正当程序司法适用的正当性问题,离不开对法规范依据的解读。"①唐朝建立之初,制定了一套以律、令为核心,以格、式为辅的法律体系。关于律、令、格、式的含义,《唐六典》卷6记载:"凡律以正刑定罪,令以设范立制,格以禁违正邪,式以轨物程事。"②有了完备的法律体系,司法官员在诉讼审判中就有法可依,对违法的行为进行追究和制裁。有唐一代,程序正当性原则对司法权的制约,主要表现在立案、审理、判决、刑罚执行等环节。

在中国古代的司法实践中,经常会遇到法律条文与最高统治者皇帝颁布的制敕相冲突的现象。为此,《唐律疏议》卷30对皇帝制敕的法律效力作了特别说明:"诸制敕断罪,临时处分,不为永格者,不得引为后比。若辄引,致罪有出入者,以故失论。"③唐律该条文明确区分了律令格式法律条文与皇帝颁布的临时制敕的法律效力,即皇帝颁布制敕的法律效力要低于国家律令格式条文,确立了法权优于皇权的司法原则。法权优于皇权,本身就是对以皇帝为首的李唐统治者司法权最有效的制约。

有唐一代当皇权与法权发生冲突时,许多司法长官通常按照法律条文裁判,拒绝皇帝对司法权的干涉。唐初贞观年间,"或有诈伪阶资者,太宗令其自首,不首,罪至于死。俄有诈伪者事泄,胄据法断流以奏之"。唐太宗听后很不高兴,认为是使自己"示天下以不信"。大理寺少卿戴胄反驳说:"法者国家所以布大信于天下,言者当时喜怒之所发耳!陛下发一朝之忿,而许杀之,既知不可,而置之以法,此乃忍小忿而存大信,臣窃为陛下惜之。"若"陛下当即杀之,非臣所及,既付所司,臣不敢

---

① 蒋红珍:《正当程序原则司法适用的正当性:回归规范立场》,载《中国法学》2019年第3期。
② (唐)李林甫等撰,陈仲夫点校:《唐六典》卷6,中华书局1992年版,第185页。
③ 刘俊文点校:《唐律疏议》卷30,法律出版社1999年版,第603页。

亏法"①,最后唐太宗依从了大理寺的判决意见。上元三年(公元676年)九月,发生了左威卫大将军权善才、右监门中郎将范怀义砍伐昭陵柏树一案,唐高宗特令杀之,大理寺丞狄仁杰进谏,认为二人罪不当死,指出:"陛下作法,悬之象魏,徒罪死罪,具有等差。岂有犯非极刑,即令赐死? 法既无恒,则万姓何所措手足!"②唐高宗最后采纳了狄仁杰的判决意见。

安史之乱以后,唐代官员拒绝皇权干预司法的现象仍很常见。唐德宗时,有一玉工为皇帝作衣带,误毁一銙,玉工在市场上购买其他玉进行替换,被德宗发现,"帝怒其欺,诏京兆府论死"。宰相柳浑反驳说:"陛下遽杀之则已,若委有司,须详谳乃可。于法误伤乘舆器服,罪当杖,请论如律。"③最后德宗听从了宰相的意见,玉工被免于死刑。唐宪宗时期,僧人鉴虚因事被下狱,御史中丞薛存诚案鞠得鉴虚奸赃数十万,罪当大辟。宪宗"宣令释放",存诚拒不奉诏,上奏说:"鉴虚罪款已具,陛下若召而赦之,请先杀臣。然后可取。不然,臣期不奉诏。"最后,宪宗"嘉其有守,从之,鉴虚竟笞死"。④可见,唐代司法官员独立行使审判权,是防止皇帝和上级行政长官干涉司法权最有效的制约方式。

首先,在立案阶段对司法权进行规范和制约。立案是诉讼的开始阶段,案件受理是诉讼审判的必经程序,为了保证立案及时、准确,防止冤假错案的发生,唐代法律规定司法机关受理案件"不得称疑",即不能受理事实不清的案件。为了防止滥用司法权,《唐律疏议》规定司法官员不得受理没有管辖权的越诉案件,"诸越诉及受者,各笞四十"⑤。如果司法机关经过初步审理决定不予立案,须给当事人"不理状",并说明不立案的理由。若司法机关拒不给当事人不理状,唐律规定了相应的惩罚

---

① (唐)吴兢编著:《贞观政要》卷5,上海古籍出版社1978年版,第165页。
② (唐)杜佑撰,王文锦等点校:《通典》卷169《刑罚七》,中华书局1988年版,第4373页。
③ (宋)郑克:《折狱龟鉴》,载杨一凡、徐立志主编:《历代判例判牍》第一册,中国社会科学出版社2005年版,第407页。
④ 参见(后晋)刘昫等撰:《旧唐书》卷153《薛存诚传》,中华书局1975年版,第4089—4090页。
⑤ 刘俊文点校:《唐律疏议》卷24,法律出版社1999年版,第482页。

措施,请状上诉,不给不理状,对司法官员科以"违令罪",处以"笞五十"。① 为避免出现告状难和立案难的现象,唐律规定,凡应立案而司法机关拒不立案,将追究其法律责任,"若应合为受,推抑而不受者笞五十,三条加一等,十条杖九十"②。唐律中上述法律条文的设立,有效规范了司法官员的法律行为,解决了普通民众告状难的问题。

其次,在审讯阶段对审讯权进行规范和制约。为了防止冤假错案的发生,唐代法律对审讯权和刑讯权作了严格的规范。唐律明确规定了各类案件司法官员的受理权限和审理权限,无论是刑事还是民事案件,皆由司法长官亲自审理,即"判官亲问,辞定令自书款。若不解书,主典依口写讫,对判官读示"③。如开元时期张九龄"累历刑狱之司,无所不察。每有公事赴本司行勘,胥吏辈未敢讯劾,先取则于九龄。因于面前分曲直,口撰案卷,囚无轻重,咸乐其罪,时人谓之'张公口案'"④。若非主审官员,不得到关押囚犯之处打探消息。

唐代诉讼审判并不主张刑讯逼供,据《唐律疏议》卷29"讯囚察辞理"条规定:"诸应讯囚者,必先以情,审察辞理,反复参验;犹未能决,事须讯问者,立案同判,然后拷讯。"⑤可见,刑讯是在不得已的情况下才使用。

实施刑讯需要履行一定的法律程序,即现任司法官员"立案同判",禁止司法官员秘密刑讯和单独刑讯,并对刑讯的情况记录在案。如果司法长官违法刑讯,将追究其法律责任。据《唐律疏议》卷29"决罚不如法"条规定:"诸决罚不如法者,笞三十;以故致死者,徒一年。即杖粗细长短不依法者,罪亦如之。"⑥唐令《狱官令》还规定了刑讯的具体办

---

① 参见刘俊文点校:《唐律疏议》卷24,法律出版社1999年版,第482页。
② 刘俊文点校:《唐律疏议》卷24,法律出版社1999年版,第482页。
③ 〔日〕仁井田陞:《唐令拾遗补》,东京大学出版会1997年版,第1436页。
④ (五代)王仁裕、(唐)姚汝能撰,曾贻芬点校:《开元天宝遗事·安禄山事迹》,中华书局2006年版,第45页。
⑤ 刘俊文点校:《唐律疏议》卷29,法律出版社1999年版,第592页。
⑥ 刘俊文点校:《唐律疏议》卷29,法律出版社1999年版,第598页。

法:"其决笞者,腿、臀分受;决杖者,背、腿、臀分受,须数等。"①如果司法官员在决罚时不依此条,是为"不如法",应处以笞三十的刑罚。唐律、唐令对刑讯制度的规定,可有效避免司法官员滥用刑罚,保障审判的公平公正。

唐律中还特别规定没有审讯权的官员不得刑讯。据《唐律疏议》卷30"监临之官因公事"条记载:"里正、坊正、村正等,唯掌追呼催督,不合辄加笞杖,其有因公事相殴击者,理同凡斗而科。主典检请是司,理非刑罚之职,因公事捶人者,亦与里正等同。"②明确规定了非主审官员不得滥施刑讯。

再次,在判决和刑罚执行阶段对司法权的规范和制约。有学者指出,"司法权是一种裁判权,并且是通过将一般的法律规则适用于具体案例上,来发挥其裁判案件这一功能的"③。任何刑事、民事案件,无论是立案还是审理,最终都是为了作出公正的判决。因此,在判决阶段对司法权的有效制约是实现司法公正的重要保障。

唐代法律规定,司法官员在裁判时须依据律令格式的正文,据《唐律疏议》卷30规定:"诸断罪皆须具引律、令、格、式正文,违者笞三十。若数事共条,止引所犯罪者,听。"④对于不依照法律条文作出的判决,将承担相应的法律后果。据《唐律疏议》卷30"断罪应斩而绞"条规定:"诸断罪应绞而斩,应斩而绞,徒一年;自尽亦如之。失者,减二等。即绞讫,别加害者,杖一百。"⑤该条文设立的目的是维护法律的严肃性,加强司法官员审判的责任心,尽可能使所有的裁判结果都符合法律原意。

唐代民事和刑事诉讼实行审判公开的原则。刑事案件作出判决,司法官员须把判决的结果和具体的罪名告知罪犯本人及其家属。如司法

---

① 中国社会科学院历史研究所天圣令整理课题组等校证:《天一阁藏明钞本天圣令校正》,中华书局2006年版,第648页。
② 刘俊文点校:《唐律疏议》卷30,法律出版社1999年版,第602页。
③ 陈瑞华:《司法权的性质——以刑事司法为范例的分析》,载《法学研究》2000年第5期。
④ 刘俊文点校:《唐律疏议》卷30,法律出版社1999年版,第602页。
⑤ 刘俊文点校:《唐律疏议》卷30,法律出版社1999年版,第615页。

官员不履行法律程序,将承担相应的法律责任。据《唐律疏议》卷30"狱结竟取服辩"条规定:"诸狱结竟,徒以上,各呼囚及其家属,具告罪名,仍取囚服辩。若不服者,听其自理,更为审详。违者,笞五十;死罪,杖一百。"①

为了防止司法官员在审判过程中徇私枉法和滥用权力,唐代实行同职官员的意见连署制。② 所谓连署制,是指同一审判衙门内部在审理案件时,所有参与审判的官员都要在法律文书上签字,如大理寺断狱,长官皆连署,据《唐律疏议》卷5"同职犯公坐"条记载:"同职者,谓连署之官。'公坐',谓无私曲。假如大理寺断事有违,即大卿是长官,少卿及正是通判官,丞是判官,府史是主典,是为四等。各以所由为首者,若主典检请有失,即主典为首,丞为第二从,少卿、二正为第三从,大卿为第四从,即主簿、录事,亦为第四从;若由丞判断有失,以丞为首,少卿、二正为第二从,大卿为第三从,典为第四从,主簿、录事当同第四从。"③由此可知,大理寺判决的案件,大理寺卿、少卿、大理寺正、主簿、录事等参与诉讼审判过程的官员都要在法律文书上署名,彼此之间互相监督和制约。在敦煌、吐鲁番出土的唐代法律文书中,经常见到唐代县级审判衙门县令、丞、主簿、录事、典等官员在判决文书上签署意见的情况。

在刑罚的执行上,司法权也受到了许多限制。据唐令《狱官令》规定:"诸决大辟罪,在京者,行决之司五复奏;在外者,刑部三复奏(在京者,决前一日二复奏,决日三复奏;在外者,初日一复奏,后日再复奏。纵临时有敕,不许复奏,亦准此复奏)。"④唐朝统治者之所以强调实行三复奏和五复奏,就是为了预防司法官员滥用司法权,避免冤假错案的发生。

---

① 刘俊文点校:《唐律疏议》卷30,法律出版社1999年版,第609页。
② 参见王燕芳:《唐代司法集体决断制度探析》,载《中北大学学报(社会科学版)》2021年第3期。
③ 刘俊文点校:《唐律疏议》卷5,法律出版社1999年版,第120页。
④ 〔日〕仁井田陞:《唐令拾遗》,栗劲、霍存福等编译,长春出版社1989年版,第692—693页。

综上所述,对权利的制约和监督,是人类政治文明史上的永恒主题①,不受制约和监督的权力必然会导致腐败。李唐政权建立之初,便着手构建了一套较为完备的律、令、格、式的法律体系,对以皇帝为代表的李唐统治集团和各级官员的权力进行制约,防止滥用权力行为的发生。纵观中国古代几千年的历史,唐代无疑是古代对君权和官僚贵族权力制约最为严格的时代。正由于唐朝统治者试图通过法律的手段对以皇帝为代表的统治集团进行权力制约和监督,才使唐王朝成为中国古代法治最为清明的时代。

通过对上述唐代律令法体系下的权力制约机制进行研究,我们可以初步得出如下几点认识:其一,唐代之所以出现权力制约的理念,与唐朝初年社会上形成的"民为邦本"和"天下为公"的朴素民主观念有密切的关系。唐朝建立后,认真总结了隋朝灭亡的经验教训,充分认识到了民众力量的强大,提出了"民贵君轻"的思想,认清了民众、李唐政权和君主在社会中的逻辑关系,在国家制度的建构上把民众的利益放到首位,而把李唐统治集团的个人利益放到了末位。唐朝前期的这种治国理政思想,不仅彰显了对统治者权力进行制约的色彩,也充分体现了以唐太宗等人为首的唐初统治集团的政治智慧。

其二,在中国古代,皇帝拥有最高的立法、行政和司法大权,皇帝既是国家的立法者,同时也是国家法律的破坏者。几千年来中国古代一直存在法权与皇权相互冲突的现象,如何限制君权,处理好法权与皇权的关系,不仅决定一个社会是法治社会还是人治社会,也决定一个朝代的兴盛衰亡。清末著名法学家沈家本指出:"法学之盛衰,与政之治忽,实息息相通。然当学之盛也,不能必政之皆盛;而当学之衰也,可决其政之必衰。"②唐朝初年,唐太宗等人创造性地提出了"天下之法"的概念,推动了唐代法学的巨大发展。所谓"天下之法",意思是指皇帝和官僚贵

---

① 参见黄文艺:《权力监督哲学与执法司法制约监督体系建设》,载《法律科学(西北政法大学学报)》2021年第2期。

② (清)沈家本:《寄簃文存》卷3《法学盛衰说》,载《历代刑法考》,中华书局1985年版,第2143页。

族都应遵守国家的法律，受法律的约束，法权优于皇权。为了防止以皇帝为代表的统治者滥用权力，破坏法制，唐朝初年创制了许多限制君权的措施，如以神权制约皇权；设置谏官，对皇帝和大臣滥用权力的行为进行规谏；设置史官起居郎，把皇帝违法的行为记录于史书之中，令其畏惧；实行集体宰相制度，用政事堂和中书门下议事制来制约君权等，这些措施对于制约皇帝滥用权力起到了一定的作用。

其三，唐代是中国古代法律体系较为完备的时代，因受"天下之法"观念的影响，唐代在立法、行政和司法领域都制定了严格的法律程序，对中央和地方各级官员的行为加以规范和制约。在立法权方面，唐朝前期无论是法典编修还是临时立法，都须按照相应的法律程序进行，即先由中书省提出立法动议，门下省讨论封驳，最后奏请皇帝批准实施。相对完备的立法程序，是对以皇帝为首的统治集团滥用立法权的有效制约。在行政权方面，为了防止皇帝和各级官员滥用权力，唐代建立了庞大的谏官系统，对皇帝和各级官员的违法行为进行监督和劝谏；唐代门下省的封驳和中书门下议事制度，规定相关官员有权驳回皇帝发布的不当诏敕，宰相们在政事堂集议时如果认为提议不妥，也有权拒绝签署意见，上述这些举措都是对以皇帝为首的中央机构行政权的有效制约，以保障唐代中央和地方各类行政事务在法律的框架下运行。在司法权方面，唐律规定司法官员审断案件"皆须具引律、令、格、式正文"，当皇帝的制敕与国家法律条文发生冲突时，以法律条文为准，从而确立了法权优于皇权的司法原则。为了防止皇帝和上级长官对司法权的干涉，从案件受理、审讯、判决和执行各个环节都制定了严格的法律程序，司法官员须按照法律程序进行审理和判决。唐代所建构的司法程序，不仅充分调动了各级司法官员的积极性，发挥了法律维护公平正义的职能，提高了诉讼审判的质量，同时也是对司法权力的一种制约机制。

众所周知，近代君主立宪政体有两个显著的特征，即通过立宪的方式来限制君权、保障民权。奥地利法学家汉斯·凯尔森（Hans Kelsen）指出："在立宪君主国家中，君主的权力，在立法领域中受通常由两院构成的那一议会的参与所限制，在审判领域中要受法院的独立所限制,而在行政领域中则受内阁大臣的合作所限制。"①中国近代思想家严复也曾对君主立宪制作了如下描述:"是故西洋之言治者曰:'国者,斯民之公产也,王侯将相者,通国之公仆隶也。'而中国之尊王者曰:'天子富有四海,臣妾亿兆。'臣妾者,其文之故训犹奴虏也。夫如是则西洋之民,其尊且贵也,过于王侯将相,而我中国之民,其卑且贱,皆奴产子也。"②有唐一代,虽然出现了"天下之法"的观念和限制君权的制度范式,其对后世明末清初黄宗羲的"天下为主,君为客"的"天下之法"思想产生了直接影响③,甚至有学者认为黄宗羲是"中国君主立宪制的先驱"④,但唐代社会毕竟是一个"礼有等差"的人治社会,法律地位的不平等决定了普通民众的权利很难得到法律的保障。

笔者认为,在唐朝初年的国家政治体制建设中,虽然出现了限制君权的法律思想,在中央决策方面也形成了有效的纠错机制,但由于没有平等的观念和对民众权利的保障,仍然很难走向君主立宪的道路。纵观中国几千年的古代历史,唐朝初年的政治制度虽与近代西方的君主立宪政体有很大的差距,但唐代无疑是中国古代政权中最接近于近代君主立宪政体的时代。

---

① 〔奥〕凯尔森:《法与国家的一般理论》,沈宗灵译,中国大百科全书出版社1996年版,第332页。
② 王栻主编:《严复集》(第一册),中华书局1986年版,第36页。
③ 参见(明)黄宗羲著,孙卫华校释:《明夷待访录校释》,岳麓书社2011年版,第8页
④ 段然:《黄宗羲:中国"君主立宪制"的先驱》,载《人大建设》2010年第2期。

第六章
唐代诉讼审判中的勾检程序新探

中国古代政权更迭频繁,每一个时代的诉讼审判制度都具有各自的时代特征。以往中外学者大多关注中国传统司法的共性,认为中国古代的审判方式是纠问式的模式,君主掌握最高的司法权,司法权通常依附于行政权;因受到儒家"无讼是求"观念的影响,无论是司法官员还是民间百姓都存在着"厌讼"和"息讼"的风气,许多政权都对告诉作了种种限制。① 古代的司法机关为了获取审判证据,常采取刑讯逼供的方式。② 德国学者马克斯·韦伯认为,"中国的司法则是另一种典型:以家父长制的权威,解消掉存在于司法与行政之间的区隔。帝王的诏令兼具

---

① 参见陈光中:《中国古代司法制度》,北京大学出版社2017年版,第4—6页;费孝通:《乡土中国 生育制度》,北京大学出版社1998年版,第54—58页;张晋藩:《中国法律的传统与近代转型》(第二版),法律出版社2005年版,第267—286页;梁治平:《寻求自然秩序中的和谐》,中国政法大学出版社2002年版,第199—229页;马作武:《古代息讼之术探讨》,载《武汉大学学报(哲学社会科学版)》1998年第2期;蒋铁初:《无讼是求:中国古代证据立法与实践的价值分析》,载《湖北大学学报(哲学社会科学版)》2013年第3期。

② 参见王立民:《有关中国古代刑讯制度的几点思考》,载《华东政法学院学报》1999年第3期;姜小川:《中国古今刑讯比较研究》,载《法学杂志》2012年第12期。

训诫与命令的性格,一般性的或是在具体的案例里介入司法。只要不是在巫术性的制约之下,则司法一般皆倾向以实质正义——而非程序正义——为其判决的基准。从程序正义或是经济的'期待'的角度而言,这显然是一种强烈的非理性的、具体的'权衡'裁判的类型"①。日本学者滋贺秀三认为,中国古代的司法审判,从事实认定来看,被告本人承认罪状的口供是定罪最重要的依据,"断罪原则上以口供为凭,仅仅例外地——承认不承认这个例外依时代而不同——才允许根据不是口供的证据来断罪。这就是中国人的思考样式"②。上述学者的观点,大体上概括出了中国古代司法的共性特征。

但是,历史总是千变万化的,中国古代的诉讼审判制度也因时代不同而呈现出复杂多变的特征,甚至同一政权前后期的审判制度有时也会发生很大变化。笔者认为,正是由于中国古代法律的个性化特征,才决定了某一时代的政治生态和法治状况。因此,深入探究中国古代司法的个性化差异,从动态的视角对古代的诉讼审判制度进行全面审视,才能揭示出中国古代法制变化的轨迹,为当前中国的法治建设提供有益的借鉴经验。

司法的核心价值是公平正义,而司法公正又离不开完善的诉讼审判程序。意大利著名法学家贝卡里亚指出:"在司法审判中,手续和仪式是必需的。这是因为它们可以使司法者无从随意行事;因为这样可以昭示人民:审判不是纷乱和徇私的,而是稳定和规则的。"③纵观中国古代几千年的历史,唐代无疑是古代法治最为清明的时期,唐代法律的发达,除了建构一套完备的律、令、格、式的法律体系外,严谨的诉讼审判程序也是不可或缺的因素。

对于唐代的诉讼审判制度,目前已有许多学者进行过探讨,但勾检

---

① 〔德〕马克斯·韦伯:《法律社会学·非正当性的支配》,康乐、简惠美译,广西师范大学出版社2011年版,第271—272页。
② 〔日〕滋贺秀三:《中国法文化的考察》,载王亚新、梁治平编:《明清时期的民事审判与民间契约》,法律出版社1998年版,第10页。
③ 〔意〕切萨雷·贝卡里亚:《论犯罪与刑罚》,黄风译,商务印书馆2018年版,第22页。

程序在唐代司法审判中的价值却长期被学术界忽略。有唐一代,从案件受理、司法勘验、审理、判决、执行以及案卷奏报等都须经过严格的勾检程序,勾检程序是内嵌于唐代诉讼审判中的法律监督和复核程序,它贯穿于唐代诉讼审判的全部过程。勾检程序的设立,对于监督司法官员的审判活动,提高审判官员的责任心,维护司法公正,提高诉讼审判的效率,具有重要的法律价值。基于此,笔者将以传世的古代文献为基础,结合新出土的敦煌吐鲁番文书,对唐代诉讼审判中的勾检程序进行探讨。

一、唐代中央和地方司法审判系统中勾检官的设置

中国古代勾检制度的起源,传世文献没有明确记述。勾检制度的兴起,似乎与比部的设置有很大关系。比部设置于曹魏黄初年间,历经晋、宋、齐、后魏、北齐各代。及至隋朝建立后,比部的勾检职能扩张,开始涉及法律方面的事务,据《隋书》卷27《百官志》记载:"比部,掌诏书律令勾检等事。"①关于唐代比部的职责,据《旧唐书》卷43记载:"(比部)郎中、员外郎掌勾诸司百僚俸料、公廨、赃赎、调敛、徒役、课程、逋悬数物,周知内外之经费,而总之。"②由此可知,比部是唐代财务勾检的中央领导机构,也涉及"赃赎"等少部分的法律职能,有学者指出:"法制为其次。"③

唐代建立后,在财政、行政、军事、司法等领域广泛适用勾检程序。关于勾检的含义,据《唐律疏议》卷5"同职犯公坐"条记载:"诸同职犯公坐者,长官为一等,通判官为一等,判官为一等,主典为一等,各以所由为首……检、勾之官,同下从之罪。"长孙无忌在疏议中对"勾检"的含义作了如下解释:"检者,谓发长检稽失,诸司录事之类。勾者,署名勾讫,录事参军之类。……其无检、勾之官者,虽判官发辰勾稽,若有乖

---

① (唐)魏征等撰:《隋书》卷27《百官志》,中华书局1973年版,第753页。
② (后晋)刘昫等撰:《旧唐书》卷43《职官二》,中华书局1975年版,第1839页。
③ 李志刚:《唐代比部职掌的转变及其原因试析》,载《首都师范大学学报(社会科学版)》2012年第2期。

失，自于判处得罪，不入勾、检之坐。"①这说明在唐代中央和地方各级行政司法机构中，大多设有专职的勾检官，有些国家机构虽未设专职的勾检官，但由判官"发辰勾稽"，行使勾检的职能。

唐代中央和地方的行政、财政、军事和司法部门，只要下发和上报公文书，就须履行勾检的程序，勾检程序普遍存在于唐代的行政、财政、军事和司法体制之中。关于勾检官的职能，有学者认为有三：一为勾检稽失；二为省署抄目；三为受事发辰。但主要的职能是勾检稽失②，即核验法律文书的内容是否有误，法律程序是否有违法之处。

唐代勾检制度适用的范围广泛，笔者认为主要包括三个方面：其一，对国家各类行政、军事等方面的公文书进行核查勾检，避免发生文书内容和文字方面的错误；其二，对国家财政系统中的各类账簿文书勾检核实，以保障国家财政收入和支出的数额准确，维护国家财政体制的正常运转；其三，对诉讼审判的文书进行勾检，核验司法程序的规范性和法律适用的准确性，以维护司法公正，防止冤假错案的发生。

勾检制度不仅普遍存在于唐代的行政、军事管理系统和财政收支系统，还广泛应用于司法审判系统中。关于唐代勾检程序在行政、财政系统中的运转情况，已有许多学者进行了探讨，主要成果有王永兴《唐勾检制研究》，刘后滨《唐代中书门下体制研究：公文形态、政务运行与制度变迁》（增订版），卢向前《牒式及其处理程式的探讨——唐公式文研究》，向群《敦煌吐鲁番文书中所见唐官文书"行判"的几个问题》，雷闻《关文与唐代地方政府内部的行政运作——以新获吐鲁番文书为中心》，张玉兴《唐代县主簿初探》，杜文玉《唐代地方州县勾检制度研究》，李志刚《唐代比部职掌的转变及其原因试析》，管俊玮《从国图藏BD11178等文书看唐代公文钤印流程》，以及日本学者内藤乾吉的《西域發見唐代官文書の研究》，中村裕一《唐代公文書研究》和《唐代官文書研究》，赤木崇敏《唐代官文書體系とその變遷—牒・帖・狀を中心

---

① 刘俊文点校：《唐律疏议》卷5，法律出版社1999年版，第120—123页。
② 参见王永兴：《唐勾检制研究》，上海古籍出版社1991年版，第4页。

に》等论著。① 但是到目前为止,很少有学者对唐代诉讼审判中的勾检程序进行分析。依据传世文献和新出土的敦煌吐鲁番文书的记述,笔者认为,唐代的勾检官几乎参与了诉讼审判的全部过程,对法律文书的真实性和合法性进行审核,司法机关立案、司法勘验、审理、判决、执行以及案卷奏报,皆须经过勾检官的勾检程序。

唐代勾检官的法律职责颇重,包括法律文书的收发、对错案的举稽、参与疑难案件的讨论等司法事务。在《唐律疏议》卷5"公事失错自觉举"条中,详细记述了勾检官在诉讼审判过程中纠举错案的职责:"应连坐者,长官以下,主典以上及检、勾官在案同判署者,一人觉举,余并得原。其检、勾之官举稽及事涉私者,曹司依法得罪。唯是公坐,情无私曲,检、勾之官虽举,彼此并无罪责。"②在该条律文中,明确记述了勾检官对错案"自觉举"的职责。所谓"自觉举",是指勾检官如发现案件有失当之处,应及时纠举,否则将承担相应的法律责任。

勾检程序普遍存在于唐代的诉讼审判活动之中,发挥着维系司法体制正常运转、有效避免冤假错案发生的审核监督功能。唐代中央和地方司法系统中的勾检官设置十分复杂,下面将对唐代中央司法机构和地方司法机构中的勾检系统进行分析讨论。

---

① 参见王永兴:《唐勾检制研究》,上海古籍出版社1991年版;刘后滨:《唐代中书门下体制研究:公文形态、政务运行与制度变迁》(增订版),中国人民大学出版社2022年版;卢向前:《牒式及其处理程式的探讨——唐公式文研究》,载北京大学中国中古史研究中心编:《敦煌吐鲁番文献研究论集》(第三辑),北京大学出版社1986年版;向群:《敦煌吐鲁番文书中所见唐官文书"行判"的几个问题》,载《敦煌研究》1995年第3期;雷闻:《关文与唐代地方政府内部的行政运作——以新获吐鲁番文书为中心》,载《中华文史论丛》2007年第4期;张玉兴:《唐代县主簿初探》,载《史学月刊》2005年第3期;杜文玉:《唐代地方州县勾检制度研究》,载《唐史论丛》(第十六辑),陕西师范大学出版总社有限公司2013年版,第1—17页;李志刚:《唐代比部职掌的转变及其原因试析》,载《首都师范大学学报(社会科学版)》2012年第2期;管俊玮:《从国图藏BD11178等文书看唐代公文钤印流程》,载《文献》2022年第1期;[日]内藤乾吉:《西域發見唐代官文書の研究》,载《中國法制史考證》,有斐阁昭和38年(1963年)版,第223—345页;[日]中村裕一:《唐代公文書研究》,汲古书院1996年版;[日]中村裕一:《唐代官文書研究》,中文出版社1991年版;[日]赤木崇敏:《唐代官文書体系とその変遷—牒・帖・状を中心に》,载平田茂树等编:《外交史料から十~十四世纪を探る》,汲古书院2013年版。

② 刘俊文点校:《唐律疏议》卷5,法律出版社1999年版,第124页。

(一)唐代中央司法审判系统中勾检官的设置

唐代中央国家机构主要有三省六部、御史台、九寺、五监等部门,许多中央机构都设有勾检官,负责对行政、财政、军事、司法等方面的公文书进行勾检。例如光禄寺设有主簿二人,从七品上,掌印、勾检稽失。殿中省设有丞二人,"掌副监事,兼勾检稽失,省署抄目。主事掌印及知受事发辰"①。由于这些机构没有司法审判的职能,故不在本书讨论之列。

尚书都省是唐代中央最高的行政机关,也兼有司法审判的职能。唐代尚书省的长官左、右仆射,有时亲自参与诉讼案件的审理。贞观三年(公元 629 年),唐太宗对杜如晦说:"公为仆射,当须大开耳目,求访贤哲,此乃宰相之弘益。比闻听受词讼,目不暇给,安能为朕求贤哉!"②

唐代尚书都省是全国行政管理勾检系统的中央领导机构③,负责全国行政、财政、军事、司法等事务的勾检,许多官员兼有勾检职能,从尚书省长官左、右仆射,以下的左右丞、左右司郎中员外郎,到都事、主事、令史、书令史,都有勾检职能。④ 左、右丞在都省勾检的作用,主要表现在领导和督察方面。⑤ 尚书省具体负责勾检事务的官员是左、右司郎中、员外郎,"各掌付十有二司之事,以举正稽违,省署符目"⑥。据《新唐书》卷 46《百官一》记载,尚书省"郎中各一人,从五品上;员外郎各一人,从六品上。掌付诸司之务,举稽违,署符目,知宿直,为丞之贰。以都事受事发辰、察稽失、监印、给纸笔;以主事、令史、书令史署覆文案,出符目"⑦。

有学者指出,唐代中央除中书省、门下省不置勾检官外,其余机构无

---

① (后晋)刘昫等撰:《旧唐书》卷 44《职官三》,中华书局 1975 年版,第 1864 页。
② (唐)刘肃撰,许德楠、李鼎霞点校:《大唐新语》卷 1,中华书局 1984 年版,第 3 页。
③ 参见王永兴:《再论唐代句检制——唐官制研究之二》,载《北京大学学报(哲学社会科学版)》1986 年第 2 期。
④ 参见王永兴:《唐勾检制研究》,上海古籍出版社 1991 年版,第 37 页。
⑤ 参见杜文玉:《论唐代尚书省左右丞的监察与勾检职能》,载《唐史论丛》(第十七辑),陕西师范大学出版总社有限公司 2014 年版,第 10 页。
⑥ (唐)李林甫等撰,陈仲夫点校:《唐六典》卷 1,中华书局 1992 年版,第 10 页。
⑦ (宋)欧阳修、(宋)宋祁撰:《新唐书》卷 46《百官一》,中华书局 1975 年版,第 1185 页。

不普遍设置。① 笔者认为,唐代中书、门下也存在公文书的勾检程序,设有勾检官系统,如门下省设录事四人,据《唐律疏议》卷5记载:"尚书省应奏之事,须缘门下者,以状牒门下省,准式依令,先门下录事勘。"②录事,即门下省的勾检官。唐代中书省设主书四人,"主会计之簿书"③,有学者指出,"主书在中书省具有与司书性质相类的勾检职能"④。

三司使是唐代中央受理疑难案件的上诉机构,拥有对疑难案件的复审权。据《唐律疏议》卷24记述:"依令:'尚书省诉不得理者,听上表。'受表恒有中书舍人、给事中、御史三司监受。若不于此三司上表,而因公事得入殿廷而诉,是名越诉。"⑤关于唐代三司的人员构成,前后期有很大变化。唐初贞观年间,三司使指中书舍人、给事中、御史,据《唐六典》卷8"给事中"条记载:"凡天下冤滞未申及官吏刻害者,必听其讼,与御史及中书舍人同计其事宜而申理之。"⑥唐朝前期,由御史台的御史、中书省的中书舍人、门下省的给事中组成的三司使是常设的司法机构。⑦但从唐高宗、武则天以后,因用刑混乱,屡起大狱,担任三司审判的官员品级越来越高,出现了以刑部、御史台、大理寺组成的最高审判机构⑧,据《新唐书》记载:"凡鞫大狱,以尚书侍郎与御史中丞、大理卿为三司使。"⑨及至安史之乱以后,出现了所谓的"大三司"和"小三司"之分,据《唐会要》卷78记载:"至建中二年(公元781年)十月停,后不常置。有大狱即命中丞、刑部侍郎、大理卿鞫之,谓之大三司使。又以刑部

---

① 参见杜文玉:《唐代地方州县勾检制度研究》,载《唐史论丛》(第十六辑),陕西师范大学出版总社有限公司2013年版,第14页。
② 刘俊文点校:《唐律疏议》卷5,法律出版社1999年版,第123页。
③ (唐)李林甫等撰,陈仲夫点校:《唐六典》卷9,中华书局1992年版,第277页。
④ 黄正建主编:《中晚唐社会与政治研究》,中国社会科学出版社2006年版,第50页。
⑤ 刘俊文点校:《唐律疏议》卷24,法律出版社1999年版,第483页。
⑥ (唐)李林甫等撰,陈仲夫点校:《唐六典》卷8,中华书局1992年版,第245页。
⑦ 参见王宏治:《唐代司法中的"三司"》,载《北京大学学报(哲学社会科学版)》1988年第4期。
⑧ 参见刘后滨:《唐代司法"三司"考析》,载《北京大学学报(哲学社会科学版)》1991年第2期。
⑨ (宋)欧阳修、(宋)宋祁撰:《新唐书》卷46《百官一》,中华书局1975年版,第1199页。

员外郎、御史、大理寺官为之,以决疑狱,谓之三司使,皆事毕日罢。"①这表明到唐朝后期,三司使已演变成了一个临时性的审判机构,中书、门下省的官员退出了常设的诉讼审判系统。

唐代三司使主要负责对上诉案件的复审,这是唐代诉讼审判的必经程序。据唐令《公式令》记载:"诸辞诉皆从下始,先由本司本贯,或路远而蹎碍者,随近官司断决之。即不伏,当请给不理状,至尚书省,左右丞为申详之。又不伏,复给不理状,经三司陈诉。又不伏者,上表。"②经过三司审理的案件须作出裁判文书,这当然要有勾检官进行勾检的程序。

刑部是尚书省六部之一,"掌天下刑法及徒隶句覆、关津之政令"③。刑部下辖四个司,其中比部司对官府的财物进行勾检,比部郎中、员外郎,"掌句诸司百寮俸料、公廨、赃赎、调敛、徒役课程、逋悬数物,以周知内外之经费而总勾之"④。此外,刑部其他各司的郎中、员外郎也具有勾检职责,如都官司郎中、员外郎即负责"簿录俘囚"等勾检事务。⑤

御史台是唐代中央最高的监察机构,御史台的职责"掌持邦国刑宪典章,以肃政朝廷",御史台也有参与司法审判的职能。⑥ 御史台的最高长官是御史大夫,中丞为之副职。御史台官员经常参加一些重大疑难案件的审理,如侍御史"掌紏举百僚,推鞫狱讼"⑦。御史台设主簿一人,从七品下;录事二人,从九品下,负责对法律文书进行勾检,御史台主簿"掌印及受事发辰,勾检稽失。兼知官厨及黄卷"⑧。从安史之乱后,御史台由勾官负责勾讫的职责逐渐转移到判官任内,呈现出了勾官判官化的

---

① (宋)王溥撰:《唐会要》卷78,中华书局1955年版,第1440页。
② 〔日〕仁井田陞:《唐令拾遗》,栗劲、霍存福等编译,长春出版社1989年版,第532页。
③ (唐)李林甫等撰,陈仲夫点校:《唐六典》卷6,中华书局1992年版,第179页。
④ (唐)李林甫等撰,陈仲夫点校:《唐六典》卷6,中华书局1992年版,第194页。
⑤ 参见(后晋)刘昫等撰:《旧唐书》卷43《职官二》,中华书局1975年版,第1838页。
⑥ 参见胡沧泽:《唐代御史制度研究》,福建教育出版社2000年版,第75—88页。
⑦ (唐)李林甫等撰,陈仲夫点校:《唐六典》卷13,中华书局1992年版,第379—380页。
⑧ (后晋)刘昫等撰:《旧唐书》卷44《职官三》,中华书局1975年版,第1862页。

趋势。

大理寺是唐代中央常设的司法审判机构,其职责是"掌邦国折狱详刑之事"①,负责刑事案件的审理。据《唐六典》卷18记载:"诸司百官所送犯徒刑已上,九品已上犯除、免、官当,庶人犯流、死已上者,详而质之。"②大理寺最高长官是大理寺卿,少卿为其副长官,属官有正、丞、主簿、录事、司直等。大理寺设有主簿二人,录事二人,是专职的勾检官,其中主簿"掌印,省署抄目,勾检稽失","凡官吏之负犯并雪冤者,则据所由文牒而立簿焉";录事的职责是"掌受事发辰",负责案件受理的记录和文书的收发等方面的事务。

唐代户部"掌天下户口井田之政令",对户籍、婚姻、田土、钱债等民事方面的上诉案件拥有管辖权。大历十四年(公元779年),理匦使崔造奏:"亡官失职,婚田两竞,追理财物等,并合先本司;本司不理,然后省司;省司不理,然后三司;三司不理,然后合报投匦进状。"③据法国国家图书馆所藏敦煌文书伯3813号《唐文明判集》残卷记述,宋里仁兄弟三人的户籍分别隶属于甘州、幽州和鄠县,其母姜氏居住原籍扬州,姜氏"老疾不堪运致",其子提出迁移户籍,赡养母亲,"申户部听裁"。④ 有学者认为,"其省司当系指户部司言也。则户部司之性质,自俨然与今日民事上诉机关等"⑤。既然户部拥有民事上诉案件的裁决权,户部司的郎中、员外郎对民事上诉案件的裁判文书也就有勾检的职责。

(二) 唐代地方司法审判系统中勾检官的设置

唐代地方司法审判机构分为州府和县两级,其中州府一级的勾检官是录事参军(府称司录参军)、录事,县一级的勾检官是主簿和录事。关于中国古代录事参军设置的时间,据《资治通鉴》卷126"元嘉二十八年三月"条胡三省注:"州主簿、郡督邮,并今录事参军。"录事参军的职责

---

① (唐)李林甫等撰,陈仲夫点校:《唐六典》卷18,中华书局1992年版,第502页。
② (唐)李林甫等撰,陈仲夫点校:《唐六典》卷18,中华书局1992年版,第502页。
③ 参见(宋)王溥撰:《唐会要》卷55,中华书局1955年版,第957页。
④ 参见唐耕耦、陆宏基编:《敦煌社会经济文献真迹释录》(第二辑),全国图书馆文献缩微复制中心1990年版,第607页。
⑤ 刘陆民:《唐代司法组织系统考》,载《法学月刊》1947年第3、4期。

是"掌纠弹"之事。① 另据《唐六典》卷 30 记载:"汉、魏已来及江左,郡有督邮、主簿,盖录事参军之任也,皆太守自辟除。后魏、北齐、后周、隋氏,州皆有录事参军。"②

唐代县级负责勾检事务的官员是主簿和录事。主簿之职在两汉时期已经出现,据《通典》卷 33《职官五》记载:"宁阳主簿诣阙,诉其县令之枉。"③说明此时主簿对地方官员的枉法行为有一定的举劾权。2006 年,在新疆吐鲁番洋海墓地出土了北凉时期的法律文书,其中有关于主簿和录事的记载:

(前缺)

1 ▭▭▭▭▭   □条次□ ▭▭▭▭
2 ▭▭▭▭▭   勅奉行。
3 校曹主簿　养
4 八月廿六日白
5 廷缘　溢
6 录事　猛④

在上件法律文书中,我们看到"校曹主簿养""录事猛"在公文书上署名的情况。只不过从汉代以来,录事参军、主簿等官吏皆令长自"辟除",录事参军、主簿对地方州县长官的人身依附性很强,在司法审判中很难对州县长官起到有效的监督作用。

隋朝建立后,地方州县的勾检官由中央统一任命,其勾检稽失的职能才凸显出来。唐代延续了隋代勾检官对财政、行政、司法文书勾检的传统,在各州、县衙门中相应设立了勾检官体系,以保障地方司法、行政、

---

① 参见(宋)司马光编著,(元)胡三省音注:《资治通鉴》卷 126,中华书局 1956 年版,第 3968 页。
② (唐)李林甫等撰,陈仲夫点校:《唐六典》卷 30,中华书局 1992 年版,第 741 页。
③ (唐)杜佑撰,王文锦等点校:《通典》卷 33《职官五》,中华书局 1988 年版,第 921 页。
④ 荣新江、李肖、孟宪实主编:《新获吐鲁番出土文献》(上册),中华书局 2008 年版,第 206 页。

财政等事务的正常运转。

关于唐代地方州县勾检官的职责,概而言之,主要包括三个方面:第一,受(付)事发辰。"受(付)事",是接收相关公文书的意思;"发辰",指记录始发公文的日期。第二,勾检稽失。"稽失",指滞缓和失误之意,意思是指由勾检官核检公文书是否有迟滞或失误的情况,勾检稽失也是唐代勾检官最重要的职能。第三,省署钞目。"钞目",是指地方州县衙门将接受或发出的公文编作目录,统一保管,"凡文案既成,勾司行朱讫,皆书其上端,记年月日,纳诸库"①。"勾司行朱讫",即在公文书上钤盖官府官印,发生法律效力。有学者指出,唐代公文书的钤印程序位于勾检和抄目两个不同的环节之间,其与勾检并非同一个程序,但这两个环节之间又是紧密联系,互为奥援,组成了严密的公文审核体系。②

唐代各州、府、都督府是地方最高的行政机关和司法机关,"京兆、河南、太原牧及都督、刺史掌清肃邦畿,考核官吏,宣布德化……若狱讼疑议,兵甲兴造便宜,符瑞尤异,亦以上闻"③。京兆、河南、太原三府下设司录参军,全国各都护府、都督府、各州设录事参军,负责本府、本州的勾检事务。据《旧唐书》记载:"司录、录事参军掌勾稽,省署钞目,监符印。"④

唐代地方州府的勾检官拥有勾检和监督两方面的职能。州府的勾检官录事参军和录事也有业务上的分工,其中各州的录事参军(府称为司录参军)品级较高,负责本州的勾检事务,录事品级较低,一般负责具体的勾检事务。⑤唐代的录事参军职权颇重,唐文宗太和七年(公元833年)中书门下奏曰:"录事参军纠察属县,课责下僚。"⑥另据《全唐文》卷

---

① (后晋)刘昫等撰:《旧唐书》卷43《职官二》,中华书局1975年版,第1817页。
② 参见管俊玮:《从国图藏BD11178等文书看唐代公文钤印流程》,载《文献》2022年第1期。
③ (后晋)刘昫等撰:《旧唐书》卷44《职官三》,中华书局1975年版,第1919页。
④ (后晋)刘昫等撰:《旧唐书》卷44《职官三》,中华书局1975年版,第1919页。
⑤ 参见杜文玉:《唐代地方州县勾检制度研究》,载《唐史论丛》(第十六辑),陕西师范大学出版总社有限公司2013年版,第7页。
⑥ (北宋)王钦若等编:《册府元龟》卷631《铨选部·条制三》,中华书局1960年版,第7570页。

740 记载:"郡府之有录事参军,犹文昌之有左右辖,南台之有大夫中丞也。纠正邪慝,提条举目,俾六联承式,属邑知方。"①如张署在京兆府任司录参军时,"县令、丞、尉畏如严京兆"②。这说明各州府的录事参军不仅对审判文书有"勾讫"的审核权,还有对所属官吏纠察监督的权力。

县是唐代地方基层的司法行政机构,最高长官是县令,县丞为其副职。在县令、县丞之下,设有主簿一人,管辖七司。日本学者内藤乾吉认为,七司是指录事、司功、司仓、司户、司兵、司法、司士③,说明主簿的权力还是很大的。关于主簿的职责,据《唐六典》卷 30 记载:"(主簿)掌付事勾稽,省署抄目,纠正非违,监印,给纸笔、杂用之事。"而录事掌"受事发辰,句检稽失"④,负责具体的勾检事务。

唐代县级主簿的职权颇重,不仅亲自参加司法文书的审核,有时还参与审判事务。据大谷文书 5178 号《唐仪凤三年(678)高昌县主簿牒尾》记载:"仪凤三年四月十二日主簿判,尉　　　录事唐知□。"⑤在阿斯塔那第 189 号墓出土的编号为 72TAM189:19(a)吐鲁番文书中,记述了唐代高昌县主簿和录事勾检案件的情况:

2 尉 王 尉 尉　元珪元牒　史氾护 王道
3 六月十六日受,其日行判
4 录事 氾穹 检无稽失
5 丞判 主簿 小 勾讫⑥

在上述案件中,我们看到高昌县衙于六月十六日受理案件并于当天作出了判决,经过录事"氾穹"的核检认为判决无误,在文书上签署了"检无稽失"的意见;县主簿"小"则对文书进行了核实,签署了"勾讫"的

---

① (清)董诰等编:《全唐文》卷 740,上海古籍出版社 1990 年版,第 3389 页。
② (清)董诰等编:《全唐文》卷 565,上海古籍出版社 1990 年版,第 2533 页。
③ 参见〔日〕内藤乾吉:《西域發現唐代官文書的研究》,载《中國法制史考證》,有斐閣昭和 38 年(1963 年)版,第 231 页。
④ (唐)李林甫等撰,陈仲夫点校:《唐六典》卷 30,中华书局 1992 年版,第 753 页。
⑤ 〔日〕小田义久:《大谷文书集成》(第三卷),法藏馆平成 14 年版,第 150 页。
⑥ 中国文物研究所等编:《吐鲁番出土文书》(肆),文物出版社 1996 年版,第 109 页。

意见,钤盖官印,裁判文书发生法律效力。

在唐代的司法实践中,有时会出现录事参军、主簿职位空缺或回避的情况,此时则由其他官员兼摄勾检的事务。在新疆阿斯塔那第509号墓出土的编号73TAM509:8/4—2(a)之四《唐开元二十一年(公元733年)唐益谦、薛广泚、康大之请给过所案卷》中,即由"仓曹摄录事参军勤"对案件进行了勾讫。① 在吐鲁番文书73TAM509:8/9(b)之二《唐开元二十一年(公元733年)染勿等保石染典往伊州市易辩辞》残卷中,记录了"功曹摄录事参军思"对法律文书进行"勾讫"。② 这说明唐代法律文书的勾检是必经程序,不能省略。

由于地方州县勾检官录事参军、主簿的权力颇大,有唐一代录事参军、主簿违法的事例很多。在宋人编纂的《文苑英华》中,收录了一件"主簿取受判",内容如下:"外州申属县主簿部内取受,州将不之罪也。出钱与之。"③1972年,在新疆阿斯塔那第230号墓出土了唐西州都督府勘检天山县主簿高元祯职田案,对于该案卷,已有学者进行过探讨④,笔者认为,由于此案的被告是天山县主簿,根据唐代法律的回避原则,该案由天山县上级主管机构西州都督府进行裁判。在本案中,因天山县主簿和西州都督府的勾检官录事参军有上下级的业务关联,勾检事务改由西州都督府所辖的"博士摄录事参军"兼任。

需要指出的是,在唐安史之乱以后,勾检制度发生了很大变化,此前被誉为"勾检总署"的尚书都省的权力逐渐衰落,致使国家行政司法事务的运作阻滞,有学者指出,其受付、发勾、封驳勾检等制度均难以实施⑤,中央和地方各类法律文书的"勾检稽失"逐渐流于形式。唐代司法

---

① 参见中国文物研究所等编:《吐鲁番出土文书》(肆),文物出版社1996年版,第274页。

② 参见中国文物研究所等编:《吐鲁番出土文书》(肆),文物出版社1996年版,第278页。

③ (宋)李昉等编:《文苑英华》卷522,中华书局1966年版,第2674页。

④ 参见陈国灿:《对唐西州都督府勘检天山县主簿高元祯职田案卷的考察》,载《陈国灿吐鲁番敦煌出土文献史事论集》,上海古籍出版社2012年版,第371—392页。

⑤ 参见刘后滨:《唐代中书门下体制下的三省机构与职权——兼论中古国家权力运作方式的转变》,载《历史研究》2001年第2期。

审判活动中勾检职能的日趋弱化,直接影响了唐代后期诉讼审判的效率和质量。

(三)唐代勾检官的选任、考课和法律职责

由于唐代勾检官的职责非常重要,在行政、财政、军事、司法等事务中具有勾检稽失的职能,有学者指出,勾检官"辖有该机构内纲纪检查监督审计大权"①。因此,唐朝政府不仅十分重视对勾检官的选任,还制定了较为完备的勾检官考课和责任追究制度。

我们先考察一下唐代勾检官的选任程序。从现存的史料看,唐代勾检官具有很高的知识素养和法律素质。根据新出土的唐代墓志记述,武周时期,濮州司法参军姚处贤"弱冠以明经擢第,解褐坊州博士",先后担任清水县尉,德州平原县主簿,后"制授左鹤禁录事参军"②,长期从事司法行政事务。王烈担任唐州录事参军期间,"法究三章,情该五听,梧囚已辨,艾䩞无施"③。崔讷以明经擢第,后调补虢州闵乡县主簿。④ 崔玄暐之父崔行谨,长期从事勾检业务,曾任华州郑县主簿、雍州礼泉县主簿等职,玄暐弱冠明经擢第,任雍州泾阳县尉、高陵、渭南县主簿等职。⑤ 唐朝后期,张署以"进士博学宏词"入仕,担任刑部员外郎之职,"守法争谏,棘棘不阿"⑥。有学者根据《旧唐书》《新唐书》《册府元龟》《文苑英华》《全唐文》等资料进行统计,在已知的 54 名县主簿中,有科举出身者 30 人,占总数的 55.6% 左右。⑦

唐代很多勾检官员是科举出身,科举制度是唐代选官最重要的途

---

① 黄正建主编:《中晚唐社会与政治研究》,中国社会科学出版社 2006 年版,第 55 页。
② 周绍良主编:《唐代墓志汇编》(上册)"长安 071",上海古籍出版社 1992 年版,第 1041 页。
③ 周绍良主编:《唐代墓志汇编》(上册)"仪凤 019",上海古籍出版社 1992 年版,第 638 页。
④ 参见周绍良主编:《唐代墓志汇编》(上册)"景龙 017",上海古籍出版社 1992 年版,第 1090 页。
⑤ 参见周绍良主编:《唐代墓志汇编》(上册)"开元 026",上海古籍出版社 1992 年版,第 1168 页。
⑥ (清)董诰等编:《全唐文》卷 565,上海古籍出版社 1990 年版,第 2533 页。
⑦ 参见张玉兴:《唐代县主簿初探》,载《史学月刊》2005 年第 3 期。

径。唐代科举考试主要有明经、明法、进士等科目,此外还有贤良方正、直言极谏等制举科目。唐代进士科的考试难度最大,有帖经、对策和试杂文三场考试,每年录取的名额有限,据吴宗国先生统计,从唐高宗总章以后,每年平均录取二十四人。① 考中进士科的考生若想正式迈入仕途,还需要参加吏部的"关试";中央和地方四、五品以下官员转职或升迁,也要参加吏部的选试。唐代吏部选官的标准有四:"一曰身,取其体貌丰伟。二曰言,取其词论辩正。三曰书,取其楷法遒美。四曰判,取其文理优长。四事可取,则先乎德行;德均以才,才均以劳。"②吏部"试判"时所出的考题难度很大,所出题目"乃征僻书、曲学、隐伏之义问之,惟惧人之能知也"③。唐代"试判"的出题范围涉及了律、令、格、式四种法典的所有条文,"试判"主要是考察被选任者审断疑难案件的能力。

有唐一代对勾检官的选任十分重视,唐朝建国之初,"诸县主簿,以流外官为之"④。从高宗以后,随着勾检官地位日趋重要,朝廷开始任用品官,由吏部选授。唐睿宗景云二年(公元711年),"改录事参军为司举从事,令纠察管内官人。每府置两员,并同京官,资望比侍御史"。后因"其权重难制"⑤,废除此制。安史之乱后,唐肃宗乾元元年(公元758年),规定县令、录事参军"选司所拟,宜准故事,过中书门下,更审详择,仍永为常式"⑥。唐文宗太和七年(公元833年),中书门下奏:"今后请令京兆、河南尹及天下刺史,各于本府本道尝选人中,拣勘择堪为县令、司录、司录参军人,具课绩才能闻荐。"⑦由于勾检官所从事的事务具有特殊性,唐代勾检官的选任实行严格的回避原则,据《唐六典》记载:

---

① 参见吴宗国:《唐代科举制度研究》,北京大学出版社2010年版,第151—152页。
② (唐)杜佑撰,王文锦等点校:《通典》卷15《选举三》,中华书局1988年版,第360页。
③ (唐)杜佑撰,王文锦等点校:《通典》卷15《选举三》,中华书局1988年版,第361页。
④ (宋)欧阳修、(宋)宋祁撰:《新唐书》卷49《百官四下》,中华书局1975年版,第1319页。
⑤ (宋)王溥撰:《唐会要》卷68,中华书局1955年版,第1194页。
⑥ (宋)王溥撰:《唐会要》卷69,中华书局1955年版,第1217页。
⑦ (宋)王溥撰:《唐会要》卷75,中华书局1955年版,第1367页。

"凡同事联事及勾检之官,皆不得注大功已上亲。"①吏部选任勾检官时,不能选任同事联事及与勾检官有大功亲属关系之人,以防出现徇私舞弊的行为。

为了规范国家官吏的法律行为,唐代构建了完善的考课制度,包括"高至宰相,直至无品级的胥吏,都要接受考课,从制度规定上任何官吏都没有免考特权"②。有唐一代对勾检官的考课十分严苛。在唐令《考课令》中,列举了唐代各类官员的考课标准,其中第十七项是关于勾检官的具体职责和考核办法,即"明于勘覆,稽失无隐,为句检之最"③。从该条令中可以看到勾检官的职责是对法律文书进行"勘覆"审核,勾检应公开透明,对众宣读,严禁出现隐匿和失错的现象。

唐代地方各州的录事参军(府为司录参军)对所管辖的县令以下的官吏有纠举监督之责,否则将承担相应的法律责任。唐宣宗大中二年(公元848年),刑部发布起请节文,规定:"自今已后,县令有赃犯,录事参军不举者,请减县令二等结罪。"④该条史料表明,若地方县令犯有赃罪,各州的录事参军应及时举劾,否则便属于渎职行为,将会受到相应的惩罚。

唐代法律对勾检官的职责作了明确规范,使其在履行职务过程中只对法律负责,而不对直属长官负责,勾检程序本身就是对州县司法长官审判权的一种制约,约束其在法律的范围内行使职权,防止滥用司法权,以免造成冤假错案。

为了鼓励各级官员恪尽职守,严惩失职和违法行为,唐代建立了完备的考课制度。据唐令《考课令》规定:"诸内外文武官九品已上,每年当司长官,考其属官应考者,皆具录一年功过行能,对众读,议其优劣,定九等考第。"⑤尚书省吏部考功司负责对全国所有官员进行考核,各部、

---

① (唐)李林甫等撰,陈仲夫点校:《唐六典》卷2,中华书局1992年版,第28页。
② 宿志丕:《唐代官吏考课制度》,载《首都师范大学学报(社会科学版)》,1994年第1期。
③ (唐)李林甫等撰,陈仲夫点校:《唐六典》卷2,中华书局1992年版,第43页。
④ (宋)王溥撰:《唐会要》卷69,中华书局1955年版,第1221页。
⑤ 〔日〕仁井田陞:《唐令拾遗》,栗劲、霍存福等编译,长春出版社1989年版,第240页。

各司长官负责对所属官员进行考课。唐代的考课程序公开透明,考核结果当众宣读,名单悬贴于本司、本州之门三日。

唐代的考课共分为九个等级,即上上、上中、上下;中上、中中、中下;下上、下中、下下,考课评定的等级,直接决定勾检官的升迁贬降。唐德宗建中元年(公元780年),中书门下奏:"录事参军、县令,三考无上考,两任共经五考以上,无三上考,及不带清白陟状者,并请不重注令录。"①有学者指出,三次考课须有一个上考,五次考课须有三个上考,还得有考词中明确写明"清白"因而推荐迁升的,才可以再度铨选为县令、录事参军。②

唐代的考课等第不仅代表个人荣辱,对国家官吏有一定督责诫励作用③,而且与官员的职务升降、俸禄待遇挂钩。据《唐六典》卷 2 记载:"诸食禄之官,考在中上已上,每进一等,加禄一季;中下已下,每退一等,夺禄一季。若私罪下中已下,公罪下下,并解见任,夺当年禄,追告身。"④严格的考课制度,有效规范了勾检官的法律行为,对勾检官滥用职权也能起到一定的制约作用。

二、从敦煌吐鲁番出土判文看唐代诉讼审判中的勾检程序

在唐代中央和地方的司法行政体系中,勾检官具有司法、行政文书的收发与存档,诉讼审判程序的核验与监督等职能。在唐代地方各州府,录事司是地方行政机构内部公文运行的中枢⑤,在唐代的诉讼审判中,勾检官也始终参与诉讼审判,对各种法律文书进行收发和存档。唐代的勾检官还对司法文书以及诉讼审判的程序进行监督核查,以维护司

---

① (宋)王溥撰:《唐会要》卷69,中华书局1955年版,第1218页。
② 参见霍存福:《从考词、考事看唐代考课程序与内容》,载《法制与社会发展》2016年第1期。
③ 参见高世谕:《唐代的考课制度》,载《东岳论丛》1983年第2期。
④ (唐)李林甫等撰,陈仲夫点校:《唐六典》卷2,中华书局1992年版,第44页。
⑤ 参见雷闻:《关文与唐代地方政府内部的行政运作——以新获吐鲁番文书为中心》,载《中华文史论丛》2007年第4期。

法的公正。唐代司法审判中的勾检程序设计严谨,从案件受理、司法勘验、审理、判决、执行到案卷奏报,每一个诉讼环节都有相应的勾检程序。

(一)唐代案件受理阶段的勾检程序

在中国古代的汉唐时期,立案审查是诉讼审判的关键环节。立案审查制虽然程序繁琐,但能有效避免诬告和滥诉现象,防止冤假错案的发生。由于受到儒家"无讼是求"观念的影响,古代司法机关每年受理的诉讼案件数量很少,加之各级审判衙门司法官吏的人员配置有限,地方司法审判的事务通常由州县行政长官兼理。

唐代诉讼审判实行立案审查制。立案审查制度是指对告诉、举劾等案件的诉讼主体资格、诉讼事实的真实性和司法管辖权等内容进行审查,根据事实和法律决定是否立案。唐代告诉案件实行"三审"立案制,据《通典》卷165记载:"诸言告人罪,非叛以上者,皆令三审。应受辞牒,官司并具晓示,并得叛坐之情。每审皆别日受辞,若使人在路,不得留待别日受辞者,听当日三审。官人于审后判记审讫,然后付司。若事有切害者,不在此例。切害,谓杀人、贼盗、逃亡若强奸良人,并及更有急速之类。不解书者,典为书之。"[1]刘俊文教授对唐代"三审"立案制作了如下解释:"受诉官司首先向投诉人说明诬告反坐的法律规定,然后审问所诉之事,每隔一日再审一次,每审一次皆令投诉人在审问记录之后签名画押,不会写字者由典吏代书,确认诉辞。经过三次审问,投诉人诉辞一致,并无矛盾虚妄,即付司立案,正式进行审理。"[2]唐代实行"三审"立案制的目的是确保诉讼真实,立案准确,避免滥诉和诬告的现象。

地方州县长官刺史或县令对原告讯问后,认为符合立案程序,应予受理案件,便把司法文书移交给勾检官录事,由录事对司法文书的真实性进行核验,如果认为原告陈述事实清楚,在法律文书上签署"受",再由州录事参军或县主簿签署"付"的意见,从而进入到立案阶段。唐代

---

[1] (唐)杜佑撰,王文锦等点校:《通典》卷165《刑法三》,中华书局1988年版,第4260页。

[2] 刘俊文:《唐代法制研究》,文津出版社1999年版,第173页。

《狱官令》中"审讫,然后付司"的记述,就是地方司法机关正式立案的程序。①

在敦煌吐鲁番出土的唐代判文中,真实再现了唐代地方司法机关受理案件的立案过程。日本龙谷大学所藏吐鲁番文书"北馆文书第1421号"记述了仪凤二年十月西州都督府立案的司法程序,内容如下:

（前欠）

1　▭▭▭▭▭　脚注　▭▭▭▭▭
2　仪凤二年十月　日典　周
3　付司　义示
4　　　　廿六日
5　十月廿六日录事张文裕 受
6　录事参军 素 付
7　连恒让 白
8　廿八日②

在上述法律文书中,可以看到唐代地方司法机关接到原告的诉讼后,由西州地区司法长官刺史"义"亲自讯问,认为符合立案的条件,作出了"付司,义示"的批示,随后移交给勾检官录事张文裕,张文裕在法律文书上签署了"受"字;再由录事参军"素"对法律文书审核,签署"付"的意见,正式受理案件。关于唐代录事"受"的司法文书,主要包括原告向官府递交的"辞牒"诉状,地方州县长官的问案记录及立案批示等法律文书。

(二)唐代司法勘验和财物罚没的勾检程序

中国古代在先秦时期已经形成较为完备的司法勘验技术,在1975年湖北云梦睡虎地出土的秦简《封诊式》中,已有对"经死""出子"等刑

---

① 参见〔日〕仁井田陞:《唐令拾遗》,栗劲、霍存福等编译,长春出版社1989年版,第710页。
② 〔日〕小田义久:《大谷文书集成》(第一卷),法藏馆平成14年(2002年)版,第57页。

事案件进行司法勘验的记录,负责地方司法勘验的官吏是"令史"。①

唐代的司法勘验程序严格,具体程序是由地方州县司法行政长官刺史、县令亲自主持,典吏当场勘验,最后由勾检官勾检,在法律文书上签字,确保勘验真实无误。下述法律文书详细记述了唐代西州地区司法勘验的勾检程序:

　　柳谷镇　　状上州
　　　西州长行廻马壹疋 赤骠 敦拾岁
　　右检案内,得马子高怀辞称:先从西州领得前件马,送
　　　使往至北庭。今月廿八日,却回柳谷镇,停经三日,饲
　　　馁渐发,白酸来,其马行至镇南五里,忽即急黄致死
　　　即是长行请乞检验者。又奉判马即致死,宜差典孙
　　　俊、高广等就检其马,不有他故,以不状言者,其上件马
　　　行至镇南五里,急黄致死,有实亦无他故者。其马致死检
　　　即无他故,仍勒马子自剥皮肉收掌。仍具录申州,今以状上
听裁。
　　　牒 件状如前。谨牒。
　　□检皮壹张到典　神龙元年三月一日　典孙怀俊　　牒
　　□□　摄兵曹参军　张才义
　　皮虽检　付司　涡示
　　到,宍価不来,牒所由　　□ 日
　　征收。誉白。三月九日录事 义　受
　　参军摄录事参军 思　付。②

从上述法律文书中,可以看到唐代西州地区的司法勘验程序:即先由典吏孙怀俊、高广二人对病死的长行马进行检验,西州地区最高行政长官涡作了"付司 涡示"的批示,再由勾检官录事义进行勾检,签署了"受"字,最后录事参军思签署"付"的意见,司法勘验的过程真实有

---

① 参见闫晓君:《出土文献与古代司法检验史研究》,文物出版社2005年版,第3页。
② 〔日〕中村裕一:《唐代公文書研究》,汲古书院1996年版,第183—185页。

效,符合法定程序,该文书具有法律效力。

在1964年新疆阿斯塔那出土的吐鲁番文书64TAM35:41(a)-1《唐永淳二年(公元683年)牒为翟欢相死牛事》残卷中,也可看到勾检官对司法勘验文书勾检的情况:

1　翟欢相,牛一头。
2　右奉判,今检前件牛无他故死,得恶致
3　死有实。
4　牒　件检如前,谨牒
5　　　　永淳二年二月　日　录事 唐 奉牒。①

唐代的勾检程序同样适用于对罪犯财物罚没的勾勘。唐玄宗时期,御史大夫王鉷犯罪,万年县主簿韩浩"捕其资财,有所容隐,为京兆尹鲜于仲通所发,配流循州"②。在2000年发现的吐鲁番文书《唐永徽五年至六年(公元654—公元655)安西都护府案卷》中,记录了唐代安西都护府录事司对赃赎财物没官的法律文书的勾检,内容如下:"所有赃赎应入官财物从去年申后已来,仰具报,待至,勘会。□□□破用之处,具显用处,并本典赍□□应赴录事司勾勘者,检□□□□□,必须子细勘当,不得遗漏。"③从上述案卷中,可以看到录事司负责本地赃赎财物罚没的事务,勾检官录事应对罚没的赃物仔细核实,记录在法律文书之中,不得遗漏。

(三) 唐代勾检官对庭审记录和裁判文书的勾检程序

勾检程序几乎贯穿于唐代诉讼审判的全部过程,勾检官对司法官员的庭审记录也须勾检,以确保庭审记录真实可信,庭审过程公正合法。1973年,在新疆阿斯塔那第509号墓出土了73TAM509:8/1(a)之四《唐宝应元年(公元762年)六月康失芬行车伤人案》的案卷,记录了高昌县

---

① 中国文物研究所等编:《吐鲁番出土文书》(叁),文物出版社1996年版,第490页。
② (后晋)刘昫等撰:《旧唐书》卷98《韩休传》,中华书局1975年版,第3079页。
③ 荣新江、李肖、孟宪实主编:《新获吐鲁番出土文献》(下册),中华书局2008年版,第306页。

衙对被告庭审结束后,由勾检官"诚"对司法文书勾检的情况:

35　　问:快车路行,辗损良善,致令
36　　困顿,将何以堪?款占损伤不虚,今
37　　欲科断,更有何别理?仰答。但失芬快
38　　车,力所不逮,遂辗史拂郁等男女,损伤
39　　有实。今情愿保辜,将医药看待。如不
40　　差身死,情求准法科断。所答不移前
41　　款,亦无人抑塞,更无别理。被问,依实谨辩。铮
42　　元年建未月　　　日。
43　　　　检　诚　白
44　　　　　　十九日①

在本案中,负责庭审的司法长官是高昌县县令"铮";关于"检诚白"三字的含义,刘俊文教授认为,"此盖县司勾检官诚之署名。唐制,诸县以录事掌勾检稽失,故诚当是县录事"②。

唐代行政和司法机构作出裁判文书的程序复杂,需要所有参与判决的官员在文书上签字署名,然后送到勾检部门,由勾检官勾讫。关于唐代地方法律文书的运作和形成,有学者根据1973年新疆阿斯塔那出土的吐鲁番文书《唐开元二十一年(公元733年)染勿等保石染典往伊州市易辩辞》的记述,认为该判决文书先由西州都督府户曹参军梁元璟行判,接着由三位通判官——司马(延祯)、长史(齐晏)、别驾(崇)依次处理,再由长官(西州都督府都督)王斯斛进行终判,之后又回转到户曹,最后才被送往勾检部门③,由勾检官进行勾检。

笔者认为,勾检程序是唐代裁判文书产生法律效力的最终程序。1973年,在新疆阿斯塔那第509号墓出土的73TAM509:8/15(a)《唐开

---

①　中国文物研究所等编:《吐鲁番出土文书》(肆),文物出版社1996年版,第332—333页。
②　刘俊文:《敦煌吐鲁番唐代法制文书考释》,中华书局1989年版,第573页。
③　参见管俊玮:《从国图藏BD11178等文书看唐代公文钤印流程》,载《文献》2022年第1期。

元二十一年(公元733年)西州都督府案卷为勘给过所事》中,记录了唐代西州都督府作出裁判的判决文书:"准状告知,任连本过所,别自陈请。其无行文蒋化明壹人,推逐来由,称是北庭金满县户,责得保识,又非逃避之色,牒知任还北庭。"在该判决文书上,参加审理的西州都督府官员均在文书上署名:"依判,咨,齐晏,示;五日。依判,咨,崇示;五日。依判,斛斯,示;五日。"在判决文书末尾,是勾检官录事"元宾"和录事参军"思"的勾检程序:"正月廿九日受,二月五日行判;录事元宾,检无稽失。功曹摄录事参军,思,勾讫。"①

唐代地方各州县的勾官也是监印之官,在钤盖官印之前要对各类公文书的内容进行审查,查验是否有"差谬"的现象,据《唐六典》卷1记载:"凡施行公文应印者,监印之官考其事目,无或差谬,然后印之,必书于历,每月终纳诸库。"②

在法国国家图书馆所藏敦煌文书伯3813号《文明判集》残卷中,也记录了勾检官对判决文书最终的勾检程序:"奉判:弘教府队正李陵,往者从驾征辽,……阵临战,遂失马亡弓。贼来相逼,陵乃以石乱投,贼徒大溃。总营以陵阵功,遂与第一勋。检勾依定,判破不与陵勋。"③在本案中,"检勾依定",说明案件已经通过了勾检官"检无稽失"和"勾讫"的核验程序。可见,唐代的裁判文书皆须经过勾检官的勾检,未经过勾检程序的判决文书不符合法定程序,不具有法律效力。

(四)唐代勾检官对判决执行和案卷奏报的勾检程序

唐代是中国古代恩赦囚犯较少的时代。④ 在唐代的司法实践中,赦免囚犯也须经过勾检官的勾检程序。1972年,在新疆阿斯塔那第230号墓出土了编号为72TAM230:59/(a),60(a)号《唐文明元年(公元684

---

① 中国文物研究所等编:《吐鲁番出土文书》(肆),文物出版社1996年版,第294—295页。
② (唐)李林甫等撰,陈仲夫点校:《唐六典》卷1,中华书局1992年版,第11页。
③ 〔日〕池田温:《敦煌本判集三种》,载杨一凡主编:《中国法制史考证》(丙编第二卷),中国社会科学出版社2003年版,第501页。
④ 参见陈俊强:《皇权的另一面——北朝隋唐恩赦制度研究》,北京大学出版社2007年版,第48—63页。

年)高昌县准诏放还流人文书》,其中记录了高昌县放还流犯的勾检程序,兹引之如下:

  2 一人流人准诏放还
  3 文明元年　□□□□□□
  4   录事　　唐智宗①

在1964年阿斯塔那第19号墓出土的64TAM19:38号《唐上元三年(公元676年)西州都督府上尚书都省状为勘放还流人贯属事》中,也记录了西州都督府在呈报放还流人亲属时,由录事和录事参军对司法文书勾检的程序:

  1 □□□□□□　放還流人貫屬,具狀上事。
  2 上元三年九月四日,录事　□□□□□□
  3 参軍判錄　□□□□□□　②

从上述两个司法案卷中,可以清晰地看到唐代勾检官对判处流刑的囚犯在刑罚执行完毕后对罪犯本人及亲属的释放程序,须由勾检官对法律文书勾检,并在文书上署名,以保障刑罚执行的合法性。

有唐一代实行法律文书奏报制度,据《唐六典》卷1记载:"天下诸州,则本司推校以授勾官,勾官审之,连署封印,附计帐使纳于都省。"③在新疆阿斯塔那第61号墓出土的《唐西州高昌县上安西都护府牒稿为录上讯问曹禄山诉李绍谨两造辩辞事》中,文书第3行至第5行有如下记述:"高昌縣　牒上安西都護府。曹禄山,年卅。□□上件人辞称向西州长史……"④由于该文书没有原告曹禄山、被告李绍谨的签字画押,我们推断该文书不是唐代高昌县的最终裁判文书,而是高昌县衙呈报给上级主管机构西州都督府的司法案卷,以便上级官署备案和查阅。对于该案卷,黄惠贤教授认为,该案卷"大概是此案了结之后,高昌

---

① 中国文物研究所等编:《吐鲁番出土文书》(肆),文物出版社1996年版,第69页。
② 中国文物研究所等编:《吐鲁番出土文书》(叁),文物出版社1996年版,第270页。
③ (唐)李林甫等撰,陈仲夫点校:《唐六典》卷1,中华书局1992年版,第12页。
④ 中国文物研究所等编:《吐鲁番出土文书》(叁),文物出版社1996年版,第242页。

县需要牒上安西,越级备案"①。在唐代的笔记小说《朝野佥载》中,也记述了县级勾检官向上级官府呈报案卷的情况,"周杭州临安尉薛震好食人肉。有债主及奴诣临安,于客舍遂饮之醉,杀而胾之,以水银和煎,并骨销尽。后又欲食其妇,妇觉而遁之。县令诘,具得其情,申州,录事奏,奉敕杖一百而死"②。分析该条史料,可以看到唐代地方司法长官县令在审结案件后,由勾检官录事向上级主管衙门州府奏报备案,以便上级长官审核查阅。

唐代的勾检程序是内嵌于诉讼审判活动中的核验监督程序,勾检程序几乎贯穿了诉讼审判的全部过程,从案件受理、司法检验、庭审、判决、执行,再到审结后案卷的奏报等众多环节,皆须经过勾检官对法律文书的勾检,勾检程序是维护司法公正的制度保障。

三、勾检程序在唐代诉讼审判中的价值

众所周知,诉讼审判有两个基本目的,即"解决争执和查明真相"③,作出公正的裁决。如何做到司法公正,中国历代王朝制定了许多具体的措施,但大都成效甚微。李唐政权建立后,吸收借鉴了此前历代王朝的法制经验,设立法律文书的勾检程序,成为唐代诉讼审判制度的一大特色。勾检程序不仅有助于减少审判的失误,提高诉讼审判的效率,而且对司法长官滥用职权也能起到有效的监督制约作用。

唐代勾检官品级不高,但位卑权重,在诉讼审判中拥有对法律文书核验和司法监察的双重职能。从敦煌、吐鲁番发现的唐代法律文书中,我们看到地方州县长官在司法文书上署名和签署判决意见后,还须

---

① 黄惠贤:《〈唐西州高昌县上安西都护府牒稿为录上讯问曹禄山诉李绍谨两造辩辞事〉释》,载武汉大学历史系魏晋南北朝隋唐史研究室编著:《敦煌吐鲁番文书初探》,武汉大学出版社1983年版,第353页。

② (唐)刘餗、(唐)张鷟撰:《隋唐嘉话·朝野佥载》卷2,中华书局1979年版,第29—30页。

③ 〔美〕迈克尔·D·贝勒斯:《法律的原则———个规范的分析》,张文显、宋金娜、朱卫国、黄文艺译,中国大百科全书出版社1996年版,第21页。

经过勾检官对法律文书的勾检,才符合法定程序。勾检程序的设置,不仅能够保障司法文书的内容真实有效,同时也是对审判官员在诉讼审判过程中的有效监督,防止司法腐败和冤假错案的发生。唐代的勾检官录事参军、主簿和录事等官员几乎参与诉讼审判的全部程序,对司法文书的真实性进行核验,对所适用的法律条文进行核准,以法律程序约束司法长官依法裁判,确保诉讼审判的公平公正。

(一) 勾检程序也是审判监督程序,是实现程序公正的制度保障

美国学者约翰·罗尔斯(John Rawls)指出:"正义是社会制度的首要德性。"①法律追求公平正义的效果是通过诉讼程序来实现的,没有程序正义,就不可能实现真正的司法公正。罗尔斯把正义分为实质正义、形式正义和程序正义三种形式。程序正义介于实质正义与形式正义之间,它要求规则在制定和适用中的程序具有正当性。关于程序正义的标准,目前学术界还存在较大的分歧,概而言之,主要包括程序规则的科学性,审判人员的中立性,诉讼程序的公开性,程序的平等性等方面的因素。②

唐代诉讼制度是中国古代司法追求实质正义和程序公正的集中体现。为了防止冤假错案的发生,唐代法律规定,只要告诉人不服从判决,可以按照司法管辖的范围和诉讼程序逐级上诉,不受审级的限制。唐令《公式令》规定:"诸辞诉皆从下始,先由本司本贯,或路远而蹟碍者,随近官司断决之。即不伏,当请给不理状,至尚书省,左右丞为申详之。又不伏,复给不理状,经三司陈诉。又不伏者,上表。受表者又不达,听挝登闻鼓,若茕独老幼不能自申者,乃立肺石之下。"③唐代的告诉程序公开透明,法律救济渠道畅通,只要有冤情就可以逐级诉讼,没有审级的限制。唐代的上诉需要具备两方面的要素:一是经断不伏;二是持有不理状。④

---

① 〔美〕约翰·罗尔斯:《正义论》,何怀宏、何包钢、廖申白译,中国社会科学出版社2009年版,第3页。
② 参见肖建国:《程序公正的理念及其实现》,载《法学研究》1999年第3期。
③ 〔日〕仁井田陞:《唐令拾遗》,栗劲、霍存福等编译,长春出版社1989年版,第532页。
④ 参见张雨:《唐代司法政务运行机制及演变研究》,上海古籍出版社2020年版,第172页。

但是，无论诉讼程序如何发达，都离不开有效的司法监督。笔者认为，唐代的司法监督大致分为两种模式：其一是来自审判机构之外的监督，主要有监察机构御史台的监督，皇帝、上级司法长官或皇帝遣使通过录囚的方式进行监督，录囚的目的是防止刑狱的"冤滞"①；其二是来自司法审判机构内部系统的监督，主要由勾检官对诉讼审判程序和法律文书进行核检和监督，这种司法监督也是唐代诉讼审判最有效的监督模式。唐代司法审判的案件受理、司法勘验、庭审、判决、执行、案卷奏报等，皆须经过勾检的程序，只有经过勾检官对法律文书的核验，判决才产生法律效力。

在敦煌、吐鲁番出土的唐代法律文书中，经常见到"请检""依检"等字样，这说明在唐代的司法裁判中，勾检官一直参与诉讼审判程序，并对审判过程和法律文书进行核检。在1973年新疆吐鲁番出土的73TAM509:8/21(a)之三《唐开元二十一年(公元733年)西州都督府案卷勘给过所事》中，即有如下记述："酸枣戍捉获，今随状送者。依问王奉仙得款：贯京兆府华源县，去年三月内，共行纲李承胤下驮主徐忠驱驴，送兵赐至安西输纳了。却回至西州，判得过所，行至赤亭为患，复承负物主张思忠负奉仙钱三千文，随后却趁来至酸枣，趁不及，遂被戍家捉来。所有行文见在，请检即知者。依检。"②

在上件法律文书中，唐代西州官府对王奉仙的"行文"进行了核验，负责法律文书勾检的官员应为西州录事，勾检官录事对王奉仙的"行文"进行了核验，西州都督府根据最终检验的结果，作出了"依检"的裁决。可见，勾检官对文书真实性的核验结果，是司法长官作出裁判的重要依据。

唐代地方州县的勾检官职责很重，据唐代刘崇望《授杨彦奉国县主簿尚殷美万岁县主簿制》记载："主簿之官，大要在其勾稽，一同百里，不亦难乎！"③勾检官除了对司法文书和诉讼程序进行核检外，各州录事参

---

① 陈俊强：《唐代录囚制试释》，载高明士编：《东亚传统教育与法制研究(一)教育与政治社会》，台湾大学出版中心2005年版，第273页。

② 中国文物研究所等编：《吐鲁番出土文书》(肆)，文物出版社1996年版，第292—293页。

③ (清)董诰等编：《全唐文》卷812，上海古籍出版社1990年版，第3786页。

军、县主簿还对所辖官吏的违法行为具有检举监督之责。据乔谭的《会昌主簿厅壁记》记载："会昌,行在也,新邑作焉;主簿,纠曹也,我公吏焉。"①在唐代的法律实践中,州县勾检官纠举官吏违法的事例屡见不鲜,如阎用之在担任彭州参军时,尝摄录事,"一日纠愆谬不法数十事"②。法国国家图书馆所藏敦煌文书伯2593号《开元判集残卷》中,记录了司录参军纠举隰州刺史王乙违法的事例:"隰州刺史王乙妻育子,令坊正雇奶母,月酬一缣。经百日卒,不与缣。"本案的判决意见是:"王乙门传钟鼎,地列子男。化偃百城,风高千里……不酬奶母之直,诚是无知;既论孩子之亡,嗟乎抚育。司录论举,情状可知,足请酬还,勿令喧讼。"③"司录论举",表明唐代勾检官只对国家法律负责,而不对地方行政长官负责,对于本地最高行政长官刺史、县令的违法行为也有检举和监督之责。

(二)勾检程序有利于提高诉讼审判的质量

审判效果是衡量一个时代法治状况的重要标准。如何对审判的效果进行评估,首先要看判决结果是否维护了诉讼当事人的合法权益,是否维护了公平正义。有唐一代非常重视审判的效果,在唐令《考课令》中,把裁判的效果作为考核司法官员的重要标准,凡"决断不滞,与夺合理,为判事之最""推鞫得情,处断平允,为法官之最"。④"与夺合理",是指裁判的社会效果;"处断平允",是指裁判的法律效果,唐代的司法审判要求做到法律效果和社会效果的有机统一。

程序公正是提高审判质量的关键因素,程序公正主要表现为立案真实,检验准确,判决合理,只有把握好这几个法律环节,才能做到判决公正。从敦煌、吐鲁番出土的唐代司法案卷看,唐代司法机关在案件受理时,经过对告诉人"三审"问案,才决定是否受理案件。在立案时,还须经过勾检官对原告陈述的事实进行核验,才正式接受原告的辞牒,确保

---

① (清)董诰等编:《全唐文》卷451,上海古籍出版社1990年版,第2043页。
② (宋)欧阳修、(宋)宋祁撰:《新唐书》卷100《阎立德传附用之传》,中华书局1975年版,第3942页。
③ 刘俊文:《敦煌吐鲁番唐代法制文书考释》,中华书局1989年版,第480页。
④ 参见〔日〕仁井田陞:《唐令拾遗》,栗劲、霍存福等编译,长春出版社1989年版,第246页。

立案准确。在大谷文书第 4880 号《(开元年代)休如辞为未蒙给地事》中,真实记录了唐代地方司法机关在立案时的勾检程序:

```
1  ▭▭▭▭▭▭▭▭  琳男休如辞
2  ▭▭▭▭▭▭▭▭  并未蒙给地
3  ▭▭▭▭▭▭▭▭  请处分谨辞。
4      ▭▭▭▭▭▭▭    元  宪示
5              廿六日
6          十二月廿六日 录事    受
7   主簿   使①
```

在本案中,我们看到高昌县令通过对原告讯问,认为符合立案的条件,便把法律文书移交给录事,由勾检官录事、主簿对司法文书的内容进行核查,认为告诉无误,便正式立案。

唐代勾检官的另一项重要职责是对判决所适用的法律条文进行核检,使判决结果符合法律的原意。唐律对司法官员的裁判要求严苛,判决结果必须符合律文的原意,据《唐律疏议》卷 30"断罪应斩而绞"条规定:"诸断罪应绞而斩,应斩而绞,徒一年;自尽亦如之。失者,减二等。"②长孙无忌在疏议中对该条文的立法目的作了说明,即为了防止司法官员任意裁量,随意"刑名改易",对司法权作了严格的制约。唐代司法审判中的勾检程序,由勾检官对判决文书所适用的法律条文进行核实,使判决结果符合法律原意,以保证审判的质量。

在敦煌、吐鲁番出土的唐代法律文书中,勾检官对裁判文书进行勾检的案卷很多。据新疆阿斯塔那第 325 号墓出土的 60TAM325∶14/7-1,14/7-2 号《唐显庆四年(公元 659 年)案卷残牍尾》记载:

```
1    显庆四年闰十月十三日
2        府
3      史玄信
```

---

① 〔日〕小田义久:《大谷文书集成》(第三卷),法藏馆平成 14 年(2002 年)版,第 53 页。
② 刘俊文点校:《唐律疏议》卷 30,法律出版社 1999 年版,第 615 页。

4　闰十月九日受,十一日行判无稽。

5　录事　麴武□　检无稽失。①

在上件裁判文书中,记述了"录事　麴武□"的勾检结果"检无稽失",说明勾检官对司法长官所作的判决进行了认真核检,对所适用的法律条文进行了核对,认为判决无误,才签署了"检无稽失"的意见。勾检官在核对裁判文书时,如果发现有"差缪"现象,应及时提出,纠举错谬,据《唐六典》卷1记载:"凡文案既成,勾司行朱讫,皆书其上端,记年月日,纳诸库。凡施行公文应印者,监印之官考其事目,无或差缪,然后印之。"②

唐代的勾检官自始至终参与诉讼案件的各个环节,对司法文书的内容和审判过程进行核验监督,以保障立案及时,检验无误,适用法律得当,以免发生错判误判的现象,实现司法裁判的个别正义。在贞观六年(公元632年),唐太宗亲录囚徒,"闵死罪者三百九十人,纵之还家,期以明年秋即刑。及期,囚皆诣朝堂,无后者,太宗嘉其诚信,悉原之"③。唐朝初年的统治者允许死刑犯回家,并责令其来年秋季主动归案受刑,充分表明唐朝初年司法审判的法律效果和社会效果良好,没有出现冤假错案的现象。

(三)勾检程序有利于节约司法成本,提高诉讼审判的效率

众所周知,作为一种理性的司法模式,必须强调程序的安定性和及时终结。④ 为了节约诉讼成本,司法审判应注重效率,司法效率是诉讼审判的重要原则,审判拖延本身就是一种司法不公正。有学者指出:"及时审判是公正审判权的当然构成要素和基本内涵之一。"⑤唐代是中国古代十分重视行政效率和司法效率的时代,唐代各级国家机构都有法定

---

① 中国文物研究所等编:《吐鲁番出土文书》(叁),文物出版社1996年版,第100页。
② (唐)李林甫等撰、陈仲夫点校:《唐六典》卷1,中华书局1992年版,第11页。
③ (宋)欧阳修、(宋)宋祁撰:《新唐书》卷56《刑法志》,中华书局1975年版,第1412页。
④ 参见万毅:《论刑事审判监督程序的现代转型》,载《上海交通大学学报(哲学社会科学版)》2005年第6期。
⑤ 刘练军:《司法效率的性质》,载《浙江社会科学》2011年第11期。

的员额,凡"署置过限及不应置而置,一人杖一百,三人加一等,十人徒二年"①。只有提高司法行政的效率,才能确保诉讼审判活动的正常运行。

关于勾检制度与唐代的行政办事效率,已有学者进行过探讨。② 勾检程序对于提高唐代诉讼审判的效率也同样发挥了不可替代的作用,据唐令《公式令》规定:"诸内外百司所受之事,皆印其发日,为之程限,一日受,二日报。其事速及送囚徒,随至即付。小事五日程(谓不须检复者),中事十日程,大事二十日程,狱案三十日程(谓徒已上辨定须断结者)……其文书受付日及讯囚徒,并不在程限。"③在唐令《考课令》中,把"决断不滞"作为对司法官员考核的标准④,"决断不滞",是指审判没有拖延的现象。

唐穆宗长庆元年(公元821年),御史中丞牛僧孺针对"天下刑狱,苦于淹滞"的情况,奏请对大理寺和刑部审断案件设立明确的期限,其中"大事,大理寺限三十五日详断毕,申刑部,限三十日闻奏;中事,大理寺三十日,刑部二十五日;小事,大理寺二十五日,刑部二十日。……违者,罪有差"⑤。唐代法律对审结案件期限的规定,有助于提高司法审判的效率。

从敦煌、吐鲁番出土的法律文书看,唐代地方州县长官几乎都是按照唐令《公式令》所规定的期限审结案件。在1973年新疆阿斯塔那第221号墓出土的73TAM221:61(a)号《唐永徽元年(公元650年)安西都护府承敕下交河县符》中,记录了交河县衙当日受理案件,当日作出判决的情况:"二月九日受,即日行判,无稽。"⑥在阿斯塔那第239号墓出土

---

① 刘俊文点校:《唐律疏议》卷9,法律出版社1999年版,第198页。
② 参见童光政:《唐代的勾检官制与行政效率法律化》,载《国家行政学院学报》2000年第4期。
③ 〔日〕仁井田陞:《唐令拾遗》,栗劲、霍存福等编译,长春出版社1989年版,第526—527页。
④ 参见〔日〕仁井田陞:《唐令拾遗》,栗劲、霍存福等编译,长春出版社1989年版,第246页。
⑤ (后晋)刘昫等撰:《旧唐书》卷50《刑法志》,中华书局1975年版,第2155页。
⑥ 中国文物研究所等编:《吐鲁番出土文书》(叁),文物出版社1996年版,第311页。

的 75TAM239:9/2(a)号《唐景龙三年(公元 709 年)十二月至景龙四年(公元 710 年)正月西州高昌县处分田亩案卷》中,高昌县衙当日受理案件,当日作出判决,兹引之如下:

18　十二月十五日受,即日□□
19　录事　　　检无稽失
20　丞判　主簿　自判①

在现存的唐代裁判文书中,许多司法文书中都特意注明案件审理没有迟延的文字。据吐鲁番文书 60TAM325:14/7-1,14/7-2 号《唐显庆四年(公元 659 年)案卷残牍尾》记载:

1　显庆四年闰十月十三日
2　　　府
3　　　史玄信
4　闰十月九日受,十一日行判。无 稽 。
5　录事麹武□ 检无 稽 失②

在上件法律文书中,勾检官在裁判文书上特意写明"无稽"二字,强调该案件的审理没有迟延稽失,如果司法审判超出了法律所规定的期限,勾检官可以拒绝在判决文书上签字。这说明唐代的诉讼审判十分注重效率,防止审判拖延。

(四)勾检程序使司法责任追究制度得以贯彻落实

唐代的勾检官对国家行政、财政、军事、司法等各方面的文书进行核查,具有位卑权重的特点。唐代中央尚书省的左右司郎中是从五品上,员外郎是从六品上;大理寺主簿为从七品上,录事为从九品上;御史台主簿是从七品下;刑部的比部郎中为从五品上,员外郎从六品上。地方各州府的勾检官如京兆府的司录参军为正七品上,各州的录事参军是从七品或正八品,录事是从九品;各县的主簿品级是正九品或从九品。

---

① 中国文物研究所等编:《吐鲁番出土文书》(叁),文物出版社 1996 年版,第 555 页。
② 中国文物研究所等编:《吐鲁番出土文书》(叁),文物出版社 1996 年版,第 100 页。

唐朝政府对勾检官位卑权重的制度设计,反映了李唐统治者试图通过建立勾检制度来对国家的行政、财政、军事、司法等权力进行制约和监督,防止腐败现象的发生。

古往今来,在法律实践中遇到的最大难题是如何确认司法官员应承担的法律责任,提高审判人员的责任心,使司法责任追究制度落到实处。有学者指出,司法责任制包括两个构成要素:一是"让审理者裁判",二是"由裁判者负责"。① 但是,一个诉讼案件从立案、侦查勘验、审理、判决和执行,需要经过诸多环节,有许多司法官吏参加,只有明确每一位司法官员的法律责任,才能真正落实司法责任追究制度。而唐代诉讼审判中勾检程序的设立,就是为了明晰每位司法人员在各个环节中的法律责任,如果在哪一个环节出现了问题,将追究相关人员的法律责任。

在《唐律疏议》卷5"公事失错自觉举"条中,明确规定了勾检官对同署长官错判误判有纠举的职责,凡"应连坐者,长官以下,主典以上及检、勾官在案同判署者,一人觉举,余并得原。其检、勾之官举稽及事涉私者,曹司依法得罪。唯是公坐,情无私曲,检、勾之官虽举,彼此并无罪责"②。可见,勾检官若能对错案及时纠举,可免于罪责。

如果勾检官在履行职责过程中出现失职或渎职行为,将承担相应的法律责任。《唐律疏议》卷5"同职犯公坐"条记载:"诸同职犯公坐者,长官为一等,通判官为一等,判官为一等,主典为一等,各以所由为首;若同职有私,连坐之官不知情者,以失论。"长孙无忌在疏议中对司法机构集体错判时每人应承担的法律责任作了详细解析:"同职者,谓连署之官。'公坐',谓无私曲。假如大理寺断事有违,即大卿是长官,少卿及正是通判官,丞是判官,府史是主典,是为四等。""各以所由为首者,若主典检请有失,即主典为首,丞为第二从,少卿、二正为第三从,大卿为第四从,即主簿、录事,亦为第四从。若由丞判断有失,以丞为首,少卿、二正为第二从,大卿为第三从,典为第四从,主簿、录事当同第四

---

① 参见陈瑞华:《法官责任制度的三种模式》,载《法学研究》2015年第4期。
② 刘俊文点校:《唐律疏议》卷5,法律出版社1999年版,第124页。

从。"①从该条律文的法律解释看,作为勾检官的主簿、录事虽不直接参与审判,但由于其职责是"勾检稽失",故也应承担对司法文书核检不实的次要责任。

在现存的唐代文献中,记录了许多勾检官失职渎职的案例。唐宣宗大中二年(公元848年),御史台向唐宣宗上奏三司推勘审理"吴湘案"的情况。关于吴湘一案,已有学者对该案中的法律用语进行了探讨。② 在本案件中,作为前扬州府录事参军李公佐等人,"卑吏守官,制不由己,不能守正,曲附权臣",未能尽到勾检官"守正"的职责,因而受到了"各削两任官"的处罚。③

综上所述,勾检程序是唐代行政、财政、军事和司法体制运行中一项重要的法律文书核验制度。唐代的诉讼审判从案件受理、司法勘验、审判、执行和案卷奏报等各个环节都有勾检官对法律文书的勾检,勾检程序贯穿于唐代诉讼审判的全部过程,以确保诉讼审判真实有效、公正合法。

通过对唐代诉讼审判中的勾检程序进行分析,我们可以初步得出如下几点认识:

首先,唐代的勾检程序是内嵌于诉讼审判中的文书审核和司法监督制度,它能够对司法官员滥用职权起到有效的监督和制约作用。虽然唐代中央和地方的司法长官拥有立案、审讯和判决等权力,但司法官员在履行职权的过程中,都要经过勾检官对法律文书的勾检程序,以保障案件的审理和判决程序合法。如果司法官员在审判过程中有徇私枉法、错判误判的现象,或者出现程序上的瑕疵,未经过勾检官的勾检,该法律文书将不发生法律效力。李唐政府通过设立勾检程序,把各级司法长官的审判权规制在合法的范围中。

---

① 刘俊文点校:《唐律疏议》卷5,法律出版社1999年版,第120页。
② 参见黄正建:《唐代法律用语中的"款"和"辩"》,载《唐代法典、司法与〈天圣令〉诸问题研究》,中国社会科学出版社2018年版,第109—110页。
③ 参见(后晋)刘昫等撰:《旧唐书》卷18《宣宗本纪》,中华书局1975年版,第620页。

其次,唐代勾检程序的设置,有助于提高司法官员的审判责任心,确保诉讼审判的质量。众所周知,一个案件从立案、侦查、勘验、审理、判决、执行,需要经过许多法律环节,有很多司法官员参加,只有明晰每一位官员在诉讼审判中的法律责任,才能使司法责任追究制度得以贯彻实施。唐代勾检官的重要职责是对法律文书进行核查,对诉讼审判的过程进行监督,确认每一位官员在诉讼审判环节中的责任,使得每一位官员在参与审判时都不能马虎,如果在哪一个环节出现了问题,将追究相关人员的法律责任。由此可见,勾检程序也是唐代诉讼审判机构内部的核查监督程序,通过有效的法律监督,提高了司法官员的责任心,有效避免了冤假错案的发生,提高了诉讼审判的质量。

再次,唐代的勾检程序有助于节约司法成本,提高诉讼审判的效率。司法效率是实现公平正义的前提,唐代是中国古代十分重视行政效率和司法效率的时代,在唐代《考课令》中,把"决断不滞"作为对司法官员考核的重要标准。如何监督司法官员按照法律所规定的期限审断案件,防止司法拖延,是提高诉讼审判效率的关键。唐代各级审判衙门中普遍设立勾检官,其重要职责就是监督司法官员是否按照唐令《公式令》《杂令》和《狱官令》所规定的期限审结案件。从敦煌、吐鲁番出土的法律文书看,唐代司法官员从立案、审理和判决,各个环节都严格按照法律所规定的期限审结案件,然后由勾检官勾检,最终符合法定的程序。

总之,在唐朝初年"天下之法"观念的影响下,李唐政权形成有别于中国古代其他政权的独特的司法审判模式。如唐代司法行政官员选任时的"试判"考试制度,唐代的"三审"立案制,唐代诉讼审判中的勾检程序,唐代实施的司法官员责任追究制度等措施,限制了司法官员滥用权力的现象,有效避免了冤假错案的发生,提高了诉讼审判的效率,使唐代出现了中国古代社会少有的法治清明的现象。

但是,唐朝创立的许多先进的法律制度并没有延续下来,唐代司法审判中的勾检程序随着唐王朝的灭亡而退出了历史舞台。宋代以后,古代的诉讼审判制度发生了重大变化。在北宋时期,州一级的"录事参军掌州院庶务,纠诸曹稽违",不再涉及诉讼审判方面的业务,诉讼审判方面的事务由司法参军和司理参军负责,其中"司法参军掌议法断刑;司理参军掌讼狱勘鞠之事"①。全国地方各县虽然也设有主簿之职,但其职责发生了明显变化,据《宋史》卷167《职官七》记载,北宋初年,规定四百户以上置县令、尉,由县令知主簿事。南宋以后,"置簿掌出纳官物,销注簿书,凡县不置丞,则簿兼丞之事"②。这表明,到南宋时期县级诉讼审判中的勾检程序已经消失。及至明清两代,地方行政长官兼理司法,权力很大,僚属官在地方行政、司法活动中难以发挥核检和监督的职能。据瞿同祖先生研究,清代府县仅设有一种佐贰官,且在地方政府中扮演着卑微的角色,"法律不允许佐贰官和杂职官受理诉讼,州县官若允许他们受理诉讼或委派他们听审案件则要受到惩处"③。明清两代诉讼审判中勾检程序的缺失,严重影响了中国古代后期司法审判的效果。

---

① (元)脱脱等撰:《宋史》卷167《职官七》,中华书局1977年版,第3976页。
② (元)脱脱等撰:《宋史》卷167《职官七》,中华书局1977年版,第3978页。
③ 瞿同祖:《清代地方政府》,范忠信、晏锋译,法律出版社2003年版,第17—28页。

第七章
唐代司法自由裁量权的法律规制及其价值

中国传统的司法审判模式以拘束裁量为主,以赋予司法官员在某些特殊案件上的自由裁量权为辅。所谓司法自由裁量权(Judicial discretion),是指审查判断证据和适用法律方面,根据法律原则或法律精神而做出的一种判断和选择。据《牛津法律大辞典》记述:"自由裁量权指酌情做出决定的权力,并且这种决定在当时情况下应是正义、公正、正确、公平和合理的。法律常常授予法官以权力或责任,使其在某种情况下可以行使自由裁量权。有时是根据情势所需,有时则仅仅是在规定的限度内行使这种权力。"①在《布莱克法律辞典》中,司法自由裁量权又称"法官自由裁量权",是指法官或法庭自由斟酌行为,意味着法官或法庭对法律规则或原则的界限予以厘定。② 奥地利法学家凯尔森曾把司法自由裁量权称之为"可能性

---

① 〔英〕戴维·M·沃克:《牛津法律大辞典》,邓正来等译,光明日报出版社1988年版,第261—262页。

② 参见 Black's Law Dictionary (Fifth Edition), West Publishing Co.,1979, p.419。

系"①。这表明司法自由裁量权的适用是一种普遍性的选择。

司法自由裁量权是司法权的重要组成部分,在古今中外所有的诉讼审判中,司法官员都具有一定程度的自由裁量权。司法机关在诉讼审判过程中,经常会陷入案件事实不确定、法律规范不确定和语言不确定等方面的困境,因此,适用司法自由裁量权也就具有普遍性和不可避免性,它存在于司法的全部过程,包括认定事实、适用法律、作出裁决等众多环节。司法自由裁量权客观存在、普遍适用,其结果直接关系到审判的公信和公正,如果没有司法自由裁量权的适用,法律就会变得严苛、无情和不公正。因此,如何合理地行使司法自由裁量权,并对司法官员的自由裁量权进行规制,是任何时代都要面对的法律难题。

唐代是中国古代法治较为清明的时期,也是古代律令制法律体系走向成熟的阶段。唐朝司法机关在坚持"断罪皆须具引律、令、格、式正文"的罪刑法定主义原则基础上,为了发挥司法机关在审判中的能动性,赋予司法官员一定的自由裁量权,同时又把司法自由裁量权限制在一个合理的限度,创制了许多法律制度,以保障审判的公平公正。

司法自由裁量权在唐代诉讼审判活动中具有重要的实践价值。如果严格禁止司法官员行使自由裁量权,很容易引发个别案件不公正的裁决;如果不对司法自由裁量权进行合理的规制,又容易引发滥用自由裁量权的现象,造成司法腐败和不公正的裁决。有唐一代,司法机关经常运用自由裁量权进行裁判,同时又把司法自由裁量权限制在一个合理的范围,这样的诉讼审判模式对于实现唐代的司法公正,构建政治清明的社会治理模式具有重要的实践价值。但长期以来法史学界尚未有学者对唐代司法自由裁量权的问题进行探讨,笔者认为,只有对唐代司法自由裁量权的法律适用情况加以分析,才能对唐代的诉讼制度作出客观公正的评价。

---

① Hans Kelsen, Pure Theory of Law, University of California Press, 1967, p.351.

一、司法自由裁量权在中国古代诉讼审判中的价值

中国古代很早就有人认识到成文法的局限性,战国后期儒家学派的代表人物荀子指出:"法者,治之端也;君子,法之源也。""其有法者以法行,无法者以类举。"①"无法者以类举",就是要发挥司法自由裁量权的作用。西晋著名法学家裴𬱖也指出:"刑书之文有限,而舛违之故无方,故有临时议处之制,诚不能皆得循常也。"②唐代著名学者孔颖达在《春秋左传正义》中也认为:"法之设文有限,民之犯罪无穷,为法立文不能网罗诸罪,民之所犯不必正与法同,自然有危疑之理。"③因此,在古代司法实践中,司法官员经常依据自由裁量权对事实进行认定和作出裁决。由于各朝代的诉讼审判制度不同,对司法自由裁量权的法律适用和规制也不同。

夏、商、西周时期是中国古代法律的起源阶段,由于当时司法勘验技术还很不发达,在司法实践中常常会借助神意作出事实认定和裁决,神明裁判是当时重要的审判方式。④ 先秦时期的神明裁判主要有两种方式:一是向神宣誓盟诅,二是依靠神意裁决。从目前出土的西周青铜铭文来看,向神宣誓盟诅的现象十分普遍⑤,盟诅的目的是由双方当事人在神前表示陈述的事实真实,盟诅的结果也由司法官员和神职人员确认衡量。商周时期的"史""卜""祝""瞽"等,都是天、人或神、人之间的媒介,他们有一种特殊的能力,可以与天上的神交流,甚至可以使神"降"

---

① (清)王先谦撰,沈啸寰、王星贤点校:《荀子集解》,中华书局1988年版,第230页、第151页。
② (唐)杜佑撰,王文锦等点校:《通典》卷166《刑法四》,中华书局1988年版,第4296页。
③ (晋)杜预注,(唐)孔颖达正义:《春秋左传正义》卷43《昭公六年》,载(清)阮元校刻:《十三经注疏》,中华书局1980年版,第2044页。
④ 参见〔日〕仁井田陞:《民间信仰と神判》,载《中国法制史研究(刑法)》,东京大学出版会1980年版,第676—701页。
⑤ 参见刘海年:《𫠊匜铭文及其所反映的西周刑制》,载《法学研究》1984年第1期;何景成:《西周金文誓语中的诅咒》,载《社会科学》2018年第1期。

在他们身上。① 可见,夏、商、西周时期的司法裁量权通常是由这些神职人员来行使。

从春秋战国以后,随着成文法的公布,法律制度得到了长足发展。在古代的诉讼审判中,关于司法自由裁量权的适用,曾出现过三种不同的法律效果。

(一) 拘束裁量在中国古代容易引发社会风险

从战国至秦代,法家思想在当时的社会占主导地位。先秦法家主张"缘法而治"②,诸事皆断于法,注重法的规范性;在司法实践中,严格限制司法自由裁量权的行使。法家代表人物商鞅指出:"法已定矣,不以善言害法。任功则民少言,任善则民多言。"③先秦法家的法治观念存在严重的缺陷,著名学者熊十力认为:"法家谈法治,其说不涉及义理。……法家狭小,乃欲偏尚法以为治,则不善学《春秋》之过。"④不重视义理,过分强调法的规范性而忽视司法的公正性,是先秦法家思想的不足之处。

商鞅、韩非等人的法治思想对后世秦代法治产生了直接影响。秦始皇统一全国后,"治道运行,诸产得宜,皆有法式"⑤。从近年来发现的云梦睡虎地秦墓竹简和岳麓书院所藏秦简来看,秦代的法律体系已十分完备。但秦代的司法实行拘束裁量,严重限制了司法自由裁量权的适用,很容易引发个别案件的不公正裁决。

众所周知,法律规范的制定有一定局限性,一个案件合法与否,是由法律来评判;而合理与否,法律则不能做出评断。判决是否合乎情理,更多需要裁判者的良心和责任感,需要法官的职业伦理来判断。美国法学家波斯纳指出:"法官最好将其工作理解为在每一个案件中努力获得特定境况中最合乎情理的结果。"⑥因此,在重视构建严密法律体系的同

---

① 参见余英时:《人文·民主·思想》,海豚出版社 2013 年版,第 70—71 页。
② (汉) 司马迁撰:《史记》卷 68《商君列传》,中华书局 1959 年版,第 2229 页。
③ 蒋礼鸿撰:《商君书锥指》卷 3《靳令第十三》,中华书局 1986 年版,第 77 页。
④ 熊十力:《读经示要》卷 1,上海古籍出版社 2019 年版,第 9 页。
⑤ (汉) 司马迁撰:《史记》卷 6《秦始皇本纪》,中华书局 1959 年版,第 243 页。
⑥ 〔美〕理查德·A·波斯纳:《法理学问题》,苏力译,中国政法大学出版社 2002 年版,第 165 页。

时,也不能忽视司法自由裁量权的作用,如果在司法实践中不能适当地运用自由裁量权,很容易产生不公正的裁判结果。汉代学者桓宽曾对秦法的弊端进行分析,认为"昔秦法繁于秋荼,而网密于凝脂。然而上下相遁……非网疏而罪漏,礼义废而刑罚任也"①。

在秦代的司法实践中,主要依据法律条文定罪量刑,没有充分考虑各种复杂的社会因素。如在裁判时没有考虑到不可抗力的原因,没有考虑到情、理、法等因素,限制了司法自由裁量权的发挥,裁判的社会效果有时也不公正合理。据云梦秦简《法律答问》记述:"'弃妻不书,赀二甲。'其弃妻亦当论不当?赀二甲。"②在该条款中,作为有法律义务的丈夫不给妻子写休书当然要承担法律责任,而没有法律义务的妻子也被处以"赀二甲"的刑罚,这显然不合情理,有失公正。在司马迁的《史记》一书中,记述了陈胜等九百人于秦二世元年(公元前209年)北上渔阳戍守,"会天大雨,道不通,度已失期。失期,法皆斩"。陈胜、吴广等人商议:"今亡亦死,举大计亦死,等死,死国可乎?"③从陈胜等人赴渔阳戍守失期这一事件中,可以看出秦代的司法裁判并没有充分考虑气候异常等不可抗力的原因,而是机械地援引法律条文进行裁判,严重限制了司法自由裁量权的发挥,最终导致秦末农民大起义的爆发和秦朝的覆亡。

(二) 滥用司法自由裁量权引发不公正的裁决

司法自由裁量权的行使完全凭借法官的个人意志,由于司法官员的认知能力、职业素养和价值观念不同,有时会出现对同一种法律事实作出不同认定、不同裁判的现象。在事实认定过程中,如何获取证据、如何对证据的证明力进行判断,完全依靠法官的自由心证,这对司法官员的法律素质提出了极高的要求。

司法自由裁量权是一把双刃剑,如果在事实认定的过程中滥用自由裁量权,很容易引发不公正的裁决。据桂万荣《棠阴比事》记述,南朝刘

---

① 王利器校注:《盐铁论校注》卷10《刑德第五十五》,中华书局1992年版,第565—566页。
② 睡虎地秦墓竹简整理小组编:《睡虎地秦墓竹简》,文物出版社1990年版,第133页。
③ (汉)司马迁撰:《史记》卷48《陈涉世家》,中华书局1959年版,第1950页。

宋时期,傅季珪为山阴令,有争鸡者,诉于季珪。季珪问:"早何食?"一云粟,一云豆。季珪命人杀鸡破嗉,有豆焉。遂罚言粟者。① 对于该案件,著名法学家吴经熊认为,"这段故事,初看看亦甚平淡,仔细一想,实在是充满了我国旧法制的精神,因为争鸡本为涉讼的原因,但听讼者不问鸡的所有权属于哪一造的当事人,遽然不管三七二十一地擅自杀鸡破嗉,并将说谎的那个朋友责罚一下了事"②。笔者认为,该案件就是一起在事实认定中滥用司法自由裁量权的现象,司法裁判官员在行使自由裁量权时,没有注意到所采取的司法行为和做出裁判的适当性、必要性和均衡性,没有遵循成本最低、对财产所有人损害最轻的比例原则。

清朝同治年间,浙江余杭县葛品连患霍乱病死,其母沈喻氏怀疑葛品连之妻葛毕氏与邻居杨乃武通奸,毒死本夫,便到县衙告状,请求法医检验。验尸人沈详"因口鼻内有血水流入眼耳,认作七窍流血;十指十趾甲色灰黯色,认作青黑色;用银针探入咽喉,作淡青黑色,致将发变颜色误作服毒"③。余杭县令刘锡彤根据法医的检验结果,采用刑讯逼供的方式,把葛毕氏屈打成招,自诬与杨乃武通奸,谋害本夫,刘锡彤提出拟判意见,将葛毕氏、杨乃武拟判为凌迟、斩决。在本案中,由于司法检验人员沈详、审判官员刘锡彤等人在事实认定的过程中滥用自由裁量权,结果引发了一场冤假错案,这就是著名的"杨乃武与小白菜案"。

元明清三代是中国法学走向衰微的时代。为了弄清案件的事实,一些司法官员常常借助神意来裁决案件,这也是滥用自由裁量权的表现。元大德二年(公元1298年),田滋担任浙西廉访使,有县尹张彧,被诬以赃,狱成,田滋审理。张彧但俯首泣而不语,滋以为疑。次日斋沐,到城隍祠祈祷说:"张彧坐事有冤状,愿神相滋,明其诬。"④这种依靠

---

① 参见(宋)桂万荣撰:《棠阴比事》卷上,载杨一凡、徐立志主编:《历代判例判牍》(第一册),中国社会科学出版社2005年版,第536页。
② 吴经熊:《中国旧法制底哲学的基础》,载《法律哲学研究》,清华大学出版社2005年版,第63页。
③ 辛子牛主编:《中国历代名案集成》(下卷),复旦大学出版社1997年版,第465—470页。
④ (明)宋濂撰:《元史》卷191《田滋传》,中华书局1976年版,第4359页。

神明裁判的形式很容易造成不公正的裁判。

在明清时期的民事诉讼审判中,有关"户婚田土"之类的诉讼案件,州县长官可以根据天理、人情和国法作出判决。据日本学者滋贺秀三教授研究,清代的民事诉讼类案件,"决不是所有或大多数案件中都引照国法,从数量上看,未提及国法便得出结论的案件更多";"在判语中所引照的国法,具体来说,大体上仅限于《大清律例》这一部法典"。① 明清两代对地方司法官员的自由裁量权没有实行严格的规制,不公正裁判时有发生。

(三) 司法自由裁量权有利于实现个案正义

在中国古代的诉讼审判中,司法自由裁量权的适用主要表现为事实认定中的司法自由裁量权和法律适用上的自由裁量权两个方面。

事实认定是法律适用的前提,也是法官裁判的基础。② 古代的诉讼审判,由于司法检验技术不发达,获得案件事实的证据难度很大,因此,如何还原事实真相,判断证据的可采性,对案件事实进行认定,就需要充分发挥司法官员的自由裁量权。在事实认定的过程中,从举证、质证到认证,可以说司法官员的自由裁量权无处不在。

我国古代审判官员利用司法自由裁量权,查明案件事实真相,实现司法裁判个别正义的案例很多。早在前秦时期,冀州有一老妇,夜幕时分遇见盗贼,老妇大声呼喊捉贼,有一行人听到后迅速赶来擒获盗贼。盗贼被捉到官府后,反而诬陷行人是抢劫犯,当时因为天黑,一时真假难辨。此时,司法官员符融对二人说:"二人当并走,先出奉阳门者非盗。"一会儿,两人被带回衙门,符融对后至者说,"汝的盗也"。在本案中,符融认定盗贼不善跑而行人善跑的法律事实,通过行使自由裁量权,让两人赛跑,通过比赛,找到了关键证据,即"盗若善走,则初不被行人所

---

① 参见〔日〕滋贺秀三:《清代诉讼制度之民事法源的概括性考察——情、理、法》,载王亚新、梁治平编:《明清时期的民事审判与民间契约》,法律出版社1998年版,第19—53页。
② 参见张榕:《事实认定中的法官自由裁量权》,载《法律科学(西北政法大学学报)》2009年第4期。

获,以此而知善走者是捕逐人也"①。在明代文学家冯梦龙的《增广智囊补》一书中,收录了许襄毅智破毒夫案。许襄毅在任职期间,单县有一男子在田间耕作,中午吃完妻子送来的饭菜后死去。丈夫家人怀疑妻子下毒,便向官府控告,妻子拒不承认,县衙官员刑讯逼供,妻子"遂诬服"。许襄毅到单县巡察,亲自审查案卷,认为"鸩毒杀人,计之至密者也,焉有自饷于田而鸩之者哉!"于是询问妇人所携带的饮食及沿途所经过的路线,妻子说:"鱼汤米饭,度自荆林,无他异也。"许襄毅命手下衙役复原当时的场景,仿照死者之妻买鱼做饭,"投荆花于中试之,狗彘无不死"②,为死者妻子洗刷了罪名。在本案中,许襄毅充分利用了司法自由裁量权,通过场景复制的方式还原了事实真相。

接下来我们再分析一下在适用法律阶段对司法自由裁量权的运用情况。中国古代从战国时期开始,已初步构建了较为完备的成文法体系,对于普通案件的审判,可根据国家制定的法律条文裁决;而当司法机关遇到法律没有明文规定的诉讼案件时,就需要发挥司法官员的自由裁量权作出裁决。

法律的价值考量标准是公平正义,法官自由裁量权是司法上的优先权利。在古代秦王朝统治时期,实行拘束裁量,严重制约了司法官员自由裁量权的发挥,造成很多案件不公正的裁决。西汉政权为了矫正前代法律不合情理的现象,在司法实践中常常引用儒家的经典来解释法律,力求使审判公正合理。笔者认为,汉武帝时期董仲舒的"春秋决狱"就是在审判中运用司法自由裁量权的具体表现。沈家本、程树德、黄源盛等人从《通典》《太平御览》等文献中辑录了经过董仲舒"春秋决狱"的案例,如"拾儿道旁""误伤己父""私为人妻""加杖所生"等。③ 从春秋决狱的内容看,并不是关于案情方面即事实认定之疑,而是在法律适用上之"疑"。④ 这是由于汉律的条文十分具体,而现实中发生的案件则是

---

① (五代)和凝:《疑狱集》卷1,载杨一凡、徐立志主编:《历代判例判牍》(第一册),中国社会科学出版社2005年版,第236页。
② (明)冯梦龙编增:《增广智囊补》卷上,新文丰出版公司1979年版,第150页。
③ 参见程树德:《九朝律考》,中华书局2003年版,第160—174页。
④ 参见黄静嘉:《中国法制史论述丛稿》,清华大学出版社2006年版,第15页。

特殊的和千差万别的,为了克服在司法审判中合法而不合情理的现象,实现法律的公平正义,就需要对个别案件适用司法自由裁量权,使判决公正合理。

关于中国古代的司法自由裁量权问题,有学者指出,古代的刑律如唐律、大明律、清律中,量刑权的行使几乎没有选择余地,基本上属于拘束裁量,法律"规定得非常具体,没有任何量刑幅度"①。笔者认为,中国古代因各朝代的司法制度不同,司法自由裁量权的适用情况也不同。在汉魏至唐宋之际,为了防止司法官员滥用自由裁量权,避免对同一种法律事实作出"同罪异罚"的现象,也为了能发挥司法自由裁量权的功能,实现审判的个别正义,中国古代的立法者制定了疑难案件的奏谳制度和疑罪收赎制度。奏谳是指对那些产生歧义的案件采取逐级奏报的形式,由上一级司法机关根据案情,行使自由裁量权作出判决。奏谳制度为古代地方司法机关处理疑难案件找到了一条重要的途径,它不仅有效避免了类似案件在各地审判机关出现"同案异罚"的现象,也节约了司法成本。②

总之,在中国古代的法律实践中,司法裁判始终是在严格规则和自由裁量之间来回摆动。中国几千年来的司法实践表明,像秦代那样严格限制司法自由裁量权的行使,很难实现司法的个别正义,也容易引发重大的社会风险;像明清时期地方司法官员拥有很大的自由裁量权,又容易出现滥用司法权的现象,引发以权谋私和枉法裁判。只有把司法自由裁量权限定在一个合理的限度,既发挥司法官员公正审判的职能,又防止其任意裁量,才能保障审判的公平公正,实现司法的法律效果和社会效果的有机统一。

二、唐代司法自由裁量权的类型模式及适用原则

成文法体系的特征是强调法的确定性,唐代的法典《唐律疏议》明

---

① 江必新:《论司法自由裁量权》,载《法律适用》2006年第11期。
② 参见郑显文:《中国古代重大疑难案件的解决机制研究》,载《法治研究》2014年第1期。

确规定了法的"确定性"原则,要求司法官员审断案件依照法律条文定罪量刑,"诸断罪皆须具引律、令、格、式正文,违者笞三十。若数事共条,止引所犯罪者,听"。皇帝颁布的临时制敕,若"不为永格者,不得引为后比。若辄引,致罪有出入者,以故失论"①。

但成文法体系也存在严重的缺陷,即为了法的"确定性"而抛弃了法的"灵活性"。② 我国著名法学家王伯琦认为,"吾国法制,虽说至唐而大备,但缺少一般原则性的规定,情形大致与其他古代法律相仿佛"③。在古代的诉讼审判过程中,由于受到事实不确定、规范不确定等因素的影响,司法官员经常会运用自由裁量权进行裁决。司法自由裁量权通常分为由法律明确授权的自由裁量权和法律没有授权的自由裁量权两种形式,从目前所见的唐代判例判文看,这两种自由裁量的模式在司法实践中都曾被广泛地适用。

(一)唐律中有明确授权的司法自由裁量权类型模式

唐朝初年,立法者充分认识到成文法体系的不足,为了弥补律、令、格、式法律条文的疏漏,在唐律《名例律》篇中特设了"断罪无正条"的条文,在《杂律》篇中设立了"不应得为"条,以立法的形式明确赋予司法官员以自由裁量权,为司法官员公正裁判,实现法律的个别正义提供了法律依据。

1.唐律中的"轻重相举"条明确规定司法官员可根据逻辑推理的原则自由裁量

据《唐律疏议》卷6"断罪无正条"规定:"诸断罪而无正条,其应出罪者,则举重以明轻;其应入罪者,则举轻以明重。"长孙无忌在疏议中解释说:"断罪无正条者,一部律内,犯无罪名。'其应出罪者',依《贼盗律》:'夜无故入人家,主人登时杀者,勿论。'假有折伤,灼然不坐。"此即"举重明轻"之类。疏议又指出:"案《贼盗律》:'谋杀期亲尊长,皆斩。'

---

① 刘俊文点校:《唐律疏议》卷30,法律出版社1999年版,第602—603页。
② 参见〔美〕约翰·亨利·梅利曼:《大陆法系》(第二版),顾培东、禄正平译,法律出版社2004年版,第51页。
③ 王伯琦:《古代德治盛行的原因》,载《近代法律思潮与中国固有文化》,清华大学出版社2005年版,第91页。

无已杀、已伤之文,如有杀、伤者,举始谋是轻,尚得死罪,杀及谋而已伤是重,明从皆斩之坐。"①此是"举轻明重"之类。

关于该法律条文,许多学者都进行过探讨。有些学者把唐律中的"断罪无正条"与后世律典中"引律比附"相混同,持否定观点②,清末法学家沈家本认为,中国古代从隋朝起,实行"断罪无正条,用比附加减之律",唐律"乃用律之例,而非为比附加减之用也"③。陈新宇则认为,传统法中的比附,主要是基于"传统立法采取客观具体主义和绝对法定刑主义"④。另有学者对唐律中的"断罪无正条"持肯定态度,我国台湾地区学者戴炎辉认为,"若囿于罪刑法定主义,陷入形式、概念的解释,则律不能达成其目的。是以,断罪而无正条者,须予合理解释,以运用律条"⑤。黄源盛教授则把唐律中的该条文称为"轻重相举",认为"《唐律》有'轻重相举条'而无'比附'的律目,其立法之初,并非'擅断'的性质,而是属于论理解释的一种'释滞'方法,目的在省约条文,并没有破坏法律的安定性"⑥。

关于唐律中为何设立"轻重相举"条文,笔者认为有三个方面的原因:其一,唐律中的"轻重相举",属于中国古代刑法中的论理解释。此种论理解释,"绝非无理之扩张,即使将其明定于法律之内,亦不能谓为法律允许无理之比附援引"⑦。该法律条文的设立,是因为在律典之中没有相应的罪名,司法官员通过自由裁量的形式,把定罪量刑限定在一个合理的范围。其二,唐律中设立该法律条文,是为了省略律条,使唐

---

① 刘俊文点校:《唐律疏议》卷6,法律出版社1999年版,第145—146页。
② 参见(清)薛允升撰,怀效锋、李鸣点校:《唐明律合编》,法律出版社1999年版,第97页。
③ 参见(清)沈家本撰,邓经元、骈宇骞点校:《历代刑法考》之《明律目笺》,中华书局1985年版,第1807—1825页。
④ 陈新宇:《从比附援引到罪刑法定——以规则的分析与案例的论证为中心》,北京大学出版社2007年版,第29页。
⑤ 戴炎辉:《唐律通论》,元照出版有限公司2010年版,第441页。
⑥ 黄源盛:《唐律轻重相举条的法理及其运用》,载《汉唐法制与儒家传统》,元照出版有限公司2009年版,第337页。
⑦ 蔡墩铭:《唐律与近世刑事立法之比较研究》,台湾商务印书馆1968年版,第20—21页。

律的内容更加简洁。唐中宗神龙元年(公元705年),赵冬曦上奏指出:"律曰:'犯罪而律无正条者,应出罪则举重以明轻;应入罪则举轻以明重。'立夫一条,而废其数百条。"①该条文的设立,使唐律的条文数量大为缩减。其三,以立法的形式明确规定司法官员在诉讼审判活动中可以通过逻辑推理的形式定罪量刑,并对司法自由裁量权的限度作了规制。由此可见,唐律中的轻重相举,主要是根据公平正义的原则定罪量刑,具有很强的说理性。而后世明清律典中的"比附定罪",是比照律例的其他条文定罪,比附的罪名也很牵强,甚至经不起逻辑推理,有些比附不具有合理性。笔者认为,唐律中的"断罪无正条"与明清律典中的"比附定罪",法律性质完全不同。

2. 唐律的"不应得为"条明确规定司法官员对于违情悖理的行为有自由裁量权

关于唐律"不应得为"罪的含义,据《唐律疏议》卷27"不应得为"条规定:"诸不应得为而为之者,笞四十;谓律、令无条,理不可为者。事理重者,杖八十。"长孙无忌在疏议中解释说:"杂犯轻罪,触类弘多,金科玉条,包罗难尽。其有在律在令无有正条,若不轻重相明,无文可以比附。临时处断,量情为罪,庶补遗阙,故立此条。情轻者,笞四十;事理重者,杖八十。"②唐律中"不应得为"条的设立,是中国古代刑法中的一项重要原则,设立该条文的目的,是防止法无明文规定而有故意违犯情理的行为,至于何种行为违犯"事理",又如何"量情",完全取决于司法官员的自由裁量,司法官员可根据伦理道德的价值作出判断,对违情悖理的行为加以处罚,从而实现法律的公平正义。

"不应得为",又称"不当得为"。关于"不应得为"法律概念出现的时间,传世文献没有明确记述。从现存的文献资料看,最早可以追溯到先秦时期。据《太平御览·刑法部十四》引《尚书大传》记载:"非事之事,入不以道义而诵不祥之辞者,其刑墨。注曰:非事而事之,今所不当

---

① (宋)王溥撰:《唐会要》卷39,中华书局1955年版,第709页。
② 刘俊文点校:《唐律疏议》卷27,法律出版社1999年版,第561页。

得为也。"① 可见，先秦时期"不道义"的行为，就是后世"不当得为"原则的前身。两汉时期，不当得为作为一项重要的法律原则经常在司法实践中被援引，如昌邑哀王歌舞者张修等十人，无子，又非姬，但良人，无官名，王薨当罢归，"太傅豹等擅留，以为哀王园中人，所不当得为，请罢归"②。

关于唐律中的"不应得为"条，有许多学者进行过探讨。黄源盛教授认为，"不应得为罪是传统中国刑律中一条抽象概括性的罪名，其涵义系指律、令虽无专条禁止，但据理不可为的行为"③。笔者认为，上述学者把唐律中的"不应得为"当作一项具体的罪名，而没有把"不应得为"当作古代司法的一项重要原则。唐律中不应得为罪的规定十分抽象，凡危害公共安全、违背伦理道德等行为，皆可纳入法律调整的范畴，类似于近代法律的违背公序良俗行为。对于违背公序良俗的行为，司法机关可以根据自由心证的原则裁量，其适用的范围十分广泛，故将"不应得为"视为唐律中的一项法律原则更为允当。

关于唐律"不应得为"条的含义，笔者认为大致包含三个方面：其一，在唐律中，立法者已明确认识到唐律和唐令条文的有限性，"金科玉条，包罗难尽"，不能涵盖所有的违法行为，当司法机关面对明显违背情理的行为时，可根据"不应得为"条进行处罚，这从立法的层面赋予了司法官员自由裁量的权力。其二，明确了"不应得为"罪的适用前提和自由裁量的幅度，无法律条文可以比附，只有"临时处断"案件不具有普遍性，才适用"不应得为"原则；处罚的标准是："情轻者，笞四十；事理重者，杖八十。"④ 其三，明确了"不应得为"罪的适用原则，即"理不可为"，属于违情悖理的行为，类似于近代以来民法中违背公序良俗的行为，该法律行为不仅具有无效性，且违背情理，故加以处罚。⑤ 在唐代诗

---

① （宋）李昉等撰：《太平御览》卷648，中华书局1960年版，第2898页。
② （汉）班固撰，（唐）颜师古注：《汉书》卷63《武五子传》，中华书局1962年版，第2768页。
③ 黄源盛：《唐律中的不应得为罪》，载《汉唐法制与儒家传统》，元照出版有限公司2009年版，第213页。
④ 刘俊文点校：《唐律疏议》卷27，法律出版社1999年版，第561页。
⑤ 参见郑显文：《公序良俗原则在中国近代民法转型中的价值》，载《法学》2017年第11期。

人白居易的判文集中收录了这样一则判文:"得景妻有丧,景于妻侧奏乐,妻责之,不伏。"司法者最后依据善良风俗的原则作出了判决意见:"丧则有哀,见必存敬;乐惟饰喜,举合从宜。夫妇所贵同心,吉凶固宜异道。景室方在疚,庭不彻悬;铿锵无倦于鼓钟,好合有伤于琴瑟。既忿夫义,是弃人丧。俨麻縗之在躬,是吾忧也。……道路见縗,尤闻必变;邻里有殡,亦为不歌。诚无恻隐之心,宜受庸奴之责。"①

(二)唐律中没有明确授权的司法自由裁量权模式

在古代的司法实践中,由于受到法律事实不确定、规范不确定等因素的影响,司法机关常常根据法的精神和公平正义的原则进行自由裁量。唐代司法官员在进行自由裁量时,除了前述依据"轻重相举""不应得为"等法律规定裁决外,还经常依据公平正义、利害权衡、不可抗力等因素进行自由裁量。

1. 根据公平正义的原则进行自由裁量

美国学者罗尔斯认为,正义是社会制度的首要德性,"某些法律和制度,不管它们如何有效率和安排有序,只要它们不正义,就必须加以改造或废除"②。在唐代的司法实践中,可以经常看到司法官员根据公平正义的原则作出自由裁量的案例。

在清人编辑的《全唐文》中,收录了"对市贾为胡货判"的判文:"甲为市贾,为胡货物有犯禁者,大理以阑出边关论罪至死。"刑部复判认为:"贾人不知法,以误论罪,免死从赎。"最后的判决意见是:"货以贸迁,日中为市;化能柔远,天下通商。爰诘犯禁之人,以明有截之制。矧惟市贾,实主贩夫,竞彼锥刀,当展诚而平肆。取诸噬嗑,方易有而均无。既泉布之攸归,何器用之或异?……事既告于边吏,罪方书于贾人。且观尔实来,则银钱是入,既按其阑出,何玺节无凭?举货既丽于司关,附刑当置于圜土。一成定法,理官可贷其全生;三宥是思,宪部宜允于从

---

① 顾学颉点校:《白居易集》卷66,中华书局1979年版,第1388—1389页。
② 〔美〕约翰·罗尔斯:《正义论》,何怀宏、何包钢、廖申白译,中国社会科学出版社2009年版,第3页。

赎。"①在本案中,司法者根据公平正义的精神,没有判处商贾死刑,而改判赎刑。

2. 根据利害权衡的原则进行裁量

在唐代的诉讼审判活动中,司法官员经常根据利害权衡的原则,对现存的唐代法律加以变通,运用司法自由裁量权来维护诉讼当事人的正当权益。众所周知,尽管唐代的法律十分详备,但毕竟都是针对一般性事件的规定,而现实则是个别、具体和特殊的,司法裁判的过程是一个从法律条文转化为法律实践的过程,司法官员在这期间居于主导地位。奥地利法学家凯尔森指出:"在判决内容永不能由既存实体法规范所完全决定这一意义上,法官也始终是一个立法者。"②

1973年,在新疆阿斯塔那出土了编号为73TAM509:8(1)、(2)号《康失芬行车伤人事案卷》残卷,案情大致如下:史拂郍之子金儿、曹没冒之女想子在张鹤店门前玩耍,被行客靳嗔奴家生活人康失芬快车辗损,被伤害人家属将康失芬告到县衙。高昌县令进行了审理,问:"快车路行,辗损良善,致令困顿,将何以堪?款占损伤不虚,今欲科断,更有何别理?"康失芬回答:"但失芬快车,力所不逮,遂辗史拂郍等男女,损伤有实。今情愿保辜,将医药看待。如不差身死,情求准法科断。所答不移前款,亦无人抑塞,更无别理。"③保辜制度是中国古代一种将人身伤害与责任挽救相结合的制度,在司法实践中为了准确判断伤害所造成的后果,在被伤害人伤情未定的情况下,给予一定期限责令伤害人为被伤害人积极地治疗,辜限期满后再根据被伤害人的伤亡情况,确定伤害人的刑事责任。该项制度具有一定的合理性,它要求伤害人对被伤害人采取积极的治疗措施,使受伤害人早日康复,避免司法机关在审判时对伤害人做出重罪轻判或轻罪重判的情况。唐律中的"保辜"条款没有规定交通肇事类案件适用保辜,但在本案中,司法官员依据唐律的精神和利

---

① (清)董诰等编:《全唐文》卷981,上海古籍出版社1990年版,第4504页。
② 〔奥〕凯尔森:《法与国家的一般理论》,沈宗灵译,中国大百科全书出版社1996年版,第165页。
③ 中国文物研究所等编:《吐鲁番出土文书》(肆),文物出版社1996年版,第329—333页。

害权衡的原则,将交通肇事致人损伤比照斗殴伤人案件实行保辜,扩大了唐律中保辜制度的适用范围。

3. 根据不可抗力的原则进行自由裁量

在唐代的司法审判中,司法官员已充分考虑不可抗力的因素。不可抗力是指因自然灾害和意外事件等不能预见的因素而出现的客观事实。唐代案件中的不可抗力因素主要存在于赋税征收、货物运输等方面。在敦煌文书伯2979号《唐开元二十四年(736)九月岐州郿县尉勋牒判集》中收录了"新剥勾征使责迟晚第卅二"的判文:"岐下九县,郿为破邑,有坏地不能自保,日受侵吞。有彫户不能自存,岁用奔走。况加之以师旅,因之以饥馑,遇之以疫疠,亲之以流亡,安得剪尔之郿,坐同诸县之例。"①在白居易的判文集中也收录了一件"江南诸州送庸调,四月至上都。户部科其违限"的案件,司法者根据不可抗力的原则提出了判决意见:"赋纳过时,必先问罪;淹恤有故,亦可征辞。月既及于正阳,事宜归于宰旅。展如泽国,盖纳地征。岁有人贡之程,敢忘慎守?川无负舟之力,宁免稽迟?苟利涉之惟艰,虽愆期而必宥。"②

在唐代的司法实践中,司法官员在裁判时还经常根据遵循先例的原则、平等对待的原则等行使自由裁量权,以实现审判的公平公正。

三、唐代司法自由裁量权的法律规制

英国法学家威廉·韦德(William Wade)指出:"人们通常认为,广泛的自由裁量权与法不相容,这是传统的宪法原则。但是这种武断的观点在今天是不能被接受的,确实它也并不含有什么道理。法治所要求的并不是消除广泛的自由裁量权,而是法律应当能够控制它的行使。"③司法官员作为诉讼审判中的裁判者,是维护公平正义的关键。如果放任司法

---

① 唐耕耦、陆宏基编:《敦煌社会经济文献真迹释录》(第二辑),全国图书馆文献缩微复制中心1990年版,第619页。
② 顾学颉点校:《白居易集》卷66,中华书局1979年版,第1383页。
③ [英]威廉·韦德:《行政法》,徐炳等译,中国大百科全书出版社1997年版,第55页。

机关滥用自由裁量权,很容易引发不公正的裁决并导致冤假错案的发生。为此,我国古代许多政权都制定措施对司法自由裁量权进行规制,以防止司法官员滥用自由裁量权现象的发生。

司法自由裁量权是司法权的一种重要形式,更是一种受到约束的权力。法国启蒙思想家孟德斯鸠指出:"一切有权力的人都容易滥用权力,这是万古不易的一条经验。有权力的人们使用权力一直到遇有界限的地方才休止。"①唐代法律赋予司法官员自由裁量的权力是为了实现司法正义,但因权力的特性,也不可避免地具有破坏司法正义的可能,有学者认为:"法官的裁量权是确保刑法法制的锁头,同时也是违法擅断、破坏刑法法制的钥匙。"②所以,对司法自由裁量权必须加以合理的规制,才能维护法律的权威性,真正实现司法的公正。

为了防止司法官员滥用自由裁量权,使裁判公正合理,唐代创制了许多司法措施,如对重大疑难案件实行逐级奏谳的制度,由上级司法机构或中央最高司法机关通过讨论的形式,对疑难案件提出判决意见;又如在唐律中设立"疑罪"的条款,对那些"虚实之证等,是非之理均,或事涉疑似,旁无证见;或旁有闻证,事非疑似之类",以及"法官执见不同"的疑难案件③,实行收赎。疑难案件的奏谳制度和疑罪收赎制度,极大地限制了司法官员行使自由裁量权的空间,其最终目的是把司法自由裁量权限定在合理的范围内。

唐代法律对司法自由裁量权的规制,有许多制度方面的措施。概而言之,主要包括如下几方面。

(一)提升立法质量是规制司法自由裁量权的基础

唐代是中国古代法律体系十分完备的时代。有唐一代虽没有像现代法那样按照宪法、刑法、民法、行政法、诉讼法等各个部门法细致地进行分类,但律、令、格、式所涉及的法律内容却几乎涵盖了国家社会生活的所有领域,从唐律对谋反、谋大逆等重大刑事犯罪的惩罚,到唐令对借

---

① 〔法〕孟德斯鸠:《论法的精神》(上册),张雁深译,商务印书馆1959年版,第184页。
② 韩士彦、田宏杰:《自由裁量权探析》,载《社会科学研究》1996年第5期。
③ 刘俊文点校:《唐律疏议》卷30,法律出版社1999年版,第617页。

贷、质押、担保的规定,再到唐式对全国道路、桥梁、河渠的管理,事无巨细,几乎都有相应的法律规范加以调整。唐代的法律体系完备具体,最大程度地减少了司法审判中遇到不确定性因素的可能,限制了司法自由裁量权的适用范围,为实现罪刑法定提供了形式上的保障。

当然,仅靠构建完备的法律体系还远远不够,提高立法质量也能减少司法自由裁量权适用的空间。有唐一代法律体系完备,立法的质量也十分优良,律、令、格、式中的每一条法律条文都有充分的立法理由,经得起逻辑推理。如在唐律中,规定了水上行船泝上避沿流的规则,这是目前为止所见到的我国最早的水上通行规则。众所周知,水上通行与陆路不同,船只在河流相遇,回避的空间狭窄,若不制定专门的水上交通规则,很容易出现船只碰撞的现象。唐律的制定者在立法时充分考虑了船只在河流上行驶,自上游而下顺流行驶,船速快不容易避让,船只自下而上逆流行驶,船速慢容易回避的特点,规定:"或沿泝相逢,或在洲屿险处,不相回避,覆溺者多,须准行船之法,各相回避,若湍碛之处,即泝上者避沿流之类,违者,各笞五十。"①在唐律中,还规定了行为人应尽的合理注意义务,凡在深山、迥泽及有猛兽犯暴之处,施作机枪、坑阱,须设立标识,"不立者,笞四十"②。这样缜密的法律条文皆来源于日常生活实践,具有很强的合理性。

在唐令《杂令》中,对于交易自由、借贷利息、役身折酬、质押、拍卖、保人代偿等制度都作了详细规定:"诸公私以财物出举者,任依私契,官不为理。每月取利,不得过六分。积日虽多,不得过一倍。若官物及公廨,本利停讫,每计过五十日不送尽者,余本生利如初,不得更过一倍。家资尽者,役身折酬。役通取户内男口,又不得回利为本。若违法积利、契外掣夺及非出息之债者,官为理。收质者,非对物主不得辄卖。若计利过本不赎,听告市司对卖,有剩还之。如负债者逃,保人代偿。"③为了节约水资源,合理分配和使用水资源,减少水权方面的纠纷,唐令《杂

---

① 刘俊文点校:《唐律疏议》卷27,法律出版社1999年版,第546页。
② 刘俊文点校:《唐律疏议》卷26,法律出版社1999年版,第520页。
③ 〔日〕仁井田陞:《唐令拾遗》,栗劲、霍存福等编译,长春出版社1989年版,第789页。

令》规定了农业灌溉的办法:"诸取水溉田,皆从下始,先稻后陆,依次而用。其欲缘渠造碾硙,经州县申牒,检水还流入渠及公私无防者听之。即须修治渠堰者,先役用水之家。"①

在敦煌发现的唐代开元年间的《水部式》残卷中,对都城长安附近高陵县清、白二渠水流分配也作了明确的规定:"京兆府高陵县界清白二渠交口,著斗门堰。清水,恒准水为五分,三分入中白渠,二分入清渠。若水两(量)过多,即与上下用水处,相知开放,还入清水。二月一日以前,八月卅日以后,亦任开放。泾渭二水大白渠,每年京兆少尹一人检校。其二水口大斗门,至浇田之时,须有开下。放水多少,委当界县官共专当官司相知,量事开闭。"②唐代统治者为了减少民间水资源使用的纠纷,竟然把河渠的水流按照土地面积的多寡加以明确分配,充分显示了唐代立法者高超的立法水平。

完备的法律体系,高超的立法技术,为唐代司法机关审理各类诉讼案件提供了法律依据。司法机关在审判时,断罪皆须具引律、令、格、式正文,按照法律的原意定罪量刑,禁止随意改易刑名。据《唐律疏议》卷30"断罪应斩而绞"条规定:"诸断罪应绞而斩,应斩而绞,徒一年。"长孙无忌在疏议中解释说:"以其刑名改易,故科其罪。"③唐律的罪刑法定原则,极大地缩小了司法自由裁量权的适用范围。

(二)建立完备的司法程序能够有效防止自由裁量权滥用

唐代的诉讼审判体系十分发达,从起诉立案,到审理判决,再到上诉和审判监督,诉讼程序十分完善。完备的诉讼审判程序,有力保障了司法自由裁量权在公开透明的环境下适用。

起诉立案是诉讼审判的最初程序,为了保证立案及时、准确,唐代法律对告诉阶段的程序作了详细规定,凡告人罪,皆须明注年月,指陈实

---

① 北宋《天圣令·杂令》、日本《养老令》的注释书《令义解》卷10《杂令》中皆设有"取水溉田"条,由于北宋《天圣令》和日本《养老令·杂令》是以唐代《杂令》为蓝本而制定的,笔者认为该条文也应是唐令的内容。

② 唐耕耦、陆宏基编:《敦煌社会经济文献真迹释录》(第二辑),全国图书馆文献缩微复制中心1990年版,第577—578页。

③ 刘俊文点校:《唐律疏议》卷30,法律出版社1999年版,第615页。

事,不得称疑,司法机关不能受理事实不清的案件。为了维护诉讼的严肃性,唐代对诉讼案件的受理实行"三审"立案审核制,以防止诬告现象的发生。

古代民众遇到的最大难题是起诉难和立案难。唐代法律规定,凡应立案而司法机关拒不立案,将追究其法律责任,"若应合为受,推抑而不受者笞五十,三条加一等,十条杖九十"①。如果司法机关不予立案,须给当事人"不理状",并说明不立案的理由,诉讼当事人凭"不理状"向上级审判衙门提起诉讼,不属于越诉。若司法机关不给当事人不理状,唐律规定了相应的惩罚措施,凡请状上诉,不给不理状,将对司法官员科以"违令罪",处以"笞五十"的刑罚。②

为了保障诉讼审判正常进行,唐代法律规定告诉人应逐级诉讼,严禁越诉。唐代诉讼没有审级的限制,只要诉讼当事人不服地方官府的判决,可逐级上诉,一直上诉到皇帝。在法国国家图书馆所藏敦煌文书伯2979号《唐开元二十四年(公元736年)九月岐州郿县尉勋牒判集》残卷"朱本被诬牒上台使第廿七"中,可以看到郿县人齐舜控告本里里正朱本"隐强取弱,并或乞敛乡村",到御史台控告的情况。经过御史台推研和派人查访,虽然最后认定齐舜的控告"总无所凭,浑是须说"③,但从中也可以看到唐代诉讼体系的完备。

为了保证程序公正,唐代建立了许多公开透明的司法制度。如在诉讼审判过程中,实行严格的回避制度,据《唐六典》记载,"凡鞫狱官与被鞫人有亲属、仇嫌者,皆听更之",回避的范围包括五服内的亲属,大功以上的婚姻之家,以及"授业经师为本部都督、刺史、县令,及府佐与府主,皆同换推"④。

唐代是我国古代对外交往十分活跃的时期,频繁的政治、经济、文化往来,不同的语言风俗习惯,必然会引发彼此之间的法律冲突。为了公

---

① 刘俊文点校:《唐律疏议》卷24,法律出版社1999年版,第482页。
② 参见刘俊文点校:《唐律疏议》卷24,法律出版社1999年版,第482页。
③ 唐耕耦、陆宏基编:《敦煌社会经济文献真迹释录》(第二辑),全国图书馆文献缩微复制中心1990年版,第616—617页。
④ (唐)李林甫等撰,陈仲夫点校:《唐六典》卷6,中华书局1992年版,第191页。

正合理地调处纠纷,唐代允许少数民族和外国人使用本民族或本国语言参与诉讼,并委派翻译人员把原被告和证人的真实陈述翻译出来。为了规范翻译人员在诉讼审判活动中的行为,在唐律中设立了专门的法律条款,规定:"诸证不言情,及译人诈伪,致罪有出入者,证人减二等,译人与同罪。谓夷人有罪,译传其对者。"① 在1966年新疆阿斯塔那出土的66TAM61:24(a)、23(a)、27/1(a)、2(a)、22(a)号《麟德二年五月高昌县勘问张玄逸失盗事案卷残卷》中,当地官府即派译语人翟浮知为不懂汉语的被告突厥人春香进行翻译。②

为了防止司法官员徇私枉法,唐代实行判决公开,凡民事、刑事判决一律向原、被告当众宣读。如果是徒罪以上的判决,传唤罪囚及其家属,告知判决的罪名,当庭讯问被告是否服从判决,如不服判决,须再加详审。若司法官员不履行上述法律程序,将承担相应的法律责任,"不取囚服辩及不为详审,徒、流罪并笞五十,死罪杖一百"③。

加强对诉讼审判过程的监督,是规制司法自由裁量权最有效的手段。为了确保审讯、勘验、适用法律条文准确无误,唐代在各级审判衙门中设立了勾检官,负责对诉讼审判的文书进行核查。唐代的录事参军、主簿、录事等官员的职责是勾检稽失,"一切官文书都要经过勾检这一程序,包括刑事或民事的判决在内"④。1973年在新疆阿斯塔那第509号墓出土的73TAM509:8/8(a)之三 8/8(b)《唐开元二十一年(733年)西州都督府案卷为勘给过所事》中,有"检案元白,廿三日"的记录,说明唐代的地方司法文书都要经过勾检官的稽查。⑤

此外,唐代中央政府还通过向地方州县派遣诸使、录囚等方式,对全国各地的审判情况进行监督。据《唐六典》卷6记载:"凡天下诸州断罪

---

① 刘俊文点校:《唐律疏议》卷25,法律出版社1999年版,第511页。
② 参见中国文物研究所等编:《吐鲁番出土文书》(叁),文物出版社1996年版,第238—239页。
③ 刘俊文点校:《唐律疏议》卷30,法律出版社1999年版,第610页。
④ 杜文玉:《唐代地方州县勾检制度研究》,载《唐史论丛》(第十六辑),陕西师范大学出版总社有限公司2013年版,第1—17页。
⑤ 参见中国文物研究所等编:《吐鲁番出土文书》(肆),文物出版社1996年版,第283页。

应申覆者,每年正月与吏部择使,取历任清勤、明识法理者,仍过中书门下定讫以闻,乃令分道巡覆。"①开元十年(公元722年),宇文融被任命为殿中侍御史,充覆囚使。②唐代的录囚又称虑囚,是检查正在羁押的囚犯是否有冤枉和迟滞案件的制度,唐代中央的司法机关御史台、刑部、大理寺以及地方上级行政长官皆有权录囚。唐代通过录囚的方式也能监督检查下级审判机关的审判活动,防止地方司法官员滥用自由裁量权。

(三)提高司法人员素质是规制司法自由裁量权的关键

蔡枢衡先生指出,"徒法不能自行""有治法尚须有治人"③;也有学者指出,"对正义的实现而言,操作法律的人的质量比其操作的法律的内容更为重要"④。司法官员的知识、能力、经验和健全的理智思维,是构成法官专业素质的全部。唐朝初年的统治者充分认识到了选拔司法行政官员的重要性,贞观时期,大臣王珪指出,"但选公直良善人,断狱允当者",则"奸伪自息"⑤。由于司法人员所从事的法律事务纷繁复杂,决定了司法人员必须具备丰富的社会常识和娴熟的法律技能,才能应对各类诉讼案件并作公正的判决。著名法学家燕树棠把这方面的素养称为"法律头脑",即"须要有社会的常识""须要有剖辨的能力""须要有远大的理想""须要有历史的眼光"。⑥

唐朝统治者十分重视选拔高素质的人才担任司法官员,唐代司法行政官员在任职前大都要经过系统的法律职业技能训练,要通过吏部主持的"试判"考试才能任职。唐代的"试判"考试,主要是考查考生对国家律、令、格、式法律条文的熟悉情况以及在司法实践中审断疑难案件的能

---

① (唐)李林甫等撰,陈仲夫点校:《唐六典》卷6,中华书局1992年版,第191页。
② 参见(宋)王溥撰:《唐会要》卷78,中华书局1955年版,第1437页。
③ 蔡枢衡:《中国法学及法学教育》,载《中国法理自觉的发展》,清华大学出版社2005年版,第98页。
④ Evan Haynes, The Selection and Tenure of Judge, The National Conference of Judicial Councils, 1944, p. 5.
⑤ (唐)吴兢编著:《贞观政要》卷8,上海古籍出版社1978年版,第239页。
⑥ 燕树棠:《法律教育之目的》,载《公道、自由与法》,清华大学出版社2006年版,第293—297页。

力,据唐代《选人条例》记述:"不习经史,无以立身;不习法理,无以效职。人出身以后,当宜习法。其判问,请皆问以时事、疑狱,令约律文断决。其有既依律文,又约经义,文理弘雅,超然出群,为第一等;其断以法理,参以经史,无所亏失,粲然可观,为第二等;判断依法,颇有文彩,为第三等;颇约法式,直书可否,言虽不文,其理无失,为第四等。"①这里的"既依律文,又约经义",是指考生既能根据国家的法律条文裁断,又能根据儒家的伦理道德进行司法自由裁量。

唐代"试判"所出的题目难度很大,试题"乃征僻书、曲学、隐伏之义问之,惟惧人之能知也"②。在现存的唐代判文中,有许多案例考察的是唐代考生运用司法自由裁量权对疑难案件审断的能力。在法国国家图书馆所藏敦煌文书伯3813号《判集》残卷中,记录了这样一个案例:"赵孝信妻张,有安昌郡君告身。其夫犯奸除名,主爵追妻告身。张云,夫主行奸,元不知委,不服夺告身事。"对于该类案件,法律并没有明确规定,这是一道考察"试判"考生如何根据自由裁量权作出判决的案例。一考生依据逻辑推理的方法,提出了如下判决意见:"张本缘夫职,因夫方给郡君,在信久已甘心,于张岂劳违拒。皮既斯败,毛欲何施。款云不委夫奸,此状未为通理,告身即宜追夺,勿使更得推延。"③

唐代实施的"试判"考试制度,不仅有助于国家选拔高素质的司法人才,同时也能提高司法人员运用自由裁量权作出裁判的能力。众所周知,一个朝代的诉讼程序设计无论如何完善,最终能否实现司法的公正,关键在于司法官员的职业素养和道德素质,唐朝统治者重视对司法官员的选任,本身就是对司法自由裁量权的一种制约。

(四)司法责任追究制是监督司法自由裁量权的重要举措

在中国古代,法权一直在皇权的阴影下生存,古代皇帝经常以发布诏令的方式来干预司法审判,从而出现滥用司法自由裁量权的现象。唐

---

① (唐)杜佐:《通典》卷17《选举五》,中华书局1988年版,第425页。
② (唐)杜佑撰,王文锦等点校:《通典》卷15《选举三》,中华书局1988年版,第361页。
③ 〔日〕池田温:《敦煌本判集三种》,载杨一凡主编:《中国法制史考证》(丙编第二卷),中国社会科学出版社2003年版,第500—501页。

朝初年确立了"天下之法"的观念,并以立法的形式对皇帝的司法权进行制约,当皇权与法权发生冲突时,许多司法长官通常依照法律条文断案。① 据《唐律疏议》卷30"辄引制敕断罪"条规定:"诸制敕断罪,临时处分,不为永格者,不得引为后比。若辄引,致罪有出入者,以故失论。"②该条文意思是说皇帝临时颁布的制敕,如果没有经过立法程序上升为国家法律条文,司法官员不得在此后的审判中援引,若加以援引,致使定罪量刑不当,将追究审判官员出入人罪的法律责任。唐律中该条文的设立,严格区分了皇帝制敕与国家法律条文的不同效力,使司法官员在裁判时依据律、令、格、式的法律条文断罪。

构建司法官员的责任追究制度,提高审判官员的责任意识,是限制司法自由裁量权的重要措施。为了提高审判质量,避免司法官员滥用司法权,唐律中特设的"官司出入人罪"条规定,"诸官司入人罪者,若入全罪,以全罪论;从轻入重,以所剩论",如果是"断罪失于入者,各减三等;失于出者,各减五等",如果是初审错判,改由"别使推事,通状失情者,各又减二等;所司已承误断讫,即从失出入法。虽有出入,于决罚不异者,勿论"③。如果是同一审判衙门出现集体错判的情况,将如何分担法律责任,《唐律疏议》卷5"同职犯公坐"条作了说明:"同职者,谓连署之官。'公坐',谓无私曲。假如大理寺断事有违,即大卿是长官,少卿及正是通判官,丞是判官,府史是主典,是为四等。各以所由为首者,若主典检请有失,即主典为首,丞为第二从,少卿、二正为第三从,大卿为第四从,即主簿、录事,亦为第四从;若由丞判断有失,以丞为首,少卿、二正为第二从,大卿为第三从,典为第四从,主簿、录事当同第四从。"④唐代法律对每一级别司法官员的法律责任都作了明确规定,使各级司法官员在审理案件时都不能马虎,否则将承担相应的法律责任。司法官员的责任追究制度,本身就是对滥用司法权的一种有效制约形式。

---

① 参见郑显文:《审判中心主义视域下的唐代司法》,载《华东政法大学学报》2018年第4期。
② 刘俊文点校:《唐律疏议》卷30,法律出版社1999年版,第603页。
③ 刘俊文点校:《唐律疏议》卷30,法律出版社1999年版,第604—606页。
④ 刘俊文点校:《唐律疏议》卷5,法律出版社1999年版,第120页。

四、从判例判文看唐代司法自由裁量权的实践价值

判例判文是当时社会诉讼审判状况的真实再现。分析现存的唐代判例判文,可以清楚地看到唐代司法审判过程中司法自由裁量权的适用情况。唐代司法判例主要包括传世文献所记述的判例判文和敦煌、吐鲁番等地新发现的唐代判例判文等。根据判例判文的性质,大致可分为两种类型:其一,唐代各级司法机关根据实际生活发生的诉讼案件所作的真实裁判,如贞观年间同州发生的房强之弟谋反连坐案,元和六年(公元811年)发生的富平人梁悦杀秦果案,1973年新疆阿斯塔那出土的编号为73TAM509:8(1)、(2)号宝应元年(公元762年)六月《康失芬行车伤人案》等,这是唐代司法机关作出的真实裁判;其二,唐代司法人员根据以往的案例或根据律令格式的法律条文而编写的虚拟判例,主要是为考生参加吏部主持的"试判"考试所作的虚拟判文,如敦煌、吐鲁番出土的伯3813号《文明判集》残卷、伯2593号《开元判集》残卷、张鷟的《龙筋凤髓判》、白居易的《百道判》《文苑英华》所收录的1062道判文、《全唐文》收录的1186道判文等。① 从上述这些唐代的判例判文中,我们发现唐代司法官员利用自由裁量权裁判的现象十分普遍。

司法自由裁量权被广泛应用于唐代的法律实践中,对于提高司法机关的审判效率、保障诉讼当事人的合法权利以及维护司法的公信力起到了重要的作用。分析现存的唐代判例判文,笔者认为唐代司法自由裁量权的实践价值主要体现在如下几个方面。

(一)司法自由裁量权有利于提高诉讼审判的效率

效率原则是诉讼审判的重要原则,是实现审判公正的前提条件,审判拖延的现象也是司法不公正的体现。为实现效率原则,要解决司法资源如何配置的问题,效率原则的核心在于节约司法成本或提高对司法资源有效利用的程度。司法的公正依赖于效率目标,有时"公正和效率两

---

① 参见高明士:《律令法与天下法》,五南图书出版股份有限公司2012年版,第215页。

个目标经常是惊人一致"①。唐代的地方司法机关在审理案件时,为了迅速查明案情真相,经常运用司法自由裁量权对案件事实进行认定,这有助于节约司法成本,提高诉讼审判的效率。

在司法审判中,对法律事实的认定是裁判的基础,由于法律事实的不可复制性,在事实认定的过程中需要司法官员运用自由裁量权作出正确的判断,以保障审判公正。唐代是中国古代十分重视司法效率的时代,在唐代的司法实践中,司法官员经常运用自由裁量权对法律事实进行认定,以提高诉讼审判的效率。

1966年在新疆阿斯塔那出土了66TAM61:24(a)、23(a)、27/1(a)、2(a)、22(a)号《麟德二年五月高昌县勘问张玄逸失盗事案卷残卷》,这是一件刑事案件中司法官员的审问记录,内容如下:

张玄逸,年卅二。
玄逸辩:被问在家所失 之 物,□□□□□
□告麴运贞家奴婢将 □□□□□
推穷元盗不得,仰答。答所 □□□□□
谨审:但玄逸当失物,已见踪 跡
运贞家出,即言运贞家奴婢盗,
当时亦不知盗人。望请给公 验,
更自访觅。被问依实谨辩。
弍 麟德二年 □□□□□
知是辩:问陌墙入盗张逸之物,今见安 □□□□□
仰答所由者。谨审:但知是长患,比邻具 □□□□□
陌墙盗物,所注知是盗,此是虚注。被问依 □□□□□
贰。麟德二年五月 日
更问 贰示。

(后缺)

---

① 钱弘道:《论司法效率》,载《中国法学》2002年第4期。

> 春香等辩：被问所盗张逸之物，夜□更
> 共何人同盗，其物今见在　　□　答□
> 及今因　　　□
> 审：但春香等身是突厥　　□
> 更老患，当夜并在家宿，实　□
> 依实谨辩。
> 　　麟德二年　月　日
> 　　译语人瞿浮知。□
> 　　问张逸。式□①

在本案中，司法官员看到麹运贞家的奴婢春香年老患疾，"当夜并在家宿"，奴婢知是亦"长患"在床，司法官员运用自由裁量权对事实进行了认定，认为两人不具有偷盗张玄逸家财物的作案可能，"此是虚注"，须另行"访觅"盗人。

在中国科学院图书馆所藏吐鲁番文书《开元中西州都督府处分阿梁诉卜安宝违契事案卷断片》中，可以看到唐代西州都督府明令下级司法机关对于琐细的民事诉讼案件拥有自由裁量权，文书内容如下：

> 府司：阿梁前件营，为男先安西镇，家无手力，去春租
> 与彼城人卜安宝佃，准契合依时覆盖如法。其人至今
> 不共覆盖，今见寒冻。妇人既被下脱，情将不伏，请乞商
> 量处分。谨词。
> 　　　　付职□□勒藏
> 　　盖，勿□重□。
> 　　诸如小事，便即
> 　　与夺讫申。济
> 　　　　　　示
> 　　　　　　十三日

---

① 中国文物研究所等编：《吐鲁番出土文书》（叁），文物出版社1996年版，第238—239页。

在本案裁判文书中,西州都督府明示下级司法官吏对阿梁诉卜安宝违契案之类的案件,拥有自由裁量的权力,"诸如小事,便即与夺"。①

(二)司法自由裁量权有利于实现个别案件的公平正义

正义是人类社会永恒的价值追求,在司法领域,正义又分为普遍正义和个别正义两种形式。从立法的层面来说,唐代律令格式的法律条文明确具体,可适用于普通的法律事件,其追求的是普遍正义;对于司法而言,当遇到法律条文没有明确规定的案件时,司法人员需要依据自由裁量权作出裁断,以实现司法的个别正义。

在唐代的司法实践中,司法机关运用自由裁量权作出裁判维护个别正义的案例很多。在法国国家图书馆所藏敦煌文书伯3813号《文明判集残卷》中,收录了一个改判户籍的判文:"宋里仁兄弟三人,随日乱离,各在一所:里仁贯属甘州,弟为贯属鄠县,美(?)弟处智贯属幽州,母姜元贯扬州不改。今三处兄弟,并是边贯之人,俱悉入军,母又老疾,不堪运致,申省户部听裁。"对于本案,司法人员根据"举重以明轻"的原则进行了推理论证:"方今文明御历,遐迩乂安,书轨大同,华戎混一。唯兄唯弟,咸曰王臣;此州彼州,俱沾率土。至若名沾军贯,不许迁移,法意本欲防奸,非为绝其孝道。即知母年八十,子被配流,据法犹许养亲,亲殁方之配所,此则意存孝养,具显条章。举重明轻,昭然可悉。"在本案中,司法者认为,"子被配流,据法犹许养亲",现诸子因从军异籍,不能赡养至亲,不仅有违伦理,也与法的精神不相符合。最后,司法者判决"移子从母,理在无疑"②,实现了司法的个案正义。

在《文明判集残卷》中,收录了一个类似于1842年美国诉霍尔姆斯案(U.S. v. Holmes)和1884年女王诉杜德利与斯蒂芬案(Regina v. Dudley & Stephens)的案例③,即"郭泰李膺竞桄案",该案情大致如下:"郭泰、李膺,同为利涉,扬帆鼓枻,庶免倾危。岂谓巨浪惊天,奔涛浴

---

① 参见刘俊文:《敦煌吐鲁番唐代法制文书考释》,中华书局1989年版,第562—563页。
② 〔日〕池田温:《敦煌本判集三种》,载杨一凡主编:《中国法制史考证》(丙编第二卷),中国社会科学出版社2003年版,第510—511页。
③ 参见〔美〕彼得·萨伯:《洞穴奇案》,陈福勇、张世泰译,生活·读书·新知三联书店2012年版,第7—10页。

日。遂乃遇斯舟覆,共被漂沦。同得一桄,俱望济己。且浮且竞,皆为性命之忧"。郭、李两人俱无相让之心,郭遂推李取桄,李膺溺水身亡。李妻知道真相,到官府起诉郭泰,欲追究郭泰推李膺溺水的法律责任。在本案中,司法者首先对李膺溺水之死的因果关系进行了推理论证,认为"膺死元由落水,落水本为覆舟。覆舟自是天灾,溺死岂伊人咎。各有竞桄之意,俱无相让之心。推膺苟在取桄,被溺不因推死。"最后的判决意见是:"辄欲科辜,恐伤孟浪。"①没有追究郭泰推李膺溺水的法律责任,维护了司法的个案正义。

(三)司法自由裁量权有利于实现法律效果和社会效果的统一

在诉讼审判活动中,司法官员首先要注重审判的法律效果,即以事实为根据,严格按照法律条文裁决,从而实现裁判的合法性。但是,司法机关在进行裁判时,又不能僵化地照搬法律条文,也要注重司法的社会效果,要充分考虑社会舆论对审判结果的评价和认同,否则很容易产生裁判的法律效果和社会效果相冲突的现象。

在唐代的诉讼审判中,司法者并不是僵化地适用法律。对于特殊案件,有时还要充分考虑情、理等方面的因素,从而运用自由裁量权来维护审判的公正。唐初贞观年间,广州都督党仁弘犯赃罪论法应被处死,唐太宗因其早年率两千乡兵助唐高祖晋阳起兵,有功于国,且事发后已年老体衰,太宗欲将其免为庶人。事后,唐太宗召集五品以上官员承认自己违法的事实,说:"赏罚所以代天行法,今朕宽仁弘死,是自弄法以负天也。人臣有过,请罪于君;君有过,宜请罪于天。其令有司设藁席于南郊三日,朕将请罪。"②在本案中,唐太宗考量了各方面的因素,在赦免党仁弘死罪的同时,也教育群臣要严格守法,实现了司法的法律效果和社会效果的有机统一。

在法国国家图书馆所藏敦煌文书伯3813号《文明判集残卷》中,收录了一个司法者根据自由裁量权作出裁判的案例:弘教府队正李陵,从驾征辽东。及阵临战,失马亡弓。贼来相逼,李陵乃以石乱投,贼徒大

---

① 刘俊文:《敦煌吐鲁番唐代法制文书考释》,中华书局1989年版,第445—446页。
② (宋)欧阳修、(宋)宋祁撰:《新唐书》卷56《刑法志》,中华书局1975年版,第1412页。

溃。总营以陵阵功,遂与第一勋。但兵部认为李陵临阵亡弓失马,拟取消其战功。众所周知,战场上作战,军情瞬息万变,如果按照兵部的处分,无疑会损伤军队官兵的士气。在本案中,司法者从审判的社会效果出发,认为"饰马弯弓,俱为战备。弓持御贼,马拟代劳。此非仅注合然,志在必摧凶丑。但人之秉性,工拙有殊,军事多权,理不专一。陵或不便乘马,情愿步行,或身拙弯弓,性工投石。不可约其军器,抑以不能,苟在破军,何妨取便。"最后的判决意见是:"今若勋依旧,定罪更别推。庶使勇战之夫,见标功而励己;怯懦之士,闻定罪而惩心。自然赏罚合宜,功过无失。"①

在宋代的文献《文苑英华》一书中,记录了一个保护著作权的判例:斛律景注释古代典籍,被长孙乙剽窃,景子讼之于官府。唐代的法律没有关于著作权保护方面的规定,但司法者运用自由裁量权作出了判决:"斛律景投斧誓心,题桥表志,研精覃思,温故知新,采摭群言,遂立训传。实求贻厥,垂范将来。长孙乙宅心典坟,先无书籍,习史迷于逐老,窥字感于阴陶。黄金满籝,罕有一经之誉;白珪无玷,不闻三复之言,而犹借韵李奇,窃名州党。今景男有讼,方觉是非,理须更为昌言,美恶自然明白。"②从本案的判决结果看,司法者最终维护了著作权人的合法权利。

唐代诉讼审判活动中司法自由裁量权的行使,是司法官员根据公平正义的精神和社会认知的伦理道德对案件作出裁判的过程。司法者的价值取向、伦理观念和审判技艺等因素,决定了司法裁判的质量。只有提高司法官员的法律素质和道德水平,才能做到审判的法律效果和社会效果的统一。

(四) 司法自由裁量权有利于避免发生重大社会风险事件

司法裁判表面上看是对个别案件作出的裁决,但如果发生不公正裁判的现象,有时也会引起民众对法律的不信任,降低司法的公信力,甚至会引发巨大的社会风险。若根据司法的价值标准来评判,由不公正裁判

---

① 〔日〕池田温:《敦煌本判集三种》,载杨一凡主编:《中国法制史考证》(丙编第二卷),中国社会科学出版社2003年版,第501—503页。

② (宋)李昉等编:《文苑英华》卷511,中华书局1966年版,第2616页。

所引发的社会风险可分为司法的道德风险、司法的经济风险、司法的政治风险等形式。

法律是最低限度的道德。如果司法裁判违背了社会的基本道德观念,不仅得不到社会的普遍认同,还会触及道德底线,引起社会道德水平的滑坡。唐高宗永徽元年(公元650年),郑州人郑道宣,聘少府监主簿李玄义妹为妻,玄义妹是道宣的堂姨。玄义许其婚媾,地方官府以法无此禁,许其成亲。该事件在朝堂上展开了激烈的争论,唐高宗认为,外服异辈亲属通婚,不符伦常,下令改判①,从而维护了传统的伦理观念。在《文苑英华》一书中,收录了唐人的"开沟向街判",该案情如下:"丁开沟向街流恶水,县令责情杖六十,诉违法,既有文不合责情,并仰依法正断。"在本案中,虽然县令对丁某处以杖六十没有法律依据,但裁判者从司法的社会效果进行考量,认为"丁门接通衢,美非仁里,异汾浍而流恶,成间阎之致沼,遂使轩车晓度,将坠于曳轮;铜墨风行,有闻于筮令。虽礼律之目彼此或殊,小大之情,得失斯在"。司法者最终依据自由裁量权作出了裁决:"法有恒禁,政贵移风,故议事之刑则符令典,妄情之诉期于自息。"②

中国古代因不公正裁判引发了很多政治、经济、军事类的危机。历史上许多农民起义爆发都是由于地方官府对农民肆意压榨,对普通百姓征收苛捐杂税,民众得不到法律的救济或受到不公正的裁判。在现存的唐代判例判文中,经常见到农民因徭役征发和赋税征收等问题向官府提起诉讼的案件。在白居易的判文集中,收录了这样一个案例:"得江南诸州送庸调,四月至上都。户部科其违限。诉云:冬月运路水浅,故不及春至。"对于该案,司法者考虑到了不可抗力的自然因素,若加以处罚,必然会引起江南民众的不满,最后司法者依据自由裁量权作出了判决:"赋纳过时,必先问罪;淹恤有故,亦可征辞。月既及于正阳,事宜归于宰旅。展如泽国,盖纳地征。岁有入贡之程,敢忘慎守?川无负舟之力,宁免稽

---

① 参见(宋)王溥撰:《唐会要》卷83,中华书局1955年版,第1528页。
② (宋)李昉等编:《文苑英华》卷545,中华书局1966年版,第2783页。

迟？苟利涉之惟艰，虽愆期而必宥。"①

当然，在唐代的司法实践中，滥用司法自由裁量权的现象也时有发生。在武则天统治时期，重用酷吏来俊臣等人，滥施刑讯逼供，来俊臣"每鞫囚，无问轻重，多以醋灌鼻，禁地牢中，或盛之瓮中，以火圜遶灸之，并绝其粮饷，至有抽衣絮以噉之者"，一旦遇到皇帝颁布赦令，"俊臣必先遣狱卒尽杀重囚，然后宣示"②。像来俊臣、索元礼、万国俊、周兴等人滥用司法自由裁量权，严重破坏了国家的司法制度，造成大量的冤假错案。

综上所述，唐代成为中国古代法治清明的时代并不是偶然的现象，探究其原因，主要是由于唐代制定了较为完备的律、令、格、式的法律体系，构建了十分健全的司法制度。唐代的司法审判在坚持"断罪皆须具引律、令、格、式正文"的罪刑法定主义原则基础上，为了发挥司法官员在审判中的能动作用，赋予司法机关一定的自由裁量权，同时又对司法自由裁量权进行了合理的规制，以确保司法审判的公正。

通过上述对唐代的审判模式进行分析，我们对唐代司法自由裁量权的法律适用有了较为清楚的认识：首先，唐代前期的立法者在确立了"断罪皆须具引律、令、格、式正文"的罪刑法定主义原则基础上，也充分认识到成文法体系的不足，为了弥补立法方面的疏漏，在唐律中设立了"断罪无正条"和"不应得为"两个法律条文，在司法实践中司法官员可根据逻辑推理、公序良俗、利害权衡、不可抗力等因素行使司法自由裁量权，以实现司法的个别正义。其次，司法自由裁量权是司法权的一种形式，更是一种需要加以规制的权力，如果放任司法官员滥用自由裁量权，很容易造成不公正的裁判和冤假错案的发生。唐代统治者为了防止司法官员滥用自由裁量权，创制了许多司法制度，如重视司法官员的选拔和任用，通过"试判"考试的方式选拔高素质的司法行政官员；对重大疑难案件实行逐级奏谳制度，由上级司法机构或中央最高权力机关通过集体讨

---

① 顾学颉点校：《白居易集》卷66，中华书局1979年版，第1383页。
② （后晋）刘昫等撰：《旧唐书》卷186《酷吏传·来俊臣传》，中华书局1975年版，第4838页。

论的形式对疑难案件作出裁决;在唐律中设立了"疑罪"条款,对于那些"虚实之证等,是非之理均;或事涉疑似,傍无证见;或傍有闻证,事非疑似",以及"法官执见不同"之类的疑难案件①,实行收赎制度,从而把司法自由裁量权限定在一种合理的范围。再次,从传世文献和敦煌吐鲁番文书所记录的唐代判例判文看,司法自由裁量权被广泛应用于唐代的各类诉讼审判活动之中,司法自由裁量权的合理行使,不仅有效发挥了司法官员的能动作用,提高了诉讼审判的效率,实现司法裁判的个别正义,还有利于维护司法的公信力,防止冤假错案和重大社会风险的发生。

总之,有唐一代对司法自由裁量权的合理运用和法律规制,充分发挥了司法维护公平正义的职能,直接促进了唐代法制的发展。唐代前期是中国古代法治清明的时期,曾出现了历史上少有的贞观之治和开元盛世。如在唐太宗贞观四年(公元630年),全国断死罪才二十九人。②在唐玄宗开元时期,百姓衣食富足,人罕犯法,"几至刑错"③。天宝六年(公元747年),一度废除了死刑,规定"自今以后,所断绞、斩刑者,宜削除此条"④。有唐一代的上述法律成就,笔者认为与唐代司法自由裁量权的合理运用有密切的关系。

---

① 参见刘俊文点校:《唐律疏议》卷30,法律出版社1999年版,第617页。
② 参见(宋)欧阳修、(宋)宋祁撰:《新唐书》卷56《刑法志》,中华书局1975年版,第1412页。
③ (宋)欧阳修、(宋)宋祁撰:《新唐书》卷49《百官四下》,中华书局1975年版,第1415页。
④ (唐)杜佑撰,王文锦等点校:《通典》卷166《刑法八》,中华书局1988年版,第4414页。

第八章
从敦煌吐鲁番出土判文看唐代司法审判的效率

司法审判是指国家司法人员依照法定职权和法定程序,根据法律来审理案件的专门活动。古往今来,任何时代的法律纠纷大多通过司法机关的裁判作出决断,因此,若想认识某一时期的法律文明程度,就需要深入了解当时的诉讼审判制度。

司法判例是当时诉讼审判运行情况的真实再现。一个朝代的司法状况如何,诉讼审判文书是最好的证明。唐代是中国古代法治十分清明的时代,关于唐代诉讼审判的效率和质量情况,传世文献的记述非常简略。从19世纪末20世纪初以来,在中国西北地区的敦煌、吐鲁番等地发现了许多唐代的判例判文,为学术界深入探究唐代诉讼审判的效率和审判质量提供了珍贵的史料。

长期以来,学术界对唐代的诉讼审判制度做了大量的研究工作,发表了许多研究成果,如日本学者池田温的《敦煌本判集三种》①,大野仁《唐代の判文》②,布目潮渢《白居易の判を通して見た唐代の蔭》等③;中国学者陈登武《白居易〈百道判〉中的礼教思想》④,霍存福《唐张鷟、白居易两大判词考》⑤,郑显文《从73TAM509:(1)、(2)号残卷看唐代的保辜制度》⑥,陈玺《唐代诉讼制度研究》⑦等。但到目前为止,无论是法学界还是历史学界尚未有学者根据唐代的司法判例对当时诉讼审判的效率和审判质量等问题进行探索。为此,笔者在对敦煌、吐鲁番等地新发现的唐代判例进行全面调查的基础上,结合传世文献的记述,从动态的视角对唐代司法审判的效率和审判质量等问题进行分析,进而对唐代诉讼审判的运行情况进行客观评价。

一、敦煌吐鲁番出土唐代判例判文及其类型分析

现存的唐代司法判例主要包括传世文献所记述的司法判例和敦煌、吐鲁番等地出土的唐代判例判文两部分内容。依据这些判例判文的性质,笔者将其分为两种类型:第一,唐代各级司法机关根据社会生活中实际发生的诉讼案件所作的真实司法裁判,如贞观年间在同州发生的房强之弟谋反连坐案,元和六年发生的富平人梁悦杀秦果案,1973年新疆阿斯塔那出土的编号为73TAM509:8(1)、(2)号宝应元年六月《康失芬行

---

① 参见〔日〕池田温:《敦煌本判集三种》,载杨一凡主编:《中国法制史考证》(丙编第二卷),中国社会科学出版社2003年版,第493—537页。
② 参见〔日〕大野仁:《唐代の判文》,载滋贺秀三编:《中国法制史——基本资料の研究》,东京大学出版会1993年版,第263—280页。
③ 参见〔日〕布目潮渢:《白居易の判を通して見た唐代の蔭》,载《中国哲学史の展望と模索》,创文社1976年版,第545—562页。
④ 参见陈登武:《白居易〈百道判〉中的礼教思想》,载《法制史研究》2013年第23期。
⑤ 参见霍存福:《唐张鷟、白居易两大判词考》,载杨一凡主编:《中国法制史考证》(甲编第四卷),中国社会科学出版社2003年版,第400—434页。
⑥ 参见郑显文:《从73TAM509:8(1)、(2)号残卷看唐代的保辜制度》,载韩延龙主编:《法律史论集》(第三卷),法律出版社2001年版,第201—212页。
⑦ 参见陈玺:《唐代诉讼制度研究》,商务印书馆2012年版,第79—111页。

车伤人案》,1969年阿斯塔那第134号墓出土的69TAM134:9号《麟德二年十二月高昌县追讯樊岿埠不还牛定相地子事案卷》,1966年阿斯塔那出土的66TAM61:24(a)、23(a)、27/1(a)、2(a)、22(a)号《麟德二年五月高昌县勘问张玄逸失盗事案卷》等,这些司法判例是唐代中央和地方司法机关所作的真实裁判。第二,唐代司法人员根据以往的案例加工整理而编纂的判例集,或者由法律人员根据国家律令格式的法律条文而编纂的虚拟判文,主要是为考生参加吏部主持的"试判"所作的拟判,这些判例判文包括赵仁本的《法例》,张鷟的《龙筋凤髓判》,白居易的《百道判》《文苑英华》所收录的判文1062道,《全唐文》收录的判文1186道等[①];敦煌、吐鲁番出土的判文伯3813号《文明判集》残卷,伯2754号《麟德安西判集》残卷,伯2593号《开元判集》残卷等。

敦煌、吐鲁番等地新发现的唐代判例判文数量很多,包括20世纪初在甘肃敦煌藏经洞发现的唐代判例判文以及20世纪六七十年代以来在新疆的阿斯塔那、哈拉和卓等地发现的唐代裁判文书。这些新出土的唐代法律文书所涉及的诉讼审判内容广泛,有民事法律关系中的买卖、借贷、婚姻、家庭财产继承等方面的诉讼审判文书,有刑事法律关系中的人身伤害、盗窃、贪污受贿等方面的裁判文书,有对地方官府的行政处分不服而向上级行政机关请求复议的行政诉讼文书,也有关于违背国家的礼制、对外贸易等方面的判例文书等。

敦煌、吐鲁番等地新发现的唐代司法判例有许多是当时地方司法机关的真实判例,如英国大英图书馆藏的敦煌文书斯6417号背《年代不详(公元10世纪前期)孔员信三子为遗产纠纷上司徒状》,法国国家图书馆藏伯3257号后晋开运二年(公元945年)十二月《河西归义军左马步押衙王文通及有关文书》,1972年阿斯塔那出土的72TAM209:88、89、90贞观中《高昌县勘问梁延台雷陇贵婚娶纠纷事案卷》,1973年阿斯塔那出土的TAM509号开元二十一年(公元733年)《西州都督府勘问蒋化明失过所事案卷》等,皆为唐代地方司法机关的真实裁判文书。

敦煌、吐鲁番等地发现的唐代司法文书也有许多是当时的虚拟判

---

① 参见高明士:《律令法与天下法》,五南图书出版股份有限公司2012年版,第215页。

文,这些判文是唐代法律人员根据此前发生的审判案例或律令格式的法律条文编写的虚拟判例。这些拟判主要有法国国家图书馆藏伯2754号《麟德安西判集残卷》,伯2979号《唐开元二十四年九月岐州郿县县尉勋牒判集》,伯2942号《唐永泰年代河西巡抚判集残卷》,伯3813号《文明判集残卷》,伯2593号《开元判集残卷》,1973年新疆阿斯塔那出土的73TAM222:56(1)—(10)《唐西州判集断片》等。

敦煌、吐鲁番等地出土的唐代判例判文具有重要的法律价值。透过这些唐代的司法判例,不仅可以真实再现唐代诉讼审判的原貌,也为我们深入探究唐代司法机关的审判效率和审判质量提供了珍贵资料。这些判例判文内容丰富,种类繁多,如果按照现代部门法学的分类,笔者认为唐代判例判文大致可分为如下几种类型:

其一,关于民事诉讼方面的判例判文。在敦煌、吐鲁番发现的唐代司法文书中,有关民事方面的判例判文数量最多。如在法国国家图书馆所藏敦煌文书伯2593号《开元判集残卷》中,收录了一个给付之诉案件:隰州刺史王乙妻育子,令坊正为其雇一奶母,月酬一缣。后王乙之子百日而死,其拒不付奶母佣金,被奶母诉至官府。[①] 中国科学院图书馆所藏吐鲁番文书《开元中西州都督府处分阿梁诉卜安宝违契事案卷断片》是一件唐代的合同履行之诉,该文书如下:

```
1   府司:阿梁前件菊,为男先安西镇,家无手力,去春租
2   与彼城人卜安宝佃,准契合依时覆盖如法。其人至今
3   不共覆盖,今见寒冻。妇人既被下脱,情将不伏,请乞商
4   量处分。谨辞。
5           付职□□勒藏
6           盖,勿□重□。
7           诸如小事,便即
8           与夺讫申。济
9               示
```

[①] 参见刘俊文:《敦煌吐鲁番唐代法制文书考释》,中华书局1989年版,第480页。

第八章 从敦煌吐鲁番出土判文看唐代司法审判的效率 247

10　　　　　　　　　　　十三日①

本案件属于民事诉讼,原告阿梁控告卜安宝租佃其葡萄园,违契不依时覆盖,造成葡萄树冻伤,请求官府令被告覆盖。济为当地官府的司法长官,他批示令被告藏盖,并指示下属,如以后有"诸如小事,便即与夺讫申",不必履行诉讼程序。

其二,关于刑事方面的判例判文。敦煌、吐鲁番新发现的唐代刑事方面的判文也有很多,主要涉及人身伤害、盗窃、贪赃受贿等方面的内容。在法国国家图书馆所藏敦煌文书伯3813号《文明判集残卷》中,收录一个投毒盗窃的案件:豆其谷邀与同宿之人共饮,暗中掺入毒药令其迷乱,遂窃其财,所得财物,计当十匹。事后推勘,吐露实情。最后的判决是:"(谷)买药令其闷乱,困后遂窃其资,语窃虽似非强,加药自当强法。"②1972年,在新疆阿斯塔那出土了72TAM230:47(a)《唐初西州处分支女赃罪牒断片》,这是一件唐西州地方司法机关对贪赃罪的判决文书,文书首尾残缺,仅存六行,其内容如下:

(前缺)

1　丈肆尺五寸,据 赃 不满 ☐

2　讫,放。其粟既是彼此俱罪☐,准例合没官。别牒

3　交河县,即征支女粟参 ☐ 送州,请供修甲

4　仗,仍牒兵曹检纳处分。其 ☐ 所告支女剩取粟

5　既是实,准《斗讼律》:若告二罪 ☐,重事实☐数事等,但一

6　事实,除其罪。请从免者。 ☐ 准状故牒。

(后缺)③

---

① 刘俊文:《敦煌吐鲁番唐代法制文书考释》,中华书局1989年版,第562—563页。
② 〔日〕池田温:《敦煌本判集三种》,载杨一凡主编:《中国法制史考证》(丙编第二卷),中国社会科学出版社2003年版,第503页。
③ 刘俊文:《敦煌吐鲁番唐代法制文书考释》,中华书局1989年版,第495页。

在本案中，原告的告诉虽有不实之处，但因控告支女赃罪一事属实，属于"重事实，轻事虚"，依照唐律条文，司法机关对告诉者"除其罪"。

其三，关于行政诉讼方面的判例判文。唐代的行政法制十分发达，在敦煌、吐鲁番发现的唐代法律文书中保存了许多这方面的判例判文。如在敦煌文书伯2979号《唐开元二十四年（公元736年）九月岐州郿县尉勋牒判集》中，收录了郿县里正"不伏输勾征地税及草前申第廿五"的告诉案件："开元廿三年地税及草等，里正众款，皆言据实合蠲；使司勾推，亦云据实合剥。里正则按见逃见死，以此不征；使司则执未削未除，由是却览。为使司则不得不尔，处里正又不得不然。而今见存之人，合征者犹羁岁月；将死之鬼，取辨者何有得期。若专征所由，弊邑甚惧。今尽以里正等录状上州司户，请裁垂下。"①

在清人编辑的《全唐文》一书中，收录了一个对县级最高长官县令行政不作为的处罚案件，即"对县令不修桥判"，内容如下："长安万年县坐去岁霖雨不修城内桥，被推按，诉云：各有司存，不伏科罪。"判决意见是："天开紫极，地列镐京，渭水即饮龙之津，横桥得牵牛之象。而二县称剧，两城攸壮，望双阙而如云，对九途而若砺。频年淫雨，中逵泥泞，石梁隳构，铁锁不修……既愆十月之期，须明三典之坐。"②

其四，关于经济诉讼方面的判例判文。敦煌、吐鲁番新出土的有关经济方面的判例判文主要涉及均田的收授、私人土地的买卖、国家赋税的征收和减免、财政的收入支出等内容。在敦煌文书伯2942号《唐永泰年代（公元765—766年）河西巡抚使判集》中，收录了一件"甘州地税勾征，耆寿诉称纳不济"，地方基层官吏请求减免征收的判文，内容如下："彼州户人，颇闻辛苦。应缘张璟秕政，遂令百姓艰勤。今既李牧抚邻，亦冀苍生苏息。尚频申诉，何以而然。地子勾征，俱非杂税，妄求蠲免，在法无文。马料兵粮，固须支给。仓储虚竭，何计供承。若望沙州相

---

① 唐耕耦、陆宏基编：《敦煌社会经济文献真迹释录》（第二辑），全国图书馆文献缩微复制中心1990年版，第616页。

② （清）董诰等编：《全唐文》卷980，上海古籍出版社1990年版，第4499页。

资,必恐不及时要。终须自活,岂可妄求。牒到,请使君审与耆寿商量,稳便处置,合放任放,须征任征。此间无物可支,彼处固须自给。终须设法,以叶(协)权宜。"①

1969 年,在新疆阿斯塔那第 134 号墓出土了《69TAM134:9 麟德二年十二月高昌县追讯樊葘塠不还牛定相地子事案件断片》,这是一件因樊葘塠父死,应退回口分田一亩,官府重新分配给牛定相而樊葘塠"延引不还"的土地纠纷案件,内容如下:

1　麟德二年十二月　日,武城乡牛定相辞。
2　　宁昌乡樊葘塠父死退田一亩。
3　县司:定相给得前件人口分部一亩,迳今五年
4　有余,从嗦地子,延引不还。请付宁昌乡本
5　里追身,勘当不还地子所由。谨辞。
6　　　　付坊追葘塠过县
7　　　　对当。　果　示。
8　　　　　　十九日。②

从文书的内容来看,该案件提起诉讼的时间是麟德二年(公元 665 年)十二月某日。高昌县衙受理案件后,立即下令坊正"追葘塠过县",时间是十二月十九日,"果"是高昌县的司法行政官员县令或县丞,由"果"作了立案受理的批示。

其五,关于军事、礼制、环境卫生、著作权保护等方面的判例判文。在敦煌、吐鲁番发现的唐代判例文书类型丰富,所涉及的法律内容广泛。在法国国家图书馆所藏敦煌文书伯 2754 号《唐安西判集残卷》中,有一道是关于军事方面的判文:

(前略)
5　禄之资。远虑深谋,阙于谨慎;危烽要路,失不防闲,万一办

---

① 唐耕耦、陆宏基编:《敦煌社会经济文献真迹释录》(第二辑),全国图书馆文献缩微复制中心 1990 年版,第 623 页。
② 刘俊文:《敦煌吐鲁番唐代法制文书考释》,中华书局 1989 年版,第 541 页。

6　侵疆,引弓为寇,入境便当难免,失户即遣死刑。假令素质宽

7　疏,见罪如何不避。勤心职事,臣下常途;岂待提嘶,然为赳己。比

8　闻烽夫,差遣残疾中男。远望必阙机宜,闻者即可心寒,所部

9　何能不惧。略检本州兵士,尚有二百余人,分捉城隍,虽言要重,校量烽

10　候,于事即轻,望抽壹佰余兵,兼助诸烽守备。实冀县官巡查,明

11　示是非,令长务闲,亲加检校。必使在烽调度,无阙所须,觇厚用心,随

12　机驰报。若处分明了,众事赳条,岁暮论功,自升上第。必聞指的,物

13　务亏违,非直目下科绳,考目亦当贬降。遐方碛外,特异中州,守境

14　邻边,尤资谨慎。幸宜勖励,无掛刑书。并仰县令专知,不得更推丞尉。①

在现存的唐代的判例判文中,还有关于教育、环境保护、著作权、涉外贸易纠纷等方面的判例判文。宋人编辑的《文苑英华》记录的"开沟向街判"是一件环境保护方面的判例:"丁开沟向街流恶水,县令责情杖六十。诉违法,既有文,不合责情,并仰依法正断。"最后的判决意见是:"惟丁门接通衢,美非仁里,异汾浍而流恶,成间阎之致沼,遂使轩车晓(一作晚)度,将坠于曳轮,铜墨风行,有闻箠令。虽礼律之目彼此或殊,小大之情得失斯在。而法有恒禁,政贵移风,故议事之刑,则符令典。妄情之诉,期于自息。"②在唐代的司法实践中,已经出现了有关侵害著

---

①　唐耕耦、陆宏基编:《敦煌社会经济文献真迹释录》(第二辑),全国图书馆文献缩微复制中心1990年版,第610页。

②　(宋)李昉等编:《文苑英华》卷545,中华书局1966年,第2783页。

作权的判例:斛律景注释古籍,被长孙乙剽窃,流传于世,景子讼之官府。最后的判决意见是:"斛律景投斧誓心,题桥表志,研精覃思,温故知新,采摭群言,遂立训传,实求贻厥,垂范将来。长孙乙宅心典坟,先无书籍,习使迷于逐老,窥字感於阴陶。黄金满嬴,罕有一经之誉;白珪无玷,不闻三复之言,而犹借韵李奇窃名州党。今景男有讼,方觉是非理须更为昌言,美恶自然明白。"①

传世古代文献和敦煌吐鲁番出土文书所保存的唐代判例判文数量众多,所涉及的法律内容十分广泛。透过这些司法审判文书,我们对唐代的诉讼审判制度有了比较清晰的认识。有唐一代为了应对纷繁复杂的诉讼案件,对诉讼程序作了许多制度的设计,对审判的效率和审判质量也提出了较高的要求,从而推动了中国古代诉讼审判制度的发展。

二、对唐代司法官员法律思维和职业技能的考查

徒法不足以自行,有治法尚需有治人,即使一个政权制定的法律制度如何完备,如果没有高素质的司法官员,法律也等于一纸具文。因此,选拔高素质的司法官员同样是一件重要的大事。唐代统治者非常重视选拔高素质的人才担任司法官员,唐代的司法行政官员在任职前都要经过系统的法律知识学习和职业技能训练,通过吏部主持的"试判"考试才能任职。唐代"试判"考试的目的主要是考察司法行政人员的法律思维能力,考查考生对具体案件的推理论证能力和裁判能力。据《通典》卷15《选举三》记述:"吏部选才,将亲其人,覆其吏事,始取州县案牍疑议,试其断割,而观其能否,此所以为判也。"②可见,唐代的"试判"是为了考察考生在司法实践中审断疑难案件的能力。

众所周知,诉讼审判的过程是司法官员运用法律思维对具体案件进行论证推理和作出裁判的过程,唐代吏部的"试判"考试也正是为了考

---

① (宋)李昉等编:《文苑英华》卷511,中华书局1966年版,第2616页。
② (唐)杜佑撰,王文锦等点校:《通典》卷15《选举三》,中华书局1988年版,第361页。

查考生对疑难案件的审断能力。从古至今,任何案件的判决首先要经过司法论证。司法机关的判决如果想令人信服,就必须经过合理的论证。司法论证与普通论证不同,普通论证的目的是说服听众,而司法论证的目的是对案件事实、判决标准进行合理的推论,确定案件的法律真相。司法论证是诉讼审判的重要程序,任何一个公正合理的判决,都要求法官的司法裁判"建立在理性论证的基础上"①。从现存的唐代判文看,唐代的"试判"考试正是为了考查考生利用法律思维对具体案件进行推理论证和作出判决理由的能力。

对于司法人员来说,作出裁判结果容易,但养成法律思维,根据案件的事实和国法、天理、人情等因素写出判决理由,最后作出公正的司法判决却不是一件容易的事情。在现存的古代典籍以及敦煌吐鲁番文书中,保存了许多唐代的判例判文,从中可以窥见唐代司法审判人员的法律思维和职业技能的水平。

(一)从事实清楚、法律有明确规定的案件看唐代司法人员的法律思维和审判技艺

法律事实是指依法能够引起法律关系产生、变更和消灭的客观情况,是进行司法裁判的前提和基础。在现存的唐代判例判文中,经常可以见到司法人员对那些事实清楚、证据充分的案件,依照国家的法律条文进行论证并提出判决理由。据《文苑英华》卷528"清白二渠判"记述:"得清白二渠交口,不著斗堰。府司科高陵令罪。云是二月一日以前。"②在敦煌发现的开元年间《水部式》残卷中,记述了相应的法律条文:"京兆府高陵县界清、白二渠交口,着斗门堰。清水恒准水为五分,三分入中白渠,二分入清渠。若水雨过多,即与上下用水处相知开放,还入清水。二月一日以前,八月卅日以后,亦任开放。"③裁判者根据唐代《水部式》的条文,提出了如下判决理由:"三辅名区,千里奥壤,决渠为

---

① 〔德〕罗伯特·阿列克西:《法律论证理论——作为法律证立理论的理性论辩理论·序》,舒国滢译,中国法制出版社 2002 年版,第 1 页。
② (宋)李昉等编:《文苑英华》卷 528,中华书局 1966 年版,第 2702 页。
③ 刘俊文:《敦煌吐鲁番唐代法制文书考释》,中华书局 1989 年版,第 327 页。

雨,荷锸成云。衣食之源,见资于畎亩;桑麻之地,实赖于沟渠。故隐于金椎,沉之石楗,用防飘梗,爰备垫流。县令职在字人,化兼驯翟,用遵常式,或未成规。良以秋潦未收,且疑于瓠子;春流讵泛,未虑于桃花。修葺既非后时,府科何其速耳。请从按记,愚谓合宜。"①

在唐代《法例》中,记述了一个有关主婚权争议的判文:"郭当、苏卿皆娶阿庞为妇,郭当于庞叔静边而娶,苏卿又于庞弟戚处娶之,两家有交竞者。叔之与侄俱是碁亲,依令:婚先由伯叔,伯叔若无始及兄弟。州司据状判妇还郭当。苏卿不服,请定何亲令为婚主。"司刑人员通过检阅唐代《刑部式》的条文,认为"叔若与戚同居,资产无别,须禀叔命,戚不合主婚;如其分析异财,虽弟得为婚主也",司法人员最终作出了如下判决:"检《刑部式》,以弟为定,成婚已讫。"②

(二) 从法律与礼义道德相冲突的案件看唐代司法人员的法律思维和审判技艺

美国学者罗斯科·庞德认为,法律规范是普遍、绝对适用的,而"适用道德原则时,必须考虑到具体的环境和人"③。在现实生活中,经常发生法律与道德相冲突的案件,如何对这类案件进行论证分析,提出合理的判决理由,对司法人员来说是十分困难的事情。在唐代的司法实践中,针对不同案情,可以看到当时的司法人员既考虑法律的因素,也会充分考虑道德的因素。敦煌文书伯3813号《文明判集》残卷记述了秦鸾盗钱为母造佛像案,该案件大致如下:"秦鸾母患在床,家贫无以追福。人子情重,为计无从,乃遂行盗取资,以为斋像。实为孝子,准盗法合推绳,取舍二途,若为科结?"对于该案,司法人员从法律与道德两个方面进行了全面考量,认为:"秦鸾母患,久缠床枕,至诚惶灼,惧捨慈颜。遂乃托志二乘,希销八难,驰心四部,庶免三灾。但家道先贫,素无资产,有心不遂,追恨曾深。乃捨彼固穷,行斯滥窃;輒亏公宪,苟顺私心;取梁上之资,为膝下之福。今若偷财造佛,盗物设斋,即得着彼孝名,成斯果业,此

---

① (宋)李昉等编:《文苑英华》卷528,中华书局1966年版,第2702页。
② 〔日〕黑板胜美主编:《令集解》卷10,吉川弘文馆平成6年(1994年)版,第300页。
③ 〔美〕罗斯科·庞德:《法律与道德》,陈林林译,商务印书馆2015年版,第57页。

即斋为盗本,佛是罪根。假贼成功,因赃致福。因恐人人规未来之果,家家求至孝之名。侧镜此途,深乖至理。据礼全非孝道,准法自有刑名。"①在本案中,司法人员通过说理的方式论证了秦鸾用盗窃的钱财为患病母亲铸造佛像祈福,不仅违背了国家法律,也与佛教的教义不相符合,更违背了传统的孝道名分,故应追究其法律责任。

礼是中国古代指导人们日常行为的重要准则,也是司法审判的重要依据,凡违背礼制的行为,将会受到法律的惩罚。敦煌文书伯3813号《文明判集残卷》收录了一个关于违背礼制的判文:"长安县人史婆陁,家兴贩,资财巨富,身有勋官骁骑尉,其园池屋宇、衣服器玩、家童侍妾,比侯王。有亲弟颉利,久已别居,家贫壁立,兄亦不分给。有邻人康莫鼻借衣不得,告言违法式事。"②在本案中,史婆陁的行为明显违背了礼制,古代礼制的原则是"上可以兼下,下不可以僭上"③,最后司法者依据《礼部式》的条文,提出了如下判决意见:"公为侈丽,无惮彝章。此而不惩,法将安措。至如衣服违式,并合没官。屋宇过制,法令修改。奢之罪,律有明文。宜下长安,任彼科决。"④

(三)从证据不足和法律未有明文规定的案件看唐代司法人员的法律思维和审判技艺

在中国古代,由于司法鉴定技术不发达,经常发生事实真相不明的案件,对于这类案件,司法人员本着"狱贵真情"的精神,通常提出无罪的判决意见。在敦煌文书伯3813号《文明判集》残卷中,记载了一个证据不足的通奸案件:寡妇阿刘夫婿早亡,守志未嫁。在孀居期间生产一子,称是"与亡夫梦合"所生。依照唐律规定:"诸奸者,徒一年半;有夫者,徒二年。"⑤虽然阿刘"语状颇欲生疑,孀居遂诞一男,在俗谁不致

---

① 唐耕耦、陆宏基编:《敦煌社会经济文献真迹释录》(第二辑),全国图书馆文献缩微复制中心1990年版,第600页。
② 唐耕耦、陆宏基编:《敦煌社会经济文献真迹释录》(第二辑),全国图书馆文献缩微复制中心1990年版,第604—605页。
③ 怀效锋点校:《中华传世法典·大明律》,法律出版社1999年版,第250页。
④ 刘俊文:《敦煌吐鲁番唐代法制文书考释》,中华书局1989年版,第444页。
⑤ 刘俊文点校:《唐律疏议》卷26,法律出版社1999年版,第530页。

惑。欸与亡夫梦合,梦合未可依凭。即执确有奸,奸非又无的状。但其罪难滥,狱贵真情,必须妙尽根源,不可轻为与夺"①。对于本案,司法人员采取了疑罪从无的审慎态度,因为没有明确的证据证明寡妇阿刘通奸,故作出了疑罪从无的判决意见。

一个时代的法律体系即使如何完备,也会有立法上的疏漏,会出现法律条文没有涉及的内容。对于这类刑事案件,唐代的司法人员运用逻辑推理的方法进行论证,提出判决理由。敦煌文书伯3813号《文明判集残卷》记述了这样一个案例:赵孝信妻张氏有安昌郡君告身。其夫犯奸除名,法司追夺其妻告身。张氏云:"夫主行奸,元不知委,不服夺告身事。"在本案中,司法者根据因果关系进行了推理论证,认为赵信身任折冲,爵班通贵,但因奸源已露,罪合除名,官爵悉被剥夺。妻子张氏由于丈夫功勋而获得郡君告身,今丈夫官爵已被剥夺,"皮既斯败,毛欲何施?"最后的判决是"告身即宜追夺,勿使更得推延"②。

(四)从天理、人情、国法相冲突的案件看唐代司法人员的法律思维和审判技艺

众所周知,法律规范的制定具有一定的局限性,一个判决合法与否,是由法律来评判;而合理与否,法律则不能作出评断。判决是否合乎情理,更多需要裁判者的良心和责任感,需要法官的职业伦理和审判技能来支撑。美国法学家波斯纳指出:"法官最好是将他们的工作理解为:在每一个案件中努力获得特定境况中最合乎情理的结果。"③在唐代的司法实践中,经常会出现法律与天理、人情相冲突的案件。对于这类案件,司法人员要经过周密考量和论证,提出判决意见。关于"人情"的含义,笔者认为人情是指与个人相关联的事件因素。有唐一代经常会发生法律与人情相冲突的情况,司法人员会根据不同情形,作出"法意与人

---

① 唐耕耦、陆宏基编:《敦煌社会经济文献真迹释录》(第二辑),全国图书馆文献缩微复制中心1990年版,第603—604页。
② 刘俊文:《敦煌吐鲁番唐代法制文书考释》,中华书局1989年版,第439—440页。
③ 〔美〕理查德·A·波斯纳:《法理学问题》,苏力译,中国政法大学出版社2002年版,第165页。

情,两不相碍"的判决。①

唐代的司法人员并不是机械地适用法律,有时会充分考虑人情的因素。长庆年间,京兆府云阳县人张莅欠羽林官骑康宪钱米,康宪前往索要,张莅乘酒醉殴康宪,康宪气息将绝。宪子买得年十四,为救其父,持木锤击莅首,莅受伤三日后身亡。按照唐律规定,殴人至死者,依常律应处死刑。但唐穆宗认为,"康买得尚在童年,能知子道,虽杀人当死,而为父可哀。若从沉命之科,恐失原情之义,宜付法司,减死罪一等"②。在本案中,作为最高统治者的唐穆宗就充分考虑了人情的因素。

"理"是中国古代司法审判中经常见到的一个词语。英国学者马若斐(Geoffrey MacCormack)认为,"理"包括作为理由的"理"和作为规范的"理"两个方面的含义,故"理"经常与"法"结合使用,称作"理法"或"法理"。③ 其实"理"在我国古代也通常被视作"天理"。"天理"是指自然的法则,指事物的因果逻辑关系,故"理"也含有公平正义的意思。"理"与"情"的不同之处在于"理"是指自然、社会等方面的原因,而"情"泛指个人的因素。

在唐代的司法实践中,经常会出现法与理相冲突的案件。对于这类案件,唐代司法官员充分地运用自由裁量权,作出符合情理的裁决。在敦煌文书伯 3813 号《文明判集残卷》中,收录了一个改判户籍的判文:"宋里仁兄弟三人,随日乱离,各在一所。里仁贯属甘州,弟为贯属鄂县,美(?)弟处智,贯属幽州,母姜元贯扬州不改。今三处兄弟,并是边贯,三人俱悉入军,母又老疾,不堪运致,申省户部听裁。"对于该案件,司法人员通过举例类推的方法进行了论证:"方今文明御历,遐迩乂安,书轨大同,华戎混一。唯兄唯弟,咸曰王臣;此州彼州,俱沾率土。至若名沾军贯,不许迁移,法意本欲防奸,非为绝其孝道。即知母年八十,子被配流,据法犹许养亲,亲殁方之配所,此则意存孝养,具显条章。举重明

---

① 参见梁治平:《法意与人情》,中国法制出版社 2004 年版,第 233 页。
② (后晋)刘昫等撰:《旧唐书》卷 50《刑法志》,中华书局 1975 年版,第 2155 页。
③ 参见〔英〕马若斐:《南宋时期的司法推理》,陈煜译,载《传统中国的法律逻辑和司法推理——海外学者中国法论著选译》,中国政法大学出版社 2016 年版,第 15—96 页。

轻,昭然可悉。"在本案中,司法者认为"子被配流,据法犹许养亲",今诸子因从军异籍,不能赡养至亲,有违正理。根据唐律"举重以明轻"的原则,最后的判决是"移子从母,理在无疑"①。

(五)从不可抗力和违背公序良俗案件看唐代司法者的法律思维和审判技艺

在唐代的司法审判中,已充分考虑了不可抗力的因素。不可抗力是指因自然灾害和突发社会事件等不能预见、不能避免且不能克服的客观事实。唐代发生的不可抗力事件主要是关于赋税征收、货物运输等方面的案件。在敦煌文书伯2979号《唐开元二十四年九月岐州郿县尉勋牒判集》记述了"新剥勾征使责迟晚第卅一"的判文,内容如下:"岐下九县,郿为破邑,有壤地不能自保,日受侵吞。有彫户不能自存,岁用奔走。况加之以师旅,因之以饥馑,遇之以疫疠,亲见也之以流亡,安得剪尔之郿,坐同诸县之例。"②在白居易的判文集中记录了一件"江南诸州送庸调,四月至上都。户部科其违限"的案件,司法官员根据不可抗力的原则提出了判决意见:"赋纳过时,必先问罪;淹恤有故,亦可征辞。月既及于正阳,事宜归于宰旅。展如泽国,盖纳地征。岁有入贡之程,敢忘慎守?川无负舟之力,宁免稽迟?苟利涉之惟艰,虽愆期而必宥。"③

中国古代虽没有出现公序良俗的法律概念,但在唐代的司法审判中已有根据公序良俗原则作出裁判的案例。关于公序良俗的含义,著名学者胡长清教授作了概括,他认为:"公共秩序(Public policy, order public, Öffentliche Ordnung)者,国家社会之一般的利益也。德国第一次民法草案所谓的国家之一般利益(allgemeine Interesten des Staates),盖即指此。善良风俗(bonos mores, good morals, bonnes moeurs, gute Sitten)者,国民之一般的道德观念也。所谓国民之一般的道德观念,固非道德之理想,亦非个人

---

① 〔日〕池田温:《敦煌本判集三种》,载杨一凡主编:《中国法制史考证》(丙编第二卷),中国社会科学出版社2003年版,第509—511页。
② 唐耕耦、陆宏基编:《敦煌社会经济文献真迹释录》(第二辑),全国图书馆文献缩微复制中心1990年版,第619页。
③ 顾学颉点校:《白居易集》卷66,中华书局1979年版,第1383页。

的道德观或阶级的道德观,乃指吾人日常生活之实践的道德律。"① 在唐代判文中,已有司法人员对违背公序良俗的行为作出判决的案例,在白居易的判文集中,记述了这样一则判例:"得景妻有丧,景于妻侧奏乐,妻责之,不伏。"最后的判决意见是:"丧则有哀,见必存敬;乐惟饰喜,举合从宜。夫妇所贵同心,吉凶固宜异道。景室方在疚,庭不彻悬;铿锵无倦于鼓钟,好合有伤于琴瑟。既愆夫义,是弃人丧……道路见缞,尤闻必变;邻里有殡,亦为不歌。诚无恻隐之心,宜受庸奴之责。"② 在本案中,由于丈夫在妻子服丧期间,于妻子身边奏乐,明显违背了善良风俗的原则,故"宜受庸奴之责"。

总之,李唐政权建立后,通过"试判"考试制度提升了国家司法行政官员的法律素质,使司法官员养成了运用法律思维的能力。唐代的司法人员在对案件进行调查、论证的基础上,充分地考虑了国法、天理、人情、公序良俗、不可抗力等方面的因素,作出了许多令人信服的判决。唐代司法人员法律思维的养成、法律职业技能的系统训练,提升了司法官员审断疑难案件的能力,从而最大程度地维护了司法公正。

三、从敦煌吐鲁番文书看唐代司法审判的效率

司法效率是诉讼审判的重要原则,审判拖延的现象也是一种司法不公正。所谓的司法效率,就是为了解决司法资源如何配置的问题,司法效率的核心可以理解为司法资源的节约或对司法资源有效利用的程度。司法公正依赖于效率目标,公正和效率两个目标经常惊人一致。③ 因此,为了实现司法公正,司法活动应充分体现诉讼经济的原则,提高诉讼审判效率,节约司法成本。唐代是中国古代十分注重办事效率的时代,在国家制定的法典中,对各级司法行政官员的职责、办事效率都作了明确规定。

---

① 胡长清:《中国民法总论》,中国政法大学出版社1997年版,第201页。
② 顾学颉点校:《白居易集》卷66,中华书局1979年版,第1388—1389页。
③ 参见钱弘道:《论司法效率》,载《中国法学》2002年第4期。

(一) 唐代法律关于诉讼审判程限的规定

为了提高国家司法行政机关的办事效率,唐代法律规定各级衙门办事皆设有程限:"凡内外百司所受之事皆印其发日,为之程限:一日受,二日报。其事速及送囚徒,随至即付。小事五日,谓不须检覆者。中事十日,谓须检覆前案及有所勘问者。大事二十日,谓计算大簿帐及须咨询者。狱案三十日,谓徒已上辨定须断结者。其急务者不与焉。"①唐令《公式令》对司法审判程限规定得十分琐细:"小事五日程,中事十日程,大事二十日程,狱案三十日程。其通判及勾经三人已下者,给一日程;经四人已上,给二日程;大事各加一日程。"②对于故意拖延诉讼审判时间的行为,唐律规定:"稽程者,一日笞十,三日加一等,罪止杖八十。"③

唐穆宗长庆元年(公元 821 年),御史中丞牛僧孺针对"天下刑狱,苦于淹滞"的现状,奏请对于中央司法机关大理寺、刑部的审理期限也设立程限:"大事,大理寺限三十五日详断毕,申刑部,限三十日闻奏;中事,大理寺三十日,刑部二十五日;小事,大理寺二十五日,刑部二十日。"④唐代对中央和地方各级司法机关审理案件程限的规定,有助于提高诉讼审判的效率,保障了诉讼审判的正常运行。

(二) 疑难案件实行奏谳程序,有效利用司法资源

唐代地方司法机关对于那些事实认定不清或适用法律存在歧义的案件,可以向上级审判机关奏请裁决,称为奏谳。早在西汉初年,疑难案件的奏谳就须按照程序进行,先由基层审判机关县道官把疑难案件奏报给上级主管机构郡,郡守接受下属的奏谳后,如果能够决断,则将判决意见通告给县,县来执行;如果郡一级司法机关不能决断,"皆移廷尉",呈报中央的审判机构廷尉;若"廷尉所不能决,谨具为奏"⑤。唐代继承了

---

① (唐)李林甫等撰,陈仲夫点校:《唐六典》卷 1,中华书局 1992 年版,第 11 页。
② 〔日〕仁井田陞:《唐令拾遗补》,东京大学出版会 1997 年版,第 1291 页。
③ 刘俊文点校:《唐律疏议》卷 9,法律出版社 1999 年版,第 214 页。
④ (后晋)刘昫等撰:《旧唐书》卷 50《刑法志》,中华书局 1975 年版,第 2155 页。
⑤ (汉)班固撰,(唐)颜师古注:《汉书》卷 23《刑法志》,中华书局 1962 年版,第 1106 页。

该项制度,并不断加以完善。据唐令《狱官令》规定:"诸州府有疑狱不决者,谳大理寺,若大理仍疑,申尚书省。"①奏谳制度为地方司法机关审理疑难案件找到了一条重要的解决路径,它不仅有效避免了类似案件在各地出现同案不同判决的现象,维护了法律的权威性,而且也减轻了基层司法官员的审判压力,使其集中精力处理那些简易的诉讼案件,节约了司法成本,提高了地方司法机关的审判效率。

(三)唐代司法文书关于起诉、立案、审理和判决时间的记述

在敦煌、吐鲁番出土的唐代司法判例中,大都记录了民事、刑事案件立案、审理、复核以及最终判决的时间,这与唐律的规定是相一致的。据《唐律疏议》卷24记述:"诸告人罪,皆须明注年月,指陈实事,不得称疑。违者,笞五十。"②在1960年阿斯塔那第325号墓出土的编号60TAM325:14/1—1,14/1—2《唐西州高昌县武城乡范慈□辞为诉君子夺地营种事》中,记述了诉讼当事人起诉和官府受理的时间,"三年正月日,武城乡范慈□,辞"③,高昌县受理的日期是正月四日。在1973年新疆阿斯塔那出土的编号为73TAM509:8/8(a)之一《唐开元二十一年(公元七三三年)西州都督府案卷为勘给过所事》中,记录了当地官府受理案件的日期,"正月廿四日受,廿五日行判,录事参军元宾检无稽失"④。在2006年新获吐鲁番文书中,有一件是龙朔三年(公元663年)西州都督府的文书,虽文书残损严重,但却清晰记述了受理案件的日期:"十月六日受,即日行……录事,检。"⑤

1966年,在新疆阿斯塔那第61号墓出土了一件编号为66TAM61:21(a)、20(a)麟德二年(公元665年)五月高昌县追讯畦海员赁牛事案卷的断片,这是一件唐代地方司法机关审理民事诉讼的案卷,在该文书中,明确记述了地方长官"贰"的审问日期,引之如下:

---

① 〔日〕仁井田陞:《唐令拾遗》,栗劲、霍存福等编译,长春出版社1989年版,第720页。
② 刘俊文点校:《唐律疏议》卷24,法律出版社1999年版,第478页。
③ 中国文物研究所等编:《吐鲁番出土文书》(叁),文物出版社1996年版,第105页。
④ 中国文物研究所等编:《吐鲁番出土文书》(肆),文物出版社1996年版,第281页。
⑤ 荣新江、李肖、孟宪实主编:《新获吐鲁番出土文献》(上册),中华书局2008年版,第325页。

1　□义□。
2　畦海员。
3　右被帖追上件人送者,依追身到。今随□□□□
4　牒件状如前。谨牒。
5　麟德二年五月十六日坊正傅□□□□□
6　问　式示①

在1973年新疆阿斯塔那出土的编号为73TAM509:8/2(a)《宝应元年(762年)六月康失芬行车伤人案卷》中,记录了高昌县司法长官县令"铮"最后的判决结果和日期:"放出,勒保辜,仍随牙余依判。铮示。廿二日。"②高昌县令"铮"签署判决文书的日期是"廿二日"。

(四)从敦煌吐鲁番判文看唐代诉讼审判的效率

中国古代交通不发达,信息不畅通,加之许多朝代的司法制度存在很多弊端,民众的诉讼成本很高,以至于我国古代长期形成厌讼的风气。在明代万历年间休宁县周氏编纂的《重修城北周氏宗谱》中说:"争斗告状,乃不仁之事。夫子曰:'听讼,吾犹人也,必也使无讼乎?'盖不以听讼为难,而以无讼为贵。争斗、告讼,忘身败家之所由起也。"③

唐代的诉讼审判很重视效率,尽可能节约司法成本,有效利用司法资源,迅速审结民事、刑事等方面的诉讼案件。从敦煌、吐鲁番出土的唐代判例文书看,地方司法机关对于简单的民事、刑事诉讼案件,通常在三五天内审结。如阿斯塔那第509号墓出土的73TAM509:23/4—6《唐开元二十二年(公元734年)录事王亮牒诉职田佃人欠交地子案卷》中,当地司法机关的审判期限是:"十一月六日受,八日行判。"④该案件从受理到作出判决,仅用了三天的时间。

对于那些复杂的诉讼案件,唐代司法机关审理的期限相对较长。在1973年新疆吐鲁番出土的《唐开元二十一年(公元733年)西州都督府

---

① 中国文物研究所等编:《吐鲁番出土文书》(叁),文物出版社1996年版,第236页。
② 中国文物研究所等编:《吐鲁番出土文书》(肆),文物出版社1996年版,第333页。
③ 卞利编著:《明清徽州族规家法选编》,黄山书社2014年版,第388页。
④ 中国文物研究所等编:《吐鲁番出土文书》(肆),文物出版社1996年版,第321页。

案卷为勘给过所事 73TAM509:8(a)之一、二、三》中,记述了蒋化明丢失过所案件从立案、审理到判决的时间期限:开元廿一年正月十七日蒋化明到西州主人曹才本家,因过所被盗没有出行凭证,于正月廿一日被捉送到西州官府,进入到审理的程序;正月廿九日法曹对此案进行勾检,正式受理此案;二月五日,当地司法长官作出判决:"准状告知,任连本过所,别自陈请。其无行文蒋化明壹人,推逐来由,称是北庭金满县户,责得保识,又非逃避之色。牒知任还北庭。"在该判决文书的末尾,有西州当地司法官员签署的审判日期:"咨,元璟白,五日。依判,咨崇示,五日。依判,斛斯示,五日。牒件状如前,牒至准状,故牒。开元廿一年二月五日,府谢忠。户曹参军元,史。正月廿九日受,二月五日行判。录事元宾,检无稽失。功曹摄录事参军思勾讫。"①从本案司法官员签署的日期来看,蒋化明因丢失出行凭证过所,于正月二十一日被捉送到西州官府,经过"三审"的审理程序后,在正月二十九日正式立案,进入到审判程序,到二月五日最终作出判决,整个诉讼审判的时间是十四天;从案件受理到作出判决的时间是六天,与唐《公式令》的记述"中事十日,谓须检覆前案及有所勘问者"相吻合。

1973 年,在新疆阿斯塔那出土了编号为 73TAM509:8(1)、(2)号《康失芬行车伤人事案卷》,该案案情复杂,根据审判文书的记述,高昌县勾检官录事"诚"作出勾检的时间是宝应元年六月十九日,"诚"上报给高昌县丞"曾"后,"曾"于当天签署了审理意见:"依判咨,曾示,十九。"在"曾"作出审理意见后第三天,高昌县最高司法长官县令"舒"作出了终审判决:"放出,勒保辜,仍随牙。余依判。舒示。廿二日。"②在本案中,我们看到从勾检到判决,共计四天,这说明唐代地方司法机关的审判效率是很高的。

唐代诉讼审判的效率直接影响到唐末五代时期,在法国国家图书馆所藏敦煌文书伯 3257 号敦煌文书《后晋开运二年(公元 945 年)十二月

---

① 中国文物研究所等编:《吐鲁番出土文书》(肆),文物出版社 1996 年版,第 291—295 页。

② 刘俊文:《敦煌吐鲁番唐代法制文书考释》,中华书局 1989 年版,第 566—570 页。

河西归义军左马步押衙王文通牒及有关文书》残卷中,明确记述了寡妇阿龙向官府提起诉讼的时间是在开运二年十二月,当地最高长官归义军节度使曹元忠对案件作了受理的批示:"付都押衙王文通细与寻问申上者,十七日。"经过河西归义军都押衙王文通的审理,最后由当地最高司法长官作出判决的日期是:"其义成地分赐进君,更不迴戈。其地便任阿龙及义成男女为主者。廿二日(签字)。"①该案件从立案受理到最终判决,也仅用了五六天的时间。

总之,从敦煌、吐鲁番出土的司法判例来看,唐代地方司法机关严格按照唐令《公式令》所规定的审判程限进行审理,笔者并未看见有审判拖延的现象,这说明唐代诉讼审判的效率还是很高的。

四、从敦煌吐鲁番判文看唐代司法审判的质量

司法裁判是国家审判机关依法对刑事、民事、经济、行政等方面的诉讼案件作出判决的活动。一个时代的法治状况如何,司法审判的质量和效率是最重要的衡量标准。如何评价司法审判的质量,首先要看判决结果是否维护诉讼当事人的合法权益,是否维护法律的公平正义。有唐一代对于司法审判的质量和效率十分重视,在李唐政府制定的《考课令》中,把审判质量和效率作为考核司法官员的重要标准,凡"决断不滞,与夺合理,为判事之最""推鞫得情,处断平允,为法官之最"②。严格的考核标准,有助于提高审判的质量。

笔者认为,衡量司法审判的质量和效率主要包括五个方面的标准:第一,是否选拔高素质的法律人才从事司法审判业务,司法官员在诉讼审判过程中坚持独立审判,是保证审判质量的关键因素;第二,司法官员是否严格依照国家的法律条文裁判,使判决结果符合法律的原意;第三,诉讼审判程序设计是否严谨,司法官员是否严格按照法律程序进行

---

① 唐耕耦、陆宏基编:《敦煌社会经济文献真迹释录》(第二辑),全国图书馆文献缩微复制中心1990年版,第295—298页。

② 〔日〕仁井田陞:《唐令拾遗》,栗劲、霍存福等编译,长春出版社1989年版,第246页。

审理和判决,做到程序的公正;第四,是否充分发挥司法官员的自由裁量权,使判决结果合情合理,让原被告双方对判决信服,维护司法的权威性;第五,是否构建了严密的审判监督体系,加强司法官员的责任意识,避免冤假错案的发生。

(一) 重视选拔高素质的司法官员,在诉讼审判过程中严格执法

古人云:"法正则民悫,罪当则民从。且夫牧民而道之以善者,吏也;既不能道,又以不正之法罪之,是法反害于民,为暴者也。"①为了选拔高素质的人才从事司法审判,唐朝统治者在制度上进行了创新,即通过"试判"考试来选拔司法行政官员。唐代的司法行政官员在任职前都要通过吏部主持的"试判"才能任职,唐代的"试判"考试主要考查考生审断疑难案件的能力。

唐代的"试判"所涉及的法律内容广博,具有很强的实践性。唐朝初年,吏部的"试判"考试比较简单,到后来随着考试人数不断增加,试判的难度逐渐增大,所出题目"乃征僻书、曲学、隐伏之义问之,惟惧人之能知也"②。在法国国家图书馆所藏敦煌文书伯 3813 号《文明判集残卷》中,收录了"郭泰李膺竞桡案"的判文,该判文类似于 1842 年美国诉霍尔姆斯案③,其案情如下:"郭泰、李膺,同为利涉,扬帆鼓枻,庶免倾危。岂谓巨浪惊天,奔涛浴日。遂乃遇斯舟覆,共被漂沦。同得一桡,俱望济己。且浮且竞,皆为性命之忧。"郭、李二人俱无相让之心,郭遂推李取桡,李膺溺水身亡。李妻得知真相,到官府起诉,欲追究郭泰推李膺溺水死亡的法律责任。对于这道"试判"考题,应试者对李膺溺水死亡的因果关系进行了推论,认为"膺死元由落水,落水本为覆舟。覆舟自是天灾,溺死岂伊人咎。各有竞桡之意,俱无相让之心。推膺苟在取桡,被溺不因推死。俱缘身命,咸是不轻。辄欲科辜,恐伤孟浪。宋无反

---

① (汉)班固撰,(唐)颜师古注:《汉书》卷23《刑法志》,中华书局1962年版,第1105页。
② (唐)杜佑撰,王文锦等点校:《通典》卷15《选举三》,中华书局1988年版,第361页。
③ 参见〔美〕彼得·萨伯:《洞穴奇案》,陈福勇、张世泰译,生活·读书·新知三联书店2012年版,第7—8页。

坐,泰亦无辜"①。

有了高素质的司法官员,还须司法官员在诉讼审判过程中严格执法,排除外部因素的干扰,做到审判公正。在唐代的法律实践中,司法官员严格执法的事例屡见不鲜。唐太宗贞观年间,"或有诈伪阶资者,太宗令其自首,不首,罪至于死。俄有诈伪者事泄,胄据法断流以奏之"。太宗听后大怒,认为是使自己"示天下以不信"。大理寺少卿戴胄据理反驳说:"法者国家所以布大信于天下,言者当时喜怒之所发耳!陛下发一朝之忿,而许杀之,既知不可,而置之以法,此乃忍小忿而存大信,臣窃为陛下惜之。"若"陛下当即杀之,非臣所及,既付所司,臣不敢亏法"。最后唐太宗认为"朕法有所失",听从了大理寺的判决。② 上元三年(公元676年)九月,发生了左威卫大将军权善才、右监门中郎将范怀义砍伐昭陵柏树一案,唐高宗特令杀之,大理寺丞狄仁杰认为二人罪不当死,指出:"陛下作法,悬之象魏,徒罪死罪,具有等差。岂有犯非极刑,即令赐死? 法既无恒,则万姓何所措手足!"③唐高宗采纳了狄仁杰的判决意见。武则天时期,李元纮任雍州司户,太平公主与寺院僧人因争夺碾磑发生了诉讼,"公主方承恩用事,百司皆希其旨意,元纮遂断还僧寺",元纮的上级长官雍州长史窦怀贞惧怕太平公主的势力,"促令元纮改断",李元纮拒绝改判,并在判决后说:"南山或可改移,此判终无摇动"④。正由于唐代的司法官员严格执法,保证了审判的公正,才使唐代成为中国古代法治十分清明的时期。

(二) 严格依照法律条文审断,使判决结果符合法律原意

为了保证审判质量,唐代司法官员在审判中严格按照律、令、格、式的法律条文判决,使裁判结果符合法律的原意。据《新唐书·刑法志》记载:"唐之刑书有四,曰:律、令、格、式。令者,尊卑贵贱之等数,国家之

---

① 刘俊文:《敦煌吐鲁番唐代法制文书考释》,中华书局1989年版,第445—446页。
② 参见(唐)吴兢编著:《贞观政要》卷5,上海古籍出版社1978年版,第165页。
③ (唐)杜佑撰,王文锦等点校:《通典》卷169《刑罚七》,中华书局1988年版,第4373页。
④ (后晋)刘昫等撰:《旧唐书》卷98《李元纮传》,中华书局1975年版,第3073页。

制度也;格者,百官有司之所常行之事也;式者,其所常守之法也。凡邦国之政,必从事于此三者。其有所违及人之为恶而入于罪戾者,一断以律。"①唐代法典《唐律疏议》明确要求司法官员依照国家的法律条文定罪量刑,"诸断罪皆须具引律、令、格、式正文,违者笞三十。若数事共条,止引所犯罪者,听"。皇帝颁布的临时处分,若"不为永格者,不得引为后比。若辄引,致罪有出入者,以故失论"②。唐律中的上述条款,从立法层面上确定了法权优于皇权的原则,这已十分接近于近代西方刑法的罪刑法定原则了。

在唐代的司法实践中,严格按照法律条文作出判决,是实现司法公正、保证审判质量的重要因素。在唐代诗人白居易的判文中,收录了一件牲畜之间互相伤害的案例:"得甲牛觚乙马死,乙请偿马价。甲云:在放牧处相觚,请陪半价。乙不伏。"在本案中,司法人员根据唐律的条文作了裁判:"马牛于牧,蹄角难防;苟死伤之可征,在故误而宜别。况日中出入,郊外寝讹;既谷量以齐驱,或风逸之相及。尔牛孔阜,奋觡角而莫当;我马用伤,踠骏足而致毙。情非故纵,理合误论。在皂栈以来思罚宜惟重;就桃林而招损,偿则从轻。将息讼端,请征律典。当陪半价,勿听过求。"③据《唐律疏议》卷 15 记述:"诸犬自杀伤他人畜产者,犬主偿其减价;余畜自相杀伤者,偿减价之半。"④裁判者最终作出了赔偿半价的裁决。

(三) 构建完善的诉讼审判程序,保证程序公正

程序公正是司法公正的基础,也是提高审判质量的保障。从现存的唐代法律史料来看,唐代诉讼审判坚持程序公正的理念,为保障诉讼审判正常进行,唐代《狱官令》规定:"诸有犯罪者,皆从所发州县推而断之。在京诸司,则徒以上送大理,杖以下当司断之。若金吾纠获,亦送大

---

① (宋)欧阳修、(宋)宋祁撰:《新唐书》卷 56《刑法志》,中华书局 1975 年版,第 1407 页。
② 刘俊文点校:《唐律疏议》卷 30,法律出版社 1999 年版,第 602—603 页。
③ 顾学颉点校:《白居易集》卷 67,中华书局 1979 年版,第 1411 页。
④ 刘俊文点校:《唐律疏议》卷 15,法律出版社 1999 年版,第 309 页。

理。"①唐代法律严禁越诉,也禁止司法官员受理越诉的案件,"诸越诉及受者,各笞四十"②。

有唐一代为了实现审判公正,在诉讼制度方面有许多创新。例如在民事诉讼方面,实行自诉制度,由民事诉讼的当事人亲自起诉或由近亲属代诉,其他人员无权提起诉讼。在刑事诉讼审判中,采取从新兼从轻的原则,据唐《狱官令》规定:"诸断罪未发及已发未断决,逢格改者,若格重,听依犯时律;若格轻,听从轻法。"③在诉讼审判中实行回避的原则,"凡鞫狱官与被鞫人有亲属、仇嫌者,皆听更之"④。实行判决公开制度,凡民事、刑事判决一律当众宣读,司法官员"若不告家属罪名,或不取囚服辩及不为详审,徒、流罪并笞五十,死罪杖一百"⑤。

唐代法律没有规定审级限制,只要诉讼当事人对司法机关的裁决不服,可以按照程序逐级上诉,一直上诉到最高统治者皇帝。针对古代普通民众起诉难和立案难的现象,唐代法律规定,如果诉讼当事人到司法机关起诉,应立即受理,"若应合为受,推抑而不受者笞五十;三条加一等,十条杖九十"⑥。如果司法官员拒绝受理诉状,须给起诉人"不理状",说明不立案理由,诉讼当事人凭依司法机关发给的"不理状"向上级司法机关提起诉讼,不属于越诉。若诉讼当事人申请"不理状"而司法官员拒不给,将对其科以"违令罪",处以"笞五十"的刑罚。⑦ 唐律中该条款的设立,有效地解决了起诉环节中的告状难问题。

为了防止诬告和冤假错案的发生,唐代刑事案件的受理实行"三审"立案的审核制。凡告人犯罪,非叛以上皆令"三审"。"应受辞牒,官司并具晓示,并得叛坐之情。每审皆别日受辞",若控告人"不解书者,典为书之"⑧。"三审"立案制度有效预防了诬告和滥诉的现象,从而

---

① 〔日〕仁井田陞:《唐令拾遗补》,东京大学出版会1997年版,第1423页。
② 刘俊文点校:《唐律疏议》卷24,法律出版社1999年版,第482页。
③ 〔日〕仁井田陞:《唐令拾遗》,栗劲、霍存福等编译,长春出版社1989年版,第709页。
④ (唐)李林甫等撰,陈仲夫点校:《唐六典》卷6,中华书局1992年版,第191页。
⑤ 刘俊文点校:《唐律疏议》卷30,法律出版社1999年版,第610页。
⑥ 刘俊文点校:《唐律疏议》卷24,法律出版社1999年版,第482页。
⑦ 参见刘俊文点校:《唐律疏议》卷24,法律出版社1999年版,第482页。
⑧ (唐)杜佑撰,王文锦等点校:《通典》卷165《刑法三》,中华书局1988年版,第4260页。

确保立案准确。

在唐代的司法实践中,审判机关严格按照诉讼审判程序进行。1973年,新疆阿斯塔那第509号墓出土了编号73TAM509:8(1)、(2)号《唐宝应元年(公元762年)六月康失芬行车伤人案卷》,其中详细记录了唐代的"三审"立案制情况:在第16行至第25行是高昌县令舒一审的问案记录;第26行至第33行是高昌县令舒二审的问案记录及签名;第34行至第42行是高昌县令舒三审的问案记录以及被告康失芬请求保辜的申请;第45行至第60行是高昌县勾检官诚对被告康失芬的担保人何伏昏等提出保状所作的审核,并呈请高昌县丞曾、高昌县令舒作最后批示。①

为了审判公正,唐代允许少数民族和外国人使用本民族或本国语言参与诉讼,并派翻译人员把原、被告的陈述准确地翻译出来。唐代的翻译人称为"译语人",为了规范翻译人员在诉讼活动中的行为,法律规定"译语人"须在翻译文书上签字,以保证翻译的内容准确。在1966年新疆阿斯塔那出土的66TAM61:24(a)、23(a)、27/1(a)、2(a)、22(a)号《唐麟德二年五月高昌县勘问张玄逸失盗事案卷》中,官府就让译语人翟浮知为不懂汉语的突厥人春香进行了翻译。②

(四)发挥司法官员的自由裁量权,使裁判公平合理

众所周知,法律规范具有一定的局限性。一个行为合法与否,由法律来评判;而是否合理,法律不能作出评断。司法判决是否合乎情理,更多需要裁判者的良心和责任感,需要法官的职业伦理来判断。因此,只有充分发挥司法官员的自由裁量权,才能使裁判的效果客观公正。所谓自由裁量权,是指司法官员不依据硬性的法律规则裁判,而是享有选择权,可以根据案件的事实作出判决。司法官员行使自由裁量权必须有充分的理由,受到公平正义的法律原则指导。在法国国家图书馆所藏敦煌文书伯3813号《文明判集残卷》中,即收录了一个司法人员没有依据法

---

① 参见中国文物研究所等编:《吐鲁番出土文书》(肆),文物出版社1996年版,第329—333页。

② 参见中国文物研究所等编:《吐鲁番出土文书》(叁),文物出版社1996年版,第238—239页。

律规范而是根据公平正义原则作出的判文:弘教府队正李陵,从驾征辽东。及阵临战,失马亡弓。贼来相逼,李陵乃以石乱投,贼徒大溃。总营以陵阵功,遂与第一勋。但兵部根据法律以其临阵亡弓失马,取消其劳效。最后裁判者提出了反驳意见,认为"饰马弯弓,俱为战备。弓持御贼,马拟代劳。此非仪注合然,志在必摧凶丑。但人之秉性,工拙有殊,军事多权,理不专一。陵或不便乘马,情愿步行,或身拙弯弓,性工投石。不可约其军器,抑以不能,苟在破军,何妨便。若马非私马,弓是官弓,于战自可录勋,言失亦须科罪。今若勋依旧,定罪更别推。庶使勇战之夫,见标功而励己;怯懦之士,闻定罪而惩心。自然赏罚合宜,功过无失,失纵有罪,公私未分。更仰下推,待至量断"①。

(五)建立错案预防和责任追究机制,保证审判的质量

有唐一代为了防止发生冤假错案,建立了较为完备的冤假错案预防机制,以确保审判的公正。唐代法律对于司法官员收受贿赂而枉法裁判的行为处罚极重,据《唐律疏议》卷11"监主受财枉法"条规定:"诸监临主司受财而枉法者,一尺杖一百,一疋加一等,十五疋绞。"②监临主司,指"统摄案验及行案主典之类",包括从事检验、记录、核查、审判等工作的司法人员,由于这些人员的枉法直接影响审判的公正,故唐律对于这类人员的犯罪行为作了详尽规定。针对司法官员错判和误判的现象,《唐律疏议》卷30规定:"诸断罪应绞而斩,应斩而绞,徒一年;自尽亦如之。失者,减二等。"③斩刑和绞刑都是执行死刑的方式,但如果司法官员把绞刑错判为斩刑,或把斩刑错判为绞刑,将被处以徒一年的刑罚。唐律设立该条文是为了防止司法官员随意"刑名改易",维护法律的权威性,加强司法官员的责任意识,确保判决准确无误。

由于司法官员疏忽或适用法律条文错误而造成错判误判,唐律称之为"断罪失出入",凡"断罪失于入者,各减三等;失于出者,各减五等。

---

① 〔日〕池田温:《敦煌本判集三种》,载杨一凡主编:《中国法制史考证》(丙编第二卷),中国社会科学出版社2003年版,第501—503页。
② 刘俊文点校:《唐律疏议》卷11,法律出版社1999年版,第241页。
③ 刘俊文点校:《唐律疏议》卷30,法律出版社1999年版,第615页。

若未决放及放而还获,若囚自死,各听减一等",如果是初审错判,改由"别使推事,通状失情者,各又减二等;所司已承误断讫,即从失出入法。虽有出入,于决罚不异者,勿论"①。

为了确保司法文书准确无误,唐代中央和地方各级司法机关都设立了勾检官,负责对法律文书的内容进行审查。唐代地方审判机关中的录事参军、主簿、录事等官员负责勾检,有学者认为,各州的录事参军、各县的主簿、录事有勾检稽失的职能,一切官文书都要经过勾检这一程序,包括刑事或民事的判决在内。② 在1973年阿斯塔那第509号墓出土的73TAM509:8/8(a)之三、8/8(b)《唐开元二十一年(公元733年)西州都督府案卷为勘给过所事》中,有"检案元白,廿三日"的记录③,说明唐代司法机关的裁判文书都要经过勾检官的严格审查,保证司法文书无误。

综上所述,长期以来由于唐代诉讼审判资料匮乏,学术界对唐代司法审判的效率、审判质量等问题缺乏宏观的认识。从20世纪初以来,在中国西北地区的敦煌、吐鲁番等地发现了许多唐代判例文书,弥补了唐代法律史料的不足。敦煌、吐鲁番等地出土的唐代判例判文内容丰富,包括民事、刑事、经济、行政、军事等方面的判例判文。根据判例判文的性质,可分为唐代司法机关根据实际发生的案件所作的真实审判文书,以及唐代法律人员根据律令格式的法律条文和此前的司法案例为考生参加吏部"试判"考试而作的虚拟判文两种模式。无论是唐代的真实判例还是编纂的虚拟判文,都是唐代司法审判状况的真实再现。

通过对敦煌、吐鲁番等地新发现的唐代判例判文进行调查和研究,结合现存的古代文献资料,我们对唐代的诉讼审判效率和审判质量等问题有了较为清晰的认识:

第一,有治法尚需有治人,一个政权即使制定了完备的法律制度,如

---

① 刘俊文点校:《唐律疏议》卷30,法律出版社1999年版,第606页。
② 杜文玉:《唐代地方州县勾检制度研究》,载《唐史论丛》(第十六辑),陕西师范大学出版总社有限公司2013年版,第1—17页。
③ 参见中国文物研究所等编:《吐鲁番出土文书》(肆),文物出版社1996年版,第283页。

果没有高素质的司法官员严格执法,再好的法律也等于一纸具文。唐代统治者非常重视选拔高素质的司法官吏,唐代的司法行政官员在任职前都要经过系统的法律知识学习和严格的法律职业技能训练,通过吏部主持的"试判"考试才能任职。司法官员在诉讼审判的过程中,依法独立审判,不受上级行政长官干涉,从而确保了司法审判的公正。

第二,司法效率是实现司法公正的重要途径,唐代是中国古代十分注重司法效率的时代,唐代法律对于中央和地方司法机关的审判程限皆作了明确规定。从敦煌、吐鲁番发现的唐代诉讼审判文书看,唐代的民事、刑事、行政、经济等方面的诉讼案件审判效率很高,其中录事参军、主簿等勾检官的勾检大都在一日内完成,通判官、县丞的审理也只有一至三日,许多诉讼案件大多在十天内审结,一些重大的诉讼案件通常在一个月内审结。唐代司法审判的效率原则节约了诉讼当事人的成本,有效地利用了国家的司法资源,提高了司法审判的权威性。

第三,司法公正是诉讼审判所追求的最终目标,也是衡量审判质量和效果最重要的标准。从现存的法律史料来看,有唐一代为了保证审判的质量,构建了较为完善的诉讼审判程序,司法人员在审判时严格依照国家的法律条文进行判决,当遇到情、理、法相冲突的案件时,充分发挥司法官员的自由裁量权,使裁判结果客观公正。为了防止冤假错案的发生,提高司法人员的责任心,唐代还制定了司法官员的错案责任追究制,从而确保了审判的质量。

众所周知,衡量一个时代司法审判质量的客观标准是当时社会的犯罪率和民众对司法裁判的认同度。唐代是中国古代法治十分清明的时期,在贞观四年(公元630年),全国断死罪仅二十九人。天宝六年(公元747年),唐玄宗下令"除绞、斩刑,但决重杖"①,一度废止了死刑制度。贞观六年(公元632年),唐太宗还亲录囚徒,"闵死罪者三百九十人,纵之还家,期以明年秋即刑。及期,囚皆诣朝堂,无后者,太宗嘉其

---

① (后晋)刘昫等撰:《旧唐书》卷9《玄宗下》,中华书局1975年版,第221页。

诚信,悉原之"①。唐代统治者将死刑犯"纵之还家"并让其主动归案,这在古今中外刑罚史上都是绝无仅有的,分析其中原因,除了唐代政治、经济等方面的制度优势外,公正的司法审判以及囚犯对判决结果的高度认同是不可或缺的因素。

---

① (宋)欧阳修、(宋)宋祁撰:《新唐书》卷56《刑法志》,中华书局1975年版,第1412页。

第九章
从敦煌西域出土的法律文书看吐蕃时期的诉讼制度

在古代的亚欧大陆有一条贯穿东西方文化交流的通道,即举世闻名的丝绸之路。在丝绸之路沿线,历史上生活着许多少数民族,主要有大月氏、匈奴、吐谷浑、突厥、粟特、于阗、吐蕃、党项、契丹、蒙古等少数民族。这些少数民族建立的政权其法律制度虽不如中原王朝发达,但他们同样创造出了具有本民族特色的法律文化。例如,我国西北地区许多游牧民族在历史上曾制定了保护生态环境、保护水资源的法律,据西夏法典《天盛改旧新定律令·渠水门》记载:"沿唐徕、汉延诸官渠等租户、官私家主地方所至处,当沿所属渠段植柳、柏、杨、榆及其他种种树,令其成材,与原先所植树木一同监护,除依时节剪枝条及伐而另植以外,不许诸人伐之。"①笔者认为,中国古代少数民族创造的法律文

---

① 史金波、聂鸿音、白滨译注:《中华传世法典:天盛改旧新定律令》卷15,法律出版社2000年版,第505页。

化也是中华法系的重要组成部分,值得法律史学界深入发掘和探究。

吐蕃政权是公元7世纪初至9世纪中叶古代丝绸之路沿线一个重要的少数民族政权,吐蕃王朝是由现今西藏山南地区的藏族先民雅隆部落发展起来的一个横跨青藏高原的古代王朝。据《西藏王臣记》记载,大约聂赤赞普在位时,西藏就进入了文明社会。古代藏族的第三十二代赞普松赞干布在位时,建立了西北地区最大的政权即吐蕃政权。根据《敦煌吐蕃历史文书》的记述:"王子松赞幼年亲政,对进毒为首者诸人等断然尽行斩灭,令其绝嗣。其后,叛离之民庶复归辖治之下。"①此后,松赞干布又把吐谷浑纳入吐蕃的管辖之下,将都城迁至拉萨,清查以前的部落庶民,制定政治、经济、军事、法律制度,使吐蕃政权逐渐走向了强盛。

在松赞干布即位以前,吐蕃没有文字,"其吏治,无文字,结绳齿木为约"②。到松赞干布即位后,才创造了文字。据《贤者喜宴》记载,"(松赞干布)继之掌握国政。松赞干布想到,对西藏而言,不能依靠其他地区文字,而需有自己的文字",便命大臣吞米阿奴热噶扎之子吞米桑布扎(thon-mi-sambho-dra)"模仿纳卡热(na-ga-ra)及喀什弥罗(klu-che)等文字,在玛荣宫内创制字形,仿照神字连察体(lha-yig-lanytsha)做楷体字,以瓦都龙字(klu-yig-wa-rtu)做草书"③。吐蕃文字的发明,极大地促进了当时法律制度的发展。语言文字与法律有密切的关系,法与法律制度是一种纯粹的语言形式,法的世界肇始于语言,法律是透过词语订立和公布的;法律行为和法律规范都涉及言辞思考和公开的表述与辩论,有学者指出:"法律者在其职业生涯的每时每刻均与语词、句子和文本结下不解之缘。"④

语言文字的发明,促进了吐蕃时期法律的成文化进程。据法藏敦煌

---

① 王尧、陈践译注:《敦煌古藏文文献探索集》,上海古籍出版社2008年版,第112页。
② (宋)欧阳修、(宋)宋祁撰:《新唐书》卷216《吐蕃上》,中华书局1975年版,第6072页。
③ (明)巴卧·祖拉陈瓦著,黄颢、周润年译注:《贤者喜宴·吐蕃史》,青海人民出版社2017年版,第52—53页。
④ 〔德〕阿图尔·考夫曼等主编:《当代法哲学和法律理论导论》,郑永流译,法律出版社2013年版,第291页。

文书 P.T.1287 号《赞普传记》记述:"吐蕃古昔并无文字,乃于此王之时出现也。吐蕃典籍律例诏册,论、相品级官阶,权势大小,职位高低,为善者予以奖赏,作恶者予以惩治;农田耦耕一天之亩数、牧场一件皮褐所需之皮张数、一个笼区长度均作统一划定。"①在松赞干布的主持下,制定了六标志、六褒贬、六勇饰,纯正大世俗法十六条以及戒十恶法、三法及吐蕃疆界等法律。其中的《扼要断绝之法》《权威判决总之法》《内府内法》等为审判民事、刑事案件所适用的法律,又总称为"三法"。②

继松赞干布之后,吐蕃的立法进程并没有中断。根据《敦煌本吐蕃历史文书》记载:"及至兔年(公元655年),赞普驻于美尔盖,大论东赞于'高尔地'写定法律条文,是为一年。"③到墀松德赞时期,又制定了佛教教戒法规,对其统治下的属民规定:"男人不挖眼,女人不割鼻。犯罪者不杀。一切众生听从王命。"④

在现存的古代文献中,经常可以看到吐蕃政权"国王之律令""事事皆有法度"的文字记述。⑤ 在法国国家图书馆所藏的敦煌古藏文历史文书《编年史》中,也对吐蕃时期的法律制度有如下记述:"夏,赞普驻纳玛尔,……制定管理四茹农牧区之法令,征收已派定之所有奴户之赋税。"⑥说明该时期的法律体系已十分完备。

学术界很早就有学者对古代吐蕃时期的法律制度进行探讨。中国老一代学者王尧、陈践、苏晋仁、王忠等长期致力于吐蕃史的研究,发表了许多开创性的成果,出版了《吐蕃金石录》《吐蕃简牍综录》《敦煌吐蕃

---

① 王尧、陈践译注:《敦煌古藏文文献探索集》,上海古籍出版社2008年版,第119页。
② 参见陆离:《敦煌的吐蕃时代》,甘肃教育出版社2013年版,第143页。
③ 王尧、陈践译注:《敦煌古藏文文献探索集》,上海古籍出版社2008年版,第88页。
④ (明)巴卧·祖拉陈瓦著,黄颢、周润年译注:《贤者喜宴·吐蕃史》,青海人民出版社2017年版,第312页。
⑤ 参见郑炳林、黄维忠主编:《敦煌吐蕃文献选辑·社会经济卷》,民族出版社2013年版,第257页。
⑥ 黄布凡、马德编著:《敦煌藏文吐蕃史文献译注》,甘肃教育出版社2000年版,第55页。

文书论文集》《敦煌吐蕃文献选》《敦煌古藏文文献探索集》等著作。① 近年来,学术界出版的著作主要有:宋家钰等编《英国收藏敦煌汉藏文献研究》②,杨铭《吐蕃统治敦煌与吐蕃文书研究:〈西藏通史〉专题研究丛刊》③,徐晓光《藏族法制史研究》④,陆离《吐蕃统治河陇西域与汉藏文化交流研究——以敦煌、新疆出土汉藏文献为中心》⑤,侯文昌《敦煌吐蕃文契约文书研究》⑥,杨士宏《藏族传统法律文化研究》⑦等;发表的论文主要有:牟军《试论吐蕃的刑事法律制度》,阿旺《吐蕃法律综述》,吴剑平《吐蕃法律论略》,卓玛才让《敦煌吐蕃文书 P.T. 1095 号写卷解读》等⑧。上述论著对吐蕃时期的政治、经济、法律制度等问题进行了全面探索,推动了国内学术界对于吐蕃法律制度的研究。

相比于国内学术界,国外学者对敦煌西域出土的古代吐蕃时期的法律文书研究起步更早,主要有雅克·巴考(Jacques Bacot)、查尔斯·杜散(Charles Toussant)等人编著的《敦煌吐蕃历史文书》⑨,法国学者保罗·戴密微(Paul Demiéville)的《吐蕃僧诤记》⑩,A·麦克唐纳(Arlane

---

① 参见王尧编著:《吐蕃金石录》,文物出版社 1982 年版;王尧、陈践编著:《吐蕃简牍综录》,文物出版社 1986 年版;王尧、陈践译注:《敦煌吐蕃文献选》,四川民族出版社 1983 年版;王尧、陈践编著:《敦煌吐蕃文书论文集》,四川民族出版社 1988 年版;王尧、陈践译注:《敦煌古藏文文献探索集》,上海古籍出版社 2008 年版;苏晋仁、萧錬子校证:《〈册府元龟〉吐蕃史料校正》,四川民族出版社 1981 年版;王忠:《新唐书吐蕃传笺证》,科学出版社 1958 年版等。
② 参见宋家钰、刘忠编:《英国收藏敦煌汉藏文献研究》,中国社会科学出版社 2000 年版。
③ 参见杨铭:《吐蕃统治敦煌与吐蕃文书研究:〈西藏通史〉专题研究丛刊》,中国藏学出版社 2008 年版。
④ 参见徐晓光:《藏族法制史研究》,法律出版社 2001 年版。
⑤ 参见陆离:《吐蕃统治河陇西域与汉藏文化交流研究——以敦煌、新疆出土汉藏文献为中心》,社会科学文献出版社 2018 年版。
⑥ 参见侯文昌:《敦煌吐蕃文契约文书研究》,法律出版社 2015 年版。
⑦ 参见杨士宏编著:《藏族传统法律文化研究》,甘肃人民出版社 2004 年版。
⑧ 参见牟军:《试论吐蕃的刑事法律制度》,载徐中起等主编:《少数民族习惯法研究》,云南大学出版社 1998 年版;吴剑平:《吐蕃法律论略》,载《中外法学》1990 年第 2 期;阿旺:《吐蕃法律综述》,载《中国藏学》1989 年第 3 期;卓玛才让:《敦煌吐蕃文书 P.T. 1095 号写卷解读》,载《西藏研究》2007 年第 1 期等。
⑨ 参见王尧、陈践译注:《敦煌本吐蕃历史文书译注》,民族出版社 1992 年版。
⑩ 参见〔法〕戴密微:《吐蕃僧诤记》,耿昇译,甘肃人民出版社 1984 年版。

Macdonald)的《敦煌吐蕃历史文书考释》①,英国学者托玛斯(F. W. Thomas)的《敦煌西域古藏文社会历史文献》②,日本学者藤枝晃的《吐蕃支配期の敦煌》③,武内绍人的《敦煌西域出土的古藏文契约文书》④,山口瑞凤的《敦煌の历史·吐蕃支配时代》⑤,大原良通的《吐蕃的法律文书——以法国国立图书馆藏 P. T. 1071 号文书为中心》⑥等。

纵观上述成果,笔者尚未看到法史学界有人对吐蕃时期的诉讼审判制度进行宏观分析。为此,笔者将利用敦煌西域新发现的古代吐蕃法律文书及传世的古代文献《新唐书》《贤者喜宴》等资料,对古代吐蕃时期的司法体系和民事、刑事诉讼审判制度进行探讨。

一、从敦煌西域出土的法律文书看吐蕃时期的司法体制

吐蕃政权很早就制定了关于诉讼程序方面的法律文献,据《贤者喜宴》记述,在松赞干布时期制定的《六类大法律》中,即有《扼要决断之法》《权威判决之总法》和《内府内法》等,这些法律篇目内容都与诉讼程序相关。由于该法律篇目已经失传,其内容已不可知。值得庆幸的是,从 20 世纪初以来,在中国西北地区出土了一大批吐蕃时期的法律文书,弥补了传世文献的不足,为学术界深入探究吐蕃时期的司法体制提供了珍贵资料。

在吐蕃统治时期,统治者对于司法审判的效果颇为重视。据《贤者喜宴》记载,大臣老桂氏之子桂·墀桑雅拉曾厘定法律,主要包括"三审

---

① 参见〔法〕A·麦克唐纳:《敦煌吐蕃历史文书考释》,耿昇译,青海人民出版社2010年版。
② 参见〔英〕F·W 托玛斯编著,刘忠、杨铭译注:《敦煌西域古藏文社会历史文献》,民族出版社 2003 年版。
③ 参见〔日〕藤枝晃:《吐蕃支配期の敦煌》,载《东方学报》1961 年第 31 期。
④ 参见〔日〕武内绍人:《敦煌西域出土的古藏文契约文书》,杨铭、杨公卫译,新疆人民出版社 2016 年版。
⑤ 参见〔日〕山口瑞凤:《敦煌の历史·吐蕃支配时代》,载《讲座敦煌》(第二卷),大东出版社昭和 55 年(1980 年)版,第 197—232 页。
⑥ 参见〔日〕大原良通:《吐蕃的法律文书——以法国国立图书馆藏 P. T. 1071 文书为中心》,载马志冰等编:《沈家本与中国法律文化国际学术研讨会论文集》,中国法制出版社 2005 年版。

判木简",即"对于(按)真智(五木简)施行于诉讼双方,其判处公正者谓之'高出'(zang-yag);对于不公正的判处则称为'花腰'(rkod-dmar);对于明确宣布真伪者则谓之'善查木简'(byang-bu-kha-dmar)"。需要指出的是,吐蕃政权的司法模式与唐朝政权有很大不同,即吐蕃有"印除"的传统,凡一切罪恶(案件),业经盖以善良之印,即被消除,此种惩治办法谓之"印除"。①

(一)从敦煌西域出土的古代文书看吐蕃政权的中央司法体制

吐蕃政权在创立者松赞干布执政时期,已初步建立一整套的司法行政体制。赞普是国家最高的统治者,据《新唐书·吐蕃上》记载:"其俗谓雄强曰赞,丈夫曰普,故号君长曰赞普。"②赞普拥有最高的立法权和司法权,国王可以随意处死属民,据吐蕃时期的"三喜法"规定:"王者如杀死属民则如母亲打孩子一样,无法可言。""如果杀死(属民),则属民不得起来(反抗),赞普应将去看视属者。"③赞普本人参与一些司法案件的审理。据法藏敦煌文献 P. T. 1288 号《大事纪年》记载,马年(天宝元年,公元742年)夏,"赞普牙帐驻于册布那。……对岛·许公孔松及朗·卓孔赞二人放逐,交接后之余事进行清查,立木牍文诏"④。另据法藏敦煌文献 P. T. 1287 号第 136 至 142 行《赞普传记》记述,有两位贵族,也就是娘·南木多日处古及其儿子门多日曾古。年吉松的妻子侮辱了娘氏,后者便向新国王森波杰·墀邦松提出诉讼,"但该国王不肯允准他对年吉松所提出的诉状"⑤。

关于吐蕃时期赞普亲自裁判的情况,古代法律文书记述了许多具体案例。英国学者托玛斯将吐蕃时期的诉讼类型分为:涉及犯罪、或属争

---

① 参见(明)巴卧·祖拉陈瓦著,黄颢、周润年译注:《贤者喜宴·吐蕃史》,青海人民出版社 2017 年版,第 370—371 页。
② (宋)欧阳修、(宋)宋祁撰:《新唐书》卷 216《吐蕃上》,中华书局 1975 年版,第 6071 页。
③ (明)巴卧·祖拉陈瓦著,黄颢、周润年译注:《贤者喜宴·吐蕃史》,青海人民出版社 2017 年版,第 447 页。
④ 王尧、陈践译注:《敦煌古藏文文献探索集》,上海古籍出版社 2008 年版,第 97 页。
⑤ 〔法〕A·麦克唐纳:《敦煌吐蕃历史文书考释》,耿昇译,青海人民出版社 2010 年版,第 75 页。

议、或订协议;最后一类在多数情况下,代表第二类诉讼的结果。前两类情况在所有案例中,不是由地方官吏批准,而是经常根据国王本人的意见批准,或是在"国王的门口"批准;第三类的情况,通常是送给有审判权的官员们批准。①

在赞普之下,中央形成了"三尚一论"的行政体制。"尚"指母系家庭,即舅氏家庭;"论"则为王前大臣。中央的职能部门有三大系统:其一是恭论系统,即大相、苣论(大论),初设一人,后增加至数人。论苣扈莽为副相或小论,悉编掣逋为都护。恭论是吐蕃政权中最重要的组成部分,其职责为处理军国大事,属下有一百名大臣,分别管理政治、军事、法律、农牧业等事务。其二是囊论系统,即内大相(囊论掣逋或论莽热)、副相(囊论觅零逋)和小相(囊论充)三人,其主要职责是处理国家内部事务,包括财政、税收、民事等事务,有时也参与司法审判。其三是喻寒波系统,即整事大相(喻寒波掣逋)、副整事(喻寒波觅零逋)和小整事(喻寒波充)三人,属官有协杰巴(刑部尚书)等。有学者认为,"喻寒波"作为一个职官系统,"似乎是负责修改、纠正赞普决议或政策中的差误或过失之事,有些类似于唐朝的御史大夫、谏议大夫一类的官员"。②

在敦煌西域出土的吐蕃文书中,记述了内务大臣参与司法审判的事例。如麻札塔克出土的 a,iii0065 号法律文书中,就记录了内务大臣裁决案件的情况:"送内务大臣神山(Shing-shan)大指挥官(之夫人)墀玛类(Khri-ma-lod,此后一段不清):禄吉的陈诉信。内务大臣阁下,当(神)山粮食的纠纷(?)裁决之时,……相当平静。非常荣幸,您的下贱仆人,如蒙允许,望赐一见。"麻札塔克出土的 b,i,0092 号法律文书中也记述了内务大臣处理司法事务的情况:"呈内务大臣、我们的兄弟墀热、班热、贾热尊前:于阗王赞切波(Vtran-ced-po)上书。听闻贵兄弟、大臣阁下,心身健康,我亦放心。关于在彼赫格(Helge)与纳(Nag)地方发生的抢劫案件,朵热(Mdo-bzher)阁下的命令尚未送到。我正将此处族人

---

① 参见[英]F·W 托玛斯编著,刘忠、杨铭译注:《敦煌西域古藏文社会历史文献》,民族出版社 2003 年版,第 281 页。
② 参见陈楠:《吐蕃职官制度考论》,载金雅声、束锡红主编:《敦煌古藏文文献论文集》(下册),上海古籍出版社 2007 年版,第 416 页。

中的一个强盗送往'三虎'(Stag-sum)处。原准备送往你处的纳贡果品,在纳地方被焚毁殆尽……抢劫的协同犯将尽快处置,请求发落他们来此,不再拖延。"①在米兰出土的 vi,1 木简,也记述了内务官受理诉讼案件的现象:"在此处心情愉快。千真万确,我要求立即处理此事,即由内务官(nang-po)发出严格命令,不得作出决定以认可从吉摩孜(Khyi-mo-rtse)提出的诉讼。如果不是这样,作为对我的恶意控告,我要求派去有目击者资格的人们,按照法律处置此事,并请准许他们住在证人居住所。"②在麻扎塔克出土的 c.i,0030 号文书中,也记载了内务大臣审理案件:"呈于曩论(内务大臣)拉热尊前:吉那仁(Gyi-na-ring)的请求信。感谢对于玛尔斯·拉玛官司的判决(rkub-bcad)。吉那仁也请求将官司了结。"③关于吐蕃时期的曩论,王尧、陈践教授根据《新唐书·吐蕃传》《册府元龟》和长庆《唐蕃会盟碑》等文献的记述,在《吐蕃职官考信录》中认为,曩论,又称内大相、内相,是吐蕃时期中央的官员;喻寒波,管审议、纠察、司法(监察)事务。④

在相论之下,又分为上、中、下三种属官。吐蕃松赞干布时期,曾制定了"七官"制度,即域本(yul-dp,意为地方官)之职责是依法治理小地区(yul-chung);玛本(dmag-dpon,意为军事长官)之职责是克敌制胜;戚本(chibs-dpon)之职责是为王引路;安本(rngan-dpon)之职责是对管理粮食及金银者斥其罪责,遂交由安本掌管;楚本(phru-dpon)管理母牦牛、犏牛及安营设帐等事;昌本(drang-dpon)行使审判职责。⑤ 昌本,意为"公正之官",是负责审判事务的司法官员。

---

① 〔英〕F·W 托玛斯编著,刘忠、杨铭译注:《敦煌西域古藏文社会历史文献》,民族出版社 2003 年版,第 163—164 页。
② 〔英〕F·W 托玛斯编著,刘忠、杨铭译注:《敦煌西域古藏文社会历史文献》,民族出版社 2003 年版,第 346 页。
③ 〔英〕F·W 托玛斯编著,刘忠、杨铭译注:《敦煌西域古藏文社会历史文献》,民族出版社 2003 年出版,第 389 页。
④ 参见王尧、陈践译注:《敦煌古藏文文献探索集》,上海古籍出版社 2008 年版,第 376 页。
⑤ 参见(明)巴卧·祖拉陈瓦著,黄颢、周润年译注:《贤者喜宴·吐蕃史》,青海人民出版社 2017 年版,第 66—67 页。

在吐蕃统治时期，一些重大案件经常召开议事会或军帐会议进行讨论，然后裁决。如在猪年（公元711年）夏，由坌达焉赞松与大论乞力徐于雄恰召开，"对属卢·孔格治罪"①。在敦煌文书 P.T.1288 号《大事纪年》中记载，及至鸡年（公元745年），"夏，赞普驻于倭塘，冬，驻于扎玛，于'扎尖尔'集冬季大会议盟。'仲巴'尚哲恭被放逐，以属庐·玛恭补任，森哥彭拉结被放逐，以娘（明）·都孔补任"②。在法藏敦煌文书 P.T.1089 号《吐蕃官员请求复职表》中，记述了军帐会议有权受理不服地方司法机关裁判的上诉案件，其中记载："猴年，边鄙蛮貊镇守官（千户镇守官？）派吐蕃人与边鄙蛮貊之人任命者对品位意见分歧，安抚论与观察使决断，由上更动，每一千户给一封诰，勿立即去军帐会议上诉，如此决断，属于机密，请论列热其玛多等亲自处理，作公正裁断，沙州官员品位今后按此行之。"③

吐蕃时期议事会的权力很大，有时也对赞普的司法权进行制约。墀松赞普时期（公元755年—公元797年），王子穆底赞普在大殿门口被武仁阻拦，怒杀武仁。对此，大臣桂氏（mgos）说："去将（保存于）苏卡佛塔塔基的法律取来！"于是便有人骑马前往。到达苏卡佛塔处，（见到）石塔下面写有如下的文字："王者如杀死属民则如母亲打孩子一样，无法可言。"后来，又看到了佛塔上部所写的文字，于是众属民高兴了，佛塔上部的文字是："赞普本身如果不捍卫法律，那么就不得对属民执行法律。"随后，"即将天子穆底赞普流放到北方羌塘，长达九年之久"④。

在王尧、陈践所著的《吐蕃简牍综录》中，记录了悉编掣逋和元帅判决案件的事例："淫人妻女，触及刑法大律，元帅及悉编掣逋（观察使、御史）应将犯人处以绞刑。"⑤关于悉编掣逋的职责，在《新唐书·吐蕃上》

---

① 黄布凡、马德编著：《敦煌藏文吐蕃史文献译注》，甘肃教育出版社2000年版，第47页。
② 王尧、陈践译注：《敦煌古藏文文献探索集》，上海古籍出版社2008年版，第98页。
③ 郑炳林、黄维忠主编：《敦煌吐蕃文献选辑·社会经济卷》，民族出版社2013年版，第235页。
④ （明）巴卧·祖拉陈瓦著，黄颢、周润年译注：《贤者喜宴·吐蕃史》，青海人民出版社2017年版，第446—447页。
⑤ 王尧、陈践编著：《吐蕃简牍综录》，文物出版社1986年版，第69页。

中又称都护①;统军元帅,《唐蕃会盟碑》译为"天下兵马都元帅"②。上述史料表明,吐蕃时期的军事长官悉编掣逋和统军元帅也经常参与司法案件的审判。

由于文献资料匮乏,对吐蕃时期中央专职司法机构的设置情况不是很清楚。从现有的史料看,吐蕃政权曾设立刑部尚书之职,应为专职的司法官员。在长庆《唐蕃会盟碑》右面蕃官的题名中,记述了"刑部尚书明论结研历赞"的名字。③ 这一官职藏文的原文是 zhal-ce-pa-chen-po-zhal-ce-vo-chog-gi-blon,即协杰波折逋,有学者指出,zhal-ce 意为"法律""王法",zhal-ce-pa 意为"法官",这段藏文原意是"执掌一切王法的大法官"。④

在现存的古代文献中,经常见到吐蕃时期司法官员公开审判的情况。我国著名学者王尧先生对"公布罪状"作了解释,认为吐蕃时期已出现了"根据法律条款进行公开审判"的制度。芭论是中央的高级官员,其所主持的审判案件多为对中央和地方官吏的裁决。据西域出土的法律文书记述,虎年(公元714年),"大论乞力徐主持盟会,仲巴岛彭工被放逐,蔡邦氏哲恭受任命"⑤。关于仲巴的含义,陈楠教授认为,仲巴应是吐蕃政权一个很重要的职务。⑥

(二) 从敦煌西域出土的法律文书看吐蕃政权的地方司法裁判体制

关于吐蕃时期的地方司法体制,无论是传世文献还是新发现的敦煌西域出土的法律文书记载都很简略。从吐蕃政权对各统治区域的划分来看,大致分为原有统治区和吐蕃占领唐代的河陇地区两种不同的统治

---

① 参见(宋)欧阳修、(宋)宋祁撰:《新唐书》卷216《吐蕃上》,中华书局1975年版,第6071页。
② 王尧编著:《吐蕃金石录》,文物出版社1982年版,第51页。
③ 参见王尧编著:《吐蕃金石录》,文物出版社1982年版,第42页。
④ 参见陈楠:《吐蕃职官制度考论》,载金雅声、束锡红主编:《敦煌古藏文文献论文集》,上海古籍出版社2007年版,第427页。
⑤ 〔英〕F·W 托玛斯编著,刘忠、杨铭译注:《敦煌西域古藏文社会历史文献》,民族出版社2003年版,第5页。
⑥ 参见陈楠:《吐蕃职官制度考论》,载金雅声、束锡红主编:《敦煌古藏文文献论文集》,上海古籍出版社2007年版,第423页。

模式。

关于吐蕃时期固有地方行政机构的设置,据《贤者喜宴》记述,在松赞干布时期,把所有的辖区分为五茹六十一东岱。"茹"即分支、翼之意;"东岱"即千部或千户,茹和东岱是吐蕃军政体制下的两个基本单位。茹的最高长官是茹本,负责茹的一切军事、行政、司法事务;东岱的最高长官是东本,负责本辖区的军事、行政和司法事务。为了强化辖区的统治,吐蕃政权时期,还对境内的民户进行了统计和分类,据敦煌本吐蕃《编年史》记载:"至虎年(公元654年),赞普驻美尔格。大论东赞于蒙布赛宗召集议事会,区分'果'(武士)与'庸'(奴隶)。为大调集首次清查(户口)。"①果(又译为"桂")、庸的划分是五茹六十一东岱体制的基础,果被视为高等属民,庸则是为战争服务的勤杂和后方支援人员,地位低下。

吐蕃占领河陇地区后,设置五节度使进行统治,即青海节度使、鄯州节度使、河州节度使、凉州节度使和瓜州节度使,统一受东境节度大使的节制。② 在每一节度使之下,管辖数州。据敦煌文书P.T.1089号《吐蕃职官考信录》记述,吐蕃时期蕃汉官员的名称主要有节儿、万户长、万户都护、大都督、吐蕃人千户长、副节儿、小都督、汉人都护、吐蕃人小千户长、小节儿、汉人守备长等。节儿是吐蕃占领沙州时期重要的官制,节儿的藏文对音为 rtse-rje。③ 关于节儿的职掌,目前学术界存在很大分歧。王尧教授认为,在吐蕃占领河陇地区以后,在很大范围之内推行"节儿总管"来管理当地军、民庶务,成为一级行政官员。④ 法国学者戴密微认为,节儿很可能是"使持节"或"持节"的简称,即很可能是节度使的简

---

① 黄布凡、马德编著:《敦煌藏文吐蕃史文献译注》,甘肃教育出版社2000年版,第39页。
② 参见杨铭:《吐蕃统治敦煌与吐蕃文书研究》,中国藏学出版社2008年版,第20—34页。
③ 参见王尧:《敦煌吐蕃官号"节儿"考》,载金雅声、朱锡红主编:《敦煌古藏文文献论文集》,上海古籍出版社2007年版,第133页。
④ 参见王尧:《敦煌吐蕃官号"节儿"考》,载金雅声、束锡红主编:《敦煌古藏文文献论文集》,上海古籍出版社2007年版,第131—137页。

称。① 林冠群则认为，吐蕃占领沙州后，"在行政上，则设置蕃官节儿，取代原唐之刺史，以掌管沙州军事与民政"②。金滢坤等认为，沙州节儿是吐蕃统治敦煌时期在地区设置的最高长官，由瓜州节度使衙任命，拥有本地区的军政、司法、财政大权。③ 笔者认为，节儿应为吐蕃时期州一级的行政司法长官，节儿负责本州的民事、刑事案件的审理。在英藏敦煌文书斯 5816 号《寅年八月十九日李条顺打伤杨谦让为杨养伤契》中，记述了节儿审断案件的情况："寅年八月十九日杨谦让共李条顺相诤，遂打损。经节儿断，令杨谦让当家将息。"④在米兰出土的 xiv，18 号法律文书中，也记述了节儿根据惯例裁决的事例："请求：如果可能按照以往惯例，由你们决定，或者还是由节儿（rtse-rje）决定吧。"⑤

在敦煌西域新发现的法律文书中，记述了地方长官乞利本审理案件的情况。关于乞利本的性质，目前学术界存在较大分歧。日本学者藤枝晃、中国学者姜伯勤认为，敦煌文书中提到的乞利本（或乞律本）即节度使，相当于吐蕃的万户长。⑥ 陆离认为，吐蕃统治敦煌时期设置的乞利本（khri-dpon），是可以简称为节儿（rtse-rje）的吐蕃职官中品级最高的一级。⑦ 对于陆离的观点，笔者持有异议，在法藏敦煌文书 P.T.1089 号《吐蕃官员请求复职表》中，同时记录了乞利本和节儿的名称："请示大尚论作如下决定：茹本、乞利本、大料敌防御使、节儿，黄铜告身者，大营田使、大城防使……小料敌防御使、大税务官、机密大机枢书记（给事中）、大资悉（会计）、大法官、吐蕃苏毗之千户长、通颊与吐谷浑之千户

---

① 参见〔法〕戴密微：《吐蕃僧诤记》，耿昇译，甘肃人民出版社 1984 年版，第 355 页。
② 林冠群：《沙州的节儿与乞利本》，载《中国藏学》2018 年第 3 期。
③ 参见金滢坤、盛会莲：《吐蕃沙州节儿及其统治新探》，载《中国边疆史地研究》2000 年第 3 期。
④ 唐耕耦、陆宏基编：《敦煌社会经济文献真迹释录》（第二辑），全国图书馆文献缩微复制中心 1990 年版，第 198 页。
⑤ 〔英〕F·W 托玛斯编著，刘忠、杨铭译注：《敦煌西域古藏文社会历史文献》，民族出版社 2003 年版，第 350 页。
⑥ 参见〔日〕藤枝晃：《吐蕃支配期の敦煌》，载《东方学报》（京都）1961 年第 31 期；姜伯勤：《唐敦煌"书仪"写本所见的沙州玉关驿户起义》，载朱东润等主编：《中华文史论丛》（总第十七辑），上海古籍出版社 1981 年版，第 163 页。
⑦ 参见陆离：《吐蕃敦煌乞利本考》，载《中国边疆史地研究》2007 年第 4 期。

长、节儿红铜告身者。"①由此可见,乞立本和节儿是属于不同品级的官职。在敦煌文书斯6829号《戌年(公元806年)八月氾元光施捨房舍入乾元寺牒并判》中,记述了乞利本处分案件的情况:"謹將前件房舍施入乾元佛殿,恐后无凭,请乞利命,请处分。"②

在敦煌西域出土的吐蕃法律文书中,记述了许多地方司法官员的名称。如敦煌文书中多次提到了大理法司、理刑官和法官等司法官员的称谓,笔者认为,这些司法官员应为吐蕃统治的河陇地区节度使、各州节儿所属的专职司法机构和司法官员的名称。据P.T.1078号《悉董萨部落土地纠纷诉状》记载:"税吏论诺热与押衙论诺三摩诺麦驾前,……但窦廓庸和周布杨父子,抢劫王贵公……种地,没有成功,献与论罗热诺布赞将近二十年……属实,向大理法司论赞三摩赞申诉后,但判为……有理,王氏之越界余田,王并未正式领受田地,与证人申言相符。"③在敦煌文书P.T.1084号《博牛纠纷诉状》中,也记录了"张夏夏将克拉穷告上大理法司审理"的情况。④ 关于敦煌文书中出现的大理法司和理刑官的含义,南杰·隆英强认为,瓜州、河州节度使衙署大理法司和理刑官,"相当于凉州节度使衙署的大司法长"⑤。陆离也认为,大理法司是瓜州节度使衙负责司法审判事务的长官。⑥ 在新疆出土的简牍中,也提到了法官的称呼,据王尧、陈践《吐蕃简牍综录》记述:"任命尚论悉诺热为法官。"⑦陈楠教授指出,这条材料可以说明新疆的吐蕃占领区也设置了执

---

① 郑炳林、黄维忠主编:《敦煌吐蕃文献选辑·社会经济卷》,民族出版社2013年版,第233页。
② 在唐耕耦、陆宏基主编的《敦煌社会经济文献真迹释录》(第三辑)(全国图书馆文献缩微复制中心1990年版,第73页)中,把"请乞利命,请处分"误作"请乞判命,请处分",笔者核对文书原件,应为"请乞利命,请处分"。
③ 王尧、陈践译注:《敦煌古藏文文献探索集》,上海古籍出版社2008年版,第273—274页。
④ 参见郑炳林、黄维忠主编:《敦煌吐蕃文献选辑·社会经济卷》,民族出版社2013年版,第151页。
⑤ 张晋藩总主编:《中国少数民族法史通览》(第二卷),陕西人民出版社2017年版,第128页。
⑥ 参见陆离:《吐蕃统治河陇时期司法制度初探》,载《中国藏学》2006年第1期。
⑦ 王尧、陈践编著:《吐蕃简牍综录》,文物出版社1986年版,第69页。

行王朝法律的司法官员"协杰波",这一官职是中央大法官协杰波折逋的下属官员。①

最后需要说明的是,吐蕃统治时期,僧官有时也参与司法审判的事务。英国学者托玛斯最早发现了这一现象,指出:"实际在两个案例中,有迹象显示僧人会议(grwa-yus)中进行了审判。"②吐蕃政权是政教合一的政权,僧侣在国家社会中具有很高的地位。在中央,僧相(钵阐布)职掌同于宰相,参与一切军国大事;在地方,僧官有时也参与司法审判方面的事务。在米兰出土的法律文书xlii,1号木简是一件"有关一头驴的争吵或诉讼,其中还涉及一条带子"的文书,内容是:"早先要求原告去,之后……召集僧侣会议,似去恰台(Ka-dag)。您的下人自己希望小罗布(Nob-chung)的……作证人及下属未来。"③这表明在吐蕃政权统治时期,僧侣会议是一个重要的上诉机构。

在米兰出土的法律文书xxviii,002号中,记述了班蔡白春等人向大喇嘛等申诉的情况:"蛇年春之孟月,新月某日,节儿(Rtse-rje)论·久久及尚论,杨波白玛等人尊前。上诉人:两个承运者班蔡白春和东昌巴伍恐,雇用郎(Rlang)大兄(?)和二兄、小弟,禄毒·丹贝叶通和兰昌班纳等人。上诉人白春等人上诉如下:我们来自小罗布(Nob-chungu),招集八名突厥(Hor)搬运夫,……来到大罗布……。由于拾柴者未到,我们从节儿(Rtse-rje)处领命获得拾柴之事,被告知要拆去外面的一间破房。我们两人拆完这间破房时,以上提到的五人,趁我们两个孩子疲倦……袭击我们,几乎置我们于死地。卑鄙地……抓住我等的外衣(?)。我等下人上诉如下:巴伍热在来此途中染疾,两个千户(Stong-sde)没有……对我们,而送我们去卡伦(Bkav-lung),我们去了有名的Dkav处。卡伦蔑视并侮辱我们,'如果你们愿意,你们可以上告。如果

---

① 参见陈楠:《吐蕃职官制度考论》,载金雅声、束锡红主编:《敦煌古藏文文献论文集》,上海古籍出版社2007年版,第427页。
② 〔英〕F·W 托玛斯编著,刘忠、杨铭译注:《敦煌西域古藏文社会历史文献》,民族出版社2003年版,第281页。
③ 〔英〕F·W 托玛斯编著,刘忠、杨铭译注:《敦煌西域古藏文社会历史文献》,民族出版社2003年版,第127页。

希望上书向大喇嘛(？或上级)申诉,依法律可以要求传唤证人作证。'关于见证人姓名和家庭,是真若·禄丹、库·达穷和索兰勒、荣卓赞、任祖贝、突厥(Dru-gu)拉赖,他们的签印和承运者的手印,信使(Dpang-chen)和有关人已具上。僧侣会议据请求已在夏季仲月之首召开。"①

吐蕃时期的司法制度十分复杂,在敦煌西域发现的吐蕃时期的审判文书中,有许多案件是对原审判机关的判决不服而提起的上诉案件。在敦煌文书P.T.1078号《悉董萨部落土地纠纷诉状》中,王贵兄弟因不服沙州官府的判决,又向瓜州节度使衙署上诉,请求大理法司判决。

吐蕃统治时期还设立监察使对地方司法、行政事务进行监察。据麻扎塔克出土的b,i0095号文书记载:"禀呈阁下吉协尊前:拉日吉的问候信……在此城镇中的穷赞、囊协和拉桑及其余人等皆无恙。一切如他们所说,监察使(Rgyal-zigs)拉札吉也已回复,并来到此处。"②由于敦煌西域出土的吐蕃时期的监察史料很少,在此就不展开讨论了。

二、从敦煌西域出土的法律文书看吐蕃时期的民事诉讼

传世文献中关于吐蕃时期的法律史料很少。19世纪末20世纪初以来,在敦煌西域发现了许多古代吐蕃时期的法律文书,这些法律文书的出土,为深入探究古代吐蕃统治时期的民事诉讼制度提供了珍贵资料。

(一)从敦煌西域出土的法律文书看吐蕃时期的民事法律制度

吐蕃统治时期,注重以法律的形式对私有财产进行保护。为了防止他人非法侵占私有土地,吐蕃仿效战国时期"封"的形式,在私人土地之间砌圆形石堆作为标记,以此来确认土地的所有权。据千佛洞出土的法律文书78,xiv号记载:"……西……地界以手砌圆形石堆为标记……地

---

① 〔英〕F·W托玛斯编著,刘忠、杨铭译注:《敦煌西域古藏文社会历史文献》,民族出版社2003年版,第136页。
② 〔英〕F·W托玛斯编著,刘忠、杨铭译注:《敦煌西域古藏文社会历史文献》,民族出版社2003年版,第352页。

界至大路边上……吐尼朋赞耕地的地界……桧树地……地界:波根的土地两者之间,有一手砌圆石堆;由此向南直达吐古的小块耕地。"①

在米兰出土的法律文书xxv,001号中,记录了土地所有者和耕种者的姓名,土地的亩数等内容,表明国家法律对私人土地所有权的承认。该文书内容已严重残损,经过整理之后,内容如下:"将军(dmag-pon)的土地……突……小麦,半……格莽的土地一突,……一突半;那祖波,一突半;巴桑,一突。在那雪,……的土地,半突:由白赞耕种,种小麦。将军的土地,一突;巡察使(spyan)的土地,一突……将军的土地,一突;山沟深处地,一突;由囊顿耕作种小麦。……两突:由汉人拉劳耕作种小麦。战相的土地,两突;岸本土地,……突,由……耕作种小麦。在蓄水池(地名?)三突半;岸本土地,两突;那热瓦(Gnag Ra-ba)一突,……的土地两突半,由白波赖(Dpal-po-legs)耕作种小麦……二;那那(Gnag-Rnav)……一突半,由托尼耕作种小麦,蓄水池地,两突……。"②

吐蕃时期,贵族官员拥有大量私有土地,可世代承袭。据《恩兰·达扎路恭纪功碑》记载:"大公之子孙后代手中所掌管之奴隶、地土、牧场、草料、园林等等一切所有,永不没收,亦不减少,他人不得抢夺。若彼等自家不愿再管时,不拘其(血统)远近,贤与不肖,亦不更换而畀予焉。"③

在吐蕃时期,也存在土地国有的情况。如米兰出土的xviii,0028号木简中,记载了当时存在国有土地的情况:"打包人的土地为一突,……地的半突,由达穷耕种。那雪(部落)……的土地两突,其中茹本的土地,一突。多余的小片土地一突:由镇民(khrom-phan)耕种。"④这里的"多余的小片土地一突:由镇民耕种",应属于国有土地。另有学者根据敦煌文书斯9156号《沙州诸户口数地亩计簿》的记述,在敦煌百姓元琮、武朝副等20户的田册中,有18户的占田数是1人1突,由此推断,在吐

---

① 〔英〕F·W托玛斯编著,刘忠、杨铭译注:《敦煌西域古藏文社会历史文献》,民族出版社2003年版,第316页。
② 〔英〕F·W托玛斯编著,刘忠、杨铭译注:《敦煌西域古藏文社会历史文献》,民族出版社2003年版,第306页。
③ 王尧编著:《吐蕃金石录》,文物出版社1982年版,第83页。
④ 〔英〕F·W托玛斯编著,刘忠、杨铭译注:《敦煌西域古藏文社会历史文献》,民族出版社2003年版,第307页。

蕃占领敦煌期间,当地曾实行过"计口授田"的土地政策。①

20世纪初,在米兰出土了一件吐蕃时期的法律文书,编号为iv93b号,从内容来看,体现了吐蕃法律对国王土地所有权的保护,引之如下:"兔年夏,划小罗布(Nob-chunguivi)王田为五个庄园(Bzhengs-kha),按种田人数多少分配土地。头领(Dbang-po)和耕种者的人数,根据权力与田作惯例,应登记于(户主)名下。任何人不得拥有地权,或围圈空地。任何一小块田产,都要按人数多少分配。(分定之后)不许荒废田业或破坏田界。此五个庄园的土地都树立界标。有违制占田破坏田界或使田业荒废者,将剥夺其田业,没收其庄稼,并按情节轻重治罪,将各户种田人的人数造成总册,交到边境城堡(Mkhar-ris)长官处,凡有阴谋叛乱、破坏水利、反抗官府、图谋侵夺等事,一律按本城旧律治罪。"②

随着商品经济的发展和民事法律活动频率的提升,吐蕃时期许多民事法律活动都要制定法律文书,从而促进了债权制度的发展。从目前所见的吐蕃统治时期的契约文书看,主要有商品买卖、土地租赁、借贷、雇佣等方面的契约文书。吐蕃时期的契约形式深受唐代契约格式的影响,具备了现代契约文书的许多要件,包括制定契约双方的姓名、内容、标的、契约制定的时间、证人、保人、违约责任等内容。完善的契约文书,有利于保护财产所有权人的合法权益。

吐蕃时期,有关土地、房屋等不动产商品的买卖要制定契约文书,当发生纠纷时,契约文书是证明财产所有权的有力证据。吐蕃时期的法律反对以胁迫、欺诈等手段签订契约文书,在P.T.1077号《都督为女奴事诉状》中,可以看到"强立文契"的契约属于无效的民事法律行为。③

法藏敦煌文书P.T.1086号《猪年购房基契》是一份不动产买卖的文书,主要内容是:"猪年夏,丝绵部落李天昌兄弟二人之房基与王光英毗连。光英兄弟从天昌兄弟处以青稞两汉硕和粟米两汉硕,共四汉硕

---

① 参见杨铭:《吐蕃统治敦煌与吐蕃文书研究》,中国藏学出版社2008年版,第72页。
② 〔英〕F·W 托玛斯编著,刘忠、杨铭译注:《敦煌西域古藏文社会历史文献》,民族出版社2003年版,第130页。
③ 参见王尧、陈践编著:《敦煌吐蕃文书论文集》,四川民族出版社1988年版,第56—62页。

(作为购置房基之地价),按照过去商谈,已向天昌兄弟全数纳清。天昌一方在契约上盖印。证明人:毕顺子、梁兴子、刘英诺、宋平诺等在契约上盖印。购房之资财,由幼弟谢国乃经手,国乃盖印。"①该契约文书已十分规范,文书制定的时间、地点、买卖双方姓名、价格、购置土地用途、证人、还付款方式等都一一写明。这份契约文书和敦煌地区出土的唐代契约文书形式基本相同,表明在公元7至9世纪吐蕃的法律制度深受唐朝法律的影响。

吐蕃时期,因牛马、奴婢等商品买卖而制定法律文书的现象十分普遍。在现存的契约文书中,大都约定了卖方责任、悔约惩罚和保人担保等方面的内容。②如在法国国家图书馆所藏敦煌文书P.T.1094号《鼠羊博牛契》中,即约定了上述内容:"鼠年冬季十一月初,论可足卜登与论绮力心热,论悉诺心热于军帐会上,对鲍末奴诉状之批复:悉董萨部落李玉赉主仆从通颊斯东巴部落千夫长贪论嘘律扎之奴安鲍迪处,以三两纯银购黄牛一头,毛色与角形为:毛色红而有光泽,犄角直立,脸部有斑纹。今后,鲍迪若谓:'自己无权卖此牛'或'此牛之主人为他人',无论发生大小任何口角,均找鲍迪是问。……双方谈妥,如此交易写契。无论何方反悔,或不同意,即将其二两押银立即交与对方,并依法处以(反悔之罪)。"③凡购买奴婢、牛马等大宗商品,还要加盖官府的文印,否则契约无效,在敦煌文书P.T.1294(4)号《都督为女奴事诉状》中,就有"吾之文契,节儿上下未盖印章,无效"的记录。④

在敦煌出土的吐蕃法律文书P1095号《买牛契》中,还规定了卖方若因该牛产生所有权纠纷所承担的诉讼责任,文书内容如下:"兔年冬十一月,王光恒(wang gvang-hing)从吐谷浑麻噶多庆(ma-ga-do-cin)部落的郑奴古本(zing nu-ku-spong)处买公牛一头……此后,如果

---

① 王尧、陈践译注:《敦煌古藏文文献探索集》,上海古籍出版社2008年版,第265页。
② 参见侯文昌:《敦煌吐蕃契约文书研究》,法律出版社2015年版,第84—88页。
③ 王尧、陈践译注:《敦煌古藏文文献探索集》,上海古籍出版社2008年版,第265—266页。
④ 参见郑炳林、黄维忠主编:《敦煌吐蕃文献选辑·社会经济卷》,民族出版社2013年版,第144页。

第九章　从敦煌西域出土的法律文书看吐蕃时期的诉讼制度　291

有人声称此牛为其所有,引起相关大小诉讼,(买方)将不负任何责任,概由奴古本(卖方)负责。"①

敦煌西域地区是古代丝绸之路的要冲,在吐蕃政权占领敦煌地区后,该时期的商品买卖也很活跃。在米兰出土了一件有关贸易交换的法律文书,编号为米兰,xiv,109a,其内容是:"对论·莽支来函,以及蛇年夏卓摩岭(Gtsos-mo-gling)军帐会议(Khrom-gyi-vdun-su)急件的答复。官府属民方面来了登波勒郎的三支转运队,霍尔(Hor,突厥人)班和格萨,他们各带来一头公牦牛和两头母牦牛(?)。他们没有隐藏这些牦牛,葛贡也决无 Rtug(牛粪)和 Sgdl-dra(兜网);交货时间是今年仲秋月(闰秋月)的第五天,交货安排在小罗布(Nob-chungur)。如果交接未按时进行,或未按约定的数量交付,或者这些都无问题,但如葛贡对六头牦牛的比例及价格表示不同意,反而提高廉价货物的价格,经三次检验所订的契约如不生效,无论何种东西,如财物、牛、大麦和米,一经发现,勒郎及其保人兰东孔,即可占有,而(对方)无申诉权利。'王之监察使'勒赞和支(Rtsig)·塔蔡克及……手印指纹两种同按。"②

吐蕃时期民间借贷现象普遍,法律极力维护债权人的利益。在新出土的吐蕃借贷法律文书中,所见的债权人类别很多,据法国学者童丕(éric Trombert)统计,债权人的类型有普通百姓和僧尼,私人和集体组织。③ 敦煌出土的吐蕃法律文书 P.T.1297 号《宁宗部落夏孜孜永寿寺便麦契》是一件借贷的契约文书,从文书内容看,不仅记述了借贷双方的姓名、时间、还约定了对违约方的惩罚措施等内容,现抄录如下:"宁宗部落之夏孜孜因无种子及口粮,濒于贫困危殆,从永寿寺三宝与十方粮中,商借麦及青稞八汉硕,还当定为当年八月三十日,送至永寿寺之掌堂师与沙弥梁兴河所在之顺缘库中。到时不还,或单独出走,借一还二。

---

① 〔日〕武内绍人:《敦煌西域出土的古藏文契约文书》,杨铭、杨公卫译,新疆人民出版社 2016 年版,第 28 页。
② 〔英〕F·W 托玛斯编著,刘忠、杨铭译注:《敦煌西域古藏文社会历史文献》,民族出版社 2003 年版,第 131—132 页。
③ 参见〔法〕童丕:《敦煌的借贷:中国中古时代的物质生活与社会》,余欣、陈建伟译,中华书局 2003 年版,第 51 页。

即或从孜孜家中牵走牲畜,抄去衣服用具,迳直从团头手中夺走也无辩解,更无讼词。若孜孜不在,着其子夏冲赟照前项所述交来,中证人王悉道和周腊赟盖印,同时,孜孜自愿承担。"①

法藏敦煌文书 P.T.1297 号《虎年借马契》是一份借贷契约文书,文书不仅规定了借贷人应承担的法律风险,还规定了对孳息的处理方式,内容如下:"虎年冬,沙弥张能兴从悉董萨部落高杨赟处购得母马一匹,而马(卖后)杨赟又借回该马,定于兔年秋季八月内将马送还沙弥能兴家中。于此期间,母马若有死亡、丢失,照赔母马一匹,立即交与能兴。该马若未发生死亡或丢失,亦于夏季内交还。如有驹则付与相应酬金。母马不孕,则由杨赟说明。"②在麻札塔克出土的编号为 0509 与 0510 号契约残片是一份金钱类的借贷文书,文书不仅约定了债务人违约的惩罚措施,还规定了债权人有权掣夺债务人的家资,内容如下:"在最后一刻变为铜钱一两,安排在不迟于鸡年的……一两铜钱必须交还。如届时未能支付,一两将变为二两;甚至从李梅金等的房内取走什物,应当毫无怨言,表示服从。见证人如下:擎三(Phyug-mtshams)的茹波,达·吉玛,杰札·拉贡。这些见证人已留下他们的印信给玛·阿囊金等。"③从上述契约文书中可以看到,吐蕃时期的民事法律充分借鉴了唐代的制度,十分重视书证的制作,以减少民事法律纠纷,维护债权人的合法权益。

吐蕃时期民间雇佣现象也很普遍。在敦煌西域出土的古代法律文书中,雇佣契约占有很大比重,雇佣的形式多种多样,有雇佣他人制作杯具的,有雇佣他人做巡哨的,还有雇人做帮工的,等等。在米兰出土的 xix,001 号木简是一件官府雇佣私人奴仆的文书,内容是:"论·塔热的奴仆吉洛支,根据萨毗(Tshal-bui)有关官府属民(Mngan-gyi-vbang)的

---

① 王尧、陈践:《从一张借契看宗教的社会作用——P.T.1297(1)号敦煌吐鲁番文书译释》,载《敦煌吐蕃文书论文集》,四川民族出版社 1988 年版,第 16 页。
② 郑炳林、黄维忠主编:《敦煌吐蕃文献选辑·社会经济卷》,民族出版社 2013 年版,第 38 页。
③ 〔英〕F·W 托玛斯编著,刘忠、杨铭译注:《敦煌西域古藏文社会历史文献》,民族出版社 2003 年版,第 48 页。

法令(或惩罚),已在小罗布(Nob-chung)做事,我按阁下要求现在从萨毗送去通知,允许他受雇留用,制作杯具。他还在小罗布,没有回来,我已送信让他去怯台(Ka-dag),使其遵命专司制作杯具事宜。"①在米兰出土了一件雇人帮工的契约文书,该文书十分完整,内容如下:"猪年,对小罗布军帐(Khrom Nob-chungur)的大尚论,论·帕桑来文之答复。一个上阿骨赞(Rgod-tsang)地区的人,从前为平民时叫吴塘萨琼,出家为僧后取名杨祖札西,洛俄塞从此人那里(雇了)一个自报名波冲的仆人,此人来自唐人某家,并署其名:汉人卜札,大约五十岁。"②在敦煌文书 P. T. 1297(4)《收割青稞雇工契》中,还规定了受雇人的违约责任:"虎年,比丘张海增……雇谢比西收割十畦青稞地,定于秋季七月收割。到时不割,往后延期或比西悔约……立即交给僧人(比丘)与当地产量相当之十畦青稞数。假如比西因摊派王差不能完成,仍照上述交付……。担保人阴腊贽、郭悉诺山、王玉悉顿、张孜孜等。……比西父子按指印签字。"③

在英国大英博物馆所藏文书中,保存了一件吐蕃时期的合伙契约文书,编号为 S.0228 号。该文书制作完备,涉及的条款很多,对于合同双方的责任划分也十分明确,反映了该时期受唐代契约法的影响明显。文书内容如下:"猪年二月,七屯(城)通颊(Thong-kyab Se-tong)成员卡甲桑笃笃 Vkal-vgrav-bzang Tevu-tevu 的作物田(坡北闸赤隅地方),因无耕牛农具,与僧人姜兰永搭伙,兰永出耕牛农具,种子与人工平摊,笃笃负责守卫盗贼,秋收后无论收入多少,……牲畜受病,农具毁坏,笃笃负责赔偿。如收入不立即分配,或施用诡计,则加倍偿还,其家门内外的任何财产、什具,无论放置何处,'以及所附新物'均被占有,不得争议半点。无论遭受何种损失,如收成未按全(或农民工钱)数和好坏平分,则应立行偿付相应债务。如此约定,每有灾祸或事端发生,他(笃笃)应出

---

① [英]F·W 托玛斯编著,刘忠、杨铭译注:《敦煌西域古藏文社会历史文献》,民族出版社 2003 年版,第 116 页。

② [英]F·W 托玛斯编著,刘忠、杨铭译注:《敦煌西域古藏文社会历史文献》,民族出版社 2003 年版,第 133 页。

③ 王尧、陈践编著:《敦煌吐蕃文书论文集》,四川民族出版社 1988 年版,第 32 页。

面解决。如果分成未按时进行,则根据惯例执行,(其)房屋、土地和工具直到布匹,无论放置何处,均可占有,不得争议,不得对没收物行使权利。他签名(Mchid)表示承认此约。如无任何家什或(其他)东西,或者他留下空屋潜逃,债务仍在,直至其归。"①

吐蕃统治时期的民事法律制度虽深受唐朝法律的影响,但该时期习惯法仍广泛适用,如契约文书中多次出现"按惯例执行"的字样,说明吐蕃时期的法律正处于习惯法和成文法融合演变的过程中。

在敦煌西域出土的吐蕃法律文书中,也有关于婚姻、家庭财产继承等方面内容。吐蕃时期实行族外婚制,同氏族的成员之间以"宾(spun)"相称,这在当时是不成文的婚姻禁忌,有学者指出,从吐蕃时期即已实行宾(spun)内禁婚制度。② 此外,吐蕃也有收继婚的传统,如墀松德赞(Khri srong lde brtsan,742—797)殁后,其子牟尼赞普(Mu ne btsan po,774—797)就娶了父亲的妃子之最年轻者,并加以宠爱。③

吐蕃时期的婚姻制度没有受到唐朝良贱不婚观念的影响,已婚女子成为妻室,即可脱离奴隶的地位,也就不能再任意变卖或抵债了。④ 在敦煌文书 P. T. 1071 号《狩猎伤人赔偿律》中,明确记述了财产继承的顺序,受害人如系绝嗣之家,"其妻室有父归其父,无父归其兄弟近亲"⑤。吐蕃时期已制定了收养的法令,据 P. T. 1080 号《比丘尼为养女事诉状》记述:"按照收养律令,不得自寻主人,仍照原有条例役使。"⑥

---

① 〔英〕F·W 托玛斯编著,刘忠、杨铭译注:《敦煌西域古藏文社会历史文献》,民族出版社 2003 年版,第 145 页。

② 参见阿旺:《吐蕃法律综述》,载金雅声、束锡红主编:《敦煌古藏文文献论文集》,上海古籍出版社 2007 年版,第 453 页。

③ 参见〔日〕山口瑞凤:《西藏》(上册),许明银译,全佛文化事业有限公司 2003 年版,第156 页。

④ 参见王尧、陈践编著:《敦煌吐蕃文书论文集》,四川民族出版社 1988 年版,第 55 页。

⑤ 郑炳林、黄维忠主编:《敦煌吐蕃文献选辑·社会经济卷》,民族出版社 2013 年版,第 213 页。

⑥ 郑炳林、黄维忠主编:《敦煌吐蕃文献选辑·社会经济卷》,民族出版社 2013 年版,第 158 页。

(二)从敦煌西域出土的法律文书看吐蕃时期的民事诉讼制度

吐蕃时期民事法律活动频繁,直接促进了民事诉讼制度的发展。在吐蕃统治时期,民事诉讼的程序还相对简单,审理案件的方式也带有游牧民族的特色。根据传世文献和新发现的法律文书,在吐蕃时期已出现有关诉讼程序的法律篇目。据《贤者喜宴》记述,墀松德赞时期,大臣老桂氏之子桂·墀桑雅拉(mgos-khri-bzang-yab-lhag)制定法律,规定"在裁决诸种命价时,将双方诉讼的起始(情况)写成文书,并写出真实确切的命价等""在裁决亲属分离时,(要写明)如何成为亲眷及如何成为怨敌的初始原委等"。①

在松赞干布时期,制定了《决断双方有理三方欢喜内府之法》,主要是为了解决原被告双方均有诉讼理由如何裁判的问题,具体的裁判方法是:"某户之子,刚生不久既落河中,被鱼吞食。又,有居于山下村内之另一户主,其仆捉到此鱼,剖腹而得一未死之婴,该户主抚养之。俟后,先前之户主闻悉,即争讼,且求国王审理,遂判决:双方轮流抚养此子,并为此子各娶一妻,所生之子双方各自领去。"②根据此案,遂制定了《决断双方有理三方欢喜内府之法》。

在吐蕃时期,民事诉讼的双方当事人处于平等地位,普通民众也可因财产纠纷控告国家官员。在麻札塔克出土的 b, i00104 号文书中就记述了这样的事例:"送呈朱俱波(Kha-ga-pan)官邸(divan):芒若的陈述书。(一般的问候之后)去年听到说人坏话者的诽谤之后,我已辞职去塞俄(She-vo)。然后我的……一个孙女出生了,在聂噶(Gnyag)也有……我孙儿的生日及……的礼物……因为夫人和家仆陷于家务纠纷,锻子的钱延迟了,并且……我被这些事情缠住,在涨价之后,又涨价……铜币,且此妇之夫控告我,我失去了……三两(Srang)铜币。然

---

① (明)巴卧·祖拉陈瓦著,黄颢、周润年译注:《贤者喜宴·吐蕃史》,青海人民出版社2017年版,第370页。
② (明)巴卧·祖拉陈瓦著,黄颢、周润年译注:《贤者喜宴·吐蕃史》,青海人民出版社2017年版,第99—100页。

后,……控告我。"①从该条史料来看,一名叫芒若的官员因遭诽谤而被迫辞职,辞职后又两次被人起诉,赔偿原告若干铜币。

在吐蕃时期,有关土地、婚姻、商品买卖、借贷等方面的民事诉讼与唐朝一样需要告诉人提交起诉书。吐蕃对于民事诉讼的诉状并未作严格的要求,诉状主要陈述诉讼的起因和具体的诉讼请求。从现存吐蕃时期的起诉书看,大多以"往昔"起句,接下来陈述诉讼的时间和事由。据P. T. 1080 号《比丘尼为养女事诉状》记述:"往昔,兔年,于蕃波部落与退浑部落附近,多人饥寒交迫,行将待毙。沙州城降雪时,一贫穷人所负褪褓之中,抱一周岁女婴,来到门前,谓:'女婴之母已亡故,我亦无力抚养,此女明后日(数日内)即将毙命。你比丘尼如能收养,视若女儿亦可,佣为女奴亦可。'我出于怜悯,将她收容抚养。瞬间,已二十年矣。此女已经二十一岁。……一次,通颊衙门一妇女前来,女乃声称:'她是我母'等等。风言风语,越来越多,彼女亦不似以往卖力干活。为此,呈请将此女判归我有,如最初收养之律令,任何人不得索要,不得加害等因,务恳颁发用印文书。"最后,司法官作出了批示:"按照收养律令,不得自寻主人,仍照原有条例役使。"②在法国国家图书馆所藏敦煌文书 P. T. 1297(2)《为放羊群入田之诉状及判词》中,也记述了原告起诉的内容:"猪年夏季六月初五日,张嘘律奴斯兄弟将羊群放入张锡才之菜地,并于通衢大道对妇女凌辱施暴,先后在小人家门前大施淫威,残虐无辜,恳求上峰官人予以严究。"③在敦煌文书 P. T. 1084 号《博牛纠纷诉状》中,记述了原告张夏夏的起诉文书:"鸡年春……此黄牛系我从南克拉穷处买来,契约与证明均有,此牛确属于我,曹尔阿人无权出售,应从曹尔阿部落人手中取回还我,请召证人并请大理法司审理。"④

---

① 〔英〕F. W 托玛斯编著,刘忠、杨铭译注:《敦煌西域古藏文社会历史文献》,民族出版社 2003 年版,第 222 页。
② 王尧、陈践译注:《敦煌古藏文文献探索集》,上海古籍出版社 2008 年版,第 276 页。
③ 郑炳林、黄维忠主编:《敦煌吐蕃文献选辑·社会经济卷》,民族出版社 2013 年版,第 155 页。
④ 郑炳林、黄维忠主编:《敦煌吐蕃文献选辑·社会经济卷》,民族出版社 2013 年版,第 152 页。

吐蕃时期的民事诉讼重视证据。随着民事经济活动的日益频繁,也推动了证据制度的发展。如在西域出土的法律文书中,有"若由你审判,节儿总管先把事由、物证弄清"的记录。① 吐蕃时期民事诉讼的证据种类很多,其中最重要的证据形式是书证和证人证言。

吐蕃时期,凡从事商品买卖、借贷、租赁等民事活动均须制定契约文书,书证的制定不仅有利于保护债权人的权益,也可减少法律纠纷,为民事诉讼提供了有力的证据。在王尧、陈践编著的《吐蕃简牍综录》中有这样的记述:"这团毛线已在'乞力得'前过秤,有十五两多,我按了指印交与'乞力得'。证人拉乡部落之……盖章,'乞力得'也特地按了手印。"②在法国国家图书馆所藏敦煌文书 P.T.1297 号《宁宗部落夏孜孜永寿寺便麦契》中,记录了吐蕃时期借贷契约的格式,引之如下:"宁宗部落之夏孜孜因无种子及口粮,濒于贫困危殆,从永寿寺三宝与十方粮中,商借麦及青稞八汉硕。还时定为当年秋八月三十日,送至永寿寺之掌堂师与沙弥梁兴河所在之顺缘库中。到时不还,或单独出走,借一还二。即或从孜孜家中牵走牲畜,抄去衣服用具,径直从团头手中夺走也无辩解,更无讼词。若孜孜不在,着其子夏冲赉照前项所述交来。中证人王悉道和周腊赉盖印,同时,孜孜自愿承担,印章加签字。"③从该法律文书的格式看,与敦煌、吐鲁番出土的唐代契约格式基本相同,说明吐蕃时期的法律制度深受唐代法律的影响。从文书中约定的解决途径看,也与唐代债法中的掣夺家资、保人代偿制度几乎完全一样。

除私人之间制定的契约文书外,官府编纂的户籍、税收凭证等官文书也是重要的书证形式。如在敦煌文书 P.T.1079 号《比丘邦静根诉状》中,比丘本训在诉讼中就提出了官府的官册,他说:"官册所言属实,鲁鲁已死。"④

---

① 参见王尧、陈践编著:《吐蕃简牍综录》,文物出版社 1986 年版,第 65 页。
② 王尧、陈践编著:《吐蕃简牍综录》,文物出版社 1986 年版,第 42 页。
③ 王尧、陈践:《从一张借契看宗教的社会作用—P.T.1297 号敦煌吐蕃文书译释》,载《敦煌吐蕃文书论文集》,四川民族出版社 1988 年版,第 16 页。
④ 郑炳林、黄维忠主编:《敦煌吐蕃文献选辑·社会经济卷》,民族出版社 2013 年版,第 161 页。

吐蕃时期的民事诉讼也重视证人证言。在法藏敦煌文书 P.T. 1297(2)号《为放羊群入田之诉状及判词》中，多次提到了证人在审判中作证的情况："判决：关于有无随意放牲畜入地之事，各自有多少证人立即召来对质。少许，按照部落使万户（乞利本）长官传令……隔日登子找来四名证人，证人姓名为……（拟阙）邱锡才揪住登子之衣领。"①在法藏敦煌文书 P.T. 1081 号《关于吐谷浑莫贺延部落奴隶李央贝事诉状》中，也提到了证人的证言："莫贺延部千户长与副千户长证词：李央贝是我莫贺延部之人。一次，录载名册之上，而张向上请求，去大理法司驾下告状，变得张有道理，官府名册亦未登录，现根本不属于慕罗瓦。将此人召回，如不与张，就应归莫贺延部，如此证言。"②

在吐蕃时期的民事诉讼中，司法官员经常把原被告双方和证人的盟誓作为民事审判的依据。据法国国家图书馆所藏的敦煌文书 P.T. 1077 号《都督为女奴事诉状》记述："本来，吐蕃人有盟誓之习，沙州唐人无盟誓之习，恕我直言无讳：沙州唐人当初就与其他地方不同，效忠于赞普，现已归于吐蕃，属于同一律令之内，亦有结盟发誓之习。上方若关照，能否说朗绮布一方没有发誓。"③另据《贤者喜宴》记载，大臣老桂氏之子桂·墀桑雅拉曾制定法律，其中的"真智五木简"也记述了盟誓的规定："在裁决亲属分离之时，（要写明）如何成为亲眷及如何成为怨敌的初始原委等，其间之最早（木简）称为'天强'（then-byang），而在裁决突患神经病者及发誓者时，其间所（写成）的木简称作'丘侬'（mchu-smyung）。"④在敦煌文书 P.T. 1079 号《比丘邦静根诉状》中，记述了多人起誓的情况："曾与文籍记载核对，请依旧留下作为我等之奴。如此请求。僧统大师座前、长老沙门性因、沙门海照、沙门海恩、管家夏米尼保、张良文、尤森汉、安罗都、证人长老、老持戒人、沙门张本惠、沙门无边、沙

---

① 郑炳林、黄维忠主编：《敦煌吐蕃文献选辑·社会经济卷》，民族出版社 2013 年版，第 155 页。
② 王尧、陈践译注：《敦煌古藏文文献探索集》，上海古籍出版社 2008 年版，第 277 页。
③ 王尧、陈践译注：《敦煌古藏文文献探索集》，上海古籍出版社 2008 年版，第 269 页。
④ （明）巴卧·祖拉陈瓦著，黄颢、周润年译注：《贤者喜宴·吐蕃史》，青海人民出版社 2017 年版，第 370 页。

第九章　从敦煌西域出土的法律文书看吐蕃时期的诉讼制度　299

门雄因、沙门帕更、沙门文照、沙门洪凡、比丘上人、沙门洪比、周帕缘和林帕因等虽起誓如此言道。"①

吐蕃时期,在审理民事案件时,十分重视原、被告双方的陈述,赋予原被告双方以充分辩护的权利,并将其作为裁判的依据。在敦煌文书P.T.1077号《都督为女奴事诉状》中,既有原告都督的陈述,也有被告朗绮布在庭审时的自我辩护。绮布辩护说:"立文契时,论玛扎也在场。此话纯属谎言,玛扎曾来,此亦属实,但论玛扎之代理人为论玛热。召我前往揩热与玛热之驾前对质可否?"②在敦煌文书P.T.1081号《关于吐谷浑莫贺延部落奴隶李央贝事诉状》中,也有李央贝的法庭陈述:"我当初属莫贺延部落,卖身契为幼年九岁时所立,名叫李央贝。慕罗瓦之头人,制造借口,(另又取名)。我的卖身价先后确实由张付予绮立当罗索。"③

吐蕃时期的民事审判秉持公平公正的原则,只要证据充分,权利人的诉讼请求大都能够得到支持。在敦煌文书P.T.1084号《博牛纠纷状》中,可以看到吐蕃司法官员根据契约文书和证人证言依法裁断,判定此牛归原告所有,保护了财产所有人的权利。④

接下来我们再分析一下吐蕃时期民事诉讼的判决文书。吐蕃时期的民事裁判文书文字简明,通常是以"批示""准状"等形式作出的。如法藏敦煌文书P.T.1081号《关于吐谷浑莫贺延部落奴隶李央贝事诉状》中,最后的判决是:"批示:严格按照卖身契所书处理。"⑤在吐蕃占领的敦煌地区,有些地方的民事裁判也深受唐代司法审判制度的影响,如在英藏敦煌文书斯2103号《酉年(公元805年?)十二月沙州灌进渠百姓李进评等请地牒并判》中,记述了诉讼事由和地方官府的裁判结果:"城

---

① 郑炳林、黄维忠主编:《敦煌吐蕃文献选辑·社会经济卷》,民族出版社2013年版,第161页。
② 王尧、陈践译注:《敦煌古藏文献探索集》,上海古籍出版社2008年版,第271页。
③ 郑炳林、黄维忠主编:《敦煌吐蕃文献选辑·社会经济卷》,民族出版社2013年版,第146页。
④ 参见郑炳林、黄维忠主编:《敦煌吐蕃文献选辑·社会经济卷》,民族出版社2013年版,第152—153页。
⑤ 王尧、陈践译注:《敦煌古藏文文献探索集》,上海古籍出版社2008年版,第277页。

南七里神农河母,两勒汛水,游淤沙坑,空地两段共叁突……今拟开耕,恐后无凭,乞给公验处分。牒件状如前,谨牒。酉年十二月 日 灌进渠百姓李进评等。"判决结果是:"付营官寻问,实空闲无主,任修理佃种。弁示。"①在法藏敦煌文书 P.T. 1084 号《博牛纠纷诉状》中,最后的判决是:"此牛有标记,应归原告。"②

吐蕃占领的河陇地区原为唐朝州县,这些地区的民事诉讼也深受唐朝司法制度的影响。在敦煌文书伯 3613 号《申年(公元 804 年)正月令狐子余牒及判词》中,我们看到该裁判文书与敦煌出土的唐代西州高昌县的裁判文书基本相同,引之如下:"孟授索底渠地六亩。右子余上件地,先被唐朝换与石英顺。其地替在南支渠,被官割种稻……唯凭此地与人分佃,得少多粮用,养活性命。请乞哀矜处分。牒件状如前,谨牒。申年正月 日百姓令狐子余牒。"最后的裁判结果是:"右件地,奉判付水官与营田官同检上者。谨依就检,其他先被唐清换与石英顺,昨寻问令狐子余,本口分地分付讫。谨录状上。牒件状如前,谨牒。申年正月 日营田副使阙□牒 ,水官令狐通。准状。润示。十五日。"③

众所周知,古代的诉讼审判皆由司法官员主持进行,面对纷繁复杂的诉讼案件,选拔高素质的司法官员十分必要。在吐蕃时期的民事诉讼中,经常会出现被告销毁证据以及伪造书证等现象。如在敦煌文书 P.T. 1077 号《都督为女奴事诉状》中,都督在庭审中就提出了朗绮布"将契约销毁""绮布诡诈,花钱雇来远近亲戚诸人争辩,众口一致"等辩辞④,这需要司法官员在审判过程中能够辨明是非,作出公正裁决。另外,吐蕃政权是少数民族融合的政权,境内生活着藏、汉、回纥、吐谷浑、突厥等不同民族的民众。当不同民族之间发生纠纷时,司法官员须通晓不同民族的语言,只有这样才能了解案情真相,作出公正裁判。如在法

---

① 唐耕耦、陆宏基编:《敦煌社会经济文献真迹释录》(第二辑),全国图书馆文献缩微复制中心 1990 年版,第 374—375 页。
② 王尧、陈践编著:《敦煌吐蕃文书论文集》,四川民族出版社 1988 年版,第 177 页。
③ 唐耕耦、陆宏基编:《敦煌社会经济文献真迹释录》(第二辑),全国图书馆文献缩微复制中心 1990 年版,第 281—282 页。
④ 参见郑炳林、黄维忠主编:《敦煌吐蕃文献选辑·社会经济卷》,民族出版社 2013 年版,第 144 页。

藏敦煌文书 P.T.1080 号《比丘尼为养女事诉状》中，审判官员就用藏、汉两种文字作了批示，有学者指出："藏文苍古遒劲，汉文'准件'二字飞扬流畅，看来，这位大理法司是精通藏汉文的双语人。"①

三、从敦煌西域出土的法律文书看吐蕃时期的刑事诉讼

公元 7 至 9 世纪吐蕃政权统治时期，由于受传统习惯法的影响，该时期的刑罚十分残酷，人们对政权稍有不满，就会被逮捕，处以重刑。据《旧唐书》卷 196《吐蕃上》记载，吐蕃"用刑严峻，小罪剜眼鼻，或皮鞭鞭之，但随喜怒而无常科"②。在《贤者喜宴》中，记述了吐蕃政权对十恶的处罚措施："为使十善之王法严厉而牢靠，幻化的监狱恐怖可畏，那些行十恶而不反悔者，则被令人畏惧的刽子手逮捕，并将头、双手、双足砍断剁碎，舌及眼球（灌以）熔化之铜水，还需剥皮。上述砍下的头、四肢及挖出的眼睛等等堆积如山。见到如此之监狱令人恐惧战栗。"③在敦煌千佛洞出土的 73,xv,5 号文书有如下记述："禁止抗拒管理方面的规定：若所发纸张可以使用，他应立即妥善保存，若使用不当，或有人图谋不轨，以之（高价）出售，则将逮捕其亲属中的一员，老少不论，关进监狱，本人将被关押在交纳种福田者的处所。"④在米兰出土的文书 iv,93b 中也有这样的记载："有违制占田破坏田界或使田业荒废者，将剥夺其田业，没收其庄稼，并按情节轻重治罪。"⑤

在吐蕃统治时期，藏族社会尚未受到儒家"无讼是求"观念的影

---

① 郑炳林、黄维忠主编：《敦煌吐蕃文献选辑·社会经济卷》，民族出版社 2013 年版，第 157 页。
② （后晋）刘昫等撰：《旧唐书》卷 196《吐蕃上》，中华书局 1975 年版，第 5219—5220 页。
③ （明）巴卧·祖拉陈瓦著，黄颢、周润年译注：《贤者喜宴·吐蕃史》，青海人民出版社 2017 年版，第 137 页。
④ 〔英〕F·W 托玛斯编著，刘忠、杨铭译注：《敦煌西域古藏文社会历史文献》，民族出版社 2003 年版，第 70 页。
⑤ 〔英〕F·W 托玛斯编著，刘忠、杨铭译注：《敦煌西域古藏文社会历史文献》，民族出版社 2003 年版，第 130 页。

响,在当时许多文学作品和宗教类著作中,有许多文献都涉及了诉讼方面的内容。如在法藏敦煌文书 P.T. 55《十二因缘占卜》中,就有"贼从西来,同人争讼,谈论彼事,财定复获"的记述。①

(一)从敦煌西域出土的法律文书看吐蕃的刑事法律

吐蕃政权的法律中已出现了刑事责任年龄的规定。据法国国家图书馆所藏文书 P.T. 1073 号《纵犬伤人赔偿律》规定:"不论何种方式致死,为尚论善后事,须惩治放狗者之罪孽,将其成年以上之男子杀绝,成年以上之女子逐出。"②这里的成年男子,虽未指明具体的年龄,但说明吐蕃法律中已对成年人和未成年人应承担的刑事责任作了区分。

为了强调刑罚的威慑力,吐蕃实行残酷的连坐制度。据吐蕃时期的碑文《谐拉康碑甲》记述:"'囊桑努贡'之子孙后代,若有某人对社稷及赞普政躬心怀二志,或作其他歹事,处罪仅于一身,其兄弟子侄不得连坐,不置他人于法,不予责谴,唯有罪者受罚。"③在《恩兰·达扎路恭纪功碑》中也有如下记载:"子孙后代某人,苟对赞普陛下心怀贰志,情况属实,犯罪者自身将受惩罚,其兄弟子侄决不连坐,(其本人)亦不科以死刑。"④上述史料表明只有少数特殊身份的贵族才能免于连坐的处罚,其他普通贵族和庶民百姓犯罪,经常要受到连坐的处罚。

根据传世文献和敦煌西域出土的法律文书的记述,我们看到吐蕃时期的刑罚类型很多,概而言之,大致包括如下几种类型:

其一,死刑。从现存的敦煌文书看,古代吐蕃政权的死刑类型很多,主要有绞刑、碎裂肢体、活埋、绝嗣等。据《吐蕃简牍综录》记载:"淫人妻女,触及刑律大法,元帅及悉编掣逋(观察使、御史)应将犯人处以绞刑。"⑤在《贤者喜宴》中,也记述了古代吐蕃碎裂杀人的情形:"为使十善之王法严厉而牢靠,幻化的监狱恐怖可畏,那些行十恶而不反悔

---

① 参见郑炳林、黄维忠主编:《敦煌吐蕃文献选辑·文化卷》,民族出版社 2011 年版,第143页。
② 王尧、陈践译注:《敦煌吐蕃文献选》,四川民族出版社 1983 年版,第36页。
③ 王尧编著:《吐蕃金石录》,文物出版社 1982 年版,第116页。
④ 王尧编著:《吐蕃金石录》,文物出版社 1982 年版,第83页。
⑤ 王尧、陈践编著:《吐蕃简牍综录》,文物出版社 1986 年版,第69页。

者,则被令人畏惧的刽子手逮捕,并将头、四肢及手足砍断剁碎。"①在法藏敦煌文书 P. T. 1073 号《纵犬伤人赔偿律》中记载:"尚论波罗弥告身者以上本人或与其命价相同者中一人,被银告身以下、铜告身以上之人或与其命价相同者,放狗咬啮致死,……对放狗者之惩罚为:无论何种方式伤人致死,将放狗者处死,其妻女赶走,全部财物、牲畜赔偿死者一方,奴户留给其另立门户之子。"②在 P. T. 1075 号《盗窃追赔律》残卷中,规定若"盗窃价值四两(黄金)以下,三两(黄金)以上之实物,为首者诛"③。

吐蕃时期最严酷的刑罚当属绝嗣,绝嗣不仅对本人处以死刑,还株连其家人。在敦煌文书 P. T. 1071 号《狩猎伤人赔偿律》中,记述了吐蕃时期的绝嗣制度,"大尚论本人和与大尚论命价相同之人,被尚论银告身以下,铜告身以上,或与其同命价者因狩猎而射中,无论命丧与否,放箭人发誓非因挟仇有意射杀,可由担保人十二人,加上事主本人共十三人,共同起誓。如情况属实,其处罚与《对仇敌之律例》相同。不必以命相抵。(此句疑为衍文)但经查实系被箭射死,则将杀人者杀之,并绝其嗣"④。

其二,肉刑。古代藏族在进入到文明社会之后,其法律制度与世界各民族一样,也经历了由野蛮向文明的演进过程。公元 7 世纪前后,吐蕃的刑罚与先秦时期中原王朝的刑罚相似,以严酷而著称,存在大量的肉刑。据《新唐书·吐蕃上》记载:"其刑,虽小罪必抉目,或刖、劓,以皮为鞭抶之,从喜怒,无常算。"⑤吐蕃时期的肉刑主要有断肢、挖眼、割舌、刖、劓、黥等酷刑。据敦煌文书 P. T. 1071 号"土工抢村户人家饭食处置之法"规定:"如抢饭食,挖去双眼,罚作村民的'驮畜'。"⑥鞭刑是吐蕃时期常用的刑罚,在西域出土的古代法律文书中经常见到鞭刑的记

---

① (明)巴卧·祖拉陈瓦著,黄颢、周润年译注:《贤者喜宴·吐蕃史》,青海人民出版社 2017 年版,第 137 页。
② 王尧、陈践译注:《敦煌吐蕃文献选》,四川民族出版社 1983 年版,第 35 页。
③ 王尧、陈践译注:《敦煌吐蕃文献选》,四川民族出版社 1983 年版,第 37 页。
④ 王尧、陈践译注:《敦煌吐蕃文献选》,四川民族出版社 1983 年版,第 8—9 页。
⑤ (宋)欧阳修、(宋)宋祁撰:《新唐书》卷 216《吐蕃上》,中华书局 1975 年版,第 6072 页。
⑥ 王尧、陈践译注:《敦煌吐蕃文献选》,四川民族出版社,1983 年版,第 35 页。

录,吐蕃时期的鞭刑不像古代中原王朝那样采取十进制,也与元朝的七进制不同,而是实行五进制。在千佛洞出土的古藏文书 lxxiii,xiii,18 号有如下记述:"已经命令打十五汉式皮鞭。还有对其余者的惩罚,凡是所作劳工与花费的金额不相等者,要给很重的惩罚。经决定,对没有遵从命令者要进行惩处:罚金应是黄金三两(Srang)、蔬菜(Sngon-mo)三驮(khal),每个人还应打汉式皮鞭十五下。重罚正在执行;经决定,提供一只绵羊,宰杀后款待执法人等。"①在麻札塔克出土的 c.i001 号木简也有鞭刑的记载:"巴柯部落:朗吉·普穷罚打四十五(皮鞭?)。"②古代吐蕃政权也使用笞刑。据敦煌出土的法律文书 P.T.1071 号所引的《狩猎伤人赔偿律》规定:"放跑野兽,对放跑者之惩罚为:放跑一头公牦牛,笞四十板。放跑一头母牦牛,笞二十板。放跑一头野驴笞四十板(可能是十板或十四板之误)。放跑一头岩羊、盘羊、藏羚羊,笞八板。放跑一头黄羊笞六板。对猎人中之小百夫长和十人首领的惩罚为:立即笞以适当之板数。"③

其三,流刑。流刑也称放逐,是将犯人流放到边远地区的刑罚。在现存的吐蕃文书中,关于流刑的资料很多。如敦煌文书 P.T.1075 号《盗窃追偿律》规定:"盗贼钻入赞蒙、夫人、小姐、女主人及尚论以下、百姓以上诸人住房、土屋、牛毛帐篷、库房、地窖及旅客住处诸地,行窃未遂被抓者,……将为首者驱往远方,其余人按偷盗二两(黄金)财物之罪惩治。"④在法藏敦煌文书 P.T.1047 号《吐蕃羊骨卜辞》中,也记述了"小偷被逐往流放地"的刑罚。⑤ 在《敦煌本吐蕃历史文书·大事记年》中,记

---

① 〔英〕F·W 托玛斯编著,刘忠、杨铭译注:《敦煌西域古藏文社会历史文献》,民族出版社 2003 年版,第 348—349 页。
② 〔英〕F·W 托玛斯编著,刘忠、杨铭译注:《敦煌西域古藏文社会历史文献》,民族出版社 2003 年版,第 389 页。
③ 郑炳林、黄维忠主编:《敦煌吐蕃文献选辑·社会经济卷》,民族出版社 2013 年版,第 223 页。
④ 郑炳林、黄维忠主编:《敦煌吐蕃文献选辑·社会经济卷》,民族出版社 2013 年版,第 224 页。
⑤ 参见郑炳林、黄维忠主编:《敦煌吐蕃文献选辑·文化卷》,民族出版社 2011 年版,第 41 页。

载了一件流刑的案例:在虎年(公元714年),大论乞力徐集会议盟,"仲巴岛彭工被放逐,由蔡邦氏哲恭补充之"①。另据记载:"及至蛇年(717年)车骑长尚·墀聂年洛被放逐。"②在麻札塔克出土的b,ii,0062号文书中,记录了流放内务大臣的情况:"内务大臣(Nang-rje-po)赞吐热是一个迷恋他人之妻和姐妹的疯子,他因与人私通并用葫芦灌酒,致死小孩一人,其年九岁;他还经常酒后胡言。他不分贵贱,蹂躏所有上他当的妇女。应将他押解到神山。"③

其四,赎刑。吐蕃政权广泛适用赎刑制度,吐蕃的赎刑可细分为惩罚性赔偿、赎命价等形式。在吐蕃时期,广泛使用惩罚性赔偿制度,据《贤者喜宴》记载:"盗窃三宝财物者偿百倍;盗窃王之财物者偿八十倍;偷盗属民财物者偿八倍。"④在千佛洞出土的吐蕃法律文书lxxiii,xiii,18号也有"罚金应是黄金三两(Srang)、蔬菜(Sngon-mo)三驮(khal)"的记述。⑤ 在西域出土的法律文书khad052号记载了一件惩罚性赔偿案例:"马年孟春月初,一个名叫苏达的于阗格勒(Gleg)人,是在布乡(Vbu—zhang)的约巴山(Yol—ba—ri)当做饭的,他曾多次惹起麻烦,现决定在于阗部队里将他处死。尽管已决定他必须死,但仍让他作守山哨兵,因他的伙伴,即Tshugs-pon(班长)人等共三伙(三方),答应付出四千五百铜子(Dong-tse),作为他的赎金,第一批赎金立即……如果证实这些人搞了诡计,那么一个铸币将以两个来计算之,剥夺他们的一切,直至他们的行装,以至给其鞭笞之罚,仍令其守山放哨。此文契由班长画押且附有两个……和其余的人。"⑥

---

① 王尧、陈践译注:《敦煌古藏文文献探索集》,上海古籍出版社2008年版,第94页。
② 王尧、陈践译注:《敦煌古藏文文献探索集》,上海古籍出版社2008年版,第94页。
③ 〔英〕F·W托玛斯编著,刘忠、杨铭译注:《敦煌西域古藏文社会历史文献》,民族出版社2003年版,第172页。
④ (明)巴卧·祖拉陈瓦著,黄颢、周润年译注:《贤者喜宴·吐蕃史》,青海人民出版社2017年版,第98页。
⑤ 参见〔英〕F·W托玛斯编著,刘忠、杨铭译注:《敦煌西域古藏文社会历史文献》,民族出版社2003年版,第348页。
⑥ 〔英〕F·W托玛斯编著,刘忠、杨铭译注:《敦煌西域古藏文社会历史文献》,民族出版社2003年版,第216—217页。

吐蕃政权下的社会是一个等级森严的社会,因身份不同偿命价也不同。据敦煌文书P.T.1071号记载:"大尚论四种人和与之命价相同者以下,颇罗弥告身者和与命价相同者以上之人,陷于牦牛身下,银告身者和与之命价相同之人以下,铜告身者和与之命价相同之人以上见死不救,因而被牦牛伤害致死,对不救者之惩罚为:罚银五百两给死者一方。罚银五百两以后,由于懦弱行为罚挂狐皮。陷于牦牛身下之人未死,对不救者之惩处为:给懦夫挂狐皮完事。"①另据P.T.1073号敦煌文书《纵犬伤人赔偿律残卷》记载:"男子放狗咬人致伤惩罚从严,罚骏马一匹,并根据伤情赔偿相应之医药费用。女子放狗咬人致伤,罚母马一匹,根据伤情赔偿医药费用给受害者。"②在吐蕃时期,还制定了赔偿命价的诉讼程序,规定:"在裁决诸种命价时,将双方诉讼的起始(情况)写成文书,并写出真实确切的命价等,其间最高级的木简称作'强赛'(by-ang-zas),与此相对应的木简谓之'蛇头'(sbrul-mgo),再一种名曰'黑蜥蝎'(smig-nag)。以上三者即系赔偿医疗费及赔偿命价之木简。"③

此外,在吐蕃刑罚中还有血亲复仇、耻辱刑、没收财产等刑罚。血亲复仇是吐蕃时期一种古老的刑罚制度,据P.T.1283、P.T.2111《礼仪问答》记载:"弟问:有仇应雪恨否?兄云:可依复仇律行之。"④这说明古代吐蕃有血亲复仇的法律习惯。耻辱刑,即对于败懦者给予羞辱的刑罚。据《新唐书·吐蕃上》记载:"败懦者垂狐尾于首示辱,不得列于人。"⑤在敦煌文书《狩猎伤人赔偿律》中也规定:"因而被牦牛伤害致死,对不救者之惩处为:罚银五百两给死者一方。罚银五百两以后,由于懦弱行为罚挂狐皮。"⑥敦煌出土的吐蕃《编年史》也记述,猪年(公元699年),"敦叶护可汗前来致礼。于扎之禽园没收获罪遣者之财产"⑦。在《恩兰·达

---

① 王尧、陈践译注:《敦煌吐蕃文献选》,四川民族出版社1983年版,第27页。
② 王尧、陈践译注:《敦煌吐蕃文献选》,四川民族出版社1983年版,第35页。
③ (明)巴卧·祖拉陈瓦著,黄颢、周润年译注:《贤者喜宴·吐蕃史》,青海人民出版社2017年版,第370页。
④ 郑炳林、黄维忠主编:《敦煌吐蕃文献选辑·文化卷》,民族出版社2011年版,第193页。
⑤ (宋)欧阳修、(宋)宋祁:《新唐书》卷216《吐蕃上》,中华书局1975年版,第6072页。
⑥ 王尧、陈践译注:《敦煌吐蕃文献选》,四川民族出版社1983年版,第27页。
⑦ 黄布凡、马德编著:《敦煌藏文吐蕃史文献译注》,甘肃教育出版社2000年版,第45页。

扎路恭纪功碑》也记载:"大公之子孙后代手中所掌握之奴隶、地土、牧场、草料、园林等等一切所有,永不没收,亦不减少,他人不得抢夺。若彼等自家不愿再管时,不拘其(血统)远近,贤与不肖,亦不更换而畀予焉。"①

据敦煌西域出土的吐蕃法律文书记述,吐蕃时期还有人身伤害附带民事赔偿的制度。据 P.T. 1071 号《狩猎伤人赔偿律》规定:"这些命价相同之人,彼此因狩猎等射中,以及这些命价相同之人,被与大尚论及其命价相同者以下,红铜告身及其命价相同之人以上因狩猎等射中,无论身亡与否,放箭人发誓非因挟仇有意伤害,可由担保人十二人连同自己十三人共同起誓。……查明实情,如受害人系中箭身亡,赔命价三千两,归受害人与告发人平分。如无告发人,三千两全归受害人。受害人中箭而未身亡,赔一千五百两,归受害人与告发人平分。若无告发人,一千五百两全归受害人。若缺一两,虽是好人也须依法处死。"②在 P.T. 1073 号《纵犬伤人赔偿律残卷》中,规定了更加详细的赔偿制度,"有夫之妇放狗咬人致死,将其当初从娘家带来的陪嫁物,全部赔与死者一方。未婚之女放狗咬人致死,将其全部佣奴、牲畜赔与死者一方"③。

(二)从敦煌西域出土的法律文书看吐蕃时期的刑事裁判和执行

传世文献保存的吐蕃刑事诉讼的资料很少。从 20 世纪初以来,在敦煌西域新出土了许多吐蕃时期的法律文书,法史学界对吐蕃时期的刑事诉讼制度有了新的认识。

在吐蕃统治时期,制定了许多刑事诉讼程序的篇目。在松赞干布时期,制定了《扼要决断之法》《犯罪双方同审大权决断之总法》和《决断双方有理三方欢喜内府之法》。其中《犯罪双方同审大权决断之总法》规定了针对原被告双方都有过错之情况的处断之法:"婆罗门优巴坚向某户主借的黄牛,当交还时,驱牛至牛主人院内,遂即无言而返。牛主人虽已见所送之牛,但未予拴缚,故而牛自后门亡失。因此,双方乃诉之于国王麦隆东(rgyal-po-me-long-mdong),请求判决,由是国王判决道:婆罗

---

① 王尧编著:《吐蕃金石录》,文物出版社 1982 年版,第 83 页。
② 王尧、陈践译注:《敦煌吐蕃文献选》,四川民族出版社 1983 年版,第 16 页。
③ 王尧、陈践译注:《敦煌吐蕃文献选》,四川民族出版社 1983 年版,第 36 页。

门送牛而不语,因此割其舌。然牛之主人虽见而不拴,故当断其手。以此(案)为例,乃制定出《犯罪双方同审大权决断之总法》。"①可见,《犯罪双方同审大权决断之总法》是一部关于刑事诉讼程序的法律。

　　吐蕃时期的刑事诉讼可分为自诉和告劾等形式。刑事自诉类的案件,须控告人向官府提交起诉状。在英藏敦煌文书 ITJ606 号《殴伤纠纷诉状》中,记述了一件人身伤害类的刑事上诉状:"蛇年春季 1 月 30 日,节儿诸竹和农田官姜逋皮摩等驾前,上诉人邦叉白充和东章扎贡禀告:长老雇用朗奔兄弟、额波亲兄弟、其布鲁都、当每捏通、朗辰潘勒等人。上诉人白充等谓:我们从小婼羌(出发),至霍尔(回讫)收到……物品之八分之一(运往)大婼羌去时,向节儿借几名捡柴人(节儿谓):'没有捡柴人,可拆掉边上一间破屋(取木为柴)。'我俩拆了一间破屋。贡达上方五人造反,包围我俩,合伙殴打,几乎致死。小人现在只能挂着简陋拐杖上诉……贡达行凶人之姓名为:振卢鲁旦、查悉诺充、索南勒、鲁措赞、振珠白。突厥王们盖印章,长老和证人、贡达之人摁手印诉状书写日期为夏季二月初(即藏历五月初)。"②从这份上诉状的形式看,被告人姓名书写在诉状的尾部。

　　吐蕃各地官府接到控告的刑事案件后,立即命人捉拿犯罪嫌疑人。当犯罪嫌疑人逃跑时,可向邻近的官府发出通缉告牒。在千佛洞出土的 73,iv14 号文书中,记述了一份官府通缉的文书:"马年仲夏月之……日,从凉州(leng-cu)仆射大节度衙盟会(Khrom-ched-povi-vdun-tsa)发出告牒……在吉巴之地,男女多人遭杀害。其中要追捕一个逃犯叫格丹,为诺刹帝(Gnyo-za)部落人,他正在逃往肃州(S-gcur)。"③

　　吐蕃的刑事诉讼也受到原始宗教的影响,盟诅是重要的诉讼证据。古代藏族经常举行各种会盟,据《旧唐书·吐蕃上》记载:"(赞普)与其

---

① (明)巴卧·祖拉陈瓦著,黄颢、周润年译注:《贤者喜宴·吐蕃史》,青海人民出版社 2017 年版,第 99 页。
② 郑炳林、黄维忠主编:《敦煌吐蕃文献选辑·社会经济卷》,民族出版社 2013 年版,第 174—175 页。
③ 〔英〕F·W 托玛斯编著,刘忠、杨铭译注:《敦煌西域古藏文社会历史文献》,民族出版社 2003 年版,第 38—39 页。

臣下一年一小盟,刑羊狗猕猴,先折其足而杀之,继裂其肠而屠之,令巫者告于天地山川日月星辰之神云:'若心迁变,怀奸反覆,神明鉴之,同于羊狗。'三年一大盟,夜于坛墠之上与众陈设肴馔,杀犬马牛驴以为牲,咒曰:'尔等咸须同心戮力,共保我家,惟天地神祇,共知尔志。有负此盟,使尔身体屠裂,同于此牲'。"①

盟诅在吐蕃的刑事诉讼中十分常见。在法国国家图书馆所藏敦煌文书 P.T.1071 号《狩猎伤人赔偿律》中,记述了盟誓在人身伤害类案件中的适用情况:"这些命价相同之人,若彼此因狩猎等被射中,或者这些尚论,为瑜石告身以下,颇罗弥告身以上,以及和他们命价相同之人因狩猎等射中,无论丧命与否,放箭之人发誓非因挟仇而有意射杀,可由十二名公正且与双方无利害关系的担保人(以下简称担保人),连同事主本人共十三人,共同起誓。如情况属实,其处置可与《对仇敌之律例》相同,不必以命相抵。"对于射中他人而抵赖,不予承认,或谓"此箭非我所射",中箭人无论身亡与否,其处罚与《对仇敌之律例》相同,"如不抵赖,虽已起诉,亦可按《对复仇人起诉之处置律例》对待"。② 在敦煌文书 P.T.1096"亡失马匹纠纷之诉状"中,也可看到司法官员让犯罪嫌疑人起誓的情况:"汝等起一洁白之誓(即真实之誓言),'我等绝未盗马,绝未偷马'。敢起誓就照价赔偿;不敢起誓,依法制裁。"③

在吐蕃刑事诉讼的过程中,保人担保的现象非常普遍。如在 P.T.1096"亡失马匹纠纷之诉状"中,司法官员认为"亭子等之马匹丢失,疑为驿丞等所盗"④。驿丞找到保人,于冬季十月十五日对质决断,驿丞玉拉结之保人为:"安花花、丁贲乃、张达热、于岗日乌结、聂瓦贪通、谢欣欣等,担保书上有诸人指印,审判官尚论盖印。"⑤

---

① (后晋)刘昫等撰:《旧唐书》卷196《吐蕃上》,中华书局1975年版,第5220页。
② 参见王尧、陈践译注:《敦煌吐蕃文献选》,四川民族出版社1983年版,第8页。
③ 郑炳林、黄维忠主编:《敦煌吐蕃文献选辑·社会经济卷》,民族出版社2013年版,第150页。
④ 郑炳林、黄维忠主编:《敦煌吐蕃文献选辑·社会经济卷》,民族出版社2013年版,第150页。
⑤ 王尧、陈践编著:《敦煌吐蕃文书论文集》,四川民族出版社1988年版,第174—175页。

在吐蕃时期人身伤害类的刑事案件中,司法官员有时也实行刑事和解,并制作司法文书。在英藏敦煌文书斯5816号《寅年八月十九日李条顺打伤杨谦让为杨养伤契》中,可以看到沙州节儿审断案件后制作了刑事和解文书:"寅年八月十九日杨谦让共李条顺相诤,遂打损。经节儿断,令杨谦让当家将息。"到二十六日,"条顺师兄及诸亲等迎将当家医理。从今已后至病可日,所要药饵当直及将息物,亦自李家自出,待至能行日算数计会。又万日中间,条顺不可,及有东西营苟破用着多少物事,一一细算打牒共乡间老大计算收领,亦任一听。如不称便,便待至营事了月都算,共人命同计会。……官有政法,人从此契。故立为验,用后为凭"①。在米兰xiv,18号法律文书中,也记述了节儿根据惯例裁决的事例:"请求:如果可能按照以往惯例,由你们决定,或者还是由节儿(rt-se-rje)决定吧。"②

最后,再简单分析一下吐蕃时期刑事裁判执行的情况。吐蕃政权已建立一套严密的刑罚执行制度,对于判处流放的犯人,官府命人专门监管,令其服劳役。在米兰出土的法律文书xxviii,0036号记述了对流放犯人的监护管理,文书内容是:"由论·措热和论·塔热在季冬月之……日盖印发出。信使仁鹿(Ring-lugs)、力夫董真(Vdong-phreng)和突古(Vdor-dgu,或许同于Dor-dgu,为含耕者九人与九犋耕牛或牦牛的耕力编组,一突为一犋耕力一天所耕地的面积),护卫……必须紧跟一批流放犯,即上部卓部落的穆杰波和信使部落的彭·拉古,除了萨毗之小罗布(Tshal-byivi Nob-chungu)以外,此二人可以到任何地方,甚至远到瓜州的姑臧等地。……但不准与流放者为友,假如流放犯逃走,并且当他们处于追捕时,陇(Slungs)和士兵没到,驿站……可向其他地方来的士兵发出信号(G-yab),为这支路上队伍补充(力量)。"③

---

① 唐耕耦、陆宏基编:《敦煌社会经济文献真迹释录》(第二辑),全国图书馆文献缩微复制中心1990年版,第198页。
② 〔英〕F·W托玛斯编著,刘忠、杨铭译注:《敦煌西域古藏文社会历史文献》,民族出版社2003年版,第350页。
③ 〔英〕F·W托玛斯编著,刘忠、杨铭译注:《敦煌西域古藏文社会历史文献》,民族出版社2003年版,第40—41页。

对于判处徒刑的罪犯,大多强制其服劳役。为了防止罪犯逃跑,通常要加戴刑具。如在法藏敦煌文书 P.T. 1075 号《盗窃追赔律》中记述:"赞蒙、夫人、小姐、女主人之财物,和尚论以下,百姓以上之财物被盗,对行窃者惩治之法为戴上长一'小栲',厚一拃之颈枷,刑官于其上盖印加封,责以大板,罚劳役修城堡一个月。……劳役未满死去,由其长兄(长子)戴上颈枷(代服劳役一个月)。"①

吐蕃时期的监狱管理已很完善,在千佛洞出土的法律文书 82,xii,3 号中,记录了地方长官命人看守监狱的情况:"遵照阁下的工作指示,进行对马年孟春月发生的格赞(dge-brtsan)诉讼审理:孙俄守护监牢五天;殷扎也守护监牢五天,并作证人(snya)的仆人。……桑的观察已进行了五天,由萨·提彭进行;殷扎扮装五天,作为私人的仆人;一个护卫……保证人(gtevu)和一个见证人在五天内由萨·提彭担任。为了给姜(Jang?)的手上带上手铐,要求支付钱八两(srang)和青稞三个半捧(phul)。夏噶巴(Sha-ka-pa)的监牢护卫也由匡兴……担任十天。"②另据千佛洞 73,xv,5 号文书记述:"或有人图谋不轨,以之(高价)出售,则将逮捕其亲属中的一员,老少不论,关进监狱,本人将被关押在交纳种福田者的处所。"③

综上所述,公元 7 至 9 世纪中叶的吐蕃政权是古代丝绸之路沿线一个重要的少数民族政权。从松赞干布开始,逐步建立了恭论、曩论和喻寒波三大中央官僚体系。赞普本人拥有最高的立法权和司法裁判权,赞普本人经常参与重大案件的审理。在赞普之下,内相也经常审理一些具体的案件,这在敦煌西域新发现的法律文书和古代藏族的文献典籍《贤者喜宴》中都有明确的记述。在吐蕃时期,中央还设有刑部尚书(即协杰波折通)之职,关于其职掌,文献记载语焉不详。吐蕃政权把所

---

① 郑炳林、黄维忠主编:《敦煌吐蕃文献选辑·社会经济卷》,民族出版社 2013 年版,第 225 页。
② 〔英〕F·W 托玛斯编著,刘忠、杨铭译注:《敦煌西域古藏文社会历史文献》,民族出版社 2003 年版,第 348 页。
③ 〔英〕F·W 托玛斯编著,刘忠、杨铭译注:《敦煌西域古藏文社会历史文献》,民族出版社 2003 年版,第 70 页。

统辖的地区划分为五茹六十一东岱,茹的长官是茹本,负责本茹的军事、行政、司法等方面的事务;东岱的长官是东本,负责本辖区的军事、行政和司法等方面的事务。在吐蕃新占领的河陇地区(原为唐朝旧境),设置了青海节度使、鄯州节度使、河州节度使、凉州节度使、瓜州节度使,五节度使统一受"东境节度大使"的节制。在每一节度使之下,又管辖数州,在节度使、各州节儿之下,设有专职的司法官员。在敦煌西域出土的法律文书中,许多资料记述了乞利本、沙州节儿等司法官员审理案件的情况。

在松赞干布时期,吐蕃制定了一系列的诉讼法律文件,根据《贤者喜宴》的记载,主要有《决断双方有理三方欢喜内府之法》《扼要决断之法》《犯罪双方同审大权决断之总法》等程序法,为中央和地方司法机关依法裁判提供了程序上的保障。到墀松德赞时期,大臣桂·墀桑雅拉(mgos-khri-bzang-yab-lhag)又制定了"真智五木简"和"三审判木简",进一步完善了诉讼审判程序。在敦煌西域出土的法律文书中,也记述了吐蕃时期一些程序法的名称,如在敦煌文书 P.T. 1071 号《狩猎伤人赔偿律》中,记述了《对复仇人起诉之处置律例》的名称。① 在吐蕃新占领的河陇地区,许多地方司法官员在审理民事和刑事案件时,有时也适用唐代的司法程序。因此,吐蕃时期的诉讼审判制度是一种汉藏融合的法律制度。

通过对吐蕃时期的司法制度进行分析,笔者认为该时期的诉讼审判模式具有如下几方面的特点:第一,从现存的吐蕃时期的法律资料看,吐蕃政权的诉讼制度从本质上说是为了维护赞普的权威和尊卑贵贱的等级秩序。赞普是吐蕃王朝的最高统治者,拥有最高立法权和最终司法裁决权,所有臣民都要对其无条件服从,"苟对赞普陛下心怀贰志,情况属实,犯罪者自身将受惩罚"②。在赞普之下,根据官品和告身又分为不同等级,等级不同享有的司法特权也不同。据《新唐书·吐蕃上》记载:"其官之章饰,最上为瑟瑟,金次之,金涂银又次之,银次之,最下至铜

---

① 参见王尧、陈践译注:《敦煌吐蕃文献选》,四川民族出版社1983年版,第11页。
② 王尧编著:《吐蕃金石录》,文物出版社1982年版,第83页。

止,差大小,缀臂前以辨贵贱。"①松赞干布制定的"三法"(khrims-yig-gsum)规定了官僚贵族可享有司法特权,"判断真伪(bden-brdsun-zhal-lce),对于诸富豪不羞辱,只稍加审判;双方犯罪则按'优巴坚'(dbyug-pa-can)(之法)判之。双方均有理,则以'两种姓法'(rigs-gnyis)判之"②。贵族犯罪,只要不背叛赞普,有时可免除死刑,据《恩兰·达扎路恭纪功碑》记载:"苟'大公'之子孙对赞普陛下不生二心,其他任何过错决不处以死刑,若依法科处任何刑罚时,亦予以比原科处减轻一等而加以保护。"③上述史料表明,在吐蕃时期,因身份地位不同,在诉讼审判中适用的法律也不同。

第二,吐蕃时期的诉讼审判制度是一种较为特殊的司法模式,其在保留了本民族传统的诉讼审判形式的同时,也深受唐代诉讼审判制度和藏传佛教因素的影响。在吐蕃时期,无论是民事诉讼还是刑事诉讼都实行盟誓,这主要是受到古老的神明裁判制度的影响;在审理买卖、民间借贷、雇佣、婚姻、家庭财产继承等方面的民事案件中,司法官员经常依据契约文书裁判,吐蕃时期民事法律中的"自愿立契"和严禁"强迫立契"的原则④,也是借鉴了唐代律令法的规则;吐蕃是一个政教合一的政权,僧侣在社会中具有很高的地位,佛教的僧侣会议也是一个重要的上诉机构,拥有很大的裁判权,根据敦煌西域出土的法律文献记述,僧官有时也参与司法审判的事务。

第三,吐蕃时期的诉讼审判制度在极力维护赞普和官僚贵族司法特权的同时,也注重维护社会的公平正义,以法律的形式对私人的财产权和人身权加以保护。在法藏敦煌文书 P.T.1075 号《盗窃追赔律残卷》中,规定了对各类盗窃行为的处罚措施,其中规定:"赞蒙、夫人、小姐、女

---

① (宋)欧阳修、(宋)宋祁撰:《新唐书》卷 216《吐蕃上》,中华书局 1975 年版,第 6072 页。
② (明)巴卧·祖拉陈瓦著,黄颢、周润年译注:《贤者喜宴·吐蕃史》,青海人民出版社 2017 年版,第 99 页。
③ 王尧编著:《吐蕃金石录》,文物出版社 1982 年版,第 83 页。
④ 参见郑炳林、黄维忠主编:《敦煌吐蕃文献选辑·社会经济卷》,民族出版社 2013 年版,第 141 页。

主人及尚论以下,百姓以上之住房、土屋、牛毛帐篷、库房、地窖及旅客住处诸地,钻入盗贼行窃未遂被抓者,若钻入价值二两(黄金)以上之地被抓,将为首者驱往远方,其余人按偷盗二两(黄金)财物之罪惩治。"① 在P.T.1084 号《博牛纠纷状》中,被告克拉穷先把牛卖给了张夏夏,后又送给了同部落的李登奴,经过大理法司的审理,判决该牛归原告所有,维护了财产所有人的合法权利。② 在 P.T.1073 号《纵犬伤人赔偿律》中规定,如果"女子放狗咬人致伤,罚母马一匹,根据伤情赔偿医药费用给受害者"③,以法律的形式保护普通民众的人身权和财产权。

---

① 王尧、陈践译注:《敦煌吐蕃文献选》,四川民族出版社1983年版,第37页。
② 参见郑炳林、黄维忠主编:《敦煌吐蕃文献选辑·社会经济卷》,民族出版社2013年版,第152页。
③ 郑炳林、黄维忠主编:《敦煌吐蕃文献选辑·社会经济卷》,民族出版社2013年版,第223页。